高等学校电子信息类专业
应用创新型人才培养精品系列

信息论基础

微课版

于泽 郭宇鲲 孙兵◎编著

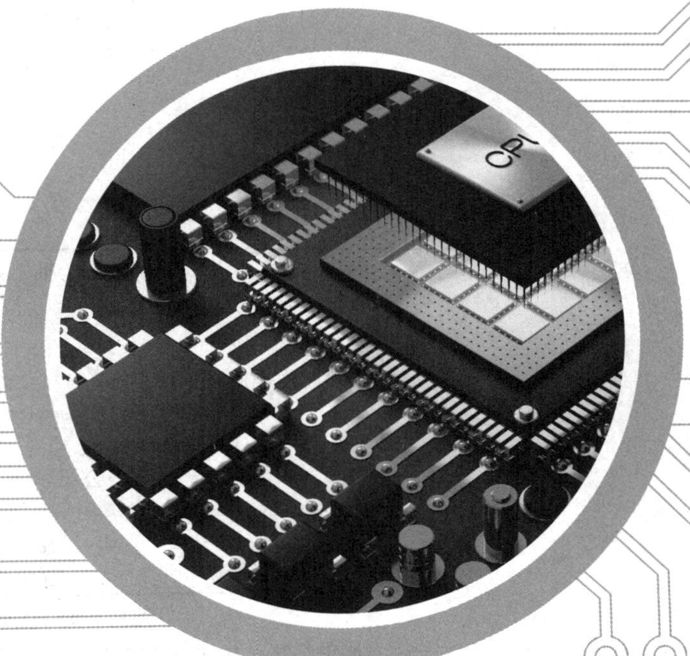

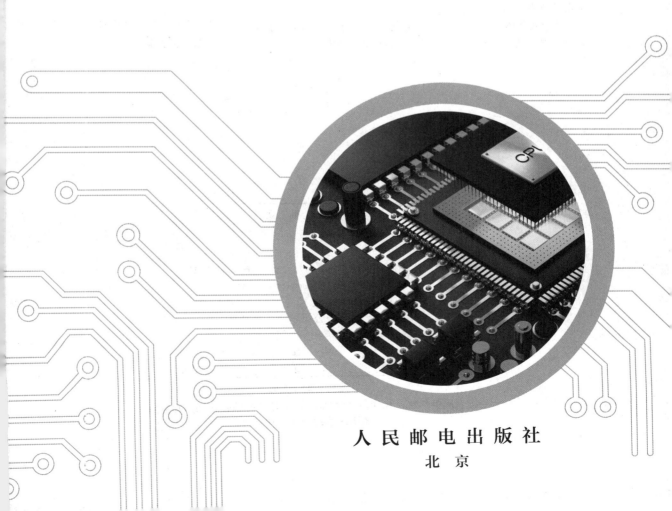

人民邮电出版社
北京

图书在版编目（CIP）数据

信息论基础 : 微课版 / 于泽, 郭宇鲲, 孙兵编著. 北京 : 人民邮电出版社, 2025. -- (高等学校电子信息类专业应用创新型人才培养精品系列). -- ISBN 978-7-115-66362-7

Ⅰ. TN911.2

中国国家版本馆 CIP 数据核字第 2025CB6558 号

内容提要

本书以离散通信系统为主要研究对象，探究信息论的基本概念、理论和方法。全书共 6 章。第 1 章介绍信息论的诞生、通信系统的一般模型和香农信息的概念。第 2 章介绍信息熵、平均互信息量等概念，给出不确定性的基本度量方法。之后的 4 章分别研究离散信源、无失真信源编码、离散信道、有噪信道编码方面的内容。本书围绕平均自信息量、平均互信息量、平均符号熵、平均码长、信道容量、平均错误概率六大概念，由点及面、由浅入深，逐级展开对各种定理、性质和方法的研究；同时提供具有挑战性的习题和仿真实验，有助于读者巩固所学知识、提高应对复杂问题的能力，为相关领域的学习和工作奠定良好的基础。

本书可作为高等院校电子信息工程、通信工程、电子科学与技术、计算机科学与技术等相关专业的教材，也可供人工智能、生物工程、自动控制等领域的科学工作者和工程技术人员参考。

◆ 编　　著　于　泽　郭宇鲲　孙　兵
责任编辑　徐柏杨
责任印制　胡　南

◆ 人民邮电出版社出版发行　北京市丰台区成寿寺路 11 号
邮编　100164　电子邮件　315@ptpress.com.cn
网址　https://www.ptpress.com.cn
三河市中晟雅豪印务有限公司印刷

◆ 开本：787×1092　1/16
印张：14　2025 年 9 月第 1 版
字数：394 千字　2025 年 9 月河北第 1 次印刷

定价：56.00 元

读者服务热线：(010)81055256　印装质量热线：(010)81055316
反盗版热线：(010)81055315

前　言

通信，作为传输和交换信息的重要手段，在推动人类社会进步和文明发展方面发挥了巨大的作用。为了实现高效且可靠的通信，“信息论”应运而生。时至今日，信息论已经发展成为一门系统性探讨信息传输、存储和处理的学科。在通信工程、计算机科学、生命科学等多个领域中，无论对于寻常之物还是对于国之重器，信息论都扮演着重要的角色。理解和掌握信息论在现代社会中愈发重要。然而，信息论的抽象性往往增加了学习的困难程度。为了降低学习成本，编者在教学实践中原创了贴近核心概念的案例，设计了具有挑战性的仿真实验，融入了多媒体元素，对信息论的概念、理论和方法进行了具象化，并取得了良好的效果。根据多年的教学实践和反馈意见，编者在整理历年课件的基础上构思、编写了本书。

本书以离散通信系统为主要研究对象，聚焦离散信源、无失真信源编码、离散信道、有噪信道编码四大环节，围绕平均自信息量、平均互信息量、平均符号熵、平均码长、信道容量、平均错误概率六大概念，由点及面、由浅入深，逐级展开对各种定理、性质和方法的研究，分析不确定性在离散通信系统中的变化，探寻让信息传输得更快、更准确的方法。下面给出了本书的思维导图。

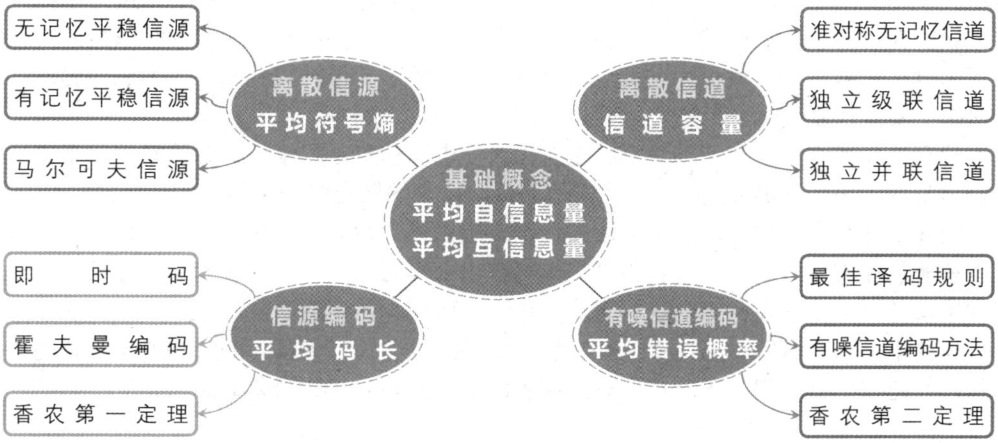

本书涵盖信息论的核心内容，共 6 章，各章的主要内容如下。

第 1 章在介绍信息论的诞生的基础上，阐释通信系统的一般模型和香农信息的基本概念。

第 2 章系统地概括信息的统计度量问题，给出自信息量与条件自信息量、互信息量与条件互信息量、平均自信息量与平均互信息量等概念的数学定义和物理意义，为后续章节的展开奠定基础。

第 3 章研究离散信源模型的构建方法，引入平均符号熵的概念，分析无记忆平稳信源、有记忆平稳信源和马尔可夫信源中平均符号熵的变化规律，解析相关性对信源不确定性的影响。

第 4 章介绍香农第一定理——无失真信源编码定理，明确无失真编码条件下平均码长的下界，重点研讨一种最佳编码方法——霍夫曼编码，展示如何通过信源编码提升信息传输的有效性。

第 5 章探究信道容量的基本概念和通用确定方法，分析准对称无记忆信道、独立级联信道和独立并联信道的信息传输能力。

第 6 章介绍香农第二定理——有噪信道编码定理，明确信道容量是信息可靠传输的上界，给出简单重复编码等方法和最佳译码规则，展示如何通过有噪信道编码提升信息传输的可靠性。

本书主要特色如下。

1. 周密有序，注重知识的全面性与系统性

本书以离散通信系统作为主要研究对象，理论体系完整。从核心概念逐步递进，展开对各种定理、性质和方法的研究，分析不确定性在离散通信系统中的变化，形成了连贯的知识链条，逻辑结构严谨。

2. 执简驭繁，强调内容的精练性与聚焦性

每章围绕 1 ~ 2 个核心概念组织内容，聚焦核心，避免知识碎片化。以信息度量、可靠通信等典型问题为切入点，从概念定义、数学表达、案例分析、前沿探索等多个维度，阐明各个概念“是什么”“为什么”和“怎么用”，帮助读者在有限的时间内掌握信息论的本质、逻辑和实际价值，实现由知识向能力的迁移。

3. 循循善诱，追求教材的可读性与启发性

本书以经典论文《通信的数学理论》为主线，呈现了信息论发生发展的历史脉络，将读者带入一个既有深厚背景又充满探索意义的学习情境中。丰富的图、表、动画和微课资源，将抽象的概念和理论具象化；精心设计的习题和原创的仿真实验，从基本应用到综合问题层层递进，助力读者创新思维和实践能力的培养。

4. 数智赋能，延拓知识边界，培养科学精神

每章设置了“拓展学习”栏目，引导读者借助大模型工具探讨开放性命题，延拓知识边界。不过，当前大模型工具生成的内容仍具有不确定性，甚至可能存在错误，这就要求读者批判性地使用大模型工具，在思考中保持质疑，对大模型工具给出的答复去伪存真。作为数智赋能的一种尝试，编者期望通过“拓展学习”栏目，进一步培养读者科学探索的精神，从知识积累迈向思维创新，从理论学习跨入实践探索。

本书编写工作的完成，离不开北京航空航天大学电子信息工程学院周荫清教授、李景文教授、陈杰教授等长期以来的帮助和指导，在此向他们致以由衷的敬意和深深的感谢！本书第 1～5 章由于泽编写，第 6 章和全书习题由郭宇鲲编写，仿真实验由孙兵编写，最后由于泽审核全文。研究生强歆玫、李东旭、潘宝菁等参与了资料整理工作。在本书编写过程中，编者参阅了国内外一些相关著作，均列于参考文献中，在此谨向这些著作的作者表示诚挚的谢意。

由于编者学术水平有限，书中难免存在表达欠妥之处，请广大读者朋友和专家学者能够拨冗提出宝贵的修改建议。修改建议可直接反馈至编者的电子邮箱 yz613@buaa.edu.cn。

编者

2024 年秋于北京

目录

第4章 无失真信源编码

第5章 离散信道

第6章 有噪信道编码

附录

参考文献

第 1 章 绪论

在漫长的历史长河中，从最原始的符号刻画到现代的高速通信，无不承载着人类对信息获取、传递和理解的无尽渴望。随着通信需求的增长，如何高效、可靠地传递信息，成为通信系统的核心问题。为了解决这一难题，“信息论”应运而生。

本章将从信息论的诞生谈起，介绍通信系统的一般模型，探讨香农信息的基本概念。本章思维导图如图 1.1 所示。

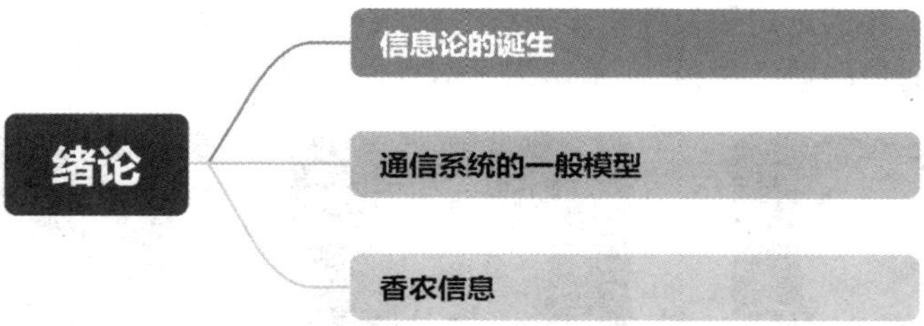

图 1.1　本章思维导图

1.1 信息论的诞生

人类早期的通信主要依赖于人、动物或自然力量，常见通信方式包括驿马邮递、飞鸽传信或烽燧传信。这类通信方式比较简单，限制了信息传递的速度、频率和复杂度，导致数据样本不足，无法从中抽象出普适且核心的规律，也难以推动对信息传输过程的深层次研究，所以很难形成一门相关的理论学科。

如图 1.2 所示，1837 年有线电报的发明，标志着人类通信进入了“电”时代；1864 年，詹姆斯·C.麦克斯韦（James C. Maxwell）创立了电磁辐射理论；1876 年，亚历山大·格雷厄姆·贝尔（Alexander Graham Bell）利用电磁感应原理发明了电话；1896 年，古列尔莫·马可尼（Guglielmo Marconi）发明无线电报；1904 年，电子管面世；1937 年，亚历克·里维斯（Alec Reeves）提出脉冲编码调制，奠定了数字通信基础；1946 年，第一台电子计算机问世；1947 年，晶体管在美国贝尔实验室诞生。

与过往相比，电通信时代最大的特点是：通信形式越来越多，通信频次越来越多。截至 1948 年，据美国人口普查局统计，每天有超过 1.25 亿次的通话要经过贝尔系统约 2.22 亿千米的电缆和约 3100 万台电话进行传输。如此多种多样的信息，能否用一种统一的方式进行度量，进而使得信息的处理和传输能够被精确分析和优化，最终提高通信的效率和可靠性呢？这个问题成为当时学术界和产业界关注的焦点之一。

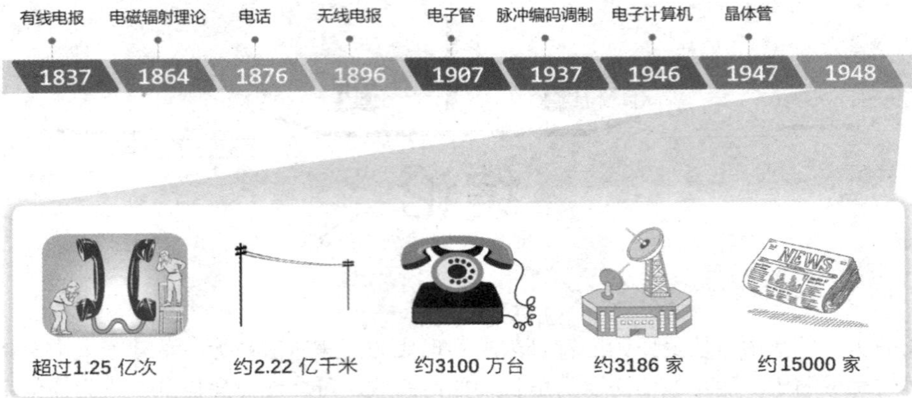

图 1.2 电通信时代

哈里·奈奎斯特（Harry Nyquist）、拉尔夫·哈特利（Ralph Hartley）等优秀的科学家们，为了攻克这个问题，前赴后继、聚沙成塔。如图 1.3 所示，奈奎斯特指出带宽是影响信息率的因素，哈特利给出了信息的定义和信息定量化的初步设想。1948 年，克劳德·香农（Claude Shannon）发表了里程碑级的论文《通信的数学理论》，奠定了“信息论”这门学科的基石。

图 1.3 信息论的先驱者与奠基人

1.2 通信系统的一般模型

在《通信的数学理论》中，香农希望构建一个能够适用于各种信息传输和处理问题的通用理论框架。他对林林总总的通信系统进行了概括和抽象，构建了通信系统的一般模型，该模型主要由 6 个部分组成，如图 1.4 所示。

（1）信源：产生各种类型的消息，比如文字、语言、图像等。

（2）发射器：将信源发出的消息变换成适于信道传送的信号，通常由信源编码器、信道编码器和调制器组成。

（3）信道：将信号从发射器传送到接收器。

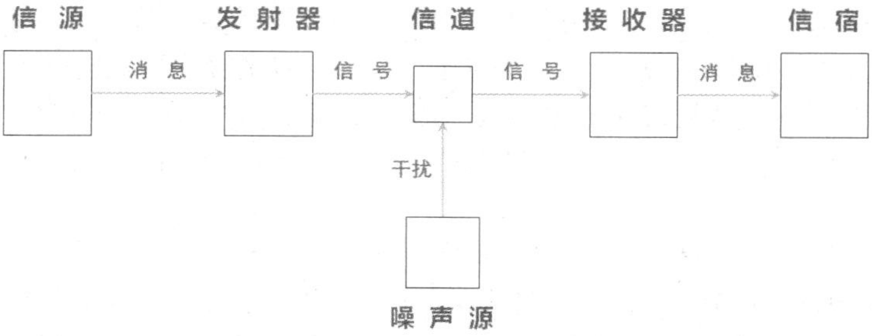

图 1.4　通信系统的一般模型

（4）接收器：执行与发射器相反的操作，从受干扰的接收信号中最大限度地重建信源发出的消息，并将它们传送给信宿。它通常由解调器、信道译码器、信源译码器组成。

（5）信宿：消息的最终接收者。

（6）噪声源：产生传输中存在的噪声、失真等各种干扰。

图 1.4 明确标示了消息、信号、干扰所处的环节。不过，“信息”在哪呢？回答这个问题的关键是明确信息的基本概念。

1.3 香农信息

物理学家约翰 · 惠勒（John Wheeler）曾说：“It from Bit.”（万物源自比特。）他认为，任何事物（包括粒子、力场，甚至时空本身）都源于信息。在他说的这句话中，比特就代指信息。那么，到底什么才能被称为信息呢？是不是随便一句话、一段文字都能被称为信息呢？

“信息”既复杂又抽象。相较于其他学科（如物理学、化学、数学），信息学还很年轻。人类对信息的认知还比较浅薄，不同研究学派对信息的本质及定义还没有形成统一的意见。在《通信的数学理论》中，香农基于哈特利的观点，提出“信息的基本属性是它的不确定性”。这就是著名的香农信息，亦称为概率信息或狭义信息。香农信息的概念在信息理论中被广泛采用，也是本书最基本、最重要的概念。

按照香农信息的概念，只有不确定事件才蕴含着信息，信息是能减少认识主体对某一事物的未知性或不确定性的有用知识。如图 1.5 所示，闭合的盒子里有一枚硬币。它可能是正面向上的，也可能是反面向上的，具体情况无法确定。这种不确定性就代表着信息存在，只不过暂时无法获取。当打开盒子、眼睛看到硬币的那一刹那，得到一个确定的结果时，关于硬币正反面的不确定性被消除，信息就被获取了。

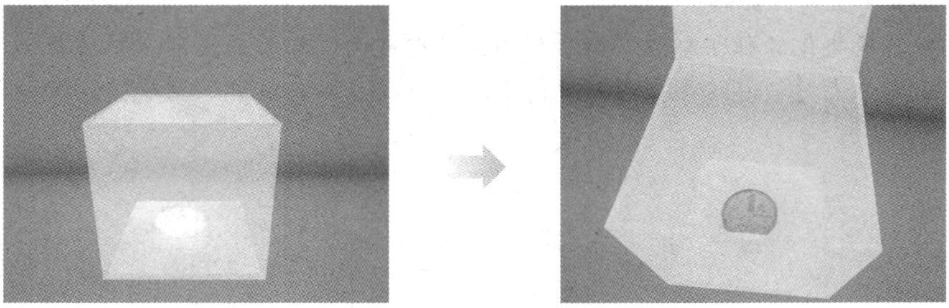

图 1.5　信息与不确定性

同理，在通信系统中，正是由于存在不确定性，才产生了信息。基于对通信活动对象和过程的分析，香农发现“信源发出的消息总是从可能发生的消息符号集合中随机选择的”。比如，二元信源的输出只能为 0 或 1，但是，观察者或信宿永远无法确定该信源将从可能的取值（0 和 1）中选择哪一个输出。信源的输出呈现不确定性，信息随之产生。并且这种不确定性会在整个通信系统中传递，直至到达信宿。

不过，信息是抽象的，不能直接传递，必须通过具象的实体来表现和承载。这个实体就是“消息”。消息能够被感知，具有文字、符号、图像等多种不同的形式。同一信息可以由不同形式的消息承载。尽管消息比较具象，但它仍不是物理量。为了在通信系统的物理层传输消息，需要将消息转换为信号。信号是消息的载荷者，是可测量、可显示、可描述的物理量。

综合信息、消息、信号的概念可知，在图 1.4 所示的通信系统的一般模型中，信源输出承载信息的消息，消息被变换为信号后，通过信道传递到信宿。香农认为，“通信的基本问题就是在一点重新准确地或近似地再现另一点所选择的消息”。因此，理想的情况是，信宿收到的消息与信源发出的消息完全一样。在这种情况下，信源产生的不确定性被彻底消除。然而，在实际情况中，不确定性往往是无法被彻底消除的。

在接下来的章节中，本书将围绕离散信源、信源编码、离散信道、信道编译码四大环节，分析不确定性在通信系统中的变化，探寻让信息传输得更快、更准的方法。若无特别说明，本书提及的“通信系统”均指离散通信系统。

1.4 习题

1. 简述香农信息的概念及特点。
2. 说明信息、消息及信号三者之间的联系与区别。
3. 简述通信系统的一般模型。
4. 请谈谈你对“具有通信意义的消息都是随机事件”的理解。

拓展学习

读者可参考以下主题，自行与大模型工具对话，并查阅相关文献，了解“信息”与“信息论”的更多知识。

（1）回溯信息论的起源，探究香农等奠基者的思想脉络，理解信息论的发展历程。

（2）诠释不同领域（如数理科学、计算机科学、生物学、社会学、法学等）中“信息”的概念，与“香农信息”的概念进行对比。

（3）虽然《清明上河图》和《千里江山图》的主题不同，但都代表了宋代绘画艺术的极高成就，共同展现了中华传统文化的独特魅力。请从不同角度探究两幅作品的信息量孰多孰少。

（4）梳理中国学者对信息论形成与发展的贡献，以及在人工智能、量子信息等领域产生的深远影响。

第 2 章 信息的统计度量

信息的统计度量是信息论的核心问题之一。本章针对不确定性的定量化描述问题，引入事件的自信息量和互信息量、离散集合的平均自信息量和平均互信息量等概念，明确它们的定义、性质及相互之间的联系，帮助读者系统、深入地认识信息的统计度量问题，为后续章节的学习奠定基础。本章思维导图如图 2.1 所示。

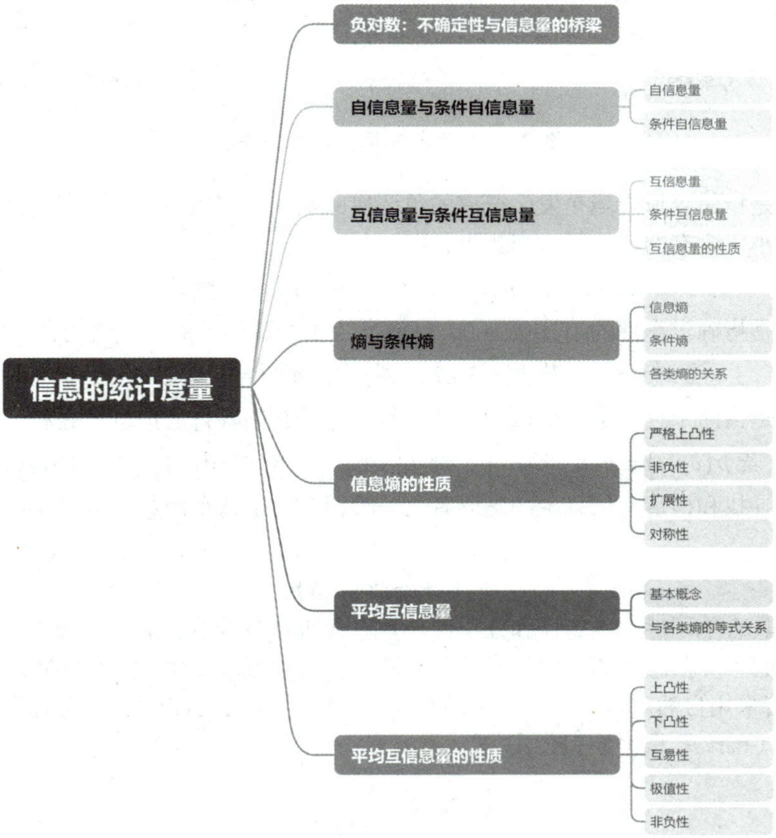

图 2.1　本章思维导图

2.1 负对数：不确定性与信息量的桥梁

哈特利和香农都强调信息的基本属性是不确定性。比如，“太阳从东方升起”是确定的，因此，这个事件不具有信息量。相比之下，尽管“中国男乒拿到奥运会乒乓球男子团体冠军”的可能性很大，但依旧存在些许不确定性，因此，这个事件具有信息量。不过，要想知道其中的信息量到底有多少，就需要进行定量的描述。

一个事件所蕴含的信息量是由其不确定性决定的，而不确定性可以由概率来定量描述，那么某事件所含有的信息量应该是该事件发生概率的函数 f。根据习惯认知和客观事实，这个函数 f 至少应当具有 3 种性质：单调性、确定性和独立性。概率与信息量之间的关系如图 2.2 所示。

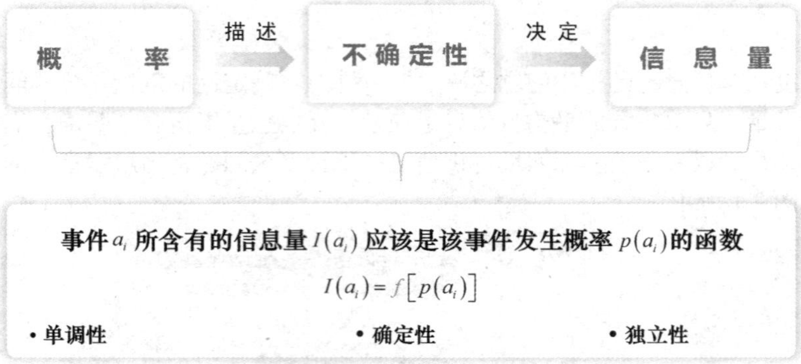

图 2.2　概率与信息量之间的关系

（1）单调性是指信息量应当是发生概率的单调递减函数，即概率越大的事件越容易发生，对应的不确定性就越小，含有的信息量应当越少，即：

$$\text{若 } p(a_1)>p(a_2)\text{，则 } f[p(a_1)]<f[p(a_2)]$$

（2）确定性是指确定事件的信息量为 0，即概率为 1 的事件不提供任何信息，即：

$$\text{若 } p(a_i)=1\text{，则 } f[p(a_i)]=0$$

（3）独立性是指两个独立事件提供的总信息量应等于它们各自的信息量之和，即：

$$\text{若 } p(a_1a_2)=p(a_1)p(a_2)\text{，则 } f[p(a_1a_2)]=f[p(a_1)]+f[p(a_2)]$$

经过长期的寻找和构造，信息论的先驱者之一哈特利提出这个函数 f 可以采用负对数的形式表示，即

$$f(x)=-\log_r(x) \tag{2-1}$$

负对数函数具有单调性、确定性和独立性。香农在研究中沿用了负对数函数，将不确定性和信息量紧密地衔接起来。信息量的单位与所取对数的底有关，若以 2 作为对数的底，则信息量的单位为比特（bit）；若采用自然对数，则信息量的单位为奈特（nat）；若以 10 作为对数的底，则信息量的单位为哈特利（hart）。根据换底公式

$$\log_a x=\frac{\log_b x}{\log_b a} \tag{2-2}$$

信息量的单位之间可相互转换。在本书中，未加特殊说明的情况下，默认信息量的单位为 bit，且不再标注对数的底。

2.2 自信息量与条件自信息量

本节将介绍自信息量与条件自信息量，它们分别代表了先验的不确定性和残存的不确定性。

2.2.1 自信息量

事件是指离散随机变量的样本。比如，一场羽毛球比赛的结果可能是输也可能是赢，这里的输、赢就是两个事件。

事件的自信息量

若事件 x_i 的发生概率为 $p(x_i)$，则该事件的自信息量为

$$I(x_i) = -\log p(x_i) \tag{2-3}$$

对于二维联合集 $\mathcal{XY}$ 上的联合事件 $x_i y_j$，其自信息量被定义为联合自信息量，表示为

$$I(x_i y_j) = -\log p(x_i y_j) \tag{2-4}$$

其中，$x_i \in \mathcal{X}$，$y_j \in \mathcal{Y}$，$x_i y_j$ 是一对联合事件，$p(x_i y_j)$ 是相应的二维联合概率。

类似地，可以定义更高维度的联合事件的自信息量。无论是单个事件还是联合事件，它们的自信息量都代表了先验的不确定性，也是在事件发生后能够给予观察者的最大信息量。

例 2.1：“夺冠”的自信息量

假如体育比赛中某支队伍夺冠的概率为 0.87，则该事件的自信息量为

$$\begin{aligned} I(\text{夺冠}) &= -\log p(\text{夺冠}) \\ &= -\log 0.87 \\ &\approx 0.20\text{bit} \end{aligned} \tag{2-5}$$

例 2.2：双骰子的自信息量

同时抛一对质地均匀的骰子，每个骰子各面朝上的概率均为 $\frac{1}{6}$。试求：

（1）“抛两个骰子得到的点数均为 1”的自信息量。

（2）“点数 3 和 5 同时出现”的自信息量。

解：

令 x_i 代表第一个骰子的抛掷结果为 i 点，y_j 代表第二个骰子的抛掷结果为 j 点。

（1）“抛两个骰子得到的点数均为 1”的概率 $p(x_1 y_1) = p(x_1) \cdot p(y_1) = \frac{1}{36}$，提供的自信息量为

$$I(x_1 y_1) = -\log p(x_1 y_1) \approx 5.17\text{bit} \tag{2-6}$$

式（2-6）表明，当多个事件相互独立时，由于它们的联合概率等于各自概率的乘积，因此它们提供的信息量等于各自的自信息量之和。

（2）“点数 3 和 5 同时出现”的情况有两种，分别是 $x_3 y_5$ 和 $x_5 y_3$，两种情况出现的概率是 $p(x_3 y_5 + x_5 y_3) = \frac{1}{18}$，提供的自信息量为

$$I(x_3 y_5 + x_5 y_3) = -\log p(x_3 y_5 + x_5 y_3) \approx 4.17\text{bit} \tag{2-7}$$

就体育比赛而言，一旦比赛结束，关于比赛输赢的不确定性就会彻底消除，自信息量完全得到释放。那么，是不是任何事件发生后，它的自信息量都能被完全释放出来呢？

如图 2.3 所示，假设发送端发送的符号是 x_i，接收端收到的符号是 y_j，通信的基本问题就是根据收到的符号 y_j 准确地再现发送的符号 x_i。但是，由于干扰的存在，当收到 y_j 之后，往往难以确定发送的到底是不是 x_i，即后验概率 $p(x_i \mid y_j)$ 不等于 1。这意味着收到 y_j 后，x_i 残存着不确定性，它的自信息量并未完全释放。这种残存的不确定性可以用条件自信息量来表征。

图 2.3　条件自信息量示意

2.2.2 条件自信息量

若事件 x_i 在事件 y_j 给定条件下的发生概率为 $p(x_i \mid y_j)$，则条件自信息量为

$$I(x_i \mid y_j) = -\log p(x_i \mid y_j) \tag{2-8}$$

它表征了事件 y_j 发生后事件 x_i 尚存的不确定性，即未释放出来的有关 x_i 的信息量。

例 2.3：小区寻人

某小区有若干栋商品房，每栋有 5 个单元，每个单元有 12 户。甲到该小区找乙。

（1）若甲只知道乙住在第 5 栋，他还需要多少信息才能找到乙？

（2）若甲不仅知道乙住在第 5 栋，而且知道乙住在 3 单元，他还需要多少信息才能找到乙？

解：

令 x_i 代表第 i 栋，y_j 代表第 j 单元，z_k 代表第 k 户。

（1）甲知道乙住在第 5 栋，代表事件 x_5 已经发生了。在这个条件下，要想知道乙在第 5 栋的 60 户中的哪一户，就需要进一步获得尚未释放出的关于 z_k 的信息量，消除掉残存的不确定性，即需得到 x_5 条件下 z_k 的条件自信息量

$$I(z_k \mid x_5) = -\log p(z_k \mid x_5) = -\log\frac{1}{60} \approx 5.91\text{bit} \tag{2-9}$$

因此，在已知乙住在第 5 栋的条件下，甲还需要 5.91bit 信息才能找到乙。

（2）同理，在进一步知道了乙住在 3 单元后，残存的不确定性为 x_5y_3 条件下 z_k 的条件自信息量

$$I(z_k \mid x_5y_3) = -\log p(z_k \mid x_5y_3) = -\log\frac{1}{12} \approx 3.58\text{bit} \tag{2-10}$$

因此，甲还需要 3.58bit 信息才能找到乙。

2.3 互信息量与条件互信息量

2.3.1 互信息量

2.2 节引入了自信息量与条件自信息量的概念。其中，自信息量 $I(x_i)$ 表征了事件 x_i 先验的不确

定性，条件自信息量 $I(x_i \mid y_j)$ 表征事件 y_j 发生后，事件 x_i 残存的不确定性。两者的差值代表了事件 y_j 的出现所能提供的关于事件 x_i 的信息量，它被定义为这两个事件之间的互信息量，即

事件的互信息量

$$I(x_i;y_j)=I(x_i)-I(x_i \mid y_j)=\log\frac{1}{p(x_i)}-\log\frac{1}{p(x_i \mid y_j)} \tag{2-11}$$

如图 2.4 所示，互信息量代表了“消除的不确定性”，而通信的意义恰恰就在于消除不确定性。

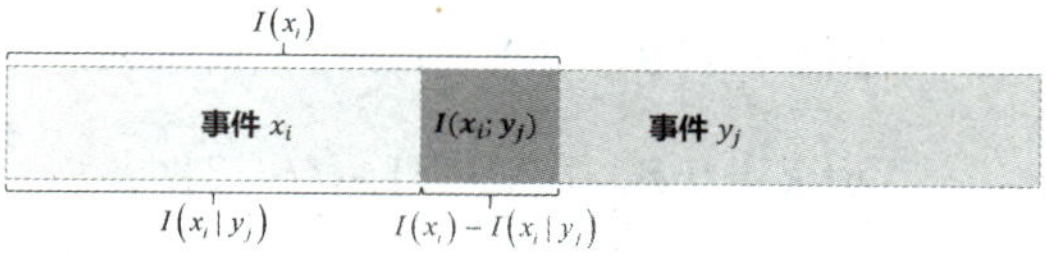

动画示意

图 2.4　互信息量示意

例 2.4：串行通信

信源随机输出 8 个数字 0、1、2、3、4、5、6、7。为了在二进制信道上传输这些数字，信源编码器将这 8 个十进制数编成 3 位二进制代码组行输出。信源符号的输出概率及相应的代码组如表 2.1 所示。

表 2.1　信源符号的输出概率及相应的代码组

信源输出的数字 U	二进制代码组 XYZ	$p(U)$	信源输出的数字 U	二进制代码组 XYZ	$p(U)$
0	000	1/4	4	100	1/16
1	001	1/4	5	101	1/16
2	010	1/8	6	110	1/16
3	011	1/8	7	111	1/16

如表 2.1 所示，用 U 表示信源输出的数字，用 X、Y、Z 分别表示二进制代码组的第一位、第二位和第三位，求：

（1）$I(U=3;\ X=0)$；

（2）$I(U=3;\ X=0,\ Y=1)$；

（3）$I(U=3;\ X=0,\ Y=1,\ Z=1)$。

解：

（1）$I(U=3;\ X=0)$ 表示信源输出 3、信源编码器只输出了第一位 0 的情况下，信源编码器的输出端获得的关于信源输出的信息量。

依据互信息量的概念，$U=3$ 和 $X=0$ 两个事件之间的互信息量可以表示为

$$I(U=3;\ X=0)=I(U=3)-I(U=3 \mid X=0) \tag{2-12}$$

根据贝叶斯公式

$$\begin{aligned} & p(U=3 \mid X=0) \\ &= \frac{p(X=0 \mid U=3)\,p(U=3)}{\sum_{U=0}^{7} p(X=0 \mid U)\,p(U)} \\ &= \frac{1}{6} \end{aligned} \tag{2-13}$$

则

$$I(U=3;\ X=0)=I(U=3)-I(U=3|\ X=0)$$
$$=\log\frac{1}{p(U=3)}-\log\frac{1}{p(U=3|\ X=0)} \tag{2-14}$$
$$\approx 0.415\text{bit}$$

（2）$I(U=3;\ X=0,\ Y=1)$表示信源输出 3、编码器只输出了前两位 01 的情况下，信源编码器的输出端获得的关于信源输出的信息量。

后验概率为

$$p(U=3|X=0,Y=1)$$
$$=\frac{p(X=0,Y=1|U=3)p(U=3)}{\sum_{U=0}^{7}p(X=0,Y=1|U)p(U)} \tag{2-15}$$
$$=\frac{1}{2}$$

则

$$I(U=3;\ X=0,Y=1)=I(U=3)-I(U=3|\ X=0,Y=1)$$
$$=\log\frac{1}{p(U=3)}-\log\frac{1}{p(U=3|\ X=0,Y=1)} \tag{2-16}$$
$$=2\text{bit}$$

（3）$I(U=3;\ X=0,\ Y=1,\ Z=1)$表示信源输出 3、信源编码器输出了完整代码 011 的情况下，信源编码器的输出端获得的关于信源输出的信息量。

对于这个问题，信源编码器输出了完整代码组 011，就能够确定信源输出的数字是 3，即事件$U=3$的不确定性被完全消除。这就意味着，信源编码器的输出端获得了$U=3$这个事件的全部自信息量，为 3 bit。

最后请读者对比第（1）问和第（2）问，并思考：这两个信息量相减

$$I(U=3;\ X=0)-I(U=3;\ X=0,\ Y=1) \tag{2-17}$$

代表的含义是什么？

它代表了在信源编码器已经输出第一位$X=0$的条件下，第二位$Y=1$获取的关于事件$U=3$的信息量。

2.3.2 条件互信息量

在给定事件z_k的条件下，将事件x_i与y_j之间的互信息量定义为条件互信息量，即

$$I(x_i;\ y_j\,|\,z_k)=I(x_i\,|\,z_k)-I(x_i\,|\,y_jz_k)=\log\frac{p(x_i\,|\,y_jz_k)}{p(x_i\,|\,z_k)} \tag{2-18}$$

其中：

$I(x_i\,|\,z_k)$表示在z_k发生的条件下，x_i残存的不确定性。

$I(x_i\,|\,y_jz_k)$表示在z_k、y_j发生的条件下，x_i残存的不确定性。

$I(x_i;\ y_j\,|\,z_k)$表示在z_k发生的条件下，y_j消除的x_i的不确定性。

例 2.5：灯泡检修

对于 8 个串联的灯泡，其损坏的可能性是相等的。目前，第一个灯泡损坏，但无人知晓。按照图 2.5 所示的方式进行测量，每进行一次测量可获得多少关于第一个灯泡损坏的信息量？

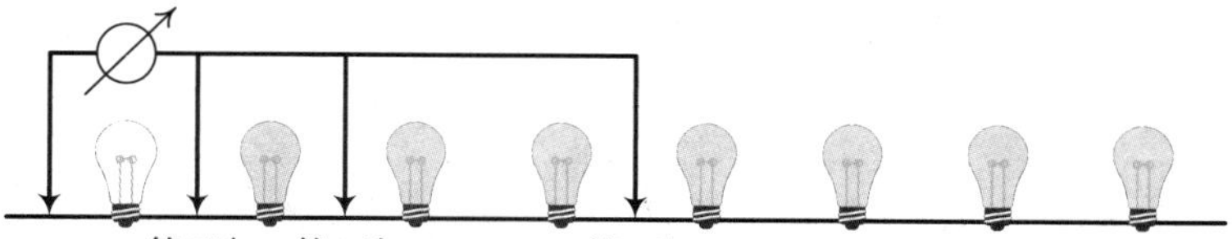

图 2.5　串联灯泡测量示意

解：

为了计算测量前后的不确定性，定义 4 个事件：x 代表第一个灯泡坏掉，y_1、y_2、y_3 分别代表第一次、第二次和第三次测量。

第一次测量前，第一个灯泡损坏的概率为 $p(x)=\frac{1}{8}$，先验的不确定性为

$$I(x)=-\log p(x)=3\text{bit}$$

第一次测量后，第一个灯泡损坏的概率变为 $p(x|y_1)=\frac{1}{4}$，残存的不确定性为

$$I(x|y_1)=-\log p(x|y_1)=2\text{bit}$$

因此，第一次测量获得的互信息量，即消除的不确定性为 $I(x;\ y_1)=I(x)-I(x|y_1)=1\text{bit}$ 。

第二次测量获得的信息量，是在 y_1 给定的条件下 x 和 y_2 之间的互信息量，即

$$I(x;\ y_2|y_1)=I(x|y_1)-I(x|y_1y_2)=1\text{bit} \tag{2-19}$$

类似地，第三次测量获得的互信息量，是在 y_1、y_2 给定的条件下 x 和 y_3 之间的互信息量，即

$$I(x;\ y_3|y_1y_2)=I(x|y_1y_2)-I(x|y_1y_2y_3)=1\text{bit} \tag{2-20}$$

3 次测量总计获得的信息量为 3bit，恰好等于测量开始前第一个灯泡损坏的先验的不确定性 $I(x)$。这也说明，3 次测量完全消除了第一个灯泡损坏的不确定性，可以确定是第一个灯泡损坏了。

2.3.3　互信息量的性质

互信息量具有以下性质。

1．互易性

互易性是指由事件 y_j 提供的有关事件 x_i 的信息量，等于由事件 x_i 提供的有关事件 y_j 的信息量，即

$$I(x_i;\ y_j)=I(y_j;\ x_i) \tag{2-21}$$

证明：

$$\begin{aligned} I(x_i;\ y_j) &= \log\frac{1}{p(x_i)}-\log\frac{1}{p(x_i|y_j)} \\ &= \log\frac{p(x_i|y_j)}{p(x_i)}=\log\frac{p(x_iy_j)}{p(x_i)p(y_j)}=\log\frac{p(y_j|x_i)}{p(y_j)} \\ &= I(y_j;\ x_i) \end{aligned} \tag{2-22}$$

2．互信息量不大于自信息量

任何两个事件之间的互信息量不可能大于其中任一事件的自信息量，即

$$\begin{cases} I(x_i;\ y_j) \leqslant I(x_i) \\ I(x_i;\ y_j) \leqslant I(y_j) \end{cases} \tag{2-23}$$

证明：

$$\begin{aligned} &\because I(x_i \mid y_j) \geqslant 0 \\ &\therefore I(x_i;\ y_j) = I(x_i) - I(x_i \mid y_j) \leqslant I(x_i) \end{aligned} \tag{2-24}$$

类似地，有

$$\begin{aligned} &\because I(y_j \mid x_i) \geqslant 0 \\ &\therefore I(y_j;\ x_i) = I(y_j) - I(y_j \mid x_i) \leqslant I(y_j) \end{aligned} \tag{2-25}$$

结合互易性 $I(x_i;\ y_j) = I(y_j;\ x_i)$，可得

$$\begin{cases} I(x_i;\ y_j) = I(y_j;\ x_i) \leqslant I(x_i) \\ I(x_i;\ y_j) = I(y_j;\ x_i) \leqslant I(y_j) \end{cases} \tag{2-26}$$

这一性质表明：自信息量 $I(x_i)$ 是为了确定事件 x_i 的出现所必须提供的信息量，也是任何其他事件所能获取的关于事件 x_i 的最大信息量。

3．互信息量可正、可负、可为 0

当后验概率大于先验概率，即 $p(x_i \mid y_j) > p(x_i)$ 时，互信息量为正值，即

$$I(x_i;\ y_j) > 0 \tag{2-27}$$

当后验概率小于先验概率，即 $p(x_i \mid y_j) < p(x_i)$ 时，互信息量为负值，即

$$I(x_i;\ y_j) < 0 \tag{2-28}$$

当事件 x_i 和 y_j 彼此统计独立时，互信息量为 0，即

$$I(x_i;\ y_j) = 0 \tag{2-29}$$

互信息量为正，则意味着事件 y_j 的出现对于确定事件 x_i 的出现是有利的；否则是不利的，例如受到强噪声影响的通信。互信息量为 0，则意味着不能通过对事件 y_j 的观测获得关于事件 x_i 的任何信息。

对比互信息量和条件互信息量的定义易知，上述性质同样适用于条件互信息量。

2.4 熵与条件熵

2.2 节、2.3 节研究的对象是事件。从本节开始，研究的对象将转向离散集合。首先要探讨的是如何评价集合的平均不确定性。

熵

2.4.1 信息熵

假设随机变量 X 的概率空间为

$$\begin{bmatrix} X \\ p(x_i) \end{bmatrix} = \begin{bmatrix} x_1 & x_2 & \cdots & x_q \\ p(x_1) & p(x_2) & \cdots & p(x_q) \end{bmatrix} \tag{2-30}$$

其中，$x_1, x_2, \cdots, x_q$ 代表随机变量 X 的 q 种样本，$p(x_1), p(x_2), \cdots, p(x_q)$ 是这 q 种样本的发生概率。$p(x_i)$ 满足概率的非负性和规范性

$$\begin{cases} 0 \leqslant p(x_i) \leqslant 1 \quad i=1, 2, \cdots, q \\ \sum_{i=1}^{q} p(x_i) = 1 \end{cases} \tag{2-31}$$

如图 2.6 所示，依据式（2-30）所示的概率分布，随机产生足够多的样本。假设样本的总数为 N，则其中样本 x_i 的数目为 $N \cdot p(x_i)$，所有样本提供的总信息量为 $\sum_{i=1}^{q} N \cdot p(x_i) \cdot I(x_i)$。平均之后可得：平均每个样本的信息量恰好为自信息量的数学期望。由此可定义平均自信息量的概念：在离散随机变量 X 的概率空间集合上，自信息量 $I(x_i)$ 的数学期望 $H(X)$ 被定义为平均自信息量，又称信息熵，简称熵，如式（2-32）所示。$H(X)$ 反映了概率空间中平均每个事件的不确定性。

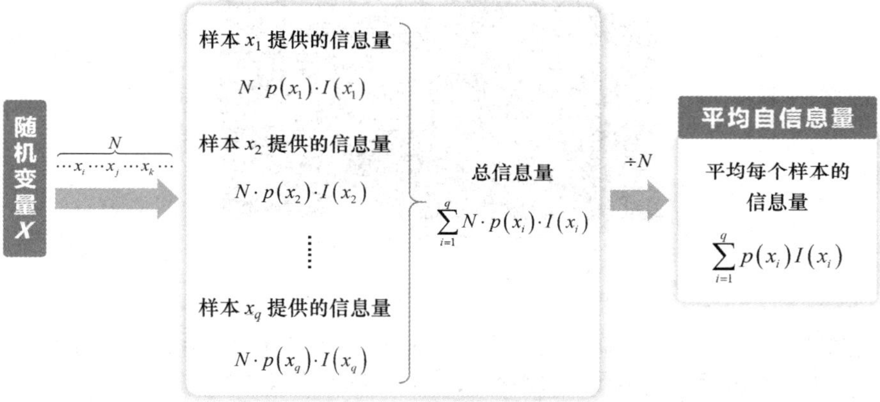

图 2.6 “熵”的引出

$$H(X) = E[I(x_i)] = E[-\log p(x_i)] = -\sum_{i=1}^{q} p(x_i) \log p(x_i) \tag{2-32}$$

可进一步将熵的概念从一个集合扩展至两个集合。

在联合集 $\mathcal{XY}$ 上，每对元素的自信息量 $I(x_i y_j)$ 的联合概率加权和被定义为联合熵 $H(XY)$，也称共熵。$H(XY)$ 表征了平均每对元素 $x_i y_j$ 的不确定性，有

$$H(XY) = \sum_{x_i \in \mathcal{X}} \sum_{y_j \in \mathcal{Y}} p(x_i y_j) I(x_i y_j) = -\sum_{x_i \in \mathcal{X}} \sum_{y_j \in \mathcal{Y}} p(x_i y_j) \log p(x_i y_j) \tag{2-33}$$

其中，X、Y 是分别定义于集合 $\mathcal{X}$、$\mathcal{Y}$ 上的随机变量。

类似地，联合熵的概念可以从两个集合推广至多个集合 $\mathcal{X}_1, \mathcal{X}_2, \cdots, \mathcal{X}_N$，即

$$H(X_1 X_2 \cdots X_N) = -\sum_{x_1 \in \mathcal{X}_1} \sum_{x_2 \in \mathcal{X}_2} \cdots \sum_{x_N \in \mathcal{X}_N} p(x_1 \cdots x_N) \log p(x_1 \cdots x_N) \tag{2-34}$$

其中，$X_1, X_2, \cdots, X_N$ 是分别定义于集合 $\mathcal{X}_1, \mathcal{X}_2, \cdots, \mathcal{X}_N$ 上的随机变量。$H(X_1 X_2 \cdots X_N)$ 称为 N 维联合熵。

例 2.6：信源的熵

在通信活动中，信源的输出总是随机的。比如，聊天的时候是难以精准预知对方即将要说的每句话、每个字的，因为对方在组织语言的时候具有不确定性。这种不确定性存在于所有的信源之中。

为了描述信源的不确定性，可以构建与之相应的概率空间模型，并计算信源熵。相较于事件的自信息量 $I(x_i)$，平均自信息量 $H(X)$ 更强调“平均”。它反映了信源输出前的平均不确定性，也代表了信源输出后平均每个符号能够提供的最大信息量。关于信源熵的问题，将在第 3 章进行更为深入、全面的讨论。

例 2.7：灰度图像的熵

请问在图 2.7 所示的灰度图像中，平均每个像素的信息量是多少？

图 2.7　灰度图像示例

解：

对于灰度图像，可以采用样本取值范围为 0～255 的随机变量 X 来描述。统计图像的灰度分布，可以得到每个样本的发生概率，从而构建随机变量 X 的概率空间模型

$$\begin{bmatrix} X \\ p(x_i) \end{bmatrix} = \begin{bmatrix} x_0 = 0 & x_1 = 1 & \cdots & x_{255} = 255 \\ p(0) & p(1) & \cdots & p(255) \end{bmatrix} \tag{2-35}$$

平均每个像素的信息量即信息熵为

$$H(X) = -\sum_{i=0}^{255} p(x_i) \log p(x_i) \tag{2-36}$$

2.4.2 条件熵

信息熵代表了集合先验的不确定性。在两个或多个集合发生交互后，集合先验的不确定性并不一定能被完全消除。因此，有必要对集合残存的不确定性进行评估。

如图 2.8 所示，假设信源输出符号的数目为 N，并且 N 足够大。在 N 次发射中，发射符号为 x_i、接收符号为 y_j 的通信总共发生了 $N \cdot p(x_i y_j)$ 次，每次通信残存的不确定性为 $I(x_i \mid y_j)$。可以进一步得到 N 次通信在信源残存的不确定性总量为 $\sum_i \sum_j N \cdot p(x_i y_j) \cdot I(x_i \mid y_j)$。因此，平均每传输一个符号，信源残存的不确定性为 $\sum_i \sum_j p(x_i y_j) \cdot I(x_i \mid y_j)$。将这个概念推广至任意两个离散集合，可以定义“条件熵”的概念。

在联合集 $\mathcal{X}\mathcal{Y}$ 上，条件自信息量 $I\left(x_i \mid y_j\right)$ 的联合概率加权和被定义为条件熵 $H\left(X \mid Y\right)$，它表示集合 $\mathcal{X}$ 和 $\mathcal{Y}$ 之间每交互一个元素，在集合 $\mathcal{X}$ 中残存的平均不确定性

$$H\left(X \mid Y\right)=\sum_{x_i\in\mathcal{X}}\sum_{y_j\in\mathcal{Y}}p\left(x_iy_j\right)I\left(x_i \mid y_j\right)=-\sum_{x_i\in\mathcal{X}}\sum_{y_j\in\mathcal{Y}}p\left(x_iy_j\right)\log p\left(x_i \mid y_j\right) \tag{2-37}$$

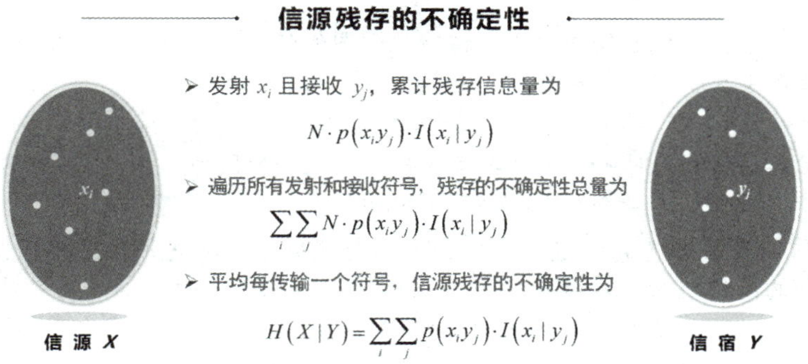

图 2.8　条件熵示意

其中，X、Y 是分别定义于集合 $\mathcal{X}$、$\mathcal{Y}$ 上的随机变量。

类似地，还可以定义条件熵 $H\left(Y \mid X\right)$。

在联合集 $\mathcal{X}\mathcal{Y}$ 上，条件自信息量 $I\left(y_j \mid x_i\right)$ 的联合概率加权和被定义为条件熵 $H\left(Y \mid X\right)$，它表示在集合 $\mathcal{X}$ 和 $\mathcal{Y}$ 之间每交互一个元素，在集合 $\mathcal{Y}$ 中残存的平均不确定性

$$H\left(Y \mid X\right)=\sum_{x_i\in\mathcal{X}}\sum_{y_j\in\mathcal{Y}}p\left(x_iy_j\right)I\left(y_j \mid x_i\right)=-\sum_{x_i\in\mathcal{X}}\sum_{y_j\in\mathcal{Y}}p\left(x_iy_j\right)\log p\left(y_j \mid x_i\right) \tag{2-38}$$

例 2.8：黑白格图像传输

如图 2.9 所示，信源随机产生一幅黑白格图像，其中，黑白像素的比例是 15∶17。若分别用符号“1”“0”表示白像素和黑像素，对比该图像经过 3 种不同的信道传输时条件熵的差异。

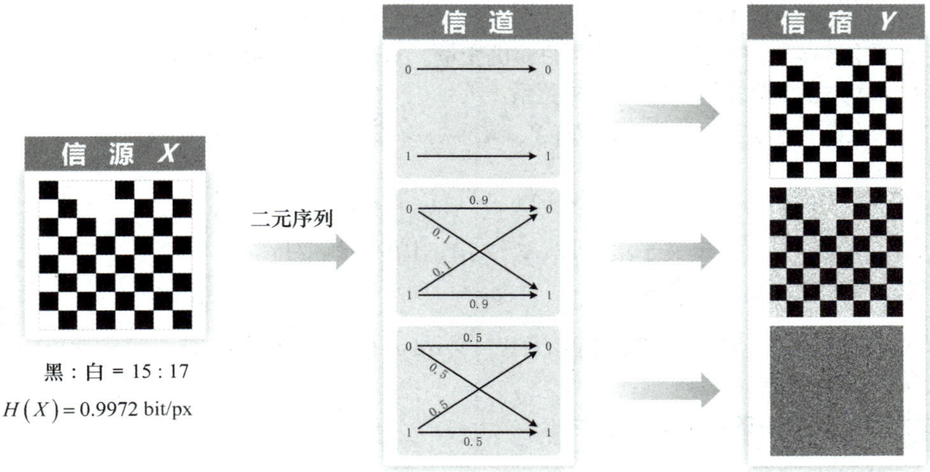

图 2.9　黑白格图像的传输

解：

分别以随机变量 X、Y 代表信源输出符号和信宿接收符号。

（1）第一个信道是最理想的信道，传输无误差。在这种情况下，信源的信息完全传递给信宿，信宿的熵 $H(Y)$ 等于信源的熵 $H(X)$，即

$$H(Y)=H(X)=0.9972\text{bit}/\text{px} \tag{2-39}$$

并且，信宿收到图像的时候，一定能够准确知道信源发送的消息，信源不会残存任何不确定性，即 $H(X|Y)=0$；同理，信源在发出图像的时候，也一定能够准确推断出信宿收到的消息，即 $H(Y|X)=0$。

（2）第二个信道存在10%的错误概率。信宿收到图像的时候，难以确定信源发送的图像，即存在不确定性。依据式（2-37）计算得到

$$H(X|Y)=0.4680\text{bit}/\text{px} \tag{2-40}$$

同理，信源在发出图像的时候，无法准确预知信宿收到的图像。依据式（2-38）计算得到

$$H(Y|X)=0.4690\text{bit}/\text{px} \tag{2-41}$$

（3）第三个信道是最恶劣的信道，存在50%的错误概率。在这种情况下，信道的输出类似于噪声。由信宿收到的图像完全无法推测信源发送的图像，信源的信息量完全损失在信道中，即

$$H(X|Y)=0.9972\text{bit}/\text{px}=H(X) \tag{2-42}$$

同理，可得

$$H(Y|X)=1.0\text{bit}/\text{px}=H(Y) \tag{2-43}$$

根据上面的分析可知，$H(X|Y)$ 代表了信源输出的平均不确定性在信道中的损失。那么，$H(Y|X)$ 代表的又是何种不确定性呢？它代表了由信道中的噪声、干扰等因素在传输过程中产生的不确定性。

2.4.3 各类熵的关系

联合熵、信息熵和条件熵之间存在着若干等式和不等式关系。

1．联合熵与信息熵、条件熵的等式关系

联合熵与信息熵、条件熵的等式关系如下。

$$H(XY)=H(X)+H(Y|X)=H(Y)+H(X|Y) \tag{2-44}$$

其中，X、Y 是分别定义于集合 $\mathcal{X}$、$\mathcal{Y}$ 上的随机变量。式（2-44）的证明参见附录A。

将式（2-44）推广至多维，存在链式关系

$$\begin{aligned}H(X_1X_2\cdots X_N)&=H(X_1)+H(X_2|X_1)+\cdots+H(X_N|X_1X_2\cdots X_{N-1})\\&=\sum_{i=1}^{N}H(X_i|X_1X_2\cdots X_{i-1})\end{aligned} \tag{2-45}$$

其中，$X_1,X_2,\cdots,X_N$ 是分别定义于集合 $\mathcal{X}_1,\mathcal{X}_2,\cdots,\mathcal{X}_N$ 上的随机变量。

如果集合相互统计独立，则有

$$H(X_1X_2\cdots X_N)=H(X_1)+H(X_2)+\cdots+H(X_N)=\sum_{i=1}^{N}H(X_i) \tag{2-46}$$

2．联合熵与信息熵的不等式关系

联合熵与信息熵的不等式关系如下。

$$H(XY)\leqslant H(X)+H(Y) \tag{2-47}$$

其中，X、Y 是分别定义于集合 $\mathcal{X}$、$\mathcal{Y}$ 上的随机变量。式（2-47）中，等号成立的充要条件为：集

合 $\mathcal{X}$ 和集合 $\mathcal{Y}$ 相互统计独立。

证明：

$$\begin{aligned}
&H(XY)-H(X)-H(Y)\\
&=-\sum_{x_i\in\mathcal{X}}\sum_{y_j\in\mathcal{Y}}p(x_iy_j)\log p(x_iy_j)-\left[-\sum_{x_i\in\mathcal{X}}p(x_i)\log p(x_i)\right]-\left[-\sum_{y_j\in\mathcal{Y}}p(y_j)\log p(y_j)\right]\\
&=-\sum_{x_i\in\mathcal{X}}\sum_{y_j\in\mathcal{Y}}p(x_iy_j)\log p(x_iy_j)+\sum_{x_i\in\mathcal{X}}\sum_{y_j\in\mathcal{Y}}p(x_iy_j)\log\left[p(x_i)p(y_j)\right]\\
&=\sum_{x_i\in\mathcal{X}}\sum_{y_j\in\mathcal{Y}}p(x_iy_j)\log\left[\frac{p(x_i)p(y_j)}{p(x_iy_j)}\right]\\
&\leqslant(\log\mathrm{e})\cdot\sum_{x_i\in\mathcal{X}}\sum_{y_j\in\mathcal{Y}}p(x_iy_j)\left[\frac{p(x_i)p(y_j)}{p(x_iy_j)}-1\right]\\
&=0
\end{aligned}\tag{2-48}$$

等号成立的充要条件为

$$p(x_iy_j)=p(x_i)p(y_j)\tag{2-49}$$

即 X 和 Y 相互统计独立。

式（2-48）、式（2-49）的推导过程中利用了对数函数线性化方法（参见附录 B）。

将式（2-47）推广至多维，有

$$H(X_1X_2\cdots X_N)\leqslant H(X_1)+H(X_2)+\cdots+H(X_N)\tag{2-50}$$

其中，X_1，X_2，…，X_N 是分别定义于集合 $\mathcal{X}_1$，$\mathcal{X}_2$，…，$\mathcal{X}_N$ 上的随机变量。等号成立的充要条件为：集合 $\mathcal{X}_1$，$\mathcal{X}_2$，…，$\mathcal{X}_N$ 相互统计独立。

3．条件熵与信息熵的不等式关系

条件熵与信息熵的不等式关系如下。

$$H(Y|X)\leqslant H(Y)\tag{2-51}$$

$$H(X|Y)\leqslant H(X)\tag{2-52}$$

其中，X、Y 是分别定义于集合 $\mathcal{X}$、$\mathcal{Y}$ 上的随机变量。等号成立的充要条件为：集合 $\mathcal{X}$ 和集合 $\mathcal{Y}$ 相互统计独立。

证明：

$$\begin{aligned}
&H(Y|X)-H(Y)\\
&=\left[-\sum_{x_i\in\mathcal{X}}\sum_{y_j\in\mathcal{Y}}p(x_iy_j)\log p(y_j|x_i)\right]-\left[-\sum_{y_j\in\mathcal{Y}}p(y_j)\log p(y_j)\right]\\
&=\sum_{x_i\in\mathcal{X}}\sum_{y_j\in\mathcal{Y}}p(x_iy_j)\log\left[\frac{p(y_j)}{p(y_j|x_i)}\right]\\
&\leqslant(\log\mathrm{e})\cdot\sum_{x_i\in\mathcal{X}}\sum_{y_j\in\mathcal{Y}}p(x_iy_j)\left[\frac{p(y_j)}{p(y_j|x_i)}-1\right]\\
&=(\log\mathrm{e})\cdot\sum_{x_i\in\mathcal{X}}\sum_{y_j\in\mathcal{Y}}\left[p(x_i)p(y_j)-p(x_iy_j)\right]\\
&=0
\end{aligned}\tag{2-53}$$

类似地，可证明 $H(X|Y) \leqslant H(X)$。式（2-51）和式（2-52）表明：集合残存的平均不确定性不大于先验的平均不确定性。

2.5 信息熵的性质

信息熵的性质

信息熵 $H(X)$ 可以视作概率分布 $p(x_i)$ 的函数。随着 $p(x_i)$ 的变化，熵体现出严格上凸性、非负性、扩展性等性质。

2.5.1 严格上凸性

1．基本概念

图 2.10 直观地展示了一元函数的严格上凸性。对于一元函数 $f(x)$，若 $f[\alpha x_1+(1-\alpha)x_2] > \alpha f(x_1)+(1-\alpha)f(x_2)$ 对某个区间上的任意两点 x_1、x_2（在 $0<\alpha<1$ 的条件下）均成立，则称 $f(x)$ 在该区间上是严格上凸的。

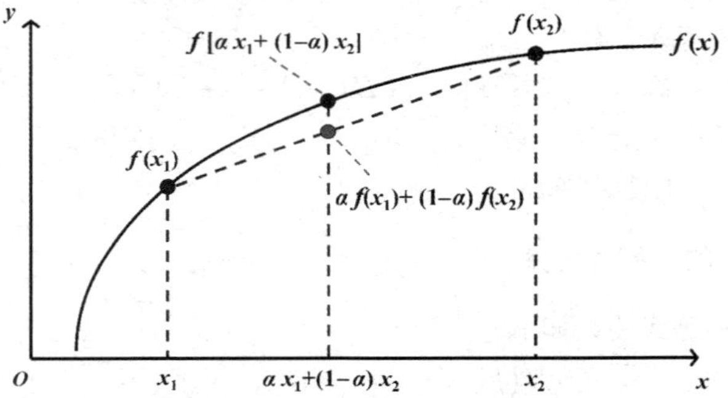

图 2.10 一元函数的严格上凸性示意

由一元函数推广至多元函数，可以给出更为普适的严格上凸函数的定义。

对于多元函数 $f(\boldsymbol{X})=f(x_1, x_2, \cdots, x_n)$，若任意一个小于 1 的正数 α $(0<\alpha<1)$ 和函数 $f(\boldsymbol{X})$ 定义域内的两个矢量 $\boldsymbol{X}_1$、$\boldsymbol{X}_2$，均能使得

$$f[\alpha \boldsymbol{X}_1+(1-\alpha)\boldsymbol{X}_2] > \alpha f(\boldsymbol{X}_1)+(1-\alpha)f(\boldsymbol{X}_2) \tag{2-54}$$

成立，则称 $f(\boldsymbol{X})$ 为定义域上的严格上凸函数。

显然，熵函数 $H(p_1, p_2, \cdots, p_q)$ 是概率分布 $(p_1, p_2, \cdots, p_q)$ 的多元函数。下面证明熵函数 $H(p_1, p_2, \cdots, p_q)$ 是概率分布 $(p_1, p_2, \cdots, p_q)$ 的严格上凸函数。

证明：

设 $\boldsymbol{P}_1=(p_1, p_2, \cdots, p_q)$ 和 $\boldsymbol{P}_2=(p'_1, p'_2, \cdots, p'_q)$ 为两个不同的概率矢量，且

$$\sum_{i=1}^{q} p_i = 1,\quad \sum_{i=1}^{q} p'_i = 1,\quad p_i \geqslant 0,\quad p'_i \geqslant 0 \tag{2-55}$$

令 $0<a<1$，则

$$\begin{aligned}
&H\left[a\boldsymbol{P}_1+(1-a)\boldsymbol{P}_2\right]\\
&=-\sum_{i=1}^{q}\left[ap_i+(1-a)p_i'\right]\log\left[ap_i+(1-a)p_i'\right]\\
&=-a\sum_{i=1}^{q}p_i\log\left\{p_i\left[\frac{ap_i+(1-a)p_i'}{p_i}\right]\right\}-\\
&(1-a)\sum_{i=1}^{q}p_i'\log\left[p_i'\left[\frac{ap_i+(1-a)p_i'}{p_i'}\right]\right]\\
&=aH(\boldsymbol{P}_1)+(1-a)H(\boldsymbol{P}_2)-a\sum_{i=1}^{q}p_i\log\frac{ap_i+(1-a)p_i'}{p_i}-\\
&(1-a)\sum_{i=1}^{q}p_i'\log\frac{ap_i+(1-a)p_i'}{p_i'}
\end{aligned} \tag{2-56}$$

依据对数函数线性化方法（参见附录 B），可得

$$-a\sum_{i=1}^{q}p_i\log\frac{ap_i+(1-a)p_i'}{p_i}>0,\quad -(1-a)\sum_{i=1}^{q}p_i'\log\frac{ap_i+(1-a)p_i'}{p_i'}>0 \tag{2-57}$$

则式（2-56）满足

$$H\left[a\boldsymbol{P}_1+(1-a)\boldsymbol{P}_2\right]>aH(\boldsymbol{P}_1)+(1-a)H(\boldsymbol{P}_2) \tag{2-58}$$

因此，熵函数是概率分布的严格上凸函数。

2．最大熵

对于闭区间上的严格上凸函数，最大值是一定存在的，因此，一定存在最大熵。

假设随机变量 X 的概率空间为

$$\begin{bmatrix}X\\p(x_i)\end{bmatrix}=\begin{bmatrix}x_1 & x_2 & \cdots & x_q\\p_1 & p_2 & \cdots & p_q\end{bmatrix} \tag{2-59}$$

为了求解熵 $H(X)$ 的最大值，构建约束优化问题

$$\begin{cases}\max\ \ H(p_1,\ p_2,\ \cdots,\ p_q)\\ \text{s.t.}\ \ \ \sum_{i=1}^{q}p_i=1\\ \qquad\ 0\leqslant p_i\leqslant 1\end{cases} \tag{2-60}$$

采用拉格朗日乘数法将约束优化问题转换成无约束优化问题

$$F(\boldsymbol{P})=H(p_1,\ p_2,\ \cdots,\ p_n)-\lambda\left(\sum_{i=1}^{q}p_i-1\right) \tag{2-61}$$

其中，λ 为拉格朗日乘子。

令偏导数为 0

$$\frac{\partial F(\boldsymbol{P})}{\partial p_i}=-\log p_i-\log \mathrm{e}-\lambda=0 \tag{2-62}$$

结合

$$\sum_{i=1}^{q}p_i=1 \tag{2-63}$$

解得 $p_i = \dfrac{1}{q}$。这意味着，当离散集合中所有元素的发生概率都相等时，熵函数值达到最大，为

$$H(X)\big|_{p_i=\frac{1}{q}} = \log q \tag{2-64}$$

3．应用：无损数据压缩

最大熵是无损数据压缩的重要理论依据。

如图 2.11 所示，无损数据压缩是指在不丢失信息的前提下，利用码符号集合中的码元符号，对信源数据进行编码，使得编码结果占用的存储空间更少。那么如何实现这种无损数据压缩呢？其基本思路很简单，就是让平均每个码元符号携带的信息量尽量大，从而减少表达同样信息所需的码元符号数目和存储空间。

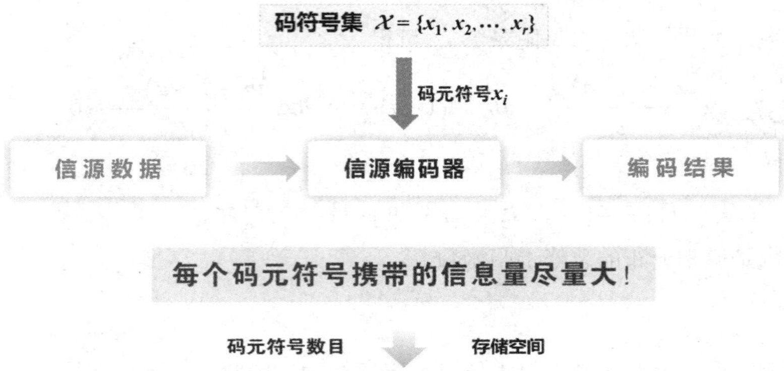

图 2.11　无损数据压缩的基本思路

下面以图 2.12 中的灰度图像为例进行介绍。该图像的大小为 1024px × 1024px，灰度等级为 256。假如每个像素只是简单地用 8 位二元符号表示，需要用 1MB 的空间。在编码结果中，0、1 的出现概率分别约为 0.78、0.22，平均每个二元符号的信息量约为 0.76bit。假如采用霍夫曼编码（见第 4 章），编码结果中 0、1 的出现概率分别约为 0.55、0.45，概率分布更加均匀。此时，平均每个二元符号的信息量约为 0.99bit，编码结果占用的存储空间缩小到约 474KB，达到了数据压缩的目的。

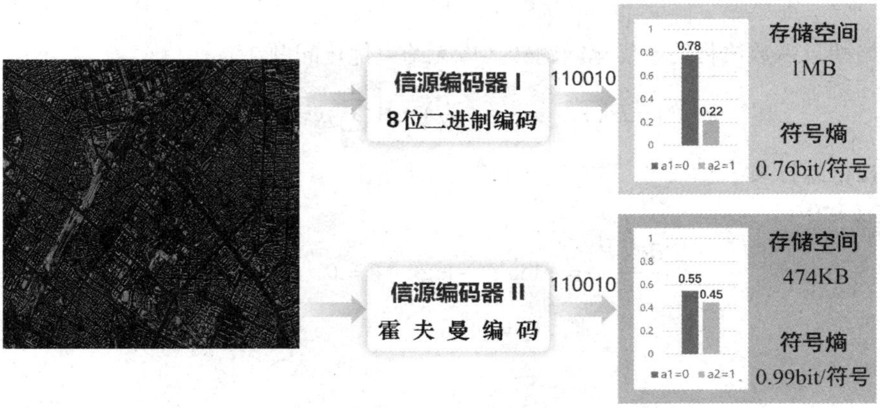

图 2.12　灰度图像无失真压缩

2.5.2　非负性

1　基本概念

假设随机变量 X 的概率空间为

$$\begin{bmatrix} X \\ p(x_i) \end{bmatrix} = \begin{bmatrix} x_1 & x_2 & \cdots & x_q \\ p_1 & p_2 & \cdots & p_q \end{bmatrix} \quad (2\text{-}65)$$

该随机变量的熵为

$$H(p_1, p_2, \cdots, p_q) = -\sum_{i=1}^{q} p_i \log p_i \quad (2\text{-}66)$$

在式（2-66）所示的求和表达式中，每一项均是非负的，因此

$$H(p_1, p_2, \cdots, p_q) \geqslant 0 \quad (2\text{-}67)$$

当前仅当式（2-66）所示的求和表达式中的每一项都等于 0 时，熵才达到最小值 0。

图 2.13 展示了 $-p(x_i)\log p(x_i)$ 随概率 $p(x_i)$ 的变化情况。可以看到，只有当 $p(x_i)$ 等于 0 或 1 的时候，才有 $-p(x_i)\log p(x_i)=0$ 。因此，式（2-67）中等号成立的充要条件为：集合中某元素 x_i 的发生概率 $p_i=1$ 、其余元素的发生概率 $p_k=0(k\neq i)$。此时，虽然概率空间中存在多个不同的样本，但只有一个样本几乎必然出现，而其他样本几乎都不可能出现。这样的概率空间被称为确定场，其信息熵为 0，不具备不确定性。

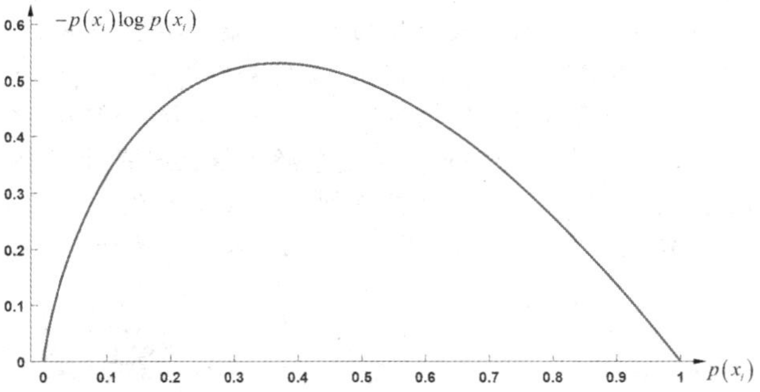

图 2.13　$-p(x_i)\log p(x_i)$ 随概率 $p(x_i)$ 的变化情况

2．最小熵

综合上凸性和非负性的分析可知，对于包含 q 个元素的概率空间 $[X, p(x_i)]$，其信息熵的取值范围为 0～$\log q$，即 $0 \leqslant H(X) \leqslant \log q$ 。

熵最小时，概率空间最有序，只有一个元素依概率意义必然出现；熵最大时，概率空间最混乱，每个元素都有相等的出现概率。从图 2.14 中可以看出，信息熵反映了概率空间的混乱程度。信息熵越小，集合越有序，纯度越高；信息熵越大，集合越混乱，纯度越低。

决策树的设计正是利用熵的这一特点，来衡量集合的纯度变化。

3．应用：决策树

决策树是指根据一系列的特征属性，对数据集合进行分类，让分类后每个小集合所包含的样本尽可能地属于同一类别。这就对分类所采用的特征属性提出了要求。那么，什么样的特征属性才是

最好的呢？能够最大限度提升纯度的特征属性就是最好的。纯度提升可以等价为信息熵减小。

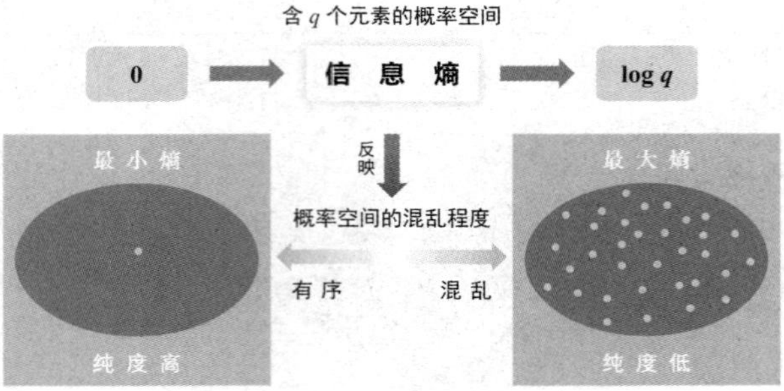

图 2.14 信息熵与集合的纯度

例 2.9：性别分类

如表 2.2 所示，已知 100 个人的身高和体重，其中有 60 名男性、40 名女性。如果设计决策树进行性别分类，身高和体重哪一个是更好的特征属性？

表 2.2 男女身高和体重

	身高≥170cm	身高 < 170cm
体重≥65kg	50 人（男性）	30 人（女性）
体重 < 65kg	10 人（女性）	10 人（男性）

如图 2.15 所示，分别评估一下身高和体重两个特征属性引起的纯度变化。

按照身高是否超过 170cm，将所有人的集合分为两个子集：集合 $\mathcal{Y}$ 和 $\mathcal{Z}$。集合 $\mathcal{Y}$ 有 60 人，其中男性 50 人，女性 10 人；集合 $\mathcal{Z}$ 有 40 人，其中男性、女性分别有 10 人和 30 人。在这个分类过程中，父集合 $\mathcal{X}$ 的熵为 0.97bit，两个子集合 $\mathcal{Y}$ 和 $\mathcal{Z}$ 的熵分别为 0.65bit 和 0.81bit。分类前后，纯度变化为父集合的熵减去加权后子集合的熵，约等于 0.26bit。子集合的加权系数是子集合在父集合中出现的概率。

按照体重是否超过 65kg 进行分类，可以计算得到，分类前后纯度变化是 0.01 bit。

对比两种结果，按照身高分类，纯度提升得更大。因此，采用身高作为特征属性，分类的效果更好。

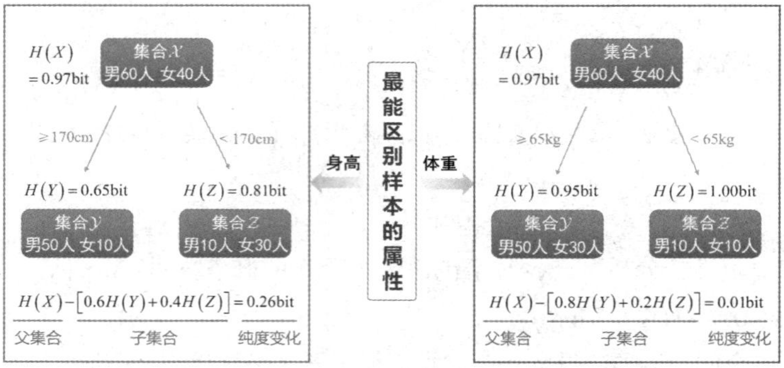

图 2.15 集合纯度分析

2.5.3 扩展性

若集合 $\mathcal{X}$ 有 q 个事件，集合 $\mathcal{Y}$ 有 $(q+1)$ 个事件，但集合 $\mathcal{Y}$ 只比集合 $\mathcal{X}$ 多了一个概率近于 0 的事件，则两个集合的熵值一样，即

$$\lim_{\varepsilon\to 0} H_{q+1}\left(p_1, p_2, \cdots, p_q-\varepsilon, \varepsilon\right)=H_q\left(p_1, p_2, \cdots, p_q\right) \tag{2-68}$$

证明：

$$\begin{aligned}
&\lim_{\varepsilon\to 0} H_{q+1}\left(p_1, p_2, \cdots, p_q-\varepsilon, \varepsilon\right)\\
&=\sum_{i=1}^{q-1} p_i \log\frac{1}{p_i}+\lim_{\varepsilon\to 0}\left[\left(p_q-\varepsilon\right)\log\frac{1}{p_q-\varepsilon}+\varepsilon\log\frac{1}{\varepsilon}\right]\\
&=\sum_{i=1}^{q} p_i \log\frac{1}{p_i}\\
&=H_q\left(p_1, p_2, \cdots, p_q\right)
\end{aligned} \tag{2-69}$$

式（2-68）表明，在集合中，概率很小的事件几乎不会发生，对于信息熵的贡献可以忽略。

不过，如图 2.16 所示，如果原集合 $\mathcal{X}$ 中有一个元素被分割成了 m 个元素，并且这 m 个元素的概率之和等于原元素的概率，其他元素的概率不变，则新集合由于分割会产生新的不确定性，熵增加，即存在以下情况。

若集合 $\mathcal{X}$ 中各个元素的发生概率分别为 $p_1, p_2, \cdots, p_{n-1}, p_n$，集合 $\mathcal{Y}$ 中各个元素的发生概率分别为 $p_1, p_2, \cdots, p_{n-1}, q_1, q_2, \cdots, q_m$，且 $p_n=\sum_{j=1}^{m} q_j$，则

$$H(Y)=H_{n+m-1}\left(p_1, p_2, \cdots, p_{n-1}, q_1, q_2, \cdots, q_m\right)>H(X) \tag{2-70}$$

其中，X、Y 分别为定义在集合 $\mathcal{X}$、$\mathcal{Y}$ 上的随机变量。

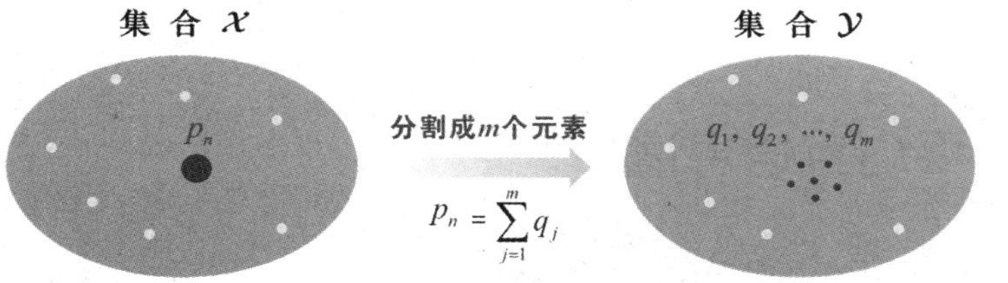

图 2.16　熵的扩展性

证明：

$$\begin{aligned}
H(Y)&=H_{n+m-1}\left(p_1, p_2, \cdots, p_{n-1}, q_1, q_2, \cdots, q_m\right)\\
&=\sum_{i=1}^{n-1} p_i \log\frac{1}{p_i}+\sum_{j=1}^{m} q_j \log\frac{1}{q_j}\\
&=\left(\sum_{i=1}^{n-1} p_i \log\frac{1}{p_i}+p_n\log\frac{1}{p_n}\right)+\left(\sum_{j=1}^{m} q_j \log\frac{1}{q_j}-\sum_{j=1}^{m} q_j \log\frac{1}{p_n}\right)\\
&=\sum_{i=1}^{n} p_i \log\frac{1}{p_i}+\sum_{j=1}^{m} q_j \log\frac{1}{q_j/p_n}\\
&=H_n\left(p_1, p_2, \cdots, p_{n-1}, p_n\right)+p_n H_m\left(\frac{q_1}{p_n}, \frac{q_2}{p_n}, \cdots, \frac{q_m}{p_n}\right)\\
&>H(X)
\end{aligned} \tag{2-71}$$

熵的扩展性在日常生活中的一个典型案例是选择困难症。随着选项增多，不确定性不断增加，选择逐渐变得困难。在什么情况下最难进行选择呢？根据最大熵原理，当新增的选项旗鼓相当的时候，最难进行选择。

2.5.4 对称性

对称性（也称总体性）是指任意变更概率矢量 $\boldsymbol{P}=\left(p_1, p_2, \cdots, p_q\right)$ 中分量的次序，熵不变。该性质表明：熵仅与集合总体的统计特性有关，而与内部结构无关。

如图 2.17 所示，尽管从视觉上来讲，右图比左图提供了更多的信息量，但是两张图的直方图是一模一样的，即概率空间是一样的，因此，两者的熵也是一样的。这个例子表明，熵将高维度的数据投影到一个标量上，丢失了对信息细节的描述能力，存在一定的局限性。

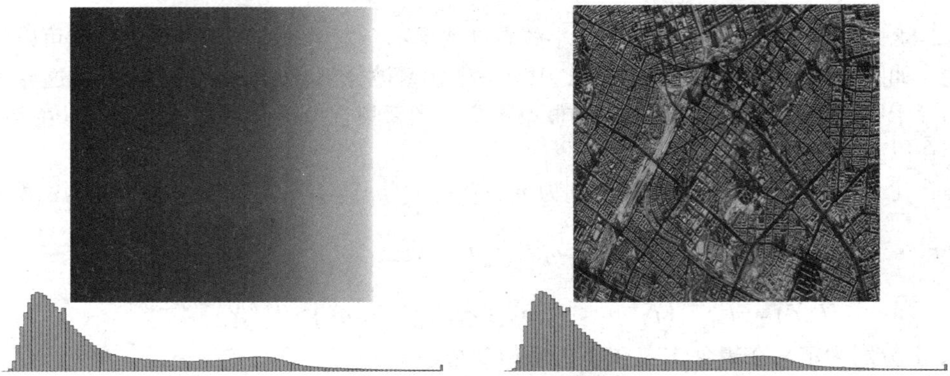

图 2.17　熵的对称性

2.6 平均互信息量

平均互信息量

在《通信的数学理论》中，香农指出："通信的基本问题就是在一点重新准确地或近似地再现另一点所选择的消息。"尽管无差错通信是众望所归，但在实际的信息传输中，差错总是难免的。这就造成信源的信息难以百分之百地传递到信宿。为了描述信宿从信源处获得的信息量，"平均互信息量"的概念应运而生。

需要说明的是，尽管本节是以图 2.18 所示的通信系统为对象，引入平均互信息量的概念的，但是该概念并不局限于通信系统，可以用于度量任意两个或多个集合之间交互的信息量。

图 2.18　通信系统示意

2.6.1 基本概念

记信源符号集合为 $\mathcal{X}=\left\{x_1, \cdots, x_i, \cdots, x_r\right\}$，信宿符号集合为 $\mathcal{Y}=\left\{y_1, \cdots, y_j, \cdots, y_s\right\}$，$X$、$Y$ 分别代表定义在集合 $\mathcal{X}$、$\mathcal{Y}$ 上的随机变量。如图 2.19 所示，互信息量 $I\left(x_i; y_j\right)$ 代表了信源符号 x_i 和

信宿符号 y_j 之间交互的信息量。如果信源发送的符号不是固定的 x_i，而是信源符号集合中的任意一个符号，那么信宿每收到一次符号 y_j 能获取多少信息量呢？

x_i 的自信息量

$$I(x_i;y_j)=I(x_i)-I(x_i\mid y_j)=\log\left[\frac{1}{p(x_i)}\right]-\log\left[\frac{1}{p(x_i\mid y_j)}\right]$$

x_i 和 y_j 交互的信息量　　x_i 残存的不确定性

图 2.19　信源符号 x_i 和信宿符号 y_j 之间交互的信息量

1．平均条件互信息量

由于信道存在差错，集合 $\mathcal{X}$ 中的每个符号经过信道后，输出的符号都有可能是 y_j。如果收到了 N 次 y_j，并且 N 足够大，则信源输出 x_i 的次数为 $Np(x_i\mid y_j)$。在这 N 次通信中，y_j 获取的关于 x_i 的信息量为 $Np(x_i\mid y_j)I(x_i;\ y_j)$。遍历信源符号集合 $\mathcal{X}$ 中的所有符号，可以得到这 N 次通信获得的总信息量为 $\sum_{i=1}^{r}Np(x_i\mid y_j)I(x_i;\ y_j)$，则平均每次收到 y_j 获得的关于集合 $\mathcal{X}$ 的信息量为

$$I(X;\ y_j)=\frac{\sum_{i=1}^{r}Np(x_i\mid y_j)I(x_i;\ y_j)}{N}=\sum_{i=1}^{r}p(x_i\mid y_j)I(x_i;\ y_j) \tag{2-72}$$

这个在集合 $\mathcal{X}$ 中以后验概率加权的互信息量 $I(x_i;\ y_j)$ 之和，被称为平均条件互信息量。平均条件互信息量反映了由一个接收符号 y_j 提供的关于集合 $\mathcal{X}$ 的平均信息量。而实际情况下收到的符号是随机的。那么信宿每收到一个任意的符号，提供的关于信源符号集合 $\mathcal{X}$ 的信息量又是多少呢？

2．平均互信息量

假设信宿收到了 N 个符号，其中收到 y_j 的次数为 $N\cdot p(y_j)$，每次平均获取的信息量为 $I(X;\ y_j)$，通信过程中获取的总信息量为 $\sum_{j=1}^{s}N\cdot p(y_j)\cdot I(X;\ y_j)$，则平均每次发收交互的信息量为

$$\begin{aligned}\frac{\sum_{j=1}^{s}Np(y_j)I(X;\ y_j)}{N}&=\sum_{j=1}^{s}p(y_j)\left[\sum_{i=1}^{r}p(x_i\mid y_j)I(x_i;\ y_j)\right]\\&=\sum_{i=1}^{r}\sum_{j=1}^{s}p(x_iy_j)I(x_i;\ y_j)\end{aligned} \tag{2-73}$$

即事件的互信息量 $I(x_i;\ y_j)$ 在联合集 $\mathcal{XY}$ 上的概率加权和。这个量被定义为平均互信息量 $I(X;\ Y)$

$$I(X;\ Y)=\sum_{i=1}^{r}\sum_{j=1}^{s}p(x_iy_j)I(x_i;\ y_j) \tag{2-74}$$

“平均互信息量”的出现，补齐了信息统计度量（见图 2.20）中最后一个知识板块，使得全面分析通信系统中信息的变化情况成为可能。这个分析的关键在于建立平均互信息量与各类熵的关系。

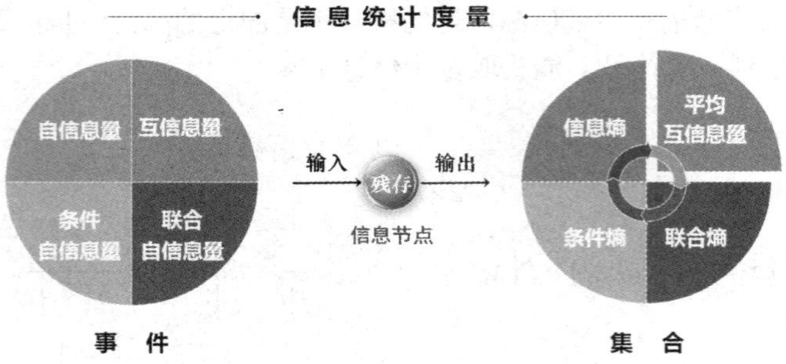

图 2.20 信息统计度量

2.6.2 与各类熵的等式关系

仍以通信系统为研究对象，记信源符号集合为$\mathcal{X}$，信宿符号集合为$\mathcal{Y}$，X、Y 分别代表定义在集合$\mathcal{X}$、$\mathcal{Y}$上的随机变量。下面将从“信源”“信宿”“通信系统”3 个角度建立平均互信息量与信息熵、条件熵、联合熵的等式关系。

1．从“信源”的角度

令 $x_i \in \mathcal{X}$，$y_j \in \mathcal{Y}$，则

$$\begin{aligned} I(X;Y) &= \sum_{x_i \in \mathcal{X}} \sum_{y_j \in \mathcal{Y}} p(x_i y_j) \cdot I(x_i;\ y_j) \\ &= \sum_{x_i \in \mathcal{X}} \sum_{y_j \in \mathcal{Y}} p(x_i y_j) \cdot \left[I(x_i) - I(x_i \mid y_j) \right] \\ &= \sum_{x_i \in \mathcal{X}} \sum_{y_j \in \mathcal{Y}} p(x_i y_j) \cdot \log\left[\frac{1}{p(x_i)}\right] - \sum_{x_i \in \mathcal{X}} \sum_{y_j \in \mathcal{Y}} p(x_i y_j) \cdot \log\left[\frac{1}{p(x_i \mid y_j)}\right] \\ &= H(X) - H(X \mid Y) \end{aligned} \tag{2-75}$$

整理可得，信源熵$H(X)$等于平均互信息量$I(X;\ Y)$与条件熵$H(X \mid Y)$之和，即

$$H(X) = I(X;\ Y) + H(X \mid Y) \tag{2-76}$$

信源符号集合中，平均每个符号的不确定性是$H(X)$。式（2-76）表明，通信发生后，信源熵的一部分输出给信宿，这一部分对应平均互信息量$I(X;\ Y)$；另一部分残留下来，是信宿无法获得的关于信源的信息量，这一部分对应条件熵$H(X \mid Y)$。在信息论中，$H(X \mid Y)$也被称为信道疑义度。

2．从“信宿”的角度

令 $x_i \in \mathcal{X}$，$y_j \in \mathcal{Y}$，则

$$\begin{aligned} I(X;\ Y) &= \sum_{x_i \in \mathcal{X}} \sum_{y_j \in \mathcal{Y}} p(x_i y_j) \cdot I(x_i;\ y_j) \\ &= \sum_{x_i \in \mathcal{X}} \sum_{y_j \in \mathcal{Y}} p(x_i y_j) \cdot \left[I(y_j) - I(y_j \mid x_i) \right] \\ &= \sum_{x_i \in \mathcal{X}} \sum_{y_j \in \mathcal{Y}} p(x_i y_j) \cdot \log\left[\frac{1}{p(y_j)}\right] - \sum_{x_i \in \mathcal{X}} \sum_{y_j \in \mathcal{Y}} p(x_i y_j) \cdot \log\left[\frac{1}{p(y_j \mid x_i)}\right] \\ &= H(Y) - H(Y \mid X) \end{aligned} \tag{2-77}$$

整理可得，信宿熵 $H(Y)$ 等于平均互信息量 $I(X;Y)$ 与条件熵 $H(Y|X)$ 之和，即

$$H(Y)=I(X;Y)+H(Y|X) \tag{2-78}$$

式（2-78）说明，信宿熵 $H(Y)$ 源于两部分：一部分是信源传递过来的，即平均互信息量 $I(X;Y)$；另一部分是在信息传递过程中，由噪声等因素产生的不确定性，即条件熵 $H(Y|X)$。在信息论中，$H(Y|X)$ 也被称为噪声熵。

3．从“通信系统”的角度

综合式（2-76）、式（2-78）和式（2-44），可以进一步得到，平均互信息量 $I(X;Y)$ 等于信源熵 $H(X)$ 与信宿熵 $H(Y)$ 之和减去二者的联合熵 $H(XY)$，即

$$I(X;Y)=H(X)+H(Y)-H(XY) \tag{2-79}$$

在通信发生之前，$\mathcal{X}$、$\mathcal{Y}$ 两个集合可以看作是孤立的，$H(X)+H(Y)$ 代表两个集合的平均不确定性之和，即整个系统的平均不确定性。在通信发生之后，两个集合产生了关联，从一个集合可以对另外一个集合进行一定程度的推断，整个系统的平均不确定性就由 $H(X)+H(Y)$ 变化为 $H(XY)$。由式（2-79）可以看出：平均互信息量等于通信前系统的平均不确定性减去通信后系统的平均不确定性，即等于通信系统的平均不确定性的变化量。

上述平均互信息量与各类熵的关系，也可以用维拉图来描述，如图 2.21 所示。其中，黄色和蓝色的圆分别代表熵 $H(X)$ 和 $H(Y)$，两个圆的交集代表两个集合交互的平均互信息量 $I(X;Y)$，两个圆的并集代表两个集合的联合熵 $H(XY)$。从图 2.21 中可以清楚地得到

$$H(X|Y)=H(X)-I(X;Y)$$
$$H(Y|X)=H(Y)-I(X;Y)$$
$$I(X;Y)=H(X)+H(Y)-H(XY)$$

除此之外，图 2.21 还反映了 2.4.3 小节中各类熵的关系，例如

$$H(XY)=H(X)+H(Y|X)$$
$$H(XY)=H(Y)+H(X|Y)$$
$$H(XY)\leqslant H(X)+H(Y)$$
$$H(X|Y)\leqslant H(X)$$
$$H(Y|X)\leqslant H(Y)$$

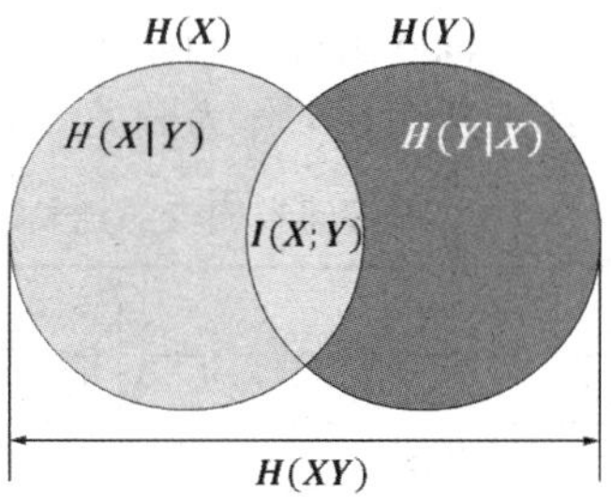

动画示意

图 2.21　平均互信息量与各类熵的关系

例 2.10：黑白格图像传输

如图 2.22 所示，一幅黑白格图像中黑白像素的比例是 7∶9。分别用符号“1”和“0”表示白像素和黑像素，通过 3 个不同的二元信道传输该幅图像。

第一个信道是错误概率为 0.4 的二元对称信道。计算可得，信源和信宿之间的平均互信息量等于 0.0286 bit/symbol。而信源熵为 0.9887 bit/symbol，这意味着信源的信息量只有约 2.89%传递给了信宿。

第二个信道是错误概率为 0.2 的二元对称信道，该信道的传输性能比第一个信道的传输性能更好，平均互信息量提升至 0.2740 bit/symbol。

第三个信道的输入、输出一一对应，传输中不存在差错，信源的信息完全传输给了信宿。平均互信息量等于信源熵，是 0.9887 bit/symbol。

对比上述 3 种信道传输的情况可以看到，信道输入、输出图像的相似性与平均互信息量的大小是正相关的：信道输入和输出图像越相似，平均互信息量就越大。若将这一性质从通信领域推广至人工智能等更为广泛的领域，平均互信息量的概念可被应用于评价任意集合之间的相关性。

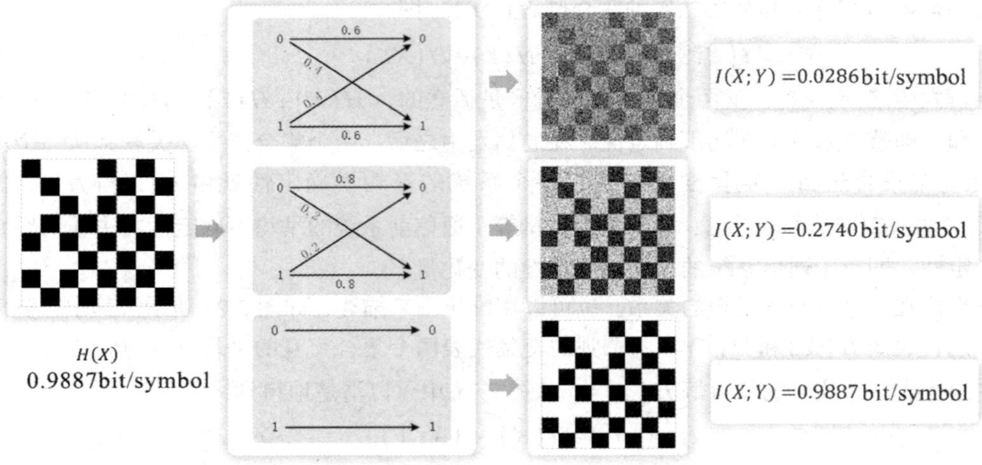

图 2.22 黑白格图像传输

2.6.3 应用：文本分类

在文本分类中，一个重要的问题是文本特征的选择，即从文本中提取具有类别区分能力的特征。

表 2.3 所示是一个课程问卷调查的结果，第一列是被调查者对这门课程的评语，总共有 8000 条；第二列是评价结果，包括正面（Positive）和负面（Negative）两种评价。把调查结果梳理一下，可以得到每个单词出现的次数，如图 2.23 所示。比如，在 6000 条正面评价中，follow 和 learn 各自都出现了 3000 次；在 2000 条负面评价中，hate 出现了 800 次。现在的问题是，如果要用机器学习将评语分成正面评价和负面评价两类，该选择哪些词作为分类依据呢？

表 2.3 课程问卷调查的结果

评语（8000 条）	评价
I really like this course and I am learning a lot	Positive
I really hate this course and think it is a waste of time	Negative
The course is really too simple and quite a bore	Negatice
The course is simple, fun and very easy to follow	Positive
I’m enjoying this course a lot and learning something too	Positive
I would enjoy myself a lot if I did not have to be in this course	Negative
⋮	⋮

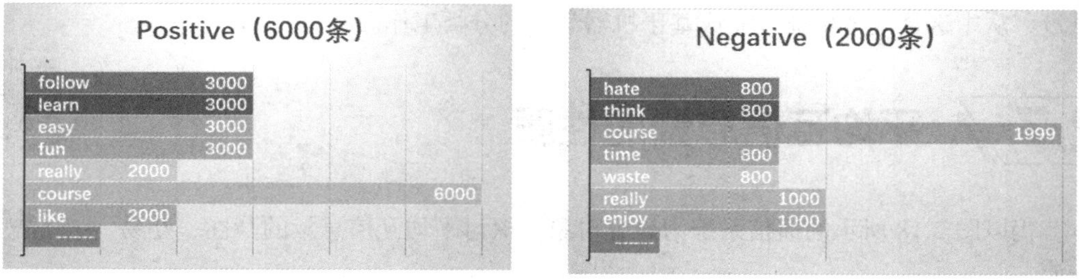

图 2.23　单词出现的次数

从最朴素的角度出发，选出来的词应当与评价的关联非常紧密，也就是说，这个词无论在评语中出现与否，都应该有助于给出明确的评价（无论这个评价是正面的还是负面的）。那么，如何定量地去评价相关性呢？下面就以 hate 和 course 这两个词为例，探讨基于平均互信息量的相关性评价方法。

通过分析这 8000 条评语，可以构建 hate 的状态集合、评价的状态集合及两个集合之间的映射关系，如图 2.24 所示。hate 出现的概率为 0.10，未出现的概率为 0.90；正面评价占 75%，负面评价占 25%。在 hate 出现的条件下，正面评价和负面评价的概率分别为 0 和 1；在 hate 未出现的条件下，正面评价和负面评价的概率分别为 $\frac{5}{6}$ 和 $\frac{1}{6}$。

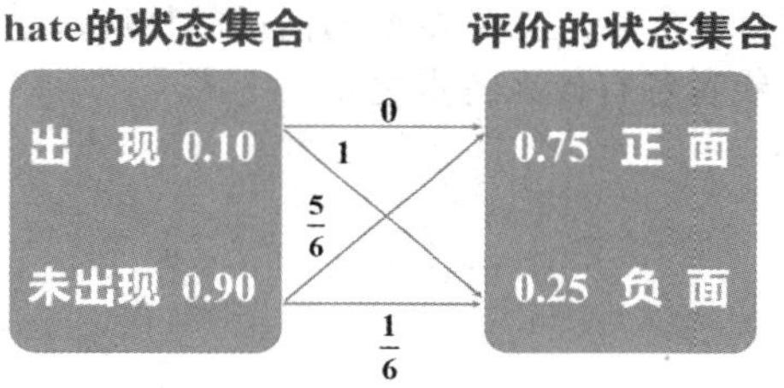

图 2.24　hate 的状态集合、评价的状态集合及两个集合之间的映射关系

计算结果表明，两个集合的平均互信息量为 0.2263 bit/state。这意味着 hate 的每个状态平均能够提供 0.2263 bit 的信息量用于推断评语的评价是正面的还是负面的。

类似地，可以构建 course 的状态集合、评价的状态集合及两个集合之间的映射关系，如图 2.25 所示。相比之下，course 的状态集合与评价的状态集合之间的平均互信息量仅为 0.0003 bit/state。

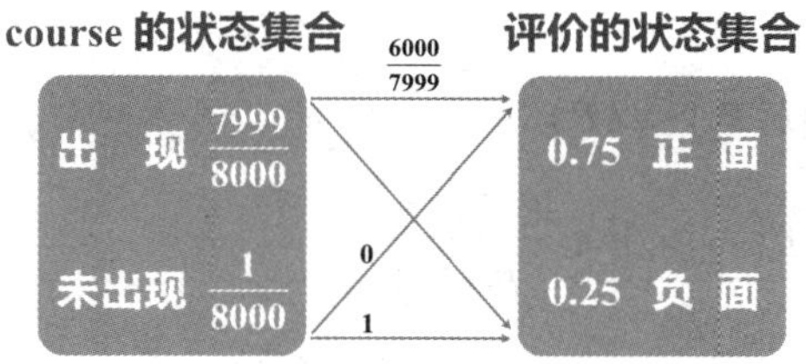

图 2.25　course 的状态集合、评价的状态集合及两个集合之间的映射关系

由上述分析可知，相比于 course，hate 能够提供更多的平均信息量，更应该被选为分类依据。那么，事实是不是如此呢？从词语的统计分布来看，hate 出现的时候，评价倾向于负面评价；不出现的时候，评价倾向于正面评价。这是一个能够展现出明确态度的文本特征。而 course 出现的时候，评价倾向于正面、负面的可能性几乎相等。这种模棱两可的情况对分类而言是很不利的。因此，选择 hate 作为分类依据，显然比选择 course 更可靠一些。类似地，可以逐一分析每个词语提供的平均

互信息量，从中选择文本特征，完成基于机器学习的分类工作。

2.7 平均互信息量的性质

平均互信息量的性质

本节仍以图 2.18 所示的通信系统为研究对象，探讨平均互信息量的凸性、互易性等性质。

记信道输入集合（即信源符号集合）为 $\mathcal{X}=\{x_1, \cdots, x_i, \cdots, x_r\}$、信道输出集合（即信宿符号集合）为 $\mathcal{Y}=\{y_1, \cdots, y_j, \cdots, y_s\}$，随机变量 X、Y 分别代表定义在集合 $\mathcal{X}$、$\mathcal{Y}$ 上的信道输入符号、信道输出符号。集合 $\mathcal{X}$ 和 $\mathcal{Y}$ 之间的平均互信息量为

$$I(X;Y)=\sum_{x_i\in\mathcal{X}}\sum_{y_j\in\mathcal{Y}}p(x_i)p(y_j|x_i)\cdot\log\frac{p(y_j|x_i)}{\sum_{x_i\in\mathcal{X}}p(x_i)p(y_j|x_i)} \tag{2-80}$$

其中，$p(y_j|x_i)$ 代表信道的传输特性。

由式（2-80）可以看出，平均互信息量是由信道输入概率分布 $p(x_i)$ 和信道传输特性 $p(y_j|x_i)$ 共同决定的。这意味着：一方面，对于某一个信道，它所传递的平均互信息量会随着信道输入而变化；另一方面，对于同一个输入集合，平均互信息量会随信道的特性而变化。在这两种情况下，平均互信息量的变化规律是否一致，或者各有什么特点呢?

2.7.1 上凸性

1. 基本概念

定理：平均互信息量是信源概率分布的上凸函数。

证明：

假设信道固定不变，传输概率为 $p(y_j|x_i)$。

定义信源分布 $\boldsymbol{P}_1=\{p_1(x_i), i=1, 2, \cdots\}$、$\boldsymbol{P}_2=\{p_2(x_i), i=1, 2, \cdots\}$ 以及 $\boldsymbol{P}$

$$\boldsymbol{P}=\alpha\boldsymbol{P}_1+(1-\alpha)\boldsymbol{P}_2=\{\alpha p_1(x_i)+(1-\alpha)p_2(x_i), i=1, 2, \cdots\}, 0<\alpha<1 \tag{2-81}$$

则有

$$\begin{aligned}
&\alpha I(\boldsymbol{P}_1)+(1-\alpha)I(\boldsymbol{P}_2)-I(\boldsymbol{P})\\
&=\alpha\sum_{x_i\in\mathcal{X}}\sum_{y_j\in\mathcal{Y}}p_1(x_i)p(y_j|x_i)\log\frac{p(y_j|x_i)}{p_1(y_j)}+\\
&(1-\alpha)\sum_{x_i\in\mathcal{X}}\sum_{y_j\in\mathcal{Y}}p_2(x_i)p(y_j|x_i)\log\frac{p(y_j|x_i)}{p_2(y_j)}-\\
&\sum_{x_i\in\mathcal{X}}\sum_{y_j\in\mathcal{Y}}\left[\alpha p_1(x_i)+(1-\alpha)p_2(x_i)\right]p(y_j|x_i)\log\frac{p(y_j|x_i)}{p(y_j)}
\end{aligned} \tag{2-82}$$

$$=\alpha\sum_{x_i\in\mathcal{X}}\sum_{y_j\in\mathcal{Y}}p_1(x_iy_j)\log\frac{p(y_j)}{p_1(y_j)}+(1-\alpha)\sum_{x_i\in\mathcal{X}}\sum_{y_j\in\mathcal{Y}}p_2(x_iy_j)\log\frac{p(y_j)}{p_2(y_j)}$$

其中，$I(\boldsymbol{P}_1)$、$I(\boldsymbol{P}_2)$、$I(\boldsymbol{P})$ 分别代表在信源概率分布 $\boldsymbol{P}_1$、$\boldsymbol{P}_2$、$\boldsymbol{P}$ 激励下集合 $\mathcal{X}$ 和 $\mathcal{Y}$ 之间的平均互信息量。

利用对数函数线性化，可知

$$\begin{aligned}\sum_{x_i\in\mathcal{X}}\sum_{y_j\in\mathcal{Y}}p_1(x_iy_j)\log\frac{p(y_j)}{p_1(y_j)}&\leqslant\sum_{x_i\in\mathcal{X}}\sum_{y_j\in\mathcal{Y}}p_1(x_iy_j)\left[\frac{p(y_j)}{p_1(y_j)}-1\right]\log \mathrm{e}\\&=\sum_{x_i\in\mathcal{X}}\sum_{y_j\in\mathcal{Y}}\left[p(y_j)p_1(x_i\mid y_j)-p_1(x_iy_j)\right]\log \mathrm{e}\\&=\left[\sum_{y_j\in\mathcal{Y}}p(y_j)\sum_{x_i\in\mathcal{X}}p_1(x_i\mid y_j)-\sum_{x_i\in\mathcal{X}}\sum_{y_j\in\mathcal{Y}}p_1(x_iy_j)\right]\\&=0\end{aligned}\tag{2-83}$$

同理，$\sum_{x_i\in\mathcal{X}}\sum_{y_j\in\mathcal{Y}}p_2(x_iy_j)\log\frac{p(y_j)}{p_2(y_j)}\leqslant 0$。所以

$$\alpha I(\boldsymbol{P}_1)+(1-\alpha)I(\boldsymbol{P}_2)\leqslant I\left[\alpha\boldsymbol{P}_1+(1-\alpha)\boldsymbol{P}_2\right]\tag{2-84}$$

平均互信息量是信源概率分布的上凸函数得证。

例 2.11：平均互信息量的上凸性

在图 2.26 所示的二元通信系统中，X、Y 分别代表定义在信道输入符号集合 $\mathcal{X}$、信道输出符号集合 $\mathcal{Y}$ 上的随机变量。假设在信源的概率空间中，0 和 1 的发生概率分别为 p 和 $\bar{p}=1-p$，即

$$\begin{bmatrix}X\\p(x_i)\end{bmatrix}=\begin{bmatrix}x_0=0 & x_1=1\\p & 1-p\end{bmatrix}\tag{2-85}$$

信道的正确传输概率为 q，错误传输概率为 $\bar{q}=1-q$，信道矩阵为

$$\boldsymbol{P}_{Y|X}=\begin{bmatrix}q & \bar{q}\\\bar{q} & q\end{bmatrix}\tag{2-86}$$

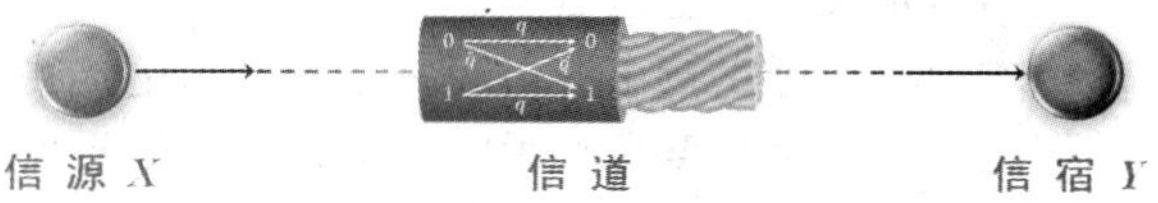

图 2.26　二元通信系统

依据平均互信息量与信息熵、条件熵的关系，可以得到在信源激励下的平均互信息量为

$$\begin{aligned}I(X;Y)&=H(Y)-H(Y\mid X)\\&=H(Y)-\sum_{x_i\in\mathcal{X}}p(x_i)\sum_{y_j\in\mathcal{Y}}p(y_j\mid x_i)\log\left[\frac{1}{p(y_j\mid x_i)}\right]\\&=H(Y)-\sum_{x_i\in\mathcal{X}}p(x_i)\left[\bar{q}\log\left(\frac{1}{\bar{q}}\right)+q\log\left(\frac{1}{q}\right)\right]\\&=H(Y)-\left[\bar{q}\log\left(\frac{1}{\bar{q}}\right)+q\log\left(\frac{1}{q}\right)\right]\\&=H(Y)-H(q)\end{aligned}\tag{2-87}$$

信宿的概率空间为

$$\begin{bmatrix} Y \\ p(y_j) \end{bmatrix} = \begin{bmatrix} y_0 = 0 & y_1 = 1 \\ pq + \overline{pq} & 1 - pq - \overline{pq} \end{bmatrix} \tag{2-88}$$

信宿熵为

$$H(Y) = H\left(pq + \overline{pq}\right) \tag{2-89}$$

将式（2-89）代入式（2-87），则平均互信息量为

$$I(X;Y) = H\left(pq + \overline{pq}\right) - H(q) \tag{2-90}$$

令信道的正确传输概率 $q = 0.9$。根据式（2-90），可以绘出平均互信息量随信源分布 p 变化的曲线，如图 2.27 所示。在区间[0,1]内任意选取两个值 x_1 和 x_2，并在两者之间任选一个值 $\alpha x_1 + (1-\alpha)x_2$，其中 $0 < \alpha < 1$。对应这 3 个取值，可以得到相应的平均互信息量 $I(x_1)$、$I(x_2)$、$I\left[\alpha x_1 + (1-\alpha)x_2\right]$。可以发现，$I\left[\alpha x_1 + (1-\alpha)x_2\right]$ 总不小于 $\alpha I(x_1) + (1-\alpha)I(x_2)$，恰好符合上凸性的定义。

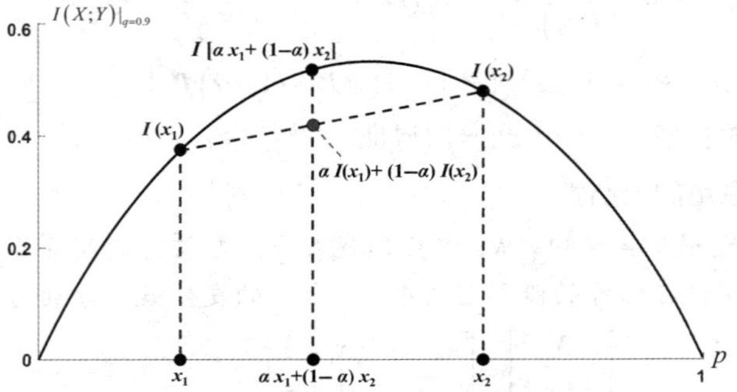

图 2.27 平均互信息量随信源分布 p 变化的曲线

2．应用：信道容量

平均互信息量的上凸性表明：对于一个固定的信道，通过调整信源的概率分布，总可以找到平均互信息量的最大值。该最大值被定义为信道容量。

有噪信道编码定理（即香农第二定理）指出：对于一个离散无记忆平稳信道，只要信息传输率小于信道容量，则存在一种编码，当码字长度足够大时，可以使译码平均错误概率任意小。换句话说，在任何信道中，信道容量都是保障可靠传输的信息传输率上限。平均互信息量的上凸性保证了信道容量的存在，进而支撑了香农第二定理的提出和证明。

2.7.2 下凸性

1．基本概念

定理：平均互信息量是信道传输概率的下凸函数。

证明：

设信源固定，信源分布为 $p(x_i)$。

令 $p_1(y_j \mid x_i)$ 和 $p_2(y_j \mid x_i)$ 代表两种不同的信道，定义第三种信道 $p(y_j \mid x_i)$

$$p(y_j \mid x_i) = \alpha p_1(y_j \mid x_i) + (1-\alpha) p_2(y_j \mid x_i),\ 0 < \alpha < 1 \tag{2-91}$$

则

$$
\begin{aligned}
&I\left[p\left(y_j \mid x_i\right)\right]-\alpha I\left[p_1\left(y_j \mid x_i\right)\right]-(1-\alpha) I\left[p_2\left(y_j \mid x_i\right)\right] \\
&=\sum_{x_i \in \mathcal{X}} \sum_{y_j \in \mathcal{Y}} p\left(x_i\right)\left[\alpha p_1\left(y_j \mid x_i\right)+(1-\alpha) p_2\left(y_j \mid x_i\right)\right] \log \frac{p\left(x_i \mid y_j\right)}{p\left(x_i\right)}-\alpha \sum_{x_i \in \mathcal{X}} \sum_{y_j \in \mathcal{Y}} p\left(x_i\right) p_1\left(y_j \mid x_i\right) \log \frac{p_1\left(x_i \mid y_j\right)}{p\left(x_i\right)}- \\
&(1-\alpha) \sum_{x_i \in \mathcal{X}} \sum_{y_j \in \mathcal{Y}} p\left(x_i\right) p_2\left(y_j \mid x_i\right) \log \frac{p_2\left(x_i \mid y_j\right)}{p\left(x_i\right)} \\
&=\alpha \sum_{x_i \in \mathcal{X}} \sum_{y_j \in \mathcal{Y}} p_1\left(x_i y_j\right) \log \frac{p\left(x_i \mid y_j\right)}{p_1\left(x_i \mid y_j\right)}+(1-\alpha) \sum_{x_i \in \mathcal{X}} \sum_{y_j \in \mathcal{Y}} p_2\left(x_i y_j\right) \log \frac{p\left(x_i \mid y_j\right)}{p_2\left(x_i \mid y_j\right)}
\end{aligned} \tag{2-92}
$$

其中，$I\left[p\left(y_j \mid x_i\right)\right]$、$I\left[p_1\left(y_j \mid x_i\right)\right]$、$I\left[p_2\left(y_j \mid x_i\right)\right]$ 分别代表同一个信源通过信道 $p\left(y_j \mid x_i\right)$、$p_1\left(y_j \mid x_i\right)$、$p_2\left(y_j \mid x_i\right)$ 产生的平均互信息量。

利用对数函数线性化，可得

$$
\begin{aligned}
\sum_{x_i \in \mathcal{X}} \sum_{y_j \in \mathcal{Y}} p_1\left(x_i y_j\right) \log \frac{p\left(x_i \mid y_j\right)}{p_1\left(x_i \mid y_j\right)} &\leqslant \sum_{x_i \in \mathcal{X}} \sum_{y_j \in \mathcal{Y}} p_1\left(x_i y_j\right)\left[\frac{p\left(x_i \mid y_j\right)}{p_1\left(x_i \mid y_j\right)}-1\right] \log \mathrm{e} \\
&=\sum_{x_i \in \mathcal{X}} \sum_{y_j \in \mathcal{Y}}\left[p_1\left(y_j\right) p\left(x_i \mid y_j\right)-p_1\left(x_i y_j\right)\right] \log \mathrm{e} \\
&=\left[\sum_{y_j \in \mathcal{Y}} p_1\left(y_j\right) \sum_{x_i \in \mathcal{X}} p\left(x_i \mid y_j\right)-\sum_{x_i \in \mathcal{X}} \sum_{y_j \in \mathcal{Y}} p_1\left(x_i y_j\right)\right] \log \mathrm{e} \\
&=0
\end{aligned} \tag{2-93}
$$

同理，$\sum_{x_i \in \mathcal{X}} \sum_{y_j \in \mathcal{Y}} p_2\left(x_i y_j\right) \log \frac{p\left(x_i \mid y_j\right)}{p_2\left(x_i \mid y_j\right)} \leqslant 0$。所以

$$
I\left[\alpha p_1\left(y_j \mid x_i\right)+(1-\alpha) p_2\left(y_j \mid x_i\right)\right] \leqslant \alpha I\left[p_1\left(y_j \mid x_i\right)\right]+(1-\alpha) I\left[p_2\left(y_j \mid x_i\right)\right] \tag{2-94}
$$

平均互信息量的下凸性得证。

例 2.12：平均互信息量的下凸性

与例 2.11 相似，假设在信源的概率空间中，0 和 1 的发生概率分别为 p 和 $\bar{p}=1-p$，信道的正确传输概率为 q、错误传输概率为 $\bar{q}=1-q$，则平均互信息量为

$$
I(X;Y)=H\left(pq+\overline{pq}\right)-H(q) \tag{2-95}
$$

令 $p=0.5$，即信源等概率分布，并保持不变。根据式（2-95），可以绘出平均互信息量随信道正确传输概率 q 变化的曲线。在区间[0, 1]内任意选取两个值 x_1 和 x_2，并在两者之间任选一个值 $\alpha x_1+(1-\alpha)x_2$，其中 $0<\alpha<1$。对应这 3 个取值，可以得到相应的平均互信息量 $I(x_1)$、$I(x_2)$、$I\left[\alpha x_1+(1-\alpha)x_2\right]$。从图 2.28 可以看出，$I\left[\alpha x_1+(1-\alpha)x_2\right]$ 不大于 $\alpha I(x_1)+(1-\alpha)I(x_2)$，符合下凸性的定义。

2．应用：限失真信源压缩

平均互信息量的下凸性表明：对于一个固定的信源，总可以找到一个信道，使得平均互信息量达到最小。这个性质的重要应用之一就是限失真信源压缩。

对压缩而言，最理想的情况是没有失真，但是某些失真是难以避免的，比如，连续信源的绝对

熵无限大，不可能实现无失真信息传输，必须失真压缩后才能实现差错任意小的传输。此外，一定程度的失真是允许的。比如，人耳能听到的声音频率基本在 20Hz～20kHz 的范围之内，因此在制作 MP3 文件时可以丢弃超出这个范围的频率信息；在观察图像时，人眼寻找的往往是比较明显的特征，而不会对每个像素进行等同的分析，因此可以在视频压缩中丢弃一些细节。总而言之，限定失真程度的信源压缩是必要的，也是允许的。

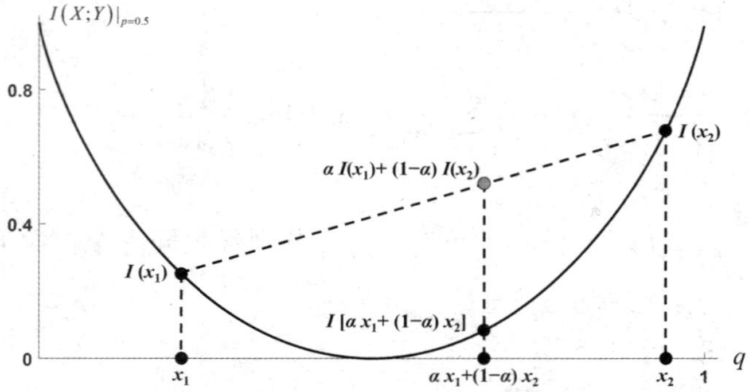

图 2.28 平均互信息量随信道正确传输概率 q 变化的曲线

限失真压缩器的输入是待压缩的信源数据，输出是压缩结果。显然，数据压缩可以视作信源信息通过信道传递的过程，如图 2.29 所示。限失真压缩的目的，就是在给定信源分布与失真度量的约束条件下，寻找能够使平均互信息量达到最小的信道，尽量减少信源传递给压缩结果的信息量，从而实现最大程度的压缩。

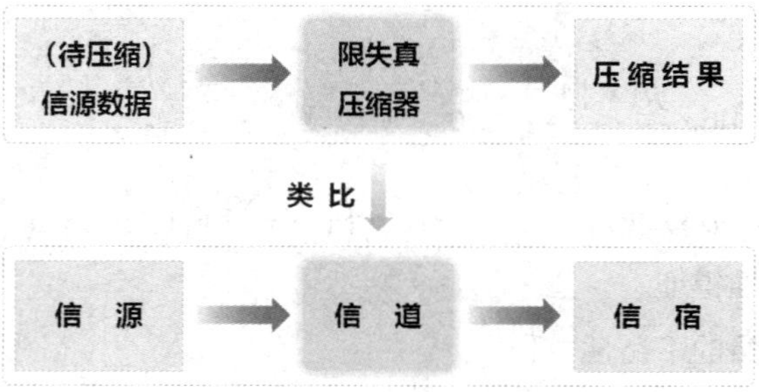

图 2.29 限失真信源压缩

那这样的信道是否存在呢？平均互信息量的下凸性表明，对于一个固定的信源，总可以找到一个信道，使得平均互信息量达到最小，也就保证了限失真信源压缩的可行性。

2.7.3 互易性

互易性（也称对称性）是指由集合 $\mathcal{X}$ 传递至集合 $\mathcal{Y}$ 的平均互信息量等于由集合 $\mathcal{Y}$ 传递至集合 $\mathcal{X}$ 的平均互信息量，即

$$I(X;Y)=I(Y;X) \tag{2-96}$$

证明：

根据平均互信息量的定义可得

$$
\begin{aligned}
I(X;Y) &= \sum_{x_i \in \mathcal{X}} \sum_{y_j \in \mathcal{Y}} p(x_i y_j) \log \frac{p(x_i \mid y_j)}{p(x_i)} \\
&= \sum_{x_i \in \mathcal{X}} \sum_{y_j \in \mathcal{Y}} p(x_i y_j) \log \frac{p(x_i \mid y_j) p(y_j)}{p(x_i) p(y_j)} \\
&= \sum_{x_i \in \mathcal{X}} \sum_{y_j \in \mathcal{Y}} p(x_i y_j) \log \frac{p(x_i y_j)}{p(x_i) p(y_j)} \\
&= \sum_{x_i \in \mathcal{X}} \sum_{y_j \in \mathcal{Y}} p(x_i y_j) \log \frac{p(y_j \mid x_i)}{p(y_j)} \\
&= I(Y;\ X)
\end{aligned}
\tag{2-97}
$$

2.7.4 极值性

极值性是指集合 $\mathcal{X}$ 和 $\mathcal{Y}$ 之间的平均互信息量不大于集合 $\mathcal{X}$ 的熵，也不大于集合 $\mathcal{Y}$ 的熵，即

$$I(X;Y) \leqslant \min\{H(X), H(Y)\} \tag{2-98}$$

证明：

利用平均互信息量与各类熵的等式关系，可得

$$I(X;Y)=H(X)-H(X \mid Y)=H(Y)-H(Y \mid X) \tag{2-99}$$

$$
\begin{aligned}
&\because H(X \mid Y) \geqslant 0,\ H(Y \mid X) \geqslant 0 \\
&\therefore I(X;\ Y) \leqslant H(X),\ I(X;\ Y) \leqslant H(Y)
\end{aligned}
\tag{2-100}
$$

极值性表明，集合 $\mathcal{X}$ 传递给集合 $\mathcal{Y}$ 的平均互信息量 $I(X;\ Y)$，不会超过集合 $\mathcal{X}$ 的平均自信息量 $H(X)$；同理，集合 $\mathcal{Y}$ 传递给集合 $\mathcal{X}$ 的平均互信息量 $I(Y;\ X)$，也不会超过集合 $\mathcal{Y}$ 的平均自信息量 $H(Y)$。结合平均互信息量的互易性可以得到结论：$H(X)$ 和 $H(Y)$ 的最小值决定了平均互信息量 $I(X;\ Y)$ 的上界。

2.7.5 非负性

非负性指集合 $\mathcal{X}$ 和 $\mathcal{Y}$ 之间的平均互信息必定不小于 0。即

$$I(X;\ Y) \geqslant 0 \tag{2-101}$$

当且仅当 X 与 Y 相互独立时，等号成立。

证明：

由平均互信息量的定义，依据对数函数线性化可得

$$
\begin{aligned}
&-I(X;\ Y) \\
&= \sum_{x_i \in \mathcal{X}} \sum_{y_j \in \mathcal{Y}} p(x_i y_j) \log \frac{p(x_i)}{p(x_i | y_j)} \\
&\leqslant \log \mathrm{e} \cdot \sum_{x_i \in \mathcal{X}} \sum_{y_j \in \mathcal{Y}} p(x_i y_j) \left[\frac{p(x_i)}{p(x_i | y_j)} - 1 \right] \\
&= \log \mathrm{e} \cdot \left[\sum_{x_i \in \mathcal{X}} p(x_i) \sum_{y_j \in \mathcal{Y}} p(y_j) - \sum_{x_i \in \mathcal{X}} \sum_{y_j \in \mathcal{Y}} p(x_i y_j) \right] \\
&= 0
\end{aligned}
\tag{2-102}
$$

需要注意的是，事件之间的互信息量可正、可负、可为 0（见 2.3.3 小节），但是，集合之间的平均互信息量一定是非负的。

2.8 习题

1. 一个布袋里装有 100 个手感完全相同的木球，每个球涂有一种颜色。存在下列 3 种情况。

（1）红球和白球各 50 个。

（2）红球 99 个，白球 1 个。

（3）红球、黄球、蓝球、白球各 25 个。

求从布袋中随意取出一个球，确认其颜色后所消除的不确定性。

知识点：事件的自信息量。

2. 在布袋中放入 81 枚外形完全相同的硬币，每枚硬币被取出的概率相同。其中 80 枚硬币重量相同，另一枚硬币略重一些。若随意取出的 1 枚硬币恰好是那枚略重一些的硬币，所消除的不确定性是多少？

知识点：事件的自信息量。

3. 有一副充分洗乱了的扑克牌（共 52 张，不含大王、小王），问题如下。

（1）任一特定排列所给出的信息量是多少？

（2）若从中抽出 13 张牌，恰好这 13 张牌的点数都不相同，这 13 张牌给出的信息量是多少？

知识点：事件的自信息量。

4. 一个信源可以输出 6 种符号 a、b、c、d、e、f，发生概率分别为

$$p(a)=0.5,\quad p(b)=0.25,\quad p(c)=0.125,\quad p(d)=p(e)=0.05,\quad p(f)=0.025$$

求消息 *ababba* 和 *fddfdf* 的信息量（设信源先后发出的符号相互独立）。

知识点：事件的自信息量。

5. 一个汽车牌照编号系统使用 3 个字母后接 3 个数字作为牌照号码。请问一个牌照所提供的信息量是多少？若牌照的每一位都可以采用字母或数字，一个牌照所提供的信息量又是多少？（假定有 26 个字母，10 个数字。）

知识点：事件的自信息量。

6. 某地区的女孩中有 25%是大学生，在女大学生中有 75%是身高在 1.6m 以上的，而女孩中身高在 1.6m 以上的占总数的一半。假如已知“身高在 1.6m 以上的某女孩是大学生”，能够获得多少信息量？

知识点：事件的条件自信息量。

7. （1）在不知道今天是星期几的情况下，问你的朋友“明天是星期几”，从答案中你能获得多少信息量？

（2）在已知今天是星期二的情况下，提出同样的问题，从答案中你能获得多少信息量？

知识点：事件的条件自信息量。

8. 一对骰子质地均匀，各面朝上的概率均为 $\frac{1}{6}$。同时抛这对骰子，试求：

（1）“一个骰子的点数为 3 和另一个骰子的点数为 5”的自信息量。

（2）“两个骰子的点数均为 1”的自信息量。

（3）“两个骰子的点数中至少有一个是 1”的自信息量。

知识点：联合事件的自信息量。

9. 在布袋中有 81 枚外形完全相同的硬币，每枚硬币被取出的概率相同。已知其中一枚硬币的重量与其他 80 枚硬币的重量不同，但不知这枚硬币比其他硬币重还是轻。确定随意取出的一枚硬币恰好是重量不同的那一枚硬币，并进一步确定它比其他硬币重还是轻，所需消除的不确定性是多少？

知识点：联合事件的自信息量。

10. 已知信源发出 a_1 和 a_2 两种消息，且 $p(a_1)=p(a_2)=\dfrac{1}{2}$。这两种消息在二进制对称信道上传输，信道输出消息为 b_1、b_2，信道传输特性为 $p(b_1\,|\,a_1)=p(b_2\,|\,a_2)=1-\varepsilon$，$p(b_1\,|\,a_2)=p(b_2\,|\,a_1)=\varepsilon$。求互信息量 $I(a_1;\,b_1)$ 和 $I(a_1;\,b_2)$。

知识点：事件的互信息量。

11. 已知从符号 B 中获取的关于符号 A 的信息量是 1bit。当符号 A 的先验概率 $p(A)$ 为 $\dfrac{1}{32}$ 时，计算收到符号 B 后推测符号 A 的后验概率应是多少。

知识点：事件的自信息量、互信息量。

12. 某地天气出现的概率如下：晴为 $\dfrac{1}{2}$，阴为 $\dfrac{1}{4}$，雨为 $\dfrac{1}{8}$，雪为 $\dfrac{1}{8}$。某天有人说："今天不是晴天。"请问这句话与各种天气之间的互信息量是多少？

知识点：事件的互信息量。

13. 在棒球比赛中，甲和乙在前面的比赛中打平。最后 3 场与其他选手的比赛结果将决定他们的最终比赛结果。

（1）若在最后 3 场比赛中，甲、乙与其他选手胜负的可能性均为 0.5，把甲的最终比赛结果 $\{胜,负,平\}$ 作为随机变量，计算它的熵。

（2）假定乙最后 3 场比赛全部获胜，计算该情况下甲的最终比赛结果的条件熵。

知识点：熵、条件熵。

14. 随机变量 X 和 Y 相互独立，都在集合 $\{0,\,1,\,2,\,3\}$ 上均匀分布，求。

（1）$H(X+Y)$、$H(X-Y)$、$H(X\cdot Y)$。

（2）$H(X+Y,\,X-Y)$、$H(X+Y,\,X\cdot Y)$。

知识点：熵、联合熵。

15. 基于大量统计资料，男性中红绿色盲的发病率为 7%，女性中红绿色盲的发病率为 0.5%。如果你问一位男性："你是否是红绿色盲？"他的回答可能是"是"，也可能是"否"，请问这两个回答中各含有多少信息量？平均每个回答中含有多少信息量？如果你问一位女性，则回答中含有的平均自信息量是多少？

知识点：事件的自信息量、熵。

16. 同时掷出两个质地均匀的骰子，求：

（1）将两个骰子的点数组合对（不考虑顺序）构成集合，计算该集合的熵。

（2）将两个骰子的点数之和构成集合，计算该集合的熵。

知识点：熵。

17. 假设每帧电视图像是由 2×10^5 个独立变化的像素组成的，且每个像素可以显示 128 个等概率分布的亮度，问平均每帧电视图像含有多少信息量？若现有一广播员在由 15000 个汉字组成的字库中每次选 1000 个字进行播报，试问广播员平均每次所广播的信息量是多少（假设汉字是等概率分布的，且彼此独立）？若要恰当地描述电视的每帧图像，广播员在广播时需要从字库中至少选择多少个字？

知识点：熵。

18. 在 12 个球中有 11 个球的重量相等，有一个球的重量与其他球的不同。请问：用天平称几次可找出这个重量不同的球？

知识点：熵。

19. 在篮球联赛中，A、B 两队进入决赛争夺冠军。决赛采用 7 场 4 胜的赛制，首先赢得 4 场胜利的球队获得冠军。假设两队在每场比赛中的取胜机会均等，每场比赛只有“A 胜”“B 胜”两种结果，并且各场比赛的结果彼此独立。

（1）求每种比赛进程的平均自信息量。

（2）求事件“两队打满 7 场”所包含的信息量。

（3）求事件“A 队前 3 场都失利”所包含的信息量。

（4）求事件“A 队在前 3 场都失利的条件下取得冠军”所包含的信息量。

知识点：事件的自信息量、条件自信息量、熵。

20. 《信息交换用汉字编码字符集 基本集》（GB/T 2312—1980）收录汉字 6763 个。假设每个汉字的使用频度相等，求平均每个汉字所含的信息量。若每个汉字用一个 16×16 的二元方阵显示，试计算显示方阵所能表示的最大信息，并计算显示方阵的利用率。

知识点：熵、最大熵。

21. 令 X 为掷硬币直至其正面第一次向上所需的次数，求 $H(X)$。

知识点：熵。

22. 有一块 6 行 8 列的棋盘。

（1）若质点 A 以等概率落入棋盘的任一方格，求 A 落入棋盘的平均自信息量。

（2）假设两个质点 A 和 B 分别以等概率落入任一方格内，且 A 和 B 不能落入同一方格内。若已知 A 落入的位置，求 B 落入棋盘的平均自信息量。

（3）假设两个质点 A 和 B 分别以等概率落入任一方格内，且 A 和 B 不能落入同一方格内。若 A、B 可分辨，求 A、B 同时都落入棋盘的平均自信息量。

知识点：熵、条件熵、联合熵。

23. 布袋中有手感完全相同的 3 个红球和 3 个蓝球。每次从布袋中随机取出一个球，并且取出后不放回布袋。用 X_i 表示第 i 次取出的球的颜色，$i=1, 2, \cdots, 6$。随着 k 增加，$H\left(X_k| X_1\cdots X_{k-1}\right)$ 是增加还是减少？请解释。

知识点：条件熵。

24. 假设信道的输入符号集合与输出符号集合相同，均由 r 个符号组成。令随机变量 X、Y 分别代表信道的输入符号和输出符号，定义随机变量 Z 为

$$Z=\begin{cases}1 & X=Y\\ 0 & X\neq Y\end{cases}$$

（1）证明：$H\left(XZ|Y\right)=H\left(X|Y\right)$。

（2）证明：$H\left(XZ|Y\right)\leqslant H\left(Z\right)+p\left(z=0\right)\log\left(r-1\right)$。

知识点：熵、条件熵。

25. 对一批电阻进行分类。按电阻值分，70%是 2kΩ 的电阻，30%是 5kΩ 的电阻；按功率分，64%是 $\frac{1}{8}$W 的电阻，其他是 $\frac{1}{4}$W 的电阻。现已知在 2kΩ 的电阻中，80%是 $\frac{1}{8}$W 的电阻。问通过测量阻值可以得到的关于功率的平均信息量是多少？

知识点：平均互信息量。

26. 某年级有甲、乙、丙 3 个班级。各班人数分别占年级总人数的 $\frac{1}{4}$、$\frac{1}{3}$、$\frac{5}{12}$，并且各班集邮人数分别占该班总人数的 $\frac{1}{2}$、$\frac{1}{4}$、$\frac{1}{5}$。现从该年级中随机选取一人，求：

（1）事件“此人恰为集邮者”所含的信息量。

（2）事件“此人恰为乙班的集邮者”所含的信息量。

（3）通过此人是否为集邮者所获得的关于其所在班级的信息量。

知识点：事件的自信息量、联合事件的自信息量、平均互信息量。

27. 在某城市，每天是雨天还是晴天的概率各为 $\frac{1}{2}$。无论是在雨天还是在晴天，天气预报的准确率均为 $\frac{2}{3}$。甲每天上班这样处理带伞问题：如果预报有雨，他就带雨伞；如果预报无雨，他也有 $\frac{1}{3}$ 的时间带伞。

（1）求事件“在雨天条件下甲未带伞”的信息量。

（2）求事件“在甲带伞的条件下没有下雨”的信息量。

（3）求从天气预报所得到的关于天气情况的信息量。

（4）求通过观察甲是否带伞所得到的关于天气情况的信息量。

知识点：事件的条件自信息量、熵、条件熵、平均互信息量、平均互信息量与各类熵的等式关系。

28. 有两个二元随机变量 X 和 Y，它们的联合概率分布如表 2.4 所示。

表 2.4　随机变量 X 和 Y 的联合概率分布

	Y=0	Y=1
X=0	$\frac{1}{8}$	$\frac{3}{8}$
X=1	$\frac{3}{8}$	$\frac{1}{8}$

同时定义另一随机变量 $Z = X \cdot Y$（一般乘积），试计算：

（1）熵 $H(X)$、$H(Y)$、$H(Z)$、$H(XZ)$、$H(YZ)$、$H(XYZ)$。

（2）条件熵 $H(X|Y)$、$H(Y|X)$、$H(X|Z)$、$H(Z|X)$、$H(Y|Z)$、$H(Z|Y)$、$H(X|YZ)$、$H(Y|XZ)$ 和 $H(Z|XY)$。

（3）互信息 $I(X;Y)$、$I(X;Z)$、$I(Y;Z)$、$I(X;Y|Z)$、$I(Y;Z|X)$ 和 $I(X;Z|Y)$。

知识点：熵、联合熵、条件熵、平均互信息量、条件平均互信息量、平均互信息量与各类熵的等式关系。

29. 将某城市的天气情况与气象预报分别视作随机变量 X 和 Y，$X \in \{x_{有雨}, x_{无雨}\}$，$Y \in \{y_{预报有雨}, y_{预报无雨}\}$。$X$ 与 Y 的联合概率为：$p(x_{有雨} y_{预报有雨}) = \frac{1}{8}$，$p(x_{有雨} y_{预报无雨}) = \frac{1}{16}$，$p(x_{无雨} y_{预报有雨}) = \frac{3}{16}$，$p(x_{无雨} y_{预报无雨}) = \frac{10}{16}$。求：

（1）气象预报所提供的关于天气情况的信息量 $I(X;Y)$。

（2）如果气象预报总是预报“无雨”，求此时气象预报所提供的关于天气情况的信息量

$I(X;\ y_{\text{预报无雨}})$。

知识点：平均互信息量、平均互信息量与各类熵的关系。

30. 两个地区的考生分别提交了 10 份和 15 份报名表，其中，女生的报名表分别是 3 份和 7 份。从一个地区的报名表中先后随机抽出两份。

（1）求事件“先抽到的一份是女生的报名表”所包含的信息量。

（2）求事件“后抽到的一份是男生的报名表”所包含的信息量。

（3）求事件“先抽到的一份是女生的报名表，后抽到的一份是男生的报名表”所包含的信息量。

（4）求事件“后抽到的一份是男生的报名表，先抽到的一份是女生的报名表”所包含的信息量。

（5）求通过抽到的两份表获得的关于地区的信息量。

知识点：事件的自信息量、条件自信息量、平均互信息量、平均互信息量与各类熵的等式关系。

31. 掷一枚质地均匀的骰子，若结果是 1、2、3 或 4，则抛一次硬币；若结果是 5 或者 6，则抛两次硬币，计算从抛硬币的结果可以得到多少关于掷骰子的信息量。

知识点：平均互信息量。

32. 对于一个离散无记忆信源的输出符号 $X \in \{0, 1, 2\}$，符号的发生概率为 $p(X=0)=\frac{1}{4}$、$p(X=1)=\frac{1}{4}$、$p(X=2)=\frac{1}{2}$。如表 2.5 和表 2.6 所示，设计两个独立的实验观察该信源，结果分别为 $Y_1 \in \{0, 1\}$，$Y_2 \in \{0, 1\}$。

表 2.5　第一个实验的条件概率[$p(Y_1 \mid X)$]

	$Y_1=0$	$Y_1=1$
$X=0$	1	0
$X=1$	0	1
$X=2$	$\frac{1}{2}$	$\frac{1}{2}$

表 2.6　第二个实验的条件概率[$p(Y_2 \mid X)$]

	$Y_2=0$	$Y_2=1$
$X=0$	1	0
$X=1$	1	0
$X=2$	0	1

求 $I(X;\ Y_1)$ 和 $I(X;\ Y_2)$，并判断哪个实验好一些。

知识点：平均互信息量。

33. X、Y 均为二元随机变量，且 $p_{XY}(00)=p_{XY}(11)=p_{XY}(01)=\frac{1}{3}$。随机变量 $Z=X \oplus Y$。其中，$\oplus$ 表示模二和运算。求：

（1）$H(X)$、$H(Y)$、$H(X \mid Y)$、$I(X;\ Y)$。

（2）$H(X \mid Z)$、$H(XYZ)$。

知识点：熵、平均互信息量、各类熵的关系、平均互信息量与各类熵的等式关系。

34. 有 3 个二元随机变量 X、Y、Z，试找出它们的联合概率分布，使得：

（1）$I(X;Y)=0$ bit/symbol，$I(X;Y|Z)=1$ bit/symbol。

（2）$I(X;Y)=1$ bit/symbol，$I(X;Y|Z)=0$ bit/symbol。

（3）$I(X;Y)=I(X;Y|Z)=1$ bit/symbol。

知识点：熵的性质、平均互信息量的性质、平均互信息量与各类熵的等式关系。

35. 已知随机变量 X 的概率分布 $p(x_i)$ 满足

$$p(x_1)=\frac{1}{2},\ p(x_2)=p(x_3)=\frac{1}{4}$$

随机变量 Y 的概率分布 $p(y_j)$ 满足

$$p(y_1)=\frac{2}{3},\ p(y_2)=p(y_3)=\frac{1}{6}$$

试求能使 $H(XY)$ 最大的联合概率分布 $p(x_iy_j)$。

知识点：各类熵的关系。

2.9 仿真实验

2.9.1 通信系统的信息变化

1. 实验目的

模拟图像在通信系统中的传输效果，分析信源熵、信宿熵，以及信源和信宿之间的条件熵、联合熵、平均互信息量，验证各类熵之间的关系、各类熵与平均互信息量的关系，深刻理解先验的平均不确定性、残存的平均不确定性、新增的平均不确定性、消除的平均不确定性等概念的物理意义，掌握通信系统中各个节点的信息变化规律。

2. 实验内容

（1）模拟黑白格图像通过 3 种典型的二元信道（①错误传输概率为 0 的一一映射信道；②错误传输概率为 0.1 的二元对称信道；③错误传输概率为 0.5 的二元对称信道），生成相应的输出图像，如图 2.30 所示。

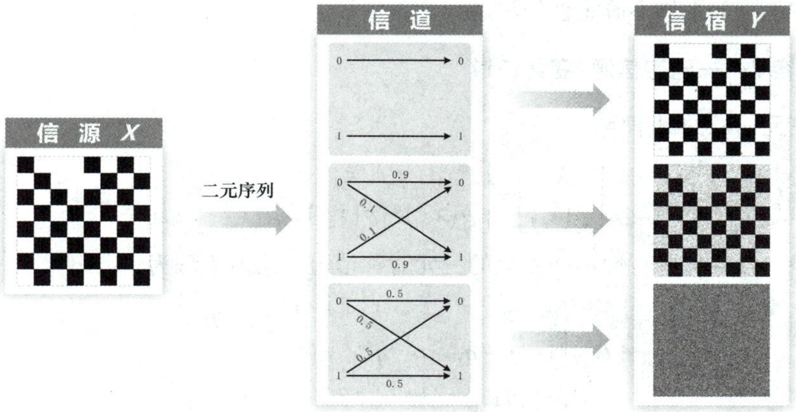

图 2.30　黑白格图像传输

（2）基于信源、信宿的图像，构建信源、信宿的概率分布及两者的联合概率分布。

（3）定量评估信源熵、信宿熵及信源和信宿之间的条件熵、联合熵，验证各类熵的关系。

（4）定量评估信源与信宿之间的平均互信息量，验证平均互信息量与各类熵的关系。对比信源和信宿的图像，结合定量评估结果，重点理解通信发生后信源残存的平均不确定性、信宿新增的平均不确定性及消除的平均不确定性等概念的物理意义，明确各种不确定性的变化规律。

2.9.2 信息的凸性

1．实验目的

以红、绿、蓝三色图像代表三元信源的输出消息，模拟其通过三元对称信道的传输效果，生成典型参数下的输出图像。分析信源熵随概率空间的变化、平均互信息量与信源分布和信道传输特性的映射关系，并与信源、信宿的图像对比，具象化展示信息熵的严格上凸性、平均互信息量的上凸性和下凸性，加深对信息凸性的理解。

2．实验内容1——变化信源+固定信道

（1）不断改变三元信源的概率空间

$$\begin{bmatrix} X \\ p(x_i) \end{bmatrix} = \begin{bmatrix} x_{红} & x_{绿} & x_{蓝} \\ p(x_{红}) & p(x_{绿}) & p(x_{蓝}) \end{bmatrix}$$

生成三原色图像，模拟信源的输出序列，输入固定不变的三元对称信道。信道矩阵为

$$\boldsymbol{P} = \begin{bmatrix} q_1 & q_2 & 1-q_1-q_2 \\ 1-q_1-q_2 & q_1 & q_2 \\ q_2 & 1-q_1-q_2 & q_1 \end{bmatrix}$$

其中，$\frac{1}{2} < q_1 \leqslant 1$，$0 \leqslant q_2 < \frac{1}{2}$，$q_1$、$q_2$均保持不变。

（2）绘制信源熵随信源概率空间变化的三维曲面，具象化展示信源熵的严格上凸性。对比与信源熵最大值、最小值对应的图像，深入理解平均不确定性的概念。

（3）绘制平均互信息量随信源概率空间变化的三维曲面，解析平均互信息量与信源分布的映射关系，探究平均互信息量的上凸性。对比与平均互信息量最大值、最小值对应的信源图像和信宿图像，理解残存和消除的平均不确定性的概念。

3．实验内容2——固定信源+变化信道

（1）固定三元信源的概率空间

$$\begin{bmatrix} X \\ p(x_i) \end{bmatrix} = \begin{bmatrix} x_{红} & x_{绿} & x_{蓝} \\ p(x_{红}) & p(x_{绿}) & p(x_{蓝}) \end{bmatrix}$$

生成三原色图像，输入传输特性不断变化的三元对称信道。信道矩阵为

$$\boldsymbol{P} = \begin{bmatrix} q_1 & q_2 & 1-q_1-q_2 \\ 1-q_1-q_2 & q_1 & q_2 \\ q_2 & 1-q_1-q_2 & q_1 \end{bmatrix}$$

其中，$\frac{1}{2}<q_1\leqslant 1$，$0\leqslant q_2<\frac{1}{2}$。

（2）绘制平均互信息量随信道参数 q_1 和 q_2 变化的三维曲面，解析平均互信息量与信道参数的映射关系，探究平均互信息量的下凸性。对比与平均互信息量最大值、最小值对应的信源图像和信宿图像，明确信道特性对消除平均不确定性的影响。

拓展学习

读者可参考以下主题，自行与大模型工具对话，并查阅相关文献，了解“信息的统计度量”的更多知识。

（1）平均互信息量可用于量化两个变量之间的相关性。在图像分类任务中，可以用平均互信息量筛选出最具区分度的特征。能否将该方法应用于医疗影像分析？例如在 CT 图像中识别与疾病相关的关键区域和要素。

（2）信息熵可用于度量网络流量的随机性和不可预测性。请探讨基于信息熵的网络流量异常检测方法。

（3）信息熵和平均互信息等概念在自然语言处理领域得到了广泛的应用。请围绕语音识别、机器翻译、文本生成等具体应用展开讨论。

第 3 章 离散信源

信源，顾名思义，是信息的源头，也是通信系统中不确定性的出处。“离散信源”的输出通常为在时间或空间上离散的序列，且序列中每个符号都取自由有限个或可数无限个元素构成的集合。比如，二元信源的输出符号就常常取自有限集合$\{0,1\}$。研究信源有助于深刻理解信息的本质、设计更加高效的信源编码方法。

本章将首先探讨离散信源模型的构建方法，引入平均符号熵的概念；然后考虑信源输出序列中符号之间的相关性，分析无记忆平稳信源和有记忆平稳信源中平均符号熵随序列长度变化的规律；最后选择马尔可夫信源作为研究对象，推演平均符号熵的极限状况。本章思维导图如图 3.1 所示。

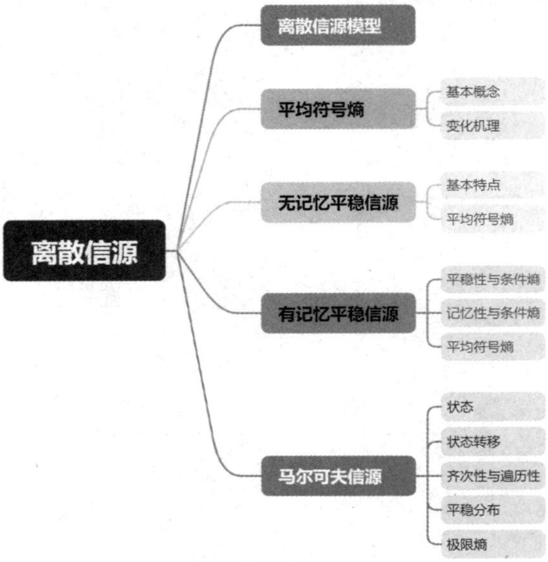

图 3.1　本章思维导图

3.1 离散信源模型

在通信中，信源的输出呈现出随机性，信宿无法确定信源发送的消息。这对于离散信源也不例外。结合离散信源输出消息在时空和取值上的离散特性，通常采用离散随机序列及其概率空间来描述离散信源的输出消息。

假设离散信源的输出符号集合为$\{a_1, a_2, \cdots, a_q\}$，那么，其可能输出的长度为$N$的离散随机序列$X^N$共有$q^N$种，构成集合$\{\boldsymbol{\alpha}_1, \boldsymbol{\alpha}_2, \cdots, \boldsymbol{\alpha}_{q^N}\}$，如图 3.2 所示。将所有可能输出的长度为$N$的序列和

它们的发生概率构成矩阵，就形成了离散信源的 N 维概率空间

$$\begin{bmatrix} X^N \\ p(\boldsymbol{\alpha}_i) \end{bmatrix} = \begin{bmatrix} \boldsymbol{\alpha}_1 & \boldsymbol{\alpha}_2 & \cdots & \boldsymbol{\alpha}_{q^N} \\ p(\boldsymbol{\alpha}_1) & p(\boldsymbol{\alpha}_2) & \cdots & p(\boldsymbol{\alpha}_{q^N}) \end{bmatrix} \tag{3-1}$$

其中

$$X^N = (X_1, X_2, \cdots, X_N), X_i \in \{a_1, a_2, \cdots, a_q\} \tag{3-2}$$

$$p(\boldsymbol{\alpha}_i) = p(X^N = \boldsymbol{\alpha}_i), \quad \boldsymbol{\alpha}_i = (a_{i_1}, a_{i_2}, \cdots, a_{i_N}), \quad i_j \in \{1, 2, \cdots, q\}, \quad j \in \{1, 2, \cdots, N\} \tag{3-3}$$

$$p(\boldsymbol{\alpha}_i) \geqslant 0, \quad i = 1, 2, \cdots, q^N \tag{3-4}$$

$$\sum_{i=1}^{q^N} p(\boldsymbol{\alpha}_i) = 1 \tag{3-5}$$

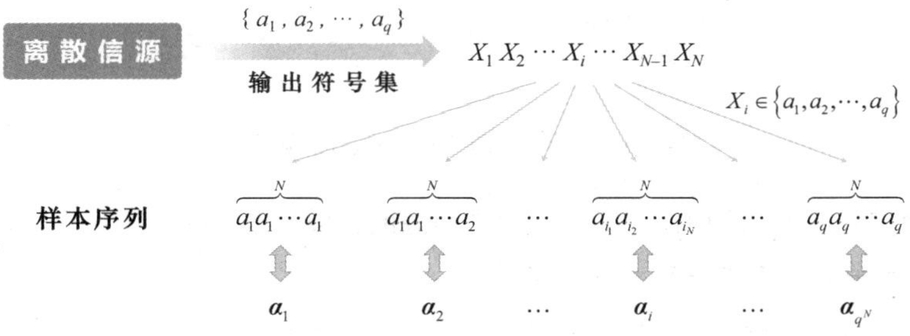

图 3.2　离散信源的样本序列

离散信源的数学模型用上述的 N 维概率空间来表征。显然，由于概率空间可以有多个维度，因此，一个离散信源的数学模型并不唯一。关于这一点，将在 3.2.1 小节举例说明，具体见例 3.1。

需要说明的是，在本章以及后续章节中，单个符号均被视作长度为 1 的序列。

3.2 平均符号熵

平均符号熵

下面基于离散信源的数学模型定义平均符号熵，并分析其变化机理。

3.2.1 基本概念

如图 3.3 所示，离散信源输出 M 个长度为 N 的序列。如果 M 足够大，则在这 M 个序列中，序列 $\boldsymbol{\alpha}_i$ 累计产生的不确定性为 $M \cdot p(\boldsymbol{\alpha}_i) \cdot I(\boldsymbol{\alpha}_i)$。对所有序列产生的不确定性求和，则得到这 M 个序列产生的总不确定性 $\sum_{i=1}^{q^N} M \cdot p(\boldsymbol{\alpha}_i) \cdot I(\boldsymbol{\alpha}_i)$；再对该值求平均，就得到了平均每个序列产生的不确定性，即

$$\begin{aligned} \frac{1}{M}\sum_{i=1}^{q^N} M \cdot p(\boldsymbol{\alpha}_i) \cdot I(\boldsymbol{\alpha}_i) &= \sum_{i=1}^{q^N} p(\boldsymbol{\alpha}_i) \cdot I(\boldsymbol{\alpha}_i) \\ &= H(X_1 X_2 \cdots X_N) \end{aligned} \tag{3-6}$$

可以发现，平均每个序列产生的不确定性恰好是第 2 章介绍过的 N 维联合熵。对平均每个序列产生的不确定性再求平均，就得到了输出序列长度为 N 的情况下，平均每个符号产生的不确定性，

即平均符号熵 $H_N(X)$，有

$$H_N(X)=\frac{H(X_1X_2\cdots X_N)}{N} \tag{3-7}$$

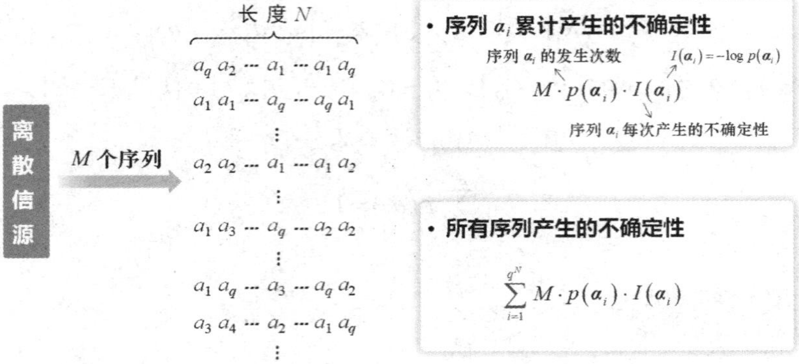

图 3.3 离散信源输出序列的不确定性

下面结合一个二元信源的例子，回顾一下离散信源的建模问题，同时探讨平均符号熵的计算问题。

例 3.1：二元信源的联合熵与平均符号熵

一个二元信源的输出序列由高低电平组成，其中，高电平代表符号 1，低电平代表符号 0，如图 3.4 所示。请计算一维熵、二维联合熵、三维联合熵及相应的平均符号熵。

图 3.4 二元信源的输出序列

解：

（1）经统计，输出序列中 0 和 1 的出现概率分别为 0.62、0.38。构建一维概率空间如下

$$\begin{bmatrix} X_1 \\ p(X_1) \end{bmatrix}=\begin{bmatrix} 0 & 1 \\ 0.62 & 0.38 \end{bmatrix} \tag{3-8}$$

基于一维概率空间模型，可得一维熵为

$$H(X_1)=0.9615\ \text{bit}$$

平均符号熵为

$$H_1(X)=H(X_1)=0.9615\ \text{bit/symbol}$$

（2）经统计，输出序列中 00、01、10、11 的出现概率分别为 0.42、0.20、0.19、0.19。构建二维概率空间如下

$$\begin{bmatrix} X_1X_2 \\ p(X_1X_2) \end{bmatrix}=\begin{bmatrix} 00 & 01 & 10 & 11 \\ 0.42 & 0.20 & 0.19 & 0.19 \end{bmatrix} \tag{3-9}$$

基于二维概率空间模型，可得二维联合熵为

$$H(X_1X_2)=1.8978\ \text{bit}$$

平均符号熵为

$$H_2(X)=\frac{H(X_1X_2)}{2}=0.9489\ \text{bit/symbol}$$

（3）经统计，输出序列中 000、001、010、011、100、101、110、111 的出现概率分别为 0.29、0.13、0.10、0.09、0.13、0.06、0.10、0.10。构建三维概率空间如下

$$\begin{bmatrix} X_1X_2X_3 \\ p(X_1X_2X_3) \end{bmatrix} = \begin{bmatrix} 000 & 001 & 010 & 011 & 100 & 101 & 110 & 111 \\ 0.29 & 0.13 & 0.10 & 0.09 & 0.13 & 0.06 & 0.10 & 0.10 \end{bmatrix} \quad (3\text{-}10)$$

基于三维概率空间模型，可得三维联合熵为

$$H(X_1X_2X_3) = 2.8341\text{bit}$$

平均符号熵为

$$H_3(X) = \frac{H(X_1X_2X_3)}{3} = 0.9447 \text{ bit/symbol}$$

上述计算结果汇总于图 3.5 中。当然，对于这个离散信源，还可以采用类似的方法构建更高维度的概率空间，计算相应维度下的联合熵和平均符号熵。

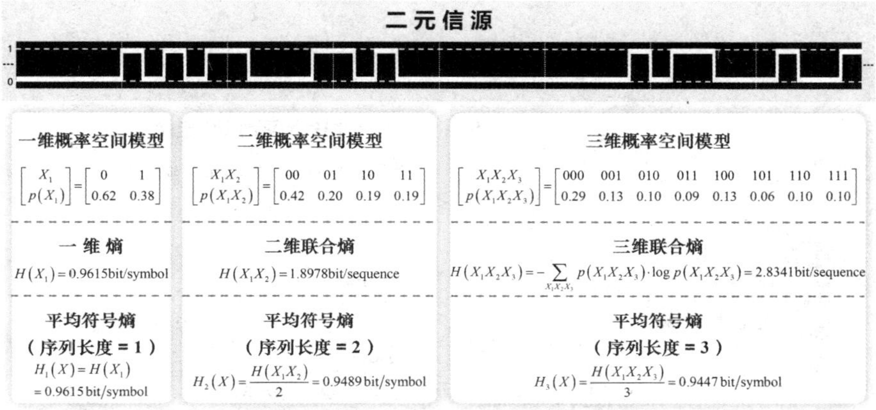

二元信源
1
0
一维概率空间模型
$\begin{bmatrix} X_1 \\ p(X_1) \end{bmatrix} = \begin{bmatrix} 0 & 1 \\ 0.62 & 0.38 \end{bmatrix}$
一 维 熵
$H(X_1) = 0.9615$bit/symbol
平均符号熵
（序列长度 = 1）
$H_1(X) = H(X_1)$
$= 0.9615$ bit/symbol
二维概率空间模型
$\begin{bmatrix} X_1X_2 \\ p(X_1X_2) \end{bmatrix} = \begin{bmatrix} 00 & 01 & 10 & 11 \\ 0.42 & 0.20 & 0.19 & 0.19 \end{bmatrix}$
二维联合熵
$H(X_1X_2) = 1.8978$bit/sequence
平均符号熵
（序列长度 = 2）
$H_2(X) = \frac{H(X_1X_2)}{2} = 0.9489$ bit/symbol
三维概率空间模型
$\begin{bmatrix} X_1X_2X_3 \\ p(X_1X_2X_3) \end{bmatrix} = \begin{bmatrix} 000 & 001 & 010 & 011 & 100 & 101 & 110 & 111 \\ 0.29 & 0.13 & 0.10 & 0.09 & 0.13 & 0.06 & 0.10 & 0.10 \end{bmatrix}$
三维联合熵
$H(X_1X_2X_3) = -\sum_{X_1X_2X_3} p(X_1X_2X_3) \cdot \log p(X_1X_2X_3) = 2.8341$bit/sequence
平均符号熵
（序列长度 = 3）
$H_3(X) = \frac{H(X_1X_2X_3)}{3} = 0.9447$ bit/symbol

图 3.5　二元信源的平均符号熵

观察例 3.1 的结果，可以发现：在这个例子中，平均符号熵随着输出序列长度的变化而变化。那么，是不是每个离散信源都是如此呢？下面将基于联合熵的链式关系来探究平均符号熵的变化机理。

3.2.2 变化机理

联合熵的链式关系是指

$$H(X_1X_2\cdots X_N) = H(X_1) + H(X_2 \mid X_1) + H(X_3 \mid X_1X_2) + \cdots + H(X_N \mid X_1X_2\cdots X_{N-1}) \quad (3\text{-}11)$$

该等式的证明参见附录 C。此处重点探讨其物理意义。式（3-11）的左端，如 3.2.1 小节所述，代表每个序列的平均不确定性。那么，等式右端的每一项代表什么呢？

如图 3.6 所示，离散信源输出 M 个长度为 N 的序列，并且 M 足够大。纵向观察这些序列，其中任何一列的符号都是随机出现的。因此，可以把每一列视作一个随机变量的 M 个样本，用随机变量 X_i 代表输出序列的第 i 列，

按照这个思路，如果用随机变量 X_1 代表输出序列的第 1 列，则第 1 列符号的平均不确定性应当是熵 $H(X_1)$。

在分析第 2 列符号的平均不确定性时，需要考虑到第 1 列符号带来的影响。如图 3.7 所示，第 2 列第 1 行符号 a_2 出现的概率，应当是前一个符号 a_q 出现的条件下 a_2 的发生概率，即条件概率 $p(a_2 \mid a_q)$。相应地，a_2 的不确定性应为条件自信息量 $I(a_2 \mid a_q) = -\log p(a_2 \mid a_q)$。因此，第 2 列符号的平均不确定性应该是第 1 列符号出现后第 2 列符号的平均自信息量，即条件熵 $H(X_2 \mid X_1)$，而不是随机变量 X_2 的熵 $H(X_2)$。

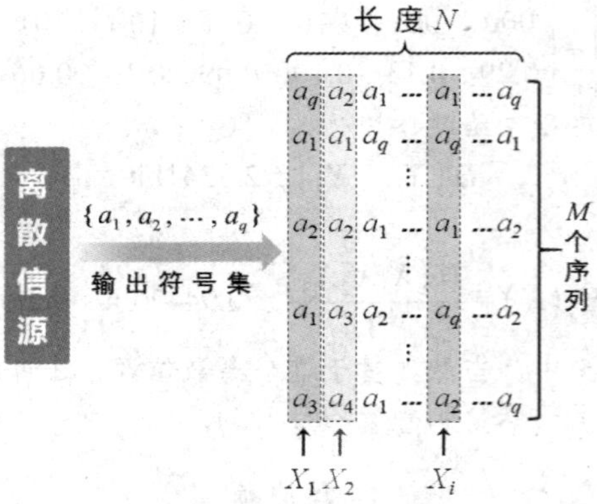

图 3.6 离散信源输出序列示意

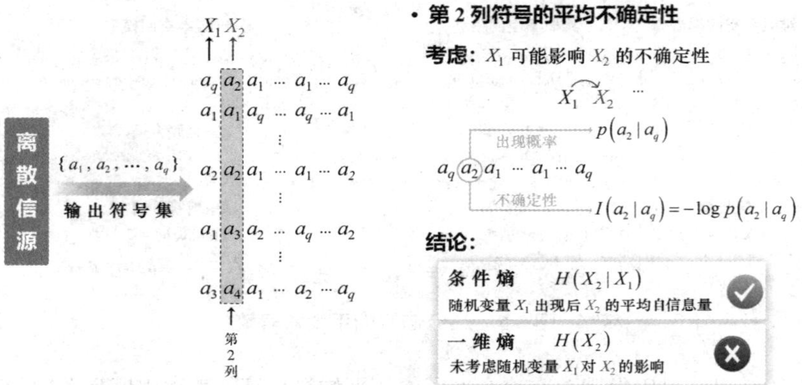

图 3.7 第 2 列符号的平均不确定性分析

同理，第 i 列符号的平均不确定性应当是前 $i-1$ 个符号出现后第 i 个符号的平均自信息量，即条件熵 $H(X_i | X_1X_2\cdots X_{i-1})$。

此时，联合熵的链式关系的物理意义就非常明显了。式（3-11）的左端代表序列的平均不确定性，右端则是序列中符号的平均不确定性之和。

如果序列中每个符号的平均不确定性都相等，即

$$H(X_1) = H(X_2 | X_1) = H(X_3 | X_1X_2) = \cdots = H(X_N | X_1X_2\cdots X_{N-1}) \tag{3-12}$$

那么，平均符号熵将会是恒定的，不会随着序列长度变化而变化，即

$$H_N(X_1X_2\cdots X_N) = \frac{H(X_1X_2\cdots X_N)}{N} = H(X_1) \tag{3-13}$$

如果每个符号的平均不确定性不完全相等，那么平均符号熵会与序列的长度有关。在例 3.1 中，信源输出的第一个符号的平均不确定性为 0.9615bit；第二个符号的平均不确定性为

$$H(X_2 | X_1) = H(X_1X_2) - H(X_1) = 0.9363\text{bit}$$

第三个符号的平均不确定性为

$$H(X_3 | X_1X_2) = H(X_1X_2X_3) - H(X_1X_2) = 0.9363\text{bit}$$

与第二个符号的平均不确定性相等。前 3 个符号的平均不确定性并不完全相等，呈现出单调不增的特性，平均符号熵随着序列长度的增加有所衰减，如图 3.8 所示。

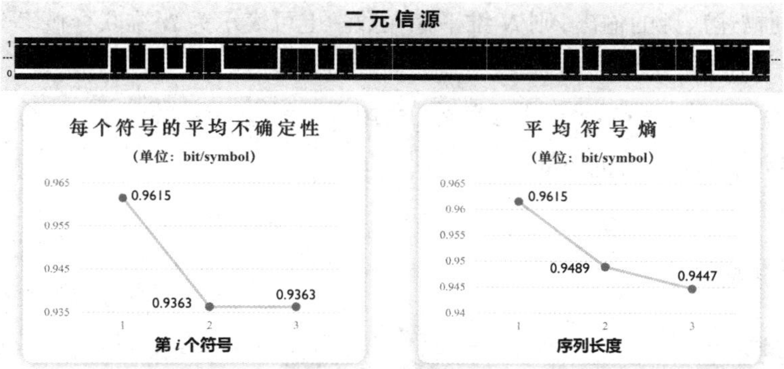

图 3.8　例 3.1 中每个符号的平均不确定性和平均符号熵

对于不同的离散信源，平均符号熵的变化规律不尽相同。后续 3.3~3.5 节将基于联合熵的链式关系，分析无记忆平稳信源、有记忆平稳信源和马尔可夫信源的不确定性，解析平均符号熵的变化规律。

3.3 无记忆平稳信源

无记忆平稳信源

从相关性的角度来讲，无记忆平稳信源最为简单，也最易分析。

3.3.1 基本特点

顾名思义，无记忆平稳信源有两个基本特点：无记忆和平稳性。

1．无记忆

如图 3.9 所示，无记忆是指信源输出的符号彼此统计独立。由此可得，输出序列 $\left(a_{i_1}, a_{i_2}, \cdots, a_{i_N}\right)$ 的发生概率等于其中各个符号发生概率的乘积，即

$$p\left(a_{i_1} a_{i_2} \cdots a_{i_N}\right)=\prod_{k=1}^{N} p\left(a_{i_k}\right) \tag{3-14}$$

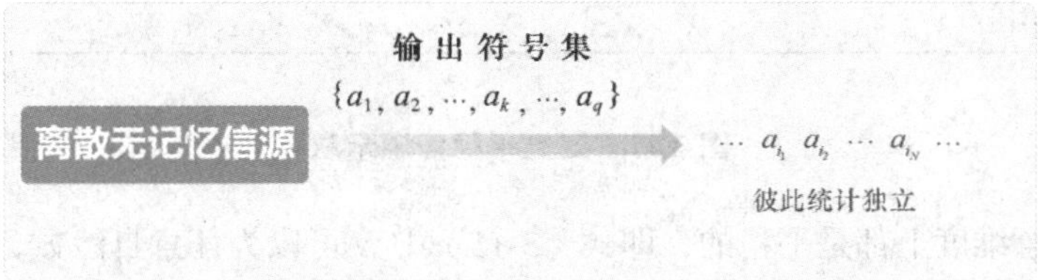

图 3.9　无记忆示意

2．平稳性

假设信源的输出符号集合为 $\left\{a_1, a_2, \cdots, a_q\right\}$，则这 q 个符号可以组成 q^N 种长度为 N 的符号串，如图 3.10（a）所示。如果其中任意一个长度为 N 的符号串 $\left(a_{i_1}, a_{i_2}, \cdots, a_{i_N}\right)$ 出现在信源输出序列中任何位置的概率都是相等的，则称该信源是 N 维平稳的。

若以随机序列描述信源的输出，则 N 维平稳在数学上可表示为 N 维联合概率分布与时间起点无关，如图 3.10（b）所示，即

$$p\left(X_{i+1}=a_{i_1},\ X_{i+2}=a_{i_2},\ \cdots,\ X_{i+N}=a_{i_N}\right)=p\left(X_{h+1}=a_{i_1},\ X_{h+2}=a_{i_2},\ \cdots,\ X_{h+N}=a_{i_N}\right) \quad (3\text{-}15)$$

其中，X_l 代表序列中第 l 个随机变量。

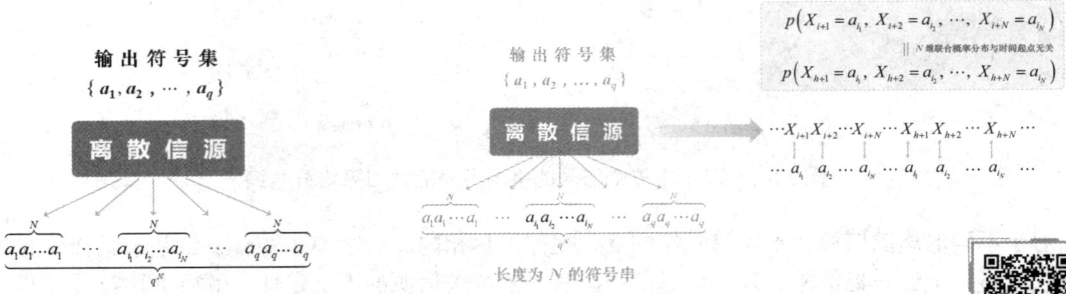

（a）长度为 N 的符号串　　（b）N 维联合概率分布与时间起点无关

图 3.10　N 维平稳的概念

动画示意

例 3.2：二维平稳信源

如图 3.11 所示，一个离散信源的输出符号集合为 $\{a_1, a_2\}$，能够输出 4 种长度为 2 的符号串：$(a_1,\ a_1)$、$(a_1,\ a_2)$、$(a_2,\ a_1)$、$(a_2,\ a_2)$。假如在初始时刻，4 种符号串的发生概率分别为 $\frac{9}{16}$、$\frac{3}{16}$、$\frac{3}{16}$、$\frac{1}{16}$，并且在之后的任何时刻，信源输出这 4 种符号串的概率始终不变，则该信源是二维平稳的。

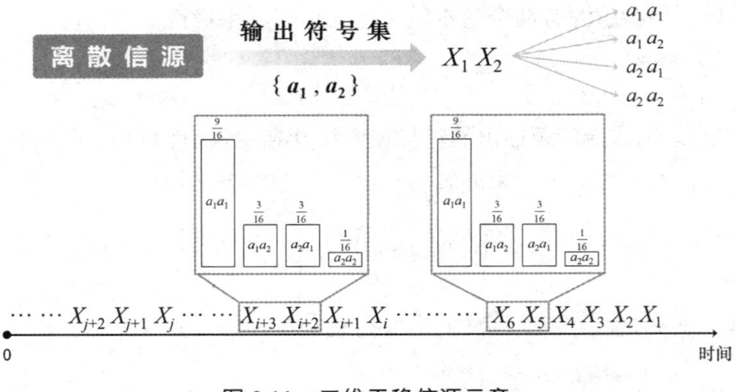

图 3.11　二维平稳信源示意

动画示意

如果信源在任意维度上都是平稳的，即式（3-15）中 N 可以为任意自然数，则称该信源是完全平稳的。完全平稳的信源简称为平稳信源。

离散无记忆平稳信源就是一种完全平稳的无记忆信源。这种信源的平均符号熵有什么特点呢？

3.3.2 平均符号熵

为了分析无记忆平稳信源的平均符号熵，首先要计算其 N 维联合熵。

由联合熵的链式关系可知，N 维联合熵等于序列中每个符号的平均不确定性之和，即

$$H(X_1X_2\cdots X_N)=H(X_1)+H(X_2|X_1)+\cdots+H(X_i|X_1X_2\cdots X_{i-1})+\cdots+H(X_N|X_1X_2\cdots X_{N-1}) \tag{3-16}$$

其中，$(X_1, X_2, \cdots, X_N)$是代表信源输出的离散随机序列。

基于 3.2.2 小节的分析可知，式（3-16）右端的第 i 项 $H(X_i|X_1X_2\cdots X_{i-1})$ 代表了输出序列中第 i 个符号的平均不确定性，如图 3.12 所示。由于信源是无记忆的，输出序列中的符号相互独立，因此，任意符号 X_i 的不确定性与前面的符号都无关，条件熵里的条件就“失效”了，可以简化为信息熵，即

$$H(X_i|X_1X_2\cdots X_{i-1})=H(X_i) \tag{3-17}$$

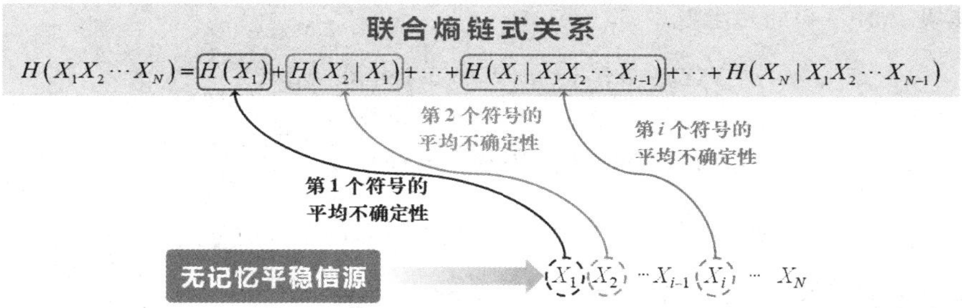

图 3.12　联合熵链式关系的物理意义

N 维联合熵可简化为每个符号的信息熵之和，即

$$H(X_1X_2\cdots X_N)=H(X_1)+H(X_2)+\cdots+H(X_i)+\cdots+H(X_N) \tag{3-18}$$

进一步，平稳性保证了随机序列中每个随机变量都服从信源的一维概率分布：

$$\begin{bmatrix} X \\ p(a_i) \end{bmatrix}=\begin{bmatrix} a_1 & a_2 & \cdots & a_q \\ p(a_1) & p(a_2) & \cdots & p(a_q) \end{bmatrix} \tag{3-19}$$

因此，所有随机变量 X_i $(i=1, 2, \cdots, N)$的熵都等于信源的一维熵 $H(X)$，即

$$H(X_i)=H(X)=\sum_{i=1}^{q}p(a_i)\cdot\log\frac{1}{p(a_i)} \tag{3-20}$$

综合无记忆和平稳性，无记忆平稳信源的 N 维联合熵等于一维熵的 N 倍，即

$$H(X_1X_2\cdots X_N)=H(X_1)+H(X_2)+\cdots+H(X_i)+\cdots+H(X_N)=N\cdot H(X) \tag{3-21}$$

平均符号熵等于一维熵，即

$$H_N(X)=\frac{H(X_1X_2\cdots X_N)}{N}=H(X) \tag{3-22}$$

这就意味着，对于无记忆平稳信源，平均符号熵是恒定的，与信源输出序列的长度无关。

例 3.3：离散无记忆平稳信源

一个离散无记忆平稳信源能够输出两种符号 a_1、a_2，发生概率分别为 $\frac{3}{4}$、$\frac{1}{4}$。计算该信源的平均符号熵。

解：

（1）依据题意，可以构建该信源的一维概率空间模型

$$\begin{bmatrix} X_1 \\ p(X_1) \end{bmatrix}=\begin{bmatrix} a_1 & a_2 \\ \frac{3}{4} & \frac{1}{4} \end{bmatrix} \tag{3-23}$$

计算得到信源的一维熵

$$H(X_1)=0.8113\ \text{bit/symbol} \tag{3-24}$$

（2）该信源可以输出 4 种长度为 2 的序列(X_1, X_2)，分别是：(a_1, a_1)、(a_1, a_2)、(a_2, a_1)、(a_2, a_2)。

由于该信源具有无记忆的特点，a_1a_1 这个序列的出现概率等于序列中各个符号出现概率的乘积；由于该信源具有平稳性的特点，在 X_1 和 X_2 位置上符号 a_1 的发生概率是相同的。因此，序列 a_1a_1 的发生概率为

$$p(X_1X_2=a_1a_1)=p(X_1=a_1)p(X_2=a_1)=\frac{9}{16} \tag{3-25}$$

同理，可得其他 3 种序列的发生概率

$$\begin{aligned} p(X_1X_2=a_1a_2)&=p(X_1=a_1)p(X_2=a_2)=\frac{3}{16}\\ p(X_1X_2=a_2a_1)&=p(X_1=a_2)p(X_2=a_1)=\frac{3}{16}\\ p(X_1X_2=a_2a_2)&=p(X_1=a_2)p(X_2=a_2)=\frac{1}{16} \end{aligned} \tag{3-26}$$

故该离散无记忆平稳信源的二维概率空间模型为

$$\begin{bmatrix} X_1X_2 \\ p(X_1X_2) \end{bmatrix}=\begin{bmatrix} a_1a_1 & a_1a_2 & a_2a_1 & a_2a_2 \\ \frac{9}{16} & \frac{3}{16} & \frac{3}{16} & \frac{1}{16} \end{bmatrix} \tag{3-27}$$

计算可得信源的二维联合熵

$$H(X_1X_2)=1.6226\ \text{bit/sequence} \tag{3-28}$$

显然二维联合熵是一维熵的 2 倍，平均符号熵 $H_1(X)=H_2(X)$。这就印证了式（3-22），即无记忆平稳信源的平均符号熵与信源输出序列的长度无关。

当然，如果读者有兴趣，还可以建立更高维度的概率空间，计算各个维度下的平均符号熵，从而更加深刻地体会无记忆平稳信源平均符号熵的特点。

3.4 有记忆平稳信源

有记忆平稳信源

无记忆平稳信源输出的符号彼此统计独立。不过，并不是每一种平稳信源都满足这一特性。

例如，图 3.13 是某平稳信源输出的一幅图像。经统计可得，黑、白两种像素在图像中出现的概率分别是 0.4231 和 0.5769，而黑像素后紧跟着白像素的概率是 0.1923，即

$$\begin{aligned} &p(\text{黑})=0.4231\\ &p(\text{白})=0.5769\\ &p(\text{黑白})=0.1923\neq p(\text{黑})\cdot p(\text{白}) \end{aligned} \tag{3-29}$$

显然，这里的联合概率不等于序列中各个符号发生概率的乘积。因此，这个平稳信源输出符号之间存在依赖关系，这表明该信源是有记忆的。本节将重点研究记忆性对平稳信源不确定性的影响。其中的关键在于解析条件熵的单调不增性。

图 3.13 某平稳信源输出的图像

3.4.1 平稳性与条件熵

3.3.1 小节给出了平稳性的定义，可知如果一个离散信源是 N 维平稳的，那么其 N 维联合概率分布与时间起点无关，具有时移性，即

$$p\left(X_{i+1}=a_{i_1},\ X_{i+2}=a_{i_2},\ \cdots,\ X_{i+N}=a_{i_N}\right)=p\left(X_{h+1}=a_{i_1},\ X_{h+2}=a_{i_2},\ \cdots,\ X_{h+N}=a_{i_N}\right) \tag{3-30}$$

其中，X_l 代表输出序列中第 l 个随机变量，$\{a_1,a_2,\cdots,a_q\}$ 为信源的输出符号集合，$a_{i_k}\in\{a_1,\ a_2,\ \cdots,\ a_q\}$，$1\leqslant k\leqslant N$。

对可时移的 N 维联合分布求和

$$\begin{aligned}&\sum_{X_{i+N}}p\left(X_{i+1}=a_{i_1},\ X_{i+2}=a_{i_2},\ \cdots,\ X_{i+N-1}=a_{i_{N-1}},\ X_{i+N}=a_{i_N}\right)=\\&\sum_{X_{h+N}}p\left(X_{h+1}=a_{i_1},\ X_{h+2}=a_{i_2},\ \cdots,\ X_{h+N-1}=a_{i_{N-1}},\ X_{h+N}=a_{i_N}\right)\end{aligned} \tag{3-31}$$

得到的 $N-1$ 维联合分布自然是可时移的。

相应地，N 维联合分布和 $N-1$ 维联合分布的比值，即条件概率

$$\begin{aligned}&p\left(X_{i+N}=a_{i_N}\mid X_{i+1}=a_{i_1},X_{i+2}=a_{i_2},\cdots,X_{i+N-1}=a_{i_{N-1}}\right)\\&=\frac{p\left(X_{i+1}=a_{i_1},X_{i+2}=a_{i_2},\cdots,X_{i+N-1}=a_{i_{N-1}},X_{i+N}=a_{i_N}\right)}{p\left(X_{i+1}=a_{i_1},X_{i+2}=a_{i_2},\cdots,X_{i+N-1}=a_{i_{N-1}}\right)}\\&=\frac{p\left(X_{h+1}=a_{i_1},X_{h+2}=a_{i_2},\cdots,X_{h+N-1}=a_{i_{N-1}},X_{h+N}=a_{i_N}\right)}{p\left(X_{h+1}=a_{i_1},X_{h+2}=a_{i_2},\cdots,X_{h+N-1}=a_{i_{N-1}}\right)}\\&=p\left(X_{h+N}=a_{i_N}\mid X_{h+1}=a_{i_1},X_{h+2}=a_{i_2},\cdots,X_{h+N-1}=a_{i_{N-1}}\right)\end{aligned} \tag{3-32}$$

也是可时移的。

既然联合概率和条件概率都与时间起点无关，那么由二者共同决定的条件熵也是可时移的，即

$$\begin{aligned}&H\left(X_{i+N}\mid X_{i+1}X_{i+2}\cdots X_{i+N-1}\right)\\&=-\sum_{X_{i+1}}\sum_{X_{i+2}}\cdots\sum_{X_{i+N}}p\left(X_{i+1}X_{i+2}\cdots X_{i+N}\right)\log p\left(X_{i+N}\mid X_{i+1}X_{i+2}\cdots X_{i+N-1}\right)\\&=-\sum_{X_{h+1}}\sum_{X_{h+2}}\cdots\sum_{X_{h+N}}p\left(X_{h+1}X_{h+2}\cdots X_{h+N}\right)\log p\left(X_{h+N}\mid X_{h+1}X_{h+2}\cdots X_{h+N-1}\right)\\&=H\left(X_{h+N}\mid X_{h+1}X_{h+2}\cdots X_{h+N-1}\right)\end{aligned} \tag{3-33}$$

仿照式（3-30）～式（3-33）的推导过程，同理可得，在前 $N-2$ 个符号发生的情况下，第 $N-1$ 个符号的条件熵 $H\left(X_{i+N-1}\mid X_{i+1}X_{i+2}\cdots X_{i+N-2}\right)$ 可时移。

类似地，可以不断降低条件熵的维度，最终得出如下结论：对于一个 N 维平稳信源，在前 $k-1$ 个符号发生的条件下，第 k 个符号的条件熵具有时移性，即

$$H\left(X_{i+k} \mid X_{i+1} X_{i+2} \cdots X_{i+k-1}\right)=H\left(X_{h+k} \mid X_{h+1} X_{h+2} \cdots X_{h+k-1}\right) \tag{3-34}$$

其中，$1<k \leqslant N$。

3.4.2 记忆性与条件熵

信源的记忆性是指信源输出符号之间存在相关性。记忆性将对信源的不确定性产生影响。

如图 3.14 所示，若一个汉字信源输出了“人生”两个字，会让人联想到“人生观”“人生如歌”“人生得意须尽欢”“人生自古谁无死”等。虽然不能实现百分之百的精准预测，但是“人生”这两个字在一定程度上缩小了信源可能的输出范围，削弱了信源输出的不确定性。

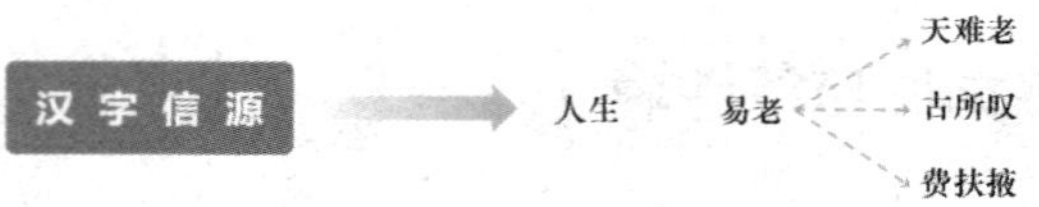

图 3.14　汉字信源

动画示意

如果这个汉字信源又输出了两个字——“易老”，那接下来的输出很有可能就是“人生易老天难老”“人生易老古所叹”“人生易老费扶掖”，输出范围进一步缩小，不确定性也随之变小。可以想象，随着输出的符号越来越多，对信源输出的预测精度会越来越高，输出符号的不确定性会越来越小。

根据 3.2.2 小节所述，每个符号的平均不确定性可以用条件熵来定量表征。为了研究记忆性对信源不确定性的影响，下面将分“无限记忆性”“有限记忆性”两种情况来探讨条件熵的变化特性。

1．无限记忆性与条件熵

无限记忆性是指信源输出的每一个符号都与之前所有的输出符号有关。在数学上，无限记忆性可以表述为

$$\begin{aligned}&p\left(X_N=a_{i_N} \mid X_1=a_{i_1}, X_2=a_{i_2}, \cdots, X_{N-1}=a_{i_{N-1}}\right) \neq \\ &p\left(X_N=a_{i_N} \mid X_l=a_{i_l}, \cdots, X_{N-1}=a_{i_{N-1}}\right)\end{aligned} \quad 2 \leqslant l \leqslant N-1 \tag{3-35}$$

其中，$\left(X_1, X_2, \cdots, X_N\right)$ 是代表信源输出的离散随机序列，$\left\{a_1, a_2, \cdots, a_q\right\}$ 为信源的输出符号集合，$a_{i_k} \in\left\{a_1, a_2, \cdots, a_q\right\}$，$1 \leqslant k \leqslant N$。

基于式（3-35），参考附录 D 的证明，可得

$$H\left(X_N \mid X_1 X_2 \cdots X_{N-1}\right)<H\left(X_N \mid X_2 \cdots X_{N-1}\right) \tag{3-36}$$

进一步，不断减少条件，可以得到如下不等式

$$H\left(X_N \mid X_1 X_2 \cdots X_{N-1}\right)<H\left(X_N \mid X_2 \cdots X_{N-1}\right)<\cdots<H\left(X_N \mid X_{N-1}\right)<H\left(X_N\right) \tag{3-37}$$

式（3-37）表明：有条件的不确定性比无条件的不确定性小、条件多的不确定性比条件少的不确定性小，即条件熵小于无条件熵（信息熵）、条件多的熵小于条件少的熵，如图 3.15 所示。

若信源是平稳的，结合式（3-37）和条件熵的时移性

$$H\left(X_N \mid X_2 \cdots X_{N-1}\right)=H\left(X_{N-1} \mid X_1 \cdots X_{N-2}\right) \tag{3-38}$$

可得（见图 3.16）

$$H\left(X_N \mid X_1 X_2 \cdots X_{N-1}\right)<H\left(X_{N-1} \mid X_1 \cdots X_{N-2}\right) \tag{3-39}$$

式（3-39）表明第 N 个符号的条件熵小于第 N-1 个符号的条件熵。依此类推，无限记忆平稳信源的条件熵满足

$$H\left(X_1\right)>H\left(X_2 \mid X_1\right)>\cdots>H\left(X_{N-1} \mid X_1 \cdots X_{N-2}\right)>H\left(X_N \mid X_1 \cdots X_{N-1}\right) \tag{3-40}$$

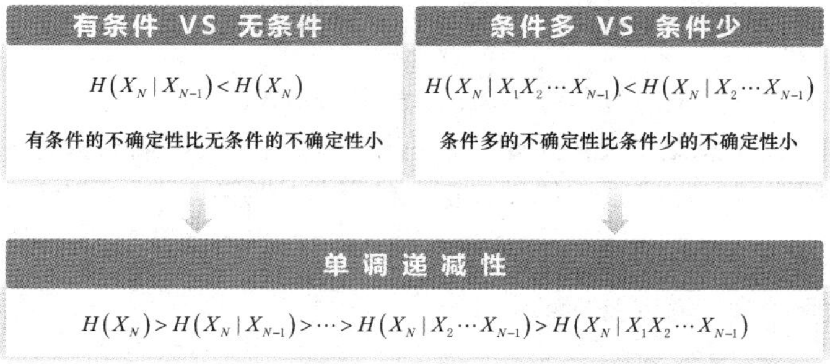

图 3.15　无限记忆情况下条件熵具有单调递减性

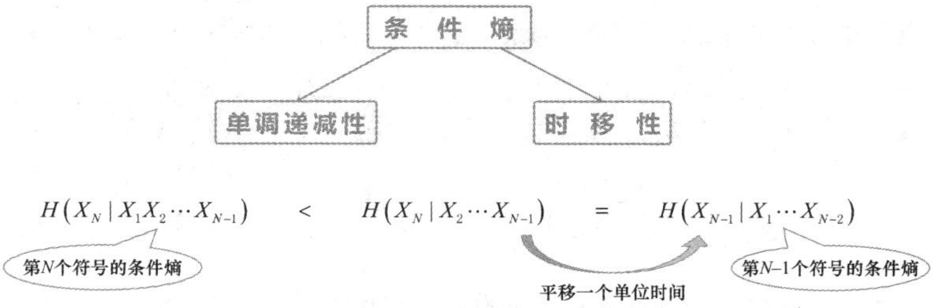

动画示意

图 3.16　无限记忆平稳信源的条件熵

2．有限记忆性与条件熵

有限记忆性是指每个符号只与之前输出的有限个符号有关。

假设当前符号的发生概率仅与信源之前输出的 m 个符号有关，则当信源输出的符号数目不超过 $m+1$ 时，条件概率满足

$$\begin{aligned}&p\left(X_k=a_{i_k}|X_1=a_{i_1},\ X_2=a_{i_2},\ \cdots,\ X_{k-1}=a_{i_{k-1}}\right)\\ \neq\ &p\left(X_k=a_{i_k}|X_j=a_{i_j},\ \cdots,\ X_{k-1}=a_{i_{k-1}}\right)\end{aligned}\quad 2\leqslant k\leqslant m+1,\ 1<j<k-1 \tag{3-41}$$

此时，类比无限记忆性对条件熵的影响，如式（3-40）所示，可得

$$H(X_1)>H(X_2|X_1)>\cdots>H(X_{m+1}|X_1X_2\cdots X_m) \tag{3-42}$$

当信源输出的符号数目超过 $m+1$ 时，条件概率满足

$$\begin{aligned}&p\left(X_{m+l+1}=a_{i_{m+l+1}}|X_1=a_{i_1},\ X_2=a_{i_2},\ \cdots,\ X_{m+l}=a_{i_{m+l}}\right)\\ =\ &p\left(X_{m+l+1}=a_{i_{m+l+1}}|X_{(m+l)-(m-1)}=a_{i_{1+l}},\ X_{(m+l)-(m-1)+1}=a_{i_{2+l}},\ \cdots,\ X_{m+l}=a_{i_{m+l}}\right)\end{aligned}\quad l\geqslant 0 \tag{3-43}$$

即第 $m+l+1$ 个符号的不确定性仅与相邻的前 m 个符号有关，与更为靠前的符号无关。相应地，第 $m+l+1$ 个符号的条件熵也仅与相邻的前 m 个符号有关，即

$$H(X_{m+l+1}|X_1X_2\cdots X_{m+l})=H\left(X_{m+l+1}|X_{(m+l)-(m-1)}X_{(m+l)-(m-1)+1}\cdots X_{m+l}\right)\quad l\geqslant 0 \tag{3-44}$$

若信源是平稳的，结合条件熵的时移性

$$H\left(X_{m+l+1}|X_{(m+l)-(m-1)}X_{(m+l)-(m-1)+1}\cdots X_{m+l}\right)=H(X_{m+1}|X_1X_2\cdots X_m)\quad l\geqslant 0 \tag{3-45}$$

可得

$$H(X_{m+l+1}|X_1X_2\cdots X_{m+l})=H(X_{m+1}|X_1X_2\cdots X_m)\quad l\geqslant 0 \tag{3-46}$$

综合式（3-42）和式（3-46），有限记忆平稳信源的条件熵满足

$$
\begin{aligned}
&H(X_1) > H(X_2 \mid X_1) > \cdots > H(X_{m+1} \mid X_1 X_2 \cdots X_m) \\
&= H(X_{m+2} \mid X_1 X_2 \cdots X_{m+1}) = \cdots = H(X_N \mid X_1 \cdots X_{N-1})
\end{aligned} \tag{3-47}
$$

为了方便对比，图 3.17 总结了无限记忆性和有限记忆性对条件熵的影响。可以看出，无限记忆平稳信源的条件熵单调递减，而有限记忆平稳信源的条件熵则在经历一段时间的衰减后，逐渐趋于平稳。

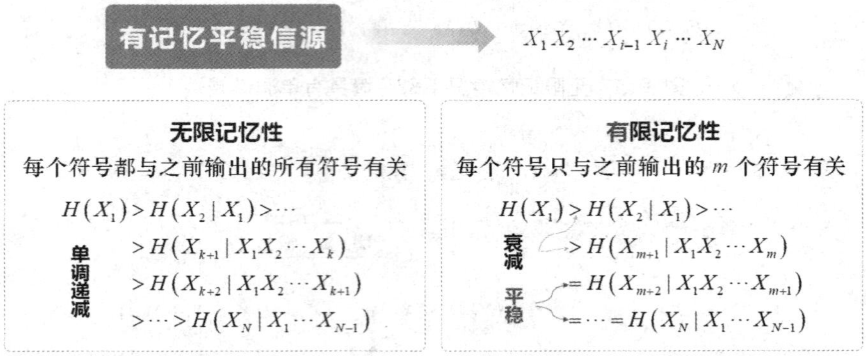

有记忆平稳信源
$X_1 X_2 \cdots X_{i-1} X_i \cdots X_N$
无限记忆性
每个符号都与之前输出的所有符号有关
$H(X_1) > H(X_2 \mid X_1) > \cdots$
$> H(X_{k+1} \mid X_1 X_2 \cdots X_k)$
$> H(X_{k+2} \mid X_1 X_2 \cdots X_{k+1})$
$> \cdots > H(X_N \mid X_1 \cdots X_{N-1})$
单调递减
有限记忆性
每个符号只与之前输出的 m 个符号有关
$H(X_1) > H(X_2 \mid X_1) > \cdots$
$> H(X_{m+1} \mid X_1 X_2 \cdots X_m)$
$= H(X_{m+2} \mid X_1 X_2 \cdots X_{m+1})$
$= \cdots = H(X_N \mid X_1 \cdots X_{N-1})$
衰减
平稳

图 3.17　无限记忆性和有限记忆性对条件熵的影响

基于上述关于条件熵的分析结论，下面将分别探讨无限记忆平稳信源和有限记忆平稳信源的平均符号熵。

3.4.3 平均符号熵

1．无限记忆平稳信源的平均符号熵

依据式（3-40），若以离散随机序列 $(X_1, X_2, \cdots, X_N)$ 代表无限记忆平稳信源的输出，则存在

$$
H(X_{k-1} \mid X_1 \cdots X_{k-2}) > H(X_k \mid X_1 X_2 \cdots X_{k-1}) \tag{3-48}
$$

由联合熵的链式关系可以推理出，条件熵 $H(X_k \mid X_1 X_2 \cdots X_{k-1})$ 代表了信源输出序列中第 k 个符号的平均不确定性。因此，式（3-48）表明，第 k 个符号的平均不确定性小于第 $k-1$ 个符号的平均不确定性。推广至输出序列中的所有符号，可以得到结论：对于无限记忆平稳信源，随着输出序列长度的增加，每个符号的平均不确定性越来越小，如图 3.18 所示。

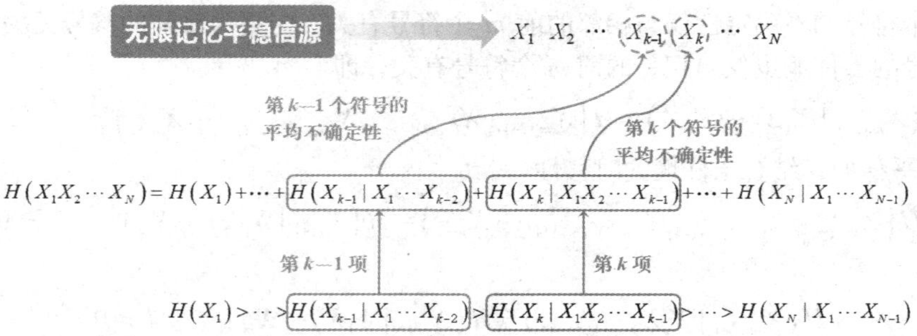

动画示意

图 3.18　无限记忆平稳信源输出符号的平均不确定性

基于上述分析，有

$$\begin{aligned}
H_k(X) &= \frac{1}{k}\left[H(X_1)+H(X_2 \mid X_1)+\cdots+H(X_k \mid X_1 \cdots X_{k-1})\right] \\
&> \frac{1}{k}\left[H(X_{k+1} \mid X_1X_2\cdots X_k)+H(X_{k+1} \mid X_1X_2\cdots X_k)+\cdots+H(X_{k+1} \mid X_1X_2\cdots X_k)\right] \\
&= \frac{1}{k}\left[k\cdot H(X_{k+1} \mid X_1X_2\cdots X_k)\right] \\
&= H(X_{k+1} \mid X_1X_2\cdots X_k)
\end{aligned} \tag{3-49}$$

即 k 维平均符号熵 $H_k(X)$ 将大于第 k 个符号的平均不确定性。

进一步可以分析 $k+1$ 维平均符号熵 $H_{k+1}(X)$

$$\begin{aligned}
H_{k+1}(X) &= \frac{1}{k+1}H(X_1X_2\cdots X_{k-1}X_kX_{k+1}) \\
&= \frac{1}{k+1}\left[H(X_1X_2\cdots X_{k-1}X_k)+H(X_{k+1} \mid X_1\cdots X_{k-1}X_k)\right] \\
&= \frac{1}{k+1}\left[kH_k(X)+H(X_{k+1} \mid X_1\cdots X_{k-1}X_k)\right] \\
&< \frac{1}{k+1}\left[kH_k(X)+H_k(X)\right] \\
&= H_k(X)
\end{aligned} \tag{3-50}$$

即 k 维平均符号熵 $H_k(X)$ 大于 $k+1$ 维平均符号熵 $H_{k+1}(X)$。

综上所述，对于无限记忆平稳信源，其平均符号熵将会随着序列长度的增加单调递减，即

$$H_1(X) > H_2(X) > \cdots > H_{N-1}(X) > H_N(X) \tag{3-51}$$

显然，当序列长度 N 趋近于无穷时，平均符号熵将会趋近于 0。

2．有限记忆平稳信源的平均符号熵

由式（3-47）可知，有限记忆平稳信源的条件熵是单调不增的，若以离散随机序列 $(X_1, X_2, \cdots, X_N)$ 代表有限记忆平稳信源的输出，则有

$$H(X_1) \geqslant H(X_2 \mid X_1) \geqslant \cdots \geqslant H(X_k \mid X_1\cdots X_{k-1}) \geqslant H(X_{k+1} \mid X_1\cdots X_k) \tag{3-52}$$

平均符号熵 $H_k(X)$ 满足

$$\begin{aligned}
H_k(X) &= \frac{1}{k}H(X_1X_2\cdots X_{k-1}X_k) \\
&= \frac{1}{k}\left[H(X_1)+H(X_2 \mid X_1)+\cdots+H(X_k \mid X_1\cdots X_{k-1})\right] \\
&\geqslant \frac{1}{k}\left[H(X_{k+1} \mid X_1X_2\cdots X_k)+H(X_{k+1} \mid X_1X_2\cdots X_k)+\cdots+H(X_{k+1} \mid X_1\cdots X_k)\right] \\
&= \frac{1}{k}\left[k\cdot H(X_{k+1} \mid X_1X_2\cdots X_k)\right] \\
&= H(X_{k+1} \mid X_1X_2\cdots X_k)
\end{aligned} \tag{3-53}$$

即 k 维平均符号熵必然不小于第 $k+1$ 个符号的平均不确定性。

进一步可以分析 $k+1$ 维平均符号熵 $H_{k+1}(X)$

$$\begin{aligned} H_{k+1}(X) &= \frac{1}{k+1} H(X_1X_2\cdots X_{k-1}X_kX_{k+1}) \\ &= \frac{1}{k+1}\left[H(X_1X_2\cdots X_{k-1}X_k) + H(X_{k+1} \mid X_1\cdots X_{k-1}X_k)\right] \\ &= \frac{1}{k+1}\left[kH_k(X) + H(X_{k+1} \mid X_1\cdots X_{k-1}X_k)\right] \\ &\leqslant \frac{1}{k+1}\left[kH_k(X) + H_k(X)\right] \\ &= H_k(X) \end{aligned} \tag{3-54}$$

即 $k+1$ 维平均符号熵不大于 k 维平均符号熵。

综上所述，对于有限记忆平稳信源，平均符号熵随着序列长度的增加呈现出单调不增性

$$H_1(X) \geqslant H_2(X) \geqslant \cdots \geqslant H_{N-1}(X) \geqslant H_N(X) \tag{3-55}$$

序列长度趋于无穷时的平均符号熵被称为极限熵 $H_\infty(X)$，有

$$H_\infty(X) = \lim_{N\to\infty} \frac{H(X_1X_2\cdots X_N)}{N} \tag{3-56}$$

结合无限记忆条件下得到的式（3-51）和有限记忆条件下得到的式（3-55）可知，对有记忆平稳信源而言，在各个维度的平均符号熵中，极限熵是最小的。

3.5 马尔可夫信源

马尔可夫信源

1913 年，俄罗斯数学家马尔可夫出版了他的著作《概率计算（第三版）》。在该书中，马尔可夫应用“链”的概念，分析了普希金的诗歌《叶甫盖尼·奥涅金》。1948 年，香农在《通信的数学理论》中，引入了马尔可夫链来描述信源。

对于一个信源，如果当前符号的出现概率仅取决于之前的 m 个符号，即

$$\begin{aligned} & p\left(X_k = a_{i_k} \mid X_1 = a_{i_1}, \cdots, X_{k-2} = a_{i_{k-2}}, X_{k-1} = a_{i_{k-1}}\right) = \\ & p\left(X_k = a_{i_k} \mid X_{k-m} = a_{i_{k-m}}, \cdots, X_{k-2} = a_{i_{k-2}}, X_{k-1} = a_{i_{k-1}}\right) \end{aligned} \tag{3-57}$$

则称该信源为 m 阶马尔可夫信源。式（3-57）中，$(X_1, X_2, \cdots, X_k)$ 代表信源输出的离散随机序列，$\{a_1, a_2, \cdots, a_q\}$ 为信源的输出符号集合，$a_{i_l} \in \{a_1, a_2, \cdots, a_q\}$，$1 \leqslant l \leqslant k$。

与 3.4 节探讨过的有记忆平稳信源相比，马尔可夫信源不一定平稳，但一定具有有限记忆性。

3.5.1 状态

在马尔可夫信源的研究中，通常讨论的是“状态”，而不是“符号”。对于 m 阶马尔可夫信源，每 m 个符号构成一个“状态”。如图 3.19 所示，假如信源的输出符号集合为 $\{a_1, a_2, \cdots, a_q\}$，那么 m 阶马尔可夫信源的状态共有 q^m 种，可以分别用 s_1，s_2，$\cdots$，s_{q^m} 表示。

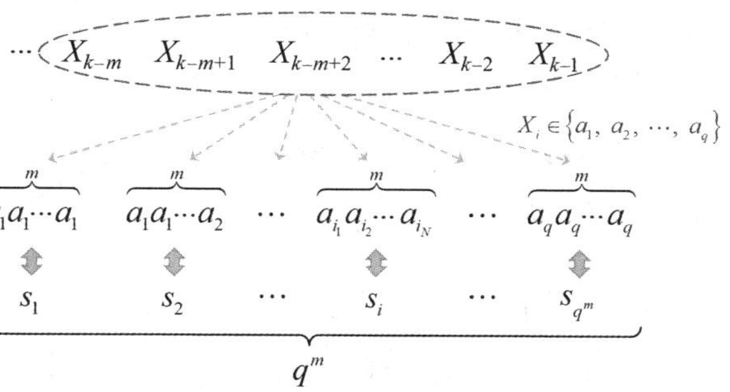

图 3.19 马尔可夫信源的状态

3.5.2 状态转移

当马尔可夫信源输出一个新的符号时，新的状态会随之出现，状态就发生了转移。为了明确状态的出现时刻，通常会以上角标加以标识。比如，将第 $k-1$ 时刻的状态 s_i 标记为 $s_i^{(k-1)}$。状态之间的转移概率等价于符号之间的条件概率。

如图 3.20 所示，马尔可夫信源在第 $k-1$ 时刻的状态 $s_i^{(k-1)}$ 为 $a_{i_{k-m}}a_{i_{k-m+1}}a_{i_{k-m+2}}\cdots a_{i_{k-2}}a_{i_{k-1}}$。在第 k 时刻，马尔可夫信源输出符号 a_{i_k}，状态发生转移，变为 $s_j^{(k)}=a_{i_{k-m+1}}a_{i_{k-m+2}}\cdots a_{i_{k-2}}a_{i_{k-1}}a_{i_k}$。状态 $s_i^{(k-1)}$ 和 $s_j^{(k)}$ 之间的转移概率等于当前符号与之前 m 个符号之间的条件概率，即

$$p\left(s_j^{(k)}\mid s_i^{(k-1)}\right)=p\left(a_{i_k}\mid a_{i_{k-m}}a_{i_{k-m+1}}a_{i_{k-m+2}}\cdots a_{i_{k-2}}a_{i_{k-1}}\right) \tag{3-58}$$

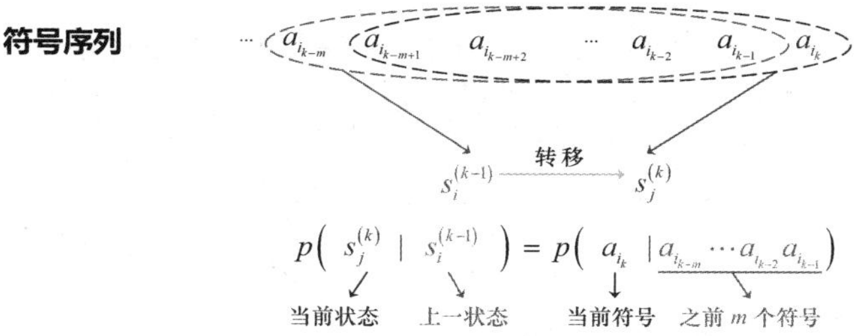

动画示意

图 3.20 马尔可夫信源的状态转移

类似于式（3-58），根据符号之间的条件概率，可以推算出由第 $k-1$ 时刻到第 k 时刻所有状态之间的转移概率，然后构建相应的从第 $k-1$ 时刻到第 k 时刻的一步状态转移概率矩阵

$$\boldsymbol{P}(k-1,k)=\begin{bmatrix} p\left(s_1^{(k)}\mid s_1^{(k-1)}\right) & \cdots & p\left(s_i^{(k)}\mid s_1^{(k-1)}\right) & \cdots & p\left(s_j^{(k)}\mid s_1^{(k-1)}\right) & \cdots & p\left(s_{q^m}^{(k)}\mid s_1^{(k-1)}\right) \\ \vdots & & \vdots & & \vdots & & \vdots \\ p\left(s_1^{(k)}\mid s_i^{(k-1)}\right) & \cdots & p\left(s_i^{(k)}\mid s_i^{(k-1)}\right) & \cdots & p\left(s_j^{(k)}\mid s_i^{(k-1)}\right) & \cdots & p\left(s_{q^m}^{(k)}\mid s_i^{(k-1)}\right) \\ \vdots & & \vdots & & \vdots & & \vdots \\ p\left(s_1^{(k)}\mid s_j^{(k-1)}\right) & \cdots & p\left(s_i^{(k)}\mid s_j^{(k-1)}\right) & \cdots & p\left(s_j^{(k)}\mid s_j^{(k-1)}\right) & \cdots & p\left(s_{q^m}^{(k)}\mid s_j^{(k-1)}\right) \\ \vdots & & \vdots & & \vdots & & \vdots \\ p\left(s_1^{(k)}\mid s_{q^m}^{(k-1)}\right) & \cdots & p\left(s_i^{(k)}\mid s_{q^m}^{(k-1)}\right) & \cdots & p\left(s_j^{(k)}\mid s_{q^m}^{(k-1)}\right) & \cdots & p\left(s_{q^m}^{(k)}\mid s_{q^m}^{(k-1)}\right) \end{bmatrix} \tag{3-59}$$

进一步，如果已知第 $k-1$ 时刻的状态分布 $\boldsymbol{S}(k-1)$

$$\boldsymbol{S}(k-1)=\left[p\left(s_1^{(k-1)}\right)\ \cdots\ p\left(s_i^{(k-1)}\right)\ \cdots\ p\left(s_j^{(k-1)}\right)\ \cdots\ p\left(s_{q^m}^{(k-1)}\right)\right] \tag{3-60}$$

则该状态分布乘状态转移概率矩阵 $\boldsymbol{P}(k-1,\ k)$，可得第 k 时刻的状态分布 $\boldsymbol{S}(k)$

$$\begin{aligned}\boldsymbol{S}(k)&=\boldsymbol{S}(k-1)\cdot\boldsymbol{P}(k-1,\ k)\\&=\left[p\left(s_1^{(k)}\right)\ \cdots\ p\left(s_i^{(k)}\right)\ \cdots\ p\left(s_j^{(k)}\right)\ \cdots\ p\left(s_{q^m}^{(k)}\right)\right]\end{aligned} \tag{3-61}$$

随着信源不断输出新的符号，状态不断转移。这样，马尔可夫信源输出的符号序列就转化为状态序列，如图 3.21 所示。依据式（3-59）和式（3-61），可以得到任意两个时刻之间的状态转移概率矩阵及各个时刻的状态分布。

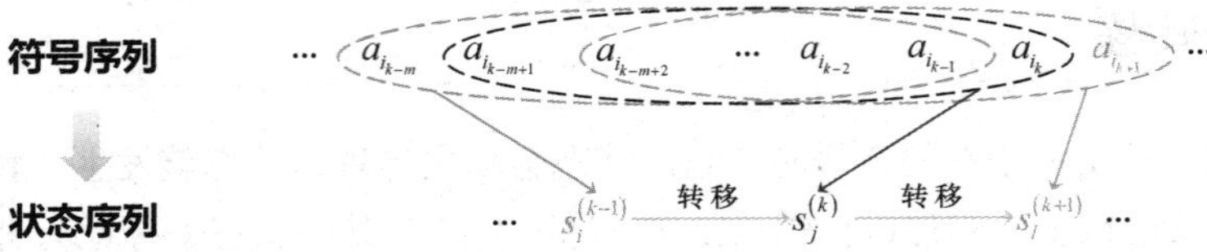

动画示意

图 3.21　马尔可夫信源输出的符号序列转化为状态序列

下面结合一个具体的例子来观察一下马尔可夫信源是如何运作的。

例 3.4：二元二阶马尔可夫信源

一个二元二阶马尔可夫信源的输出符号集合为 $\{0,\ 1\}$，每个输出符号仅与之前的两个符号有关。因此，该马尔可夫信源的状态是由两个符号构成的，共有 4 种，即 00、01、10、11，分别用 s_1、s_2、s_3、s_4 表示。

在该信源的输出序列中，最开始 00、01、10、11 的出现概率分别为 0.15、0.35、0.2、0.3。从第 2 时刻到第 3 时刻，符号之间的条件概率如图 3.22 所示。

依据图 3.22，可以确定从第 2 时刻到第 3 时刻的状态转移概率

$$p\left(s_1^{(3)}\mid s_1^{(2)}\right)=p\left(X_3=0\mid X_1=0,X_2=0\right)=0.4$$

$$p\left(s_2^{(3)}\mid s_1^{(2)}\right)=p\left(X_3=1\mid X_1=0,X_2=0\right)=0.6$$

$$p\left(s_3^{(3)}\mid s_2^{(2)}\right)=p\left(X_3=0\mid X_1=0,X_2=1\right)=0.2$$

$$p\left(s_4^{(3)}\mid s_2^{(2)}\right)=p\left(X_3=1\mid X_1=0,X_2=1\right)=0.8$$

$$p\left(s_1^{(3)}\mid s_3^{(2)}\right)=p\left(X_3=0\mid X_1=1,X_2=0\right)=0.3$$

$$p\left(s_2^{(3)}\mid s_3^{(2)}\right)=p\left(X_3=1\mid X_1=1,X_2=0\right)=0.7$$

$$p\left(s_3^{(3)}\mid s_4^{(2)}\right)=p\left(X_3=0\mid X_1=1,X_2=1\right)=0.4$$

$$p\left(s_4^{(3)}\mid s_4^{(2)}\right)=p\left(X_3=1\mid X_1=1,X_2=1\right)=0.6$$

进而构建从第 2 时刻到第 3 时刻的状态转移概率矩阵

$$\boldsymbol{P}(2,\ 3)=\begin{bmatrix}0.4&0.6&0.0&0.0\\0.0&0.0&0.2&0.8\\0.3&0.7&0.0&0.0\\0.0&0.0&0.4&0.6\end{bmatrix}$$

结合第 2 时刻的状态分布

$$\boldsymbol{S}(2)=\left[p\left(s_1^{(2)}\right)=0.15 \quad p\left(s_2^{(2)}\right)=0.35 \quad p\left(s_3^{(2)}\right)=0.2 \quad p\left(s_4^{(2)}\right)=0.3\right]$$

可得第3时刻的状态分布

$$\begin{aligned}\boldsymbol{S}(3)&=\boldsymbol{S}(2)\cdot\boldsymbol{P}(2,\ 3)\\&=\left[p\left(s_1^{(3)}\right)=0.12 \quad p\left(s_2^{(3)}\right)=0.23 \quad p\left(s_3^{(3)}\right)=0.19 \quad p\left(s_4^{(3)}\right)=0.46\right]\end{aligned}$$

如果能够继续确定第3时刻到第4时刻、第4时刻到第5时刻及后续时刻之间的状态转移概率矩阵，同理可得各个时刻的状态分布。

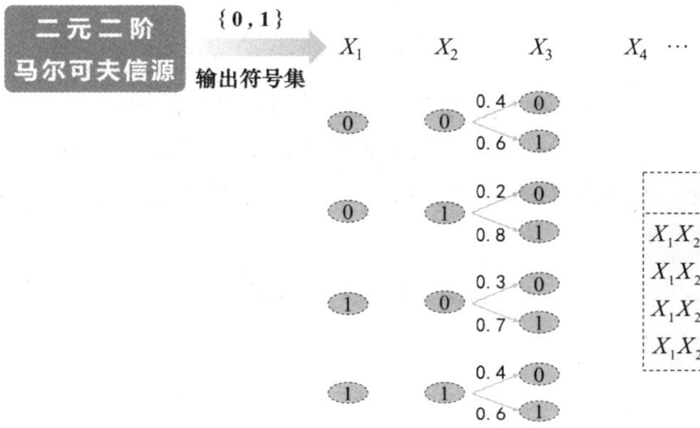

$p(X_3 \mid X_1X_2)$

	$X_3=0$	$X_3=1$
$X_1X_2=00$	0.4	0.6
$X_1X_2=01$	0.2	0.8
$X_1X_2=10$	0.3	0.7
$X_1X_2=11$	0.4	0.6

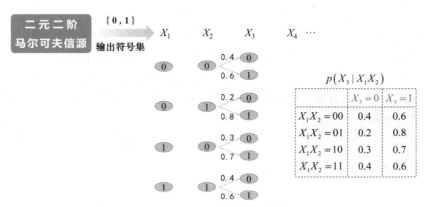

图3.22 二元二阶马尔可夫信源

由上述分析可知，状态转移概率矩阵在马尔可夫信源的研究中扮演着至关重要的角色，它的特性决定了马尔可夫信源的行为。在本书中，假设状态转移概率矩阵都满足齐次性与遍历性。

3.5.3 齐次性与遍历性

1. 齐次性

齐次性是指状态之间的转移概率与转移的起始时刻无关，即任意时刻的一步状态转移概率矩阵都是相同的。齐次马尔可夫信源的一步状态转移概率矩阵可以简记为 $\boldsymbol{P}$，无须强调转移的时刻。

如图3.23所示，对于齐次马尔可夫信源，第 $k+1$ 时刻的状态分布 $\boldsymbol{S}(k+1)$ 等于第 k 时刻的状态分布 $\boldsymbol{S}(k)$ 乘一步状态转移概率矩阵 $\boldsymbol{P}$

$$\boldsymbol{S}(k+1)=\boldsymbol{S}(k)\boldsymbol{P} \tag{3-62}$$

第 $k+2$ 时刻的状态分布等于第 k 时刻的状态分布乘一步状态转移概率矩阵 $\boldsymbol{P}$ 的平方

$$\boldsymbol{S}(k+2)=\boldsymbol{S}(k)\boldsymbol{P}^2 \tag{3-63}$$

依此类推，第 $k+N$ 时刻的状态分布概率，等于第 k 时刻的状态分布乘一步状态转移概率矩阵 $\boldsymbol{P}$ 的 N 次方

$$\boldsymbol{S}(k+N)=\boldsymbol{S}(k)\boldsymbol{P}^N \tag{3-64}$$

依据式（3-64），可以由某一时刻的状态分布和一步状态转移概率矩阵，推算出之后任何一个时刻的状态概率。这是齐次性带来的最大便利。

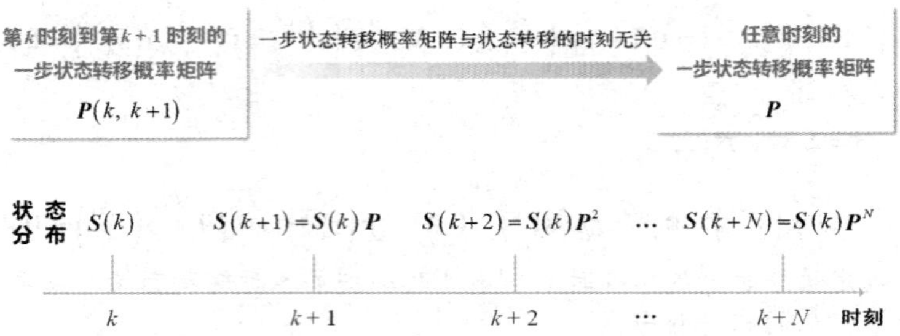

图 3.23　齐次马尔可夫信源

2．遍历性

遍历性是指经过一段时间后，马尔可夫信源的所有状态都有出现的可能。

根据遍历性的概念，可以给出齐次马尔可夫信源遍历性的判据：假设 $\boldsymbol{P}$ 是齐次马尔可夫信源的一步状态转移概率矩阵，若存在一个正整数 N ，使得 $\boldsymbol{P}^N$ 中所有元素均大于 0，则该齐次马尔可夫信源具有遍历性（见图 3.24）。

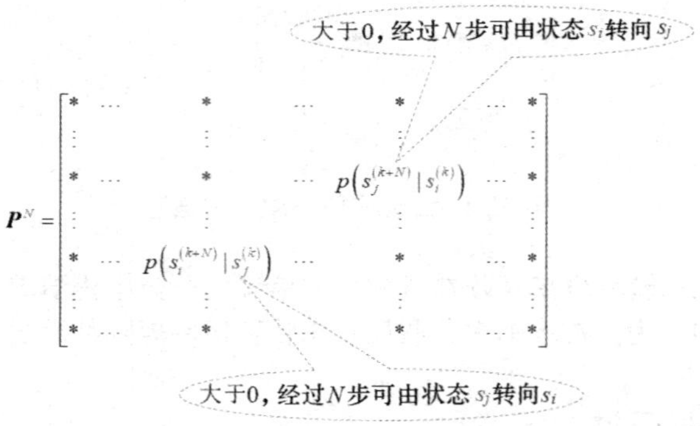

图 3.24　具有遍历性的齐次马尔可夫信源

当一个齐次马尔可夫信源具有遍历性时，其状态转移概率必然收敛，有

$$\lim_{k\to\infty} p\left(s_j^{(k)} \mid s_i^{(0)}\right) = p_j \tag{3-65}$$

即初始时刻状态 $s_i^{(0)}$ 到第 k 时刻状态 $s_j^{(k)}$ 的转移概率 $p\left(s_j^{(k)} \mid s_i^{(0)}\right)$ ，必然会收敛于不依赖于初始状态 $s_i^{(0)}$ 、仅依赖于终止状态 $s_j^{(k)}$ 的极限 p_j 。关于式（3-65）的证明参见附录 E。

式（3-65）所示的收敛性表明：经过足够多步后，从任意状态开始、终止于同一个状态 s_j 的转移概率，都等于一个相同的值，如图 3.25 所示。

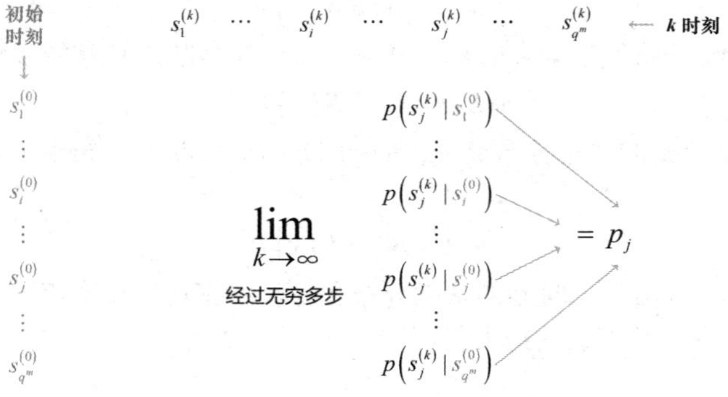

图 3.25　状态转移概率收敛

相应地，收敛后的状态转移概率矩阵中的任何一列的元素都相等，任意两行的元素都相同，即

$$\lim_{k\to\infty}\boldsymbol{P}^k=\begin{bmatrix} p_1 & p_2 & \cdots & p_j & \cdots & p_{q^m} \\ p_1 & p_2 & \cdots & p_j & \cdots & p_{q^m} \\ \vdots & \vdots & & \vdots & & \vdots \\ p_1 & p_2 & \cdots & p_j & \cdots & p_{q^m} \\ \vdots & \vdots & & \vdots & & \vdots \\ p_1 & p_2 & \cdots & p_j & \cdots & p_{q^m} \end{bmatrix} \tag{3-66}$$

基于式（3-64）和式（3-66），可以推出：在状态转移概率收敛后，无论马尔可夫信源初始时刻的状态分布如何，马尔可夫信源的状态分布都为收敛后状态转移概率矩阵的任意一行，如图 3.26 所示。这就意味着，随着状态转移概率收敛，状态分布也收敛了。这是齐次遍历马尔可夫信源的显著特点之一。

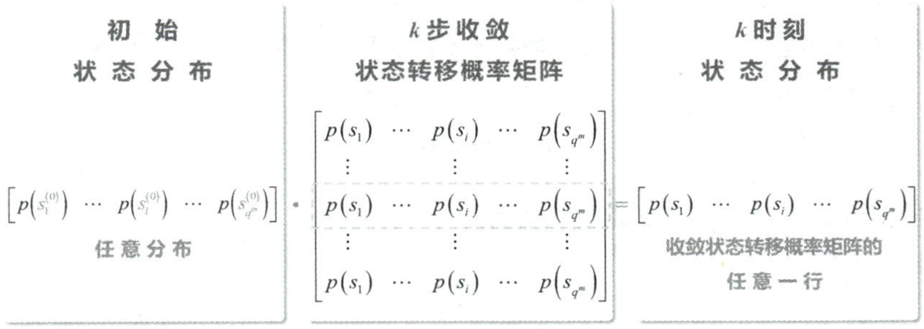

图 3.26　状态分布收敛

3.5.4　平稳分布

1．从 m 维平稳到完全平稳

如 3.5.3 小节所述，经过足够多步后，齐次遍历马尔可夫信源的状态分布必会收敛。若该信源是 m 阶的，那么状态分布的收敛意味着构成状态的 m 个符号的联合概率分布不再变化。根据 3.3.1 小节所介绍的“平稳性”，该齐次遍历马尔可夫信源实现了 m 维平稳。

一般的 m 维平稳信源不一定是 m+1 维平稳的。但是，齐次遍历马尔可夫信源并非如此。式（3-67）给出了齐次遍历 m 阶马尔可夫信源的 N 维联合概率（N 为大于 m 的任意自然数）

$$\begin{aligned}p\left(X_iX_{i+1}\cdots X_{i+N-1}\right)=&\,p\left(X_iX_{i+1}\cdots X_{i+m-1}\right)p\left(X_{i+m}\mid X_iX_{i+1}\cdots X_{i+m-1}\right)p\left(X_{i+m+1}\mid X_i\cdots X_{i+m}\right)\\&\cdots p\left(X_{i+N-1}\mid X_i\cdots X_{i+N-2}\right)\end{aligned} \tag{3-67}$$

由于每个符号仅与之前的 m 个符号有关，即

$$\begin{gathered}p\left(X_{i+m+1}\mid X_i\cdots X_{i+m}\right)=p\left(X_{i+m+1}\mid X_{i+1}\cdots X_{i+m}\right)\\ \vdots \\ p\left(X_{i+N-1}\mid X_i\cdots X_{i+N-2}\right)=p\left(X_{i+N-1}\mid X_{i+N-m-1}\cdots X_{i+N-2}\right)\end{gathered} \tag{3-68}$$

因此，式（3-67）可以重写为

$$p\left(X_i X_{i+1} \cdots X_{i+N-1}\right) = p\left(X_i X_{i+1} \cdots X_{i+m-1}\right) p\left(X_{i+m} \mid X_i X_{i+1} \cdots X_{i+m-1}\right) p\left(X_{i+m+1} \mid X_{i+1} \cdots X_{i+m}\right) \cdots p\left(X_{i+N-1} \mid X_{i+N-m-1} \cdots X_{i+N-2}\right) \tag{3-69}$$

若齐次遍历 m 阶马尔可夫信源已经实现了 m 维平稳,那么其 m 维联合概率 $p\left(X_i X_{i+1} \cdots X_{i+m-1}\right)$ 与时间起点无关。同时，齐次性保证了条件概率 $p\left(X_{i+m} \mid X_i \cdots X_{i+m-1}\right)$、$p\left(X_{i+m+1} \mid X_{i+1} \cdots X_{i+m}\right)$、…、$p\left(X_{i+N-1} \mid X_{i+N-m-1} \cdots X_{i+N-2}\right)$ 与时间起点无关。综上所述，式（3-67）所示的 N 维联合概率可时移，该信源是 N 维平稳的。式（3-67）～式（3-69）表明：齐次遍历 m 阶马尔可夫信源一旦实现了 m 维平稳，必然是任意维平稳的，即完全平稳。

2．平稳分布的计算

平稳分布是指齐次遍历 m 阶马尔可夫信源实现 m 维平稳后状态的概率分布。如图 3.26 所示，若齐次遍历马尔可夫信源的一步状态转移概率矩阵为 $\boldsymbol{P}$，则平稳分布应为 $\lim_{k\to\infty}\boldsymbol{P}^k$ 中的任意一行。

不过，通过计算 $\lim_{k\to\infty}\boldsymbol{P}^k$ 来确定平稳分布的方法并非最佳方法。根据“遍历性”的分析，齐次遍历马尔可夫信源一旦进入平稳状态，就会永远处于平稳状态。基于这一特性，平稳分布 $\boldsymbol{W} = \left[w_1\ w_2 \cdots w_{q^m}\right]$ 应满足

$$\boldsymbol{WP} = \boldsymbol{W} \tag{3-70}$$

再结合概率的规范性，即 $\sum_{i=1}^{q^m} w_i = 1$，构建方程组

$$\begin{cases} \boldsymbol{WP} = \boldsymbol{W} \\ \sum_{i=1}^{q^m} w_i = 1 \end{cases} \tag{3-71}$$

求解该方程组可得齐次遍历马尔可夫信源的平稳分布 $\boldsymbol{W}$ 。

3．近似平稳

通常，多数齐次遍历马尔可夫信源需要经过无穷多步的状态转移，才能进入严格的平稳状态。但在实际中，当有限步状态转移概率矩阵的任意两行达到高度近似时，就可以认为齐次遍历马尔可夫信源进入了平稳状态。

例 3.5：二元二阶齐次马尔可夫信源

一个二元二阶齐次马尔可夫信源的输出符号集合是 $\{0, 1\}$，状态为 $s_1 = 00$、$s_2 = 01$、$s_3 = 10$ 和 $s_4 = 11$，一步状态转移概率矩阵为

$$\boldsymbol{P} = \begin{bmatrix} 0.4 & 0.6 & 0.0 & 0.0 \\ 0.0 & 0.0 & 0.2 & 0.8 \\ 0.3 & 0.7 & 0.0 & 0.0 \\ 0.0 & 0.0 & 0.4 & 0.6 \end{bmatrix}$$

两步状态转移概率矩阵为

$$\boldsymbol{P}^2 = \begin{bmatrix} 0.16 & 0.24 & 0.12 & 0.48 \\ 0.06 & 0.14 & 0.32 & 0.48 \\ 0.12 & 0.18 & 0.14 & 0.56 \\ 0.12 & 0.28 & 0.24 & 0.36 \end{bmatrix}$$

该矩阵中所有元素均大于 0，表明该齐次马尔可夫信源具有遍历性。

继续增大状态转移步长 N 的取值，可得图 3.27。4 条曲线分别代表 N 步状态转移概率矩阵 $\boldsymbol{P}^N$ 中

第 1 列、第 2 列、第 3 列、第 4 列的最大值与最小值之差。可以看到，在 23 步状态转移概率矩阵中，每列的最大值与最小值之差均小于10^{-10}。这表明该矩阵中任意两行几乎相同。如果以10^{-10}作为阈值，可以认为这个马尔可夫信源转移 23 步后进入了平稳状态。与此同时，还可以发现一个现象：在进入平稳状态后，这个马尔可夫信源输出的每个符号的平均不确定性几乎相等，并且基本不再变化了，如图 3.28 所示。这一现象将在 3.5.5 小节应用有限记忆平稳信源的特性予以解释。

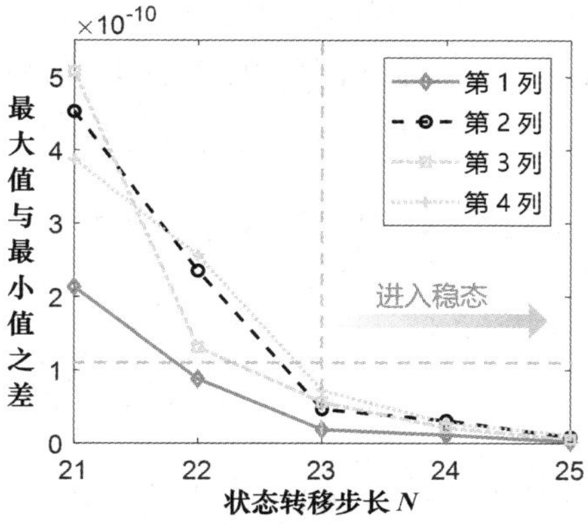

图 3.27　N 步状态转移概率矩阵中每列的最大值与最小值之差

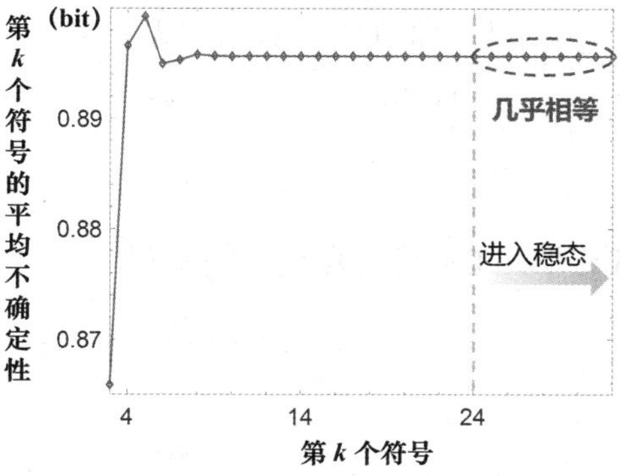

图 3.28　输出序列中每个符号的平均不确定性

3.5.5 极限熵

如图 3.29 所示，按照是否进入平稳状态，将齐次遍历 m 阶马尔可夫信源的输出序列 $(X_1, X_2, \cdots, X_i, \cdots, X_j, \cdots, X_N)$ 分割成非平稳和平稳两部分。假设前 k 个符号处于非平稳状态，之后的 $N-k$ 个符号处于平稳状态。其中，第 i 个和第 j 个符号都已经进入平稳状态。

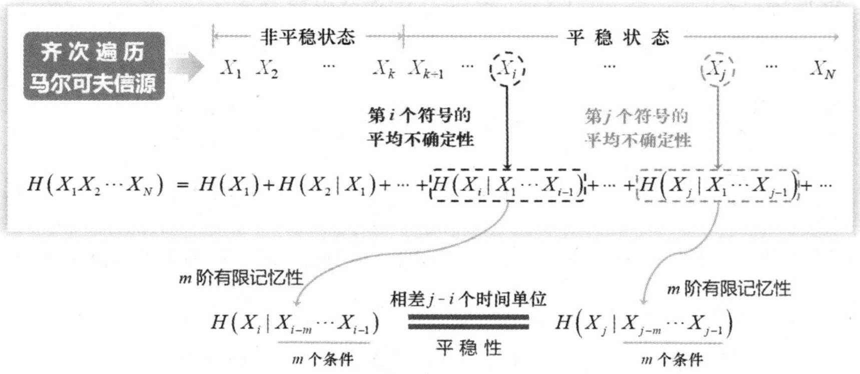

图 3.29　齐次遍历马尔可夫信源的符号熵

依据联合熵的链式关系，第 i 个符号和第 j 个符号的平均不确定性分别是条件熵 $H(X_i \mid X_1X_2\cdots X_{i-1})$ 和 $H(X_j \mid X_1X_2\cdots X_{j-1})$。由于每个符号的条件熵只与前面的 m 个符号有关，$H(X_i \mid X_1X_2\cdots X_{i-1})$ 和 $H(X_j \mid X_1X_2\cdots X_{j-1})$ 可以化简为

$$H(X_i \mid X_1\cdots X_{i-1}) = H(X_i \mid X_{i-m}\cdots X_{i-1}) \tag{3-72}$$

$$H(X_j \mid X_1\cdots X_{j-1}) = H(X_j \mid X_{j-m}\cdots X_{j-1}) \tag{3-73}$$

式（3-72）和式（3-73）所示的两个条件熵相差 $j-i$ 个时间单位，而平稳性恰好决定了条件熵可以沿着时间平移，故有

$$H\left(X_i \mid X_{i-m} \cdots X_{i-1}\right)=H\left(X_j \mid X_{j-m} \cdots X_{j-1}\right) \tag{3-74}$$

也就意味着进入平稳状态后，任意一个符号的平均不确定性都是相等的，即

$$H\left(X_{k+1} \mid X_{k-(m-1)} \cdots X_k\right)=H\left(X_{k+2} \mid X_{k-(m-2)} \cdots X_{k+1}\right)=\cdots=H\left(X_N \mid X_{N-m} \cdots X_{N-1}\right) \tag{3-75}$$

综合联合熵的链式关系和式（3-75），该齐次遍历 m 阶马尔可夫信源的序列熵可以表示为

$$\begin{aligned} H\left(X_1 X_2 \cdots X_N\right) &= H\left(X_1\right)+\cdots+H\left(X_k \mid X_{k-m} \cdots X_{k-1}\right)+H\left(X_{k+1} \mid X_{k-(m-1)} \cdots X_k\right)+ \\ &\cdots+H\left(X_N \mid X_{N-m} \cdots X_{N-1}\right)=\sum_{l=1}^{k} H\left(X_l \mid X_1 \cdots X_{l-1}\right)+(N-k) H\left(X_{k+1} \mid X_{k-(m-1)} \cdots X_k\right) \end{aligned} \tag{3-76}$$

相应地，平均符号熵 $H_N(X)$ 可以表示为

$$\begin{aligned} H_N(X) &= \frac{H\left(X_1 X_2 \cdots X_N\right)}{N} \\ &= \frac{\sum_{l=1}^{k} H\left(X_l \mid X_1 \cdots X_{l-1}\right)+(N-k) H\left(X_{k+1} \mid X_{k-(m-1)} \cdots X_k\right)}{N} \end{aligned} \tag{3-77}$$

令序列长度 N 趋于无穷，可得极限熵为

$$\begin{aligned} H_{\infty}(X) &= \lim_{N \to \infty} \frac{H\left(X_1 X_2 \cdots X_N\right)}{N} \\ &= \lim_{N \to \infty} \frac{\sum_{l=1}^{k} H\left(X_l \mid X_1 \cdots X_{l-1}\right)+(N-k) H\left(X_{k+1} \mid X_{k-(m-1)} \cdots X_k\right)}{N} \\ &= H\left(X_{k+1} \mid X_{k-(m-1)} \cdots X_k\right) \end{aligned} \tag{3-78}$$

式（3-78）表明，齐次遍历马尔可夫信源的极限熵等于进入平稳状态后每个符号的平均不确定性。

进一步，根据条件熵的定义，$H\left(X_{k+1} \mid X_{k-(m-1)} \cdots X_k\right)$ 可展开为

$$\begin{aligned} & H\left(X_{k+1} \mid X_{k-(m-1)} \cdots X_k\right) \\ &= \sum_{X_{k-(m-1)}} \cdots \sum_{X_{k+1}} p\left(X_{k-(m-1)} \cdots X_k X_{k+1}\right)\left[-\log p\left(X_{k+1} \mid X_{k-(m-1)} \cdots X_k\right)\right] \\ &= -\sum_{X_{k-(m-1)}} \cdots \sum_{X_{k+1}} p\left(X_{k-(m-1)} \cdots X_k\right) p\left(X_{k+1} \mid X_{k-(m-1)} \cdots X_k\right) \log p\left(X_{k+1} \mid X_{k-(m-1)} \cdots X_k\right) \end{aligned} \tag{3-79}$$

对于 m 阶马尔可夫信源，m 个符号代表一个状态。因此，式（3-79）可以表达为平稳分布 w_i 和状态转移概率 $p\left(s_j \mid s_i\right)$ 的函数，即

$$H\left(X_{k+1} \mid X_{k-(m-1)} \cdots X_k\right)=-\sum_i \sum_j w_i p\left(s_j \mid s_i\right) \log p\left(s_j \mid s_i\right) \tag{3-80}$$

其中，平稳分布的计算方式参见式（3-71）。

极限熵的概念是在信源输出符号足够多的条件下给出的。这种条件与信源的实际工作情况更为接近。因此，相对于有限维平均符号熵，极限熵能够更加准确地反映信源的不确定性。

本节的最后，将通过两道关于信源建模和信源模型失配的例题，探讨信源的精准建模对于评估信源不确定性的重要性。

例 3.6：马尔可夫信源建模

某个信源重复发送序列：*AAABABAABBAAAABAABAA*。若仅考虑相邻两个符号之间的相关性，

请建立一阶马尔可夫信源模型，并计算极限熵。

解：

由题意可知，该信源的符号集合为$\{A, B\}$。

对于一阶马尔可夫信源，每个符号代表一个状态。因此，该马尔可夫信源的状态集合为$\{s_1 = A, s_2 = B\}$。

根据一个周期输出序列 *AAABABAABBAAAABAABAA*，可以统计得到以下内容。

（1）一个周期内，符号 *A* 和符号 *B* 的出现次数分别为 14 次和 6 次。

（2）一个周期内，符号 *A* 之后仍为符号 *A* 的情况（即符号序列"*AA*"出现的情况）有 9 次，如图 3.30（a）所示。需要注意的是，两个周期之间的过渡也需统计在内。

（3）一个周期内，符号 *A* 之后为符号 *B* 的情况（即符号序列"*AB*"出现的情况）有 5 次，如图 3.30（b）所示。

（4）一个周期内，符号 *B* 之后为符号 *A* 的情况（即符号序列"*BA*"出现的情况）有 5 次，如图 3.30（c）所示。

（5）一个周期内，符号 *B* 之后为符号 *B* 的情况（即符号序列"*BB*"出现的情况）有 1 次，如图 3.30（d）所示。

A A A B A B A A B B A A A A B A A B A A | *A*

（a）符号序列"*AA*"出现的情况

A A A B A B A A B B A A A A B A A B A A | *A*

（b）符号序列"*AB*"出现的情况

A A A B A B A A B B A A A A B A A B A A | *A*

（c）符号序列"*BA*"出现的情况

A A A B A B A A B B A A A A B A A B A A | *A*

（d）符号序列"*BB*"出现的情况

图 3.30　一个周期内各种符号序列出现的情况

根据统计结果，计算状态转移概率为

$$p(s_1 = A \mid s_1 = A) = \frac{9}{14}$$

$$p(s_2 = B \mid s_1 = A) = \frac{5}{14}$$

$$p(s_1 = A \mid s_2 = B) = \frac{5}{6}$$

$$p(s_2 = B \mid s_2 = B) = \frac{1}{6}$$

构建状态转移概率矩阵 $\boldsymbol{P}$

$$\boldsymbol{P} = \begin{bmatrix} \frac{9}{14} & \frac{5}{14} \\ \frac{5}{6} & \frac{1}{6} \end{bmatrix}$$

依据式（3-71）求解平稳分布 $\boldsymbol{W} = [w_1 w_2]$

$$\begin{cases} \boldsymbol{WP} = \boldsymbol{W} \\ w_1 + w_2 = 1 \end{cases} \tag{3-81}$$

解得

$$w_1 = \frac{7}{10}, \quad w_2 = \frac{3}{10}$$

计算极限熵

$$
\begin{aligned}
H_\infty &= -\sum_i \sum_j w_i \cdot p\left(s_j \mid s_i\right) \cdot \log p\left(s_j \mid s_i\right) \\
&= \frac{7}{10} H\left(\frac{9}{14}, \frac{5}{14}\right) + \frac{3}{10} H\left(\frac{5}{6}, \frac{1}{6}\right) \\
&= 0.8532 \text{bit/symbol}
\end{aligned}
$$

例 3.7：**信源模型失配**

一个二元二阶马尔可夫信源的初始状态为

$$p(00)=\frac{5}{14},\ p(01)=\frac{1}{7},\ p(10)=\frac{1}{7},\ p(11)=\frac{5}{14}$$

符号之间的条件概率为

$$p(0 \mid 00)=p(1 \mid 11)=0.8$$

$$p(1 \mid 00)=p(0 \mid 11)=0.2$$

$$p(0 \mid 01)=p(0 \mid 10)=p(1 \mid 01)=p(1 \mid 10)=0.5$$

分别将该信源视作离散无记忆信源、一阶马尔可夫信源，计算对应的平均符号熵，并与实际的平均符号熵进行对比。

解：

经验证，该信源的初始状态为平稳分布，即该信源从初始时刻开始就是完全平稳的。

（1）计算输出序列中 0 和 1 的出现概率

$$p(0)=p(00)p(0 \mid 00)+p(01)p(0 \mid 01)+p(10)p(0 \mid 10)+p(11)p(0 \mid 11)=0.5$$

$$p(1)=1-p(0)=0.5$$

构建一维概率空间模型

$$\begin{bmatrix} X \\ p(X) \end{bmatrix} = \begin{bmatrix} 0 & 1 \\ 0.5 & 0.5 \end{bmatrix}$$

若将该信源视作离散无记忆信源，则平均符号熵 $H_N(X)$ 等于一维熵，即

$$H_N(X)=H(X)=1.0 \text{ bit/symbol} \tag{3-82}$$

（2）若将该信源视作一阶马尔可夫信源，则每个符号代表一个状态。因此，该马尔可夫信源的状态集合为 $\{s_1=0,\ s_2=1\}$。状态分布为

$$\boldsymbol{W}=\left[p(s_1)=0.5 \quad p(s_2)=0.5\right]$$

状态转移概率矩阵 $\boldsymbol{P}$ 为

$$\boldsymbol{P}=\begin{bmatrix} p(s_1 \mid s_1) & p(s_2 \mid s_1) \\ p(s_1 \mid s_2) & p(s_2 \mid s_2) \end{bmatrix} = \begin{bmatrix} \dfrac{p(s_1 s_1)}{p(s_1)} & \dfrac{p(s_2 s_1)}{p(s_1)} \\ \dfrac{p(s_1 s_2)}{p(s_2)} & \dfrac{p(s_2 s_2)}{p(s_2)} \end{bmatrix} = \begin{bmatrix} \dfrac{5}{7} & \dfrac{2}{7} \\ \dfrac{2}{7} & \dfrac{5}{7} \end{bmatrix}$$

该信源本身是完全平稳的，自然也是一维平稳的。若将其视作一阶马尔可夫信源，仅需考虑当前符号与前面 1 个符号的相关性，N 维联合熵可以表示为

$$
\begin{aligned}
H(X_1 X_2 \cdots X_N) &= H(X_1)+H(X_2 \mid X_1)+H(X_3 \mid X_2)+\cdots+H(X_N \mid X_{N-1}) \\
&= H(X_1)+(N-1)H(X_2 \mid X_1) \\
&= 1+0.8631(N-1) \text{ bit/symbol}
\end{aligned}
$$

平均符号熵为

$$H_N(X)=\frac{1}{N}H(X_1X_2\cdots X_N)=\frac{0.1369}{N}+0.8631\,\text{bit/symbol} \tag{3-83}$$

（3）该信源实际为二元二阶马尔可夫信源，当前输出符号与前面 2 个符号有关。同时，考虑到该信源是完全平稳的，N 维联合熵可以表示为

$$\begin{aligned}H(X_1X_2\cdots X_N)&=H(X_1X_2)+H(X_3\mid X_1X_2)+\cdots+H(X_N\mid X_{N-2}X_{N-1})\\&=H(X_1X_2)+(N-2)H(X_3\mid X_1X_2)\\&=1.8609+0.8014(N-2)\,\text{bit/symbol}\end{aligned}$$

平均符号熵为

$$H_N(X)=\frac{1}{N}H(X_1X_2\cdots X_N)=\frac{0.2581}{N}+0.8014\,\text{bit/symbol} \tag{3-84}$$

依据式（3-82）、式（3-83）、式（3-84），得到图 3.31 所示的平均符号熵曲线。可以看出，当采用不准确的模型表征信源时，平均符号熵将会大于实际的平均符号熵，信源的不确定性将会被高估。只有模型与信源的实际情况“匹配”，才能准确评估信源的不确定性，进而保证后续信源编码的有效性。这就是精准构建信源模型的意义。

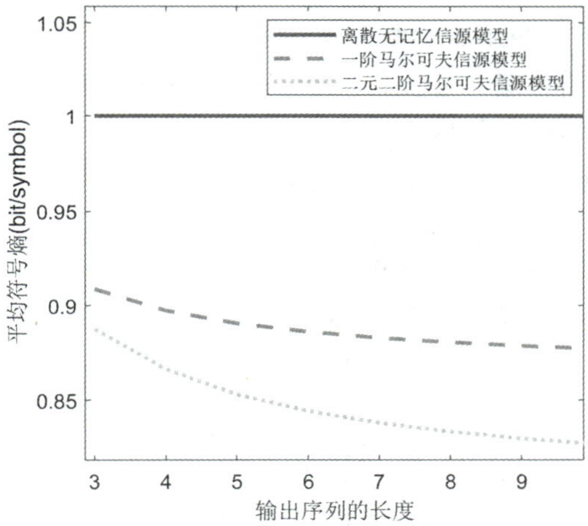

图 3.31　不同模型下计算得到的平均符号熵

3.6 习题

1．已知一个二阶马尔可夫信源的符号集合 $\{0, 1\}$，符号转移概率为 $p(0|00)=0.75$，$p(0|10)=0.5$，$p(0|01)=0.8$，$p(0|11)=0.6$。

（1）写出信源的状态转移概率矩阵。

（2）求该信源的平稳分布。

（3）计算该信源的极限熵。

（4）求信源进入平稳状态后的符号概率分布。

（5）求信源进入平稳状态后的一阶转移概率。

（6）求信源进入平稳状态后的一阶条件熵。

知识点：马尔可夫信源。

2. 某马尔可夫信源符号集合为$\{1, 2, 3, 4, 5\}$，各符号之间的转移关系如图 3.32 所示。其中，每个符号到与其连通的符号的转移概率都相等。

（1）写出状态转移概率矩阵。

（2）求信源的平稳分布。

（3）求信源的极限熵。

（4）当信源进入平稳状态后，输出序列中相邻两个符号间的平均互信息量是多少？

知识点：马尔可夫信源。

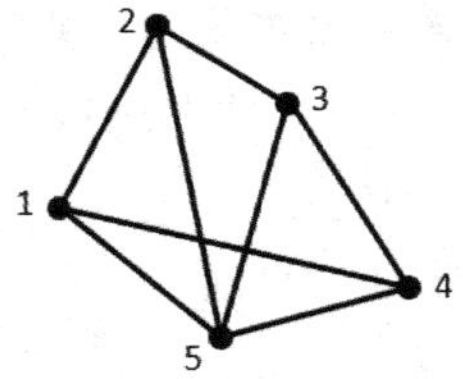

图 3.32 各符号之间的转移关系

3. 一个无记忆信源的符号集合为$\{0, 1\}$。其中，符号“0”的出现概率为$\frac{1}{4}$。求：

（1）平均每个信源符号携带的信息量。

（2）某输出序列含有 m 个“0”、$(100-m)$ 个“1”，求该序列的自信息量。

（3）该信源的输出序列中，平均每 100 个符号携带的信息量是多少？

知识点：离散无记忆信源。

4. 在黑白气象传真图中，黑色出现的概率为$p(黑)=0.3$，白色出现的概率$p(白)=0.7$。在以下两种情况下分析信源的平均符号熵，对结果进行对比，并说明物理意义。

（1）情况一：黑白颜色前后没有关联。

（2）情况二：黑白颜色前后有关联，依赖关系为$p(白|白)=0.9$，$p(黑|白)=0.1$，$p(白|黑)=0.2$，$p(黑|黑)=0.8$。

知识点：离散无记忆信源、马尔可夫信源。

5. 一个一阶平稳马尔可夫信源的状态转移概率矩阵为

$$\boldsymbol{P}=\begin{bmatrix} \frac{1}{3} & \frac{1}{3} & \frac{1}{3} \\ \frac{1}{2} & \frac{1}{4} & \frac{1}{4} \\ \frac{1}{4} & \frac{1}{4} & \frac{1}{2} \end{bmatrix}$$

计算平均每 n 个符号所携带的信息量。

知识点：马尔可夫信源。

6. 马尔可夫信源的状态转移图是用来直观表示一个马尔可夫信源的状态及状态之间转移概率的图形化工具。某个马尔可夫信源在开始时以$p(a)=0.6$、$p(b)=0.3$、$p(c)=0.1$的概率发出符号X_1。若X_1为a，则下一时刻符号X_2为a、b、c的概率均为$\frac{1}{3}$；若X_1为b，则X_2为a、b、c的概率亦均为$\frac{1}{3}$；若X_1为c，则X_2为a、b、c的概率分别为$\frac{1}{2}$、$\frac{1}{2}$、0。后续第 i 时刻符号X_i的概率只与前一时刻符号X_{i-1}有关，且$p(X_i|X_{i-1})=p(X_2|X_1)$，$i \geqslant 3$。画出该信源的状态转移图。

知识点：马尔可夫信源。

7. 一个一阶齐次马尔可夫信源输出序列$(X_1, X_2, \cdots, X_r, \cdots)$，$X_r$取值于集合$\{1, 2, 3\}$。符号之间的转移概率矩阵如下

$$\boldsymbol{P}=\begin{bmatrix} p(1|1)=\frac{1}{2} & p(2|1)=\frac{1}{4} & p(3|1)=\frac{1}{4} \\ p(1|2)=\frac{2}{3} & p(2|2)=0 & p(3|2)=\frac{1}{3} \\ p(1|3)=\frac{2}{3} & p(2|3)=\frac{1}{3} & p(3|3)=0 \end{bmatrix}$$

该序列中，第一个符号的概率分布为 $p(X_1=1)=\frac{1}{2}$，$p(X_1=2)=\frac{1}{4}$，$p(X_1=3)=\frac{1}{4}$。

（1）求该马尔可夫信源输出序列中前 3 个符号的平均符号熵 $H_3(X_1X_2X_3)$。

（2）求该马尔可夫信源的极限熵。

知识点：有记忆平稳信源、马尔可夫信源。

8. 某离散平稳信源的概率空间为

$$\begin{bmatrix} X \\ p(x_i) \end{bmatrix}=\begin{bmatrix} x_1=0 & x_2=1 & x_3=2 \\ \frac{11}{36} & \frac{4}{9} & \frac{1}{4} \end{bmatrix}$$

并且信源发出的符号 X_{i+1} 只与前一个符号 X_i 有关，其联合概率 $p(X_iX_{i+1})$ 如表 3.1 所示。

表 3.1　联合概率 $p(X_iX_{i+1})$

	X_i=0	X_i=1	X_i=2
X_{i+1}=0	$\frac{1}{4}$	$\frac{1}{18}$	0
X_{i+1}=1	$\frac{1}{18}$	$\frac{1}{3}$	$\frac{1}{18}$
X_{i+1}=2	0	$\frac{1}{18}$	$\frac{7}{36}$

求信源的信息熵 $H(X_i)$、条件熵 $H(X_{i+1}|X_i)$ 与联合熵 $H(X_iX_{i+1})$，并比较信息熵与条件熵的大小。

知识点：有记忆平稳信源。

9. 一个信源，在任意时间而且不论之前输出过什么符号，均按 $p(0)=0.4$、$p(1)=0.6$ 的概率发出符号 0、1。

（1）试问这个信源是否是平稳的？

（2）若以 X^N 代表该信源输出的长度为 N 的序列，试计算 $H(X^2)$、$H(X^4)$、$\lim_{N\to\infty}H_N(X)$。

（3）若以 X_i 代表该信源在第 i 时刻输出的符号，试计算 $H(X_{i+2}|X_iX_{i+1})$。

知识点：离散无记忆信源。

10. 某齐次马尔可夫信源的一步状态转移概率矩阵为

$$\begin{bmatrix} q & p & 0 \\ q & 0 & p \\ 0 & q & p \end{bmatrix}$$

试求该马尔可夫信源的两步状态转移概率矩阵。

知识点：马尔可夫信源。

11. 对于一个齐次马尔可夫信源，若任意两个状态之间的转移概率均不为 0，请构造一种状态转移概率，使得极限熵达到最大。

知识点：马尔可夫信源。

12. 离散无记忆信源输出的每个符号和进入稳态的一阶马尔可夫信源输出的每个符号具有同样的概率分布。试比较两种信源的平均符号熵的大小，并说明原因。

知识点：平均符号熵。

13. 一个离散无记忆信源每次输出 60 个消息符号。已知该信源的消息符号集合由 0、1、2、3 组成，各个符号的发生概率为 $p(0)=\frac{3}{8}$，$p(1)=\frac{1}{4}$，$p(2)=\frac{1}{4}$，$p(3)=\frac{1}{8}$。请计算该信源平均每次产生的不确定性。

知识点：离散无记忆信源。

14. 某离散无记忆信源的概率空间为

$$\begin{bmatrix} X \\ p(x_i) \end{bmatrix}=\begin{bmatrix} x_1=0 & x_2=1 & x_3=2 & x_4=3 \\ \frac{3}{8} & \frac{1}{4} & \frac{1}{4} & \frac{1}{8} \end{bmatrix}$$

该信源输出消息序列：202120130213001203210110321010021032011223210。求解以下问题。

（1）此消息序列的自信息量是多少?

（2）此消息序列中，平均每个符号的信息量是多少?

知识点：离散无记忆信源。

3.7 仿真实验

3.7.1 平稳信源的信息输出规律

1．实验目的

分别模拟有记忆平稳信源和无记忆平稳信源的输出序列，统计多维联合概率分布，依据联合熵链式定理（其意义见图 3.33）计算每个符号承载的平均自信息量，验证平稳信源条件熵的单调不增效应，解析记忆性给信源信息输出能力带来的影响，特别是有限记忆性带来的影响。

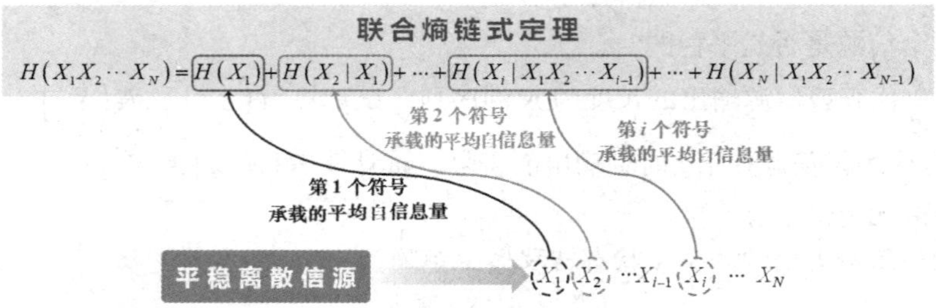

图 3.33 联合熵链式定理的意义

2．实验内容

（1）模拟生成数目足够多的二元有记忆平稳序列

每个序列的长度为 10，其中前两个符号 X_1X_2 的发生概率为

$$\begin{bmatrix} X_1X_2 \\ p(X_1X_2) \end{bmatrix} = \begin{bmatrix} 00 & 01 & 10 & 11 \\ 0.2308 & 0.1923 & 0.1923 & 0.3846 \end{bmatrix}$$

从第三个符号 X_3 开始，依据条件概率 $p(X_i \mid X_{i-2}X_{i-1})$ 输出符号 X_i（$i \geqslant 3$）

$$\boldsymbol{P}_{X_i|X_{i-2}X_{i-1}} = \begin{bmatrix} p(0|00)=0.25 & p(1|00)=0.75 \\ p(0|01)=0.60 & p(1|01)=0.40 \\ p(0|10)=0.90 & p(1|10)=0.10 \\ p(0|11)=0.20 & p(1|11)=0.80 \end{bmatrix}$$

对所有序列进行统计，依次构建第一个符号 X_1 的概率分布以及前 k 个符号 $X_1 \cdots X_k$ $(2 \leqslant k \leqslant 10)$ 的概率分布。

依据联合熵链式定理，计算第一个符号承载的平均自信息量 $H(X_1)$，以及后续每一个符号 X_l $(2 \leqslant l \leqslant 10)$ 承载的平均自信息量 $H(X_1 \cdots X_l) - H(X_1 \cdots X_{l-1})$。

（2）模拟生成数目足够多的二元无记忆平稳序列

每个序列的长度为 10，其中每一个符号 X_i 的发生概率为

$$\begin{bmatrix} X_i \\ p(X_i) \end{bmatrix} = \begin{bmatrix} 0 & 1 \\ 0.4231 & 0.5769 \end{bmatrix}$$

对所有序列进行统计，依次构建第一个符号 X_1 的概率分布及前 k 个符号 $X_1 \cdots X_k$ $(2 \leqslant k \leqslant 10)$ 的概率分布。

计算第一个符号承载的平均自信息量 $H(X_1)$，以及后续每一个符号 X_l（$2 \leqslant l \leqslant 10$）承载的平均自信息量 $H(X_1 \cdots X_l) - H(X_1 \cdots X_{l-1})$。

（3）对比序列并得出结论

对比上述两个序列中每一个符号承载的平均自信息量的变化规律，印证条件熵的单调不增性，解析记忆性对信源信息输出性能的影响。

3.7.2 马尔可夫信源的信息输出规律

1．实验目的

模拟二元二阶齐次马尔可夫信源的输出序列，统计多维联合概率分布，基于联合熵链式定理计算每个符号承载的平均自信息量。依据 N 步状态转移概率矩阵的特性，划分输出序列的非平稳和平稳阶段，并与信源状态的概率分布相互印证。重点对比非平稳状态和平稳状态下马尔可夫信源的信息输出规律，从理论上进行解释。

2．实验内容

（1）模拟生成数目足够多的二元二阶齐次马尔可夫信源输出序列

每个序列的长度为 10，其中前两个符号 X_1X_2 的发生概率为

$$\begin{bmatrix} X_1X_2 \\ p(X_1X_2) \end{bmatrix} = \begin{bmatrix} 00 & 01 & 10 & 11 \\ 0.15 & 0.35 & 0.20 & 0.30 \end{bmatrix}$$

从第三个符号 X_3 开始，依据条件概率 $p(X_i \mid X_{i-2}X_{i-1})$ 输出符号 X_i（$i \geqslant 3$）

$$P_{X_i|X_{i-2}X_{i-1}}=\begin{bmatrix} p(0|00)=0.4 & p(1|00)=0.6 \\ p(0|01)=0.2 & p(1|01)=0.8 \\ p(0|10)=0.3 & p(1|10)=0.7 \\ p(0|11)=0.4 & p(1|11)=0.6 \end{bmatrix}$$

（2）统计并计算概率分布

对所有序列进行统计，依次构建第一个符号 X_1 的概率分布、前 k 个符号 $X_1\cdots X_k$ $(2\leqslant k\leqslant 10)$ 的概率分布以及信源状态的概率分布。

（3）计算自信息量

依据联合熵链式定理，计算第一个符号承载的平均自信息量 $H(X_1)$，以及后续每一个符号 X_l $(2\leqslant l\leqslant 10)$ 承载的平均自信息量 $H(X_1\cdots X_l)-H(X_1\cdots X_{l-1})$。

（4）非平稳和平稳阶段划分

计算 N 步状态转移概率矩阵，即一步状态转移概率矩阵的 N 次方。设计判定矩阵中任意两行相似度的阈值，判定该马尔可夫信源进入平稳状态的时刻。通过分析信源状态的概率分布进行验证。

（5）非平稳阶段分析

分析非平稳阶段每一个符号承载的平均信息量，与平稳信源的信息输出特性进行对比并予以解释。

（6）平稳阶段分析

分析平稳阶段每一个符号承载的平均信息量，对进入平稳状态的马尔可夫信源的信息输出规律进行解释，并将其与非平稳状态下马尔可夫信源的信息输出规律进行对比。

拓展学习

读者可参考以下主题，自行与大模型工具对话，并查阅相关文献，了解“离散信源”的更多知识。

（1）在优化文本预测方面，有记忆信源模型发挥了重要的作用。例如，汉字联想输入法利用上下文信息，提高输入的准确率。请尝试梳理开发一款汉字输入法的思路。

（2）语音识别广泛应用于智能语音助手、电话客服系统、自动字幕生成等领域。由于语音信号是时序相关的，因此在语音信号处理中，可以用马尔可夫信源进行建模。请尝试对某个语音信号序列进行马尔可夫信源建模。

（3）中国是世界人口大国，粮食安全是国家安全的重要组成部分。农业数据呈现有记忆信源的特性，即当前决策依赖于历史种植数据和天气情况。请探究如何为粮食产量构建模型，预测不同年份的降水量对粮食产量的影响。

第 4 章

无失真信源编码

对数字通信而言，信源编码往往是不可避免的。如图 4.1 所示，一个离散信源输出的灰度图像要通过一个二元信道进行传输，就需要将 0～255 的灰度值进行二元编码。显然，编码结果并不唯一。在这些林林总总的编码结果中，是否存在一个最佳选择呢？

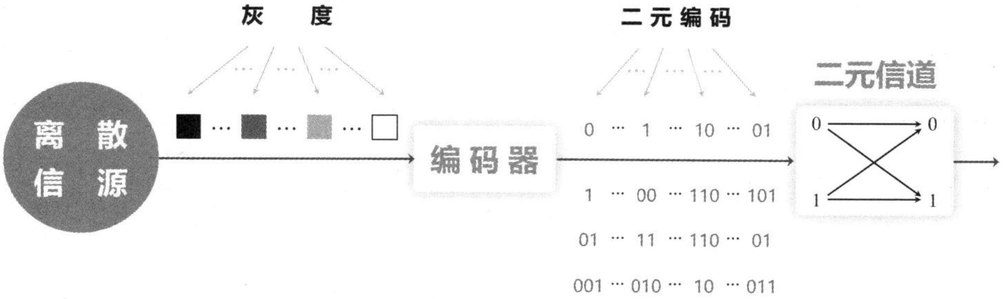

动画示意

图 4.1　灰度图像通过二元信道进行传输

本章首先将探讨信源编码的基本概念，指出即时码在无失真信源编码中的重要地位；然后研究香农第一定理——无失真信源编码定理，明确无失真编码条件下平均码长的下界；最后重点探讨一种最佳编码方法——霍夫曼编码，构造平均码长最短的即时码。本章思维导图如图 4.2 所示。

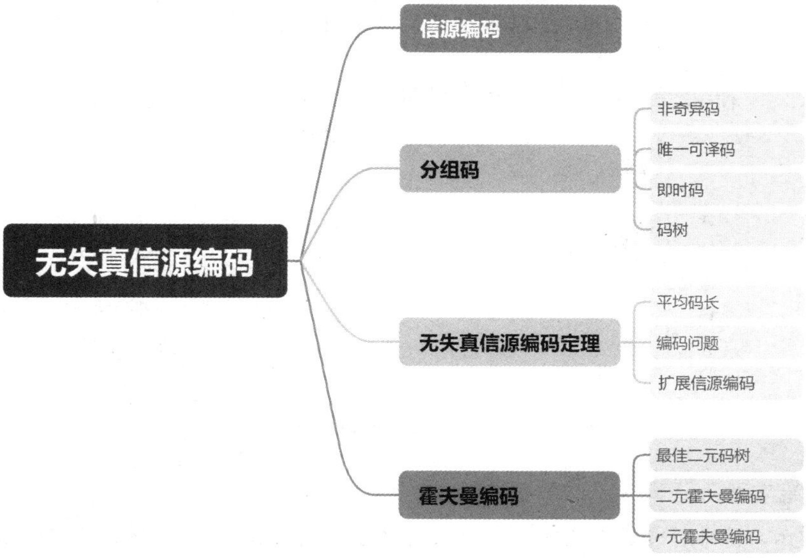

图 4.2　本章思维导图

4.1 信源编码

即时码

如图 4.3 所示，信源编码是指利用码符号集合 $\mathcal{X}=\{x_1, x_2, \cdots, x_r\}$ 中的码元符号 $x_i\,(i=1, 2, \cdots, r)$，对信源符号集合中的 q 个符号进行编码，得到与之一一对应的 q 个码字。所有码字构成了代码组$\mathcal{C}$。每个码字 $w_i\,(i=1, 2, \cdots, q)$ 中包含的码元数目称为码字长度（简称码长）。

确定了代码组之后，信源编码器就可以用码字对信源输出序列中的符号进行替换，得到编码序列。译码时将编码序列切分成若干码字，用相应的信源符号逐一进行替换，即可得到译码结果。

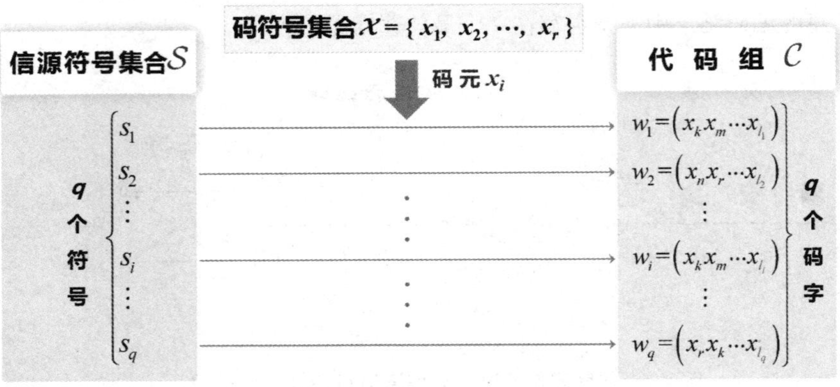

图 4.3　信源编码

例 4.1：颜色编码

如图 4.4 所示，一个信源符号集合中包含 4 种颜色——蓝、黑、绿、橙，码符号集合为 $\mathcal{X}=\{0,1\}$。用 0 和 1 这两个码元符号对这 4 种颜色进行编码，构造出与之一一对应的 4 个码字——10、00、11、110，码长分别为 2、2、2、3。这 4 个码字组成了代码组。

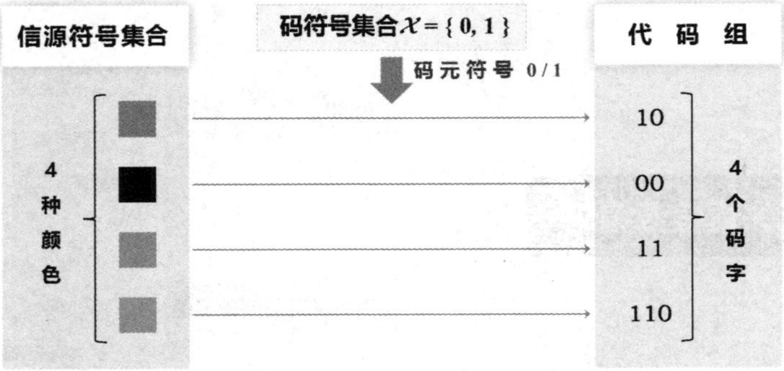

彩图示意

图 4.4　颜色编码示意

例 4.2：五笔字型

如图 4.5 所示，信源符号集合由《信息交换用汉字编码字符集 基本集》（GB/T 2312—1980）中收录的 6763 个汉字组成，码符号合集由 130 个五笔字根组成。采用五笔字根作为码元，得到与 6763 个汉字一一对应的码字。正是由这 6763 个码字构成的代码组，使汉字在计算机上的输入速度首次突破了每分钟百字大关。

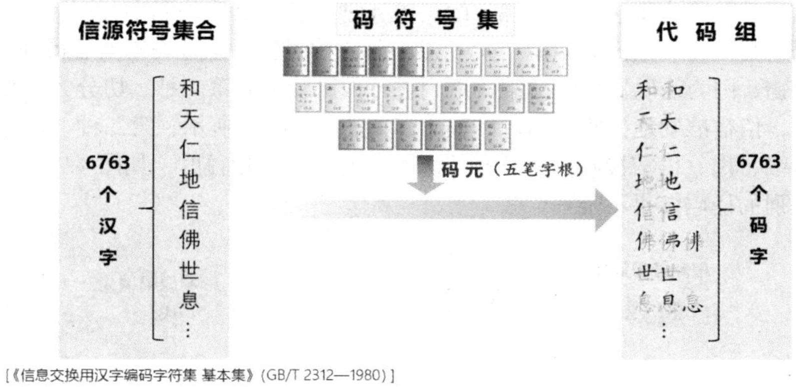

图 4.5　五笔字型编码示意

从上述两个例子可以看出，信源编码的形式多种多样。本书将重点探讨分组码。

4.2 分组码

分组码是指将信源符号集合中每个信源符号固定地映射成一个码字的代码组。

为了保证信源译码结果与信源的输出序列一模一样，也就是达到无失真的目的，分组码必须具备某些特质。最基本地，分组码必须是非奇异的。

4.2.1 非奇异码

若一个分组码中所有码字都不相同，则称此分组码为非奇异码，如图 4.6（a）所示；否则称其为奇异码，如图 4.6（b）所示。非奇异码是正确译码的必要条件。

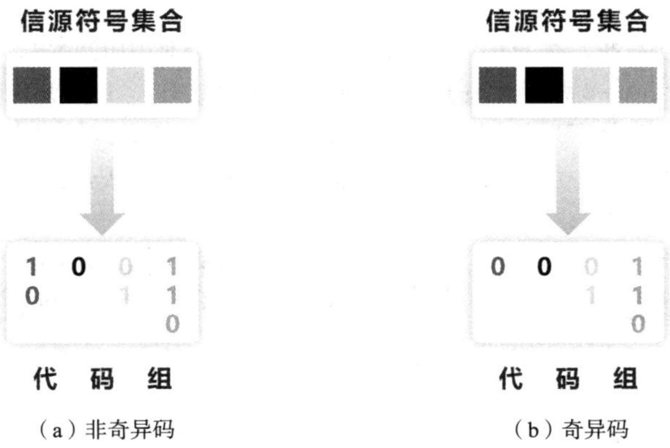

图 4.6　非奇异码与奇异码示意

4.2.2 唯一可译码

若要实现无失真信源编码，非奇异码是远远不能满足需求的。

假设一个信源符号集合中包含蓝、黑、绿、橙 4 种颜色，对应的码字分别为 10、0、01、110。显然，这个代码组是非奇异码。若信源产生了黑、蓝两种颜色，经过编码器后得到编码序列 010。但译码时可能出错，因为译码器可以对编码序列进行两种切分：第一种，切分为 0 和 10，译码器将序列译为黑、蓝，信宿准确地接收到信源的输出，如图 4.7（a）所示；第二种，切分为 01 和 0，译码器将序列译为绿、黑，信宿接收的消息和信源发出的序列大相径庭，如图 4.7（b）所示。这就表明，这个编码序列的译码结果不唯一。

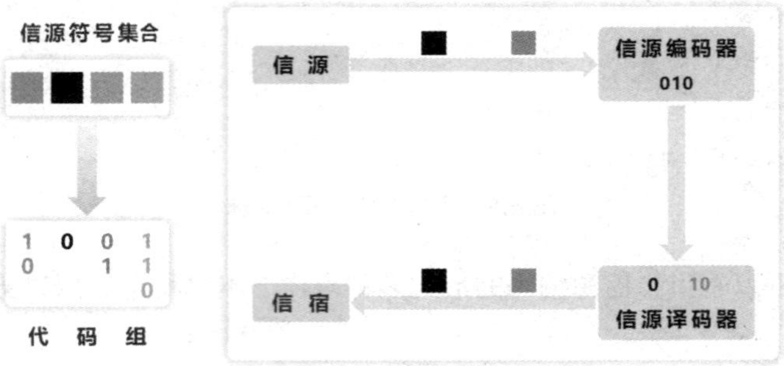

彩图示意

（a）信源译码器输出第一种结果

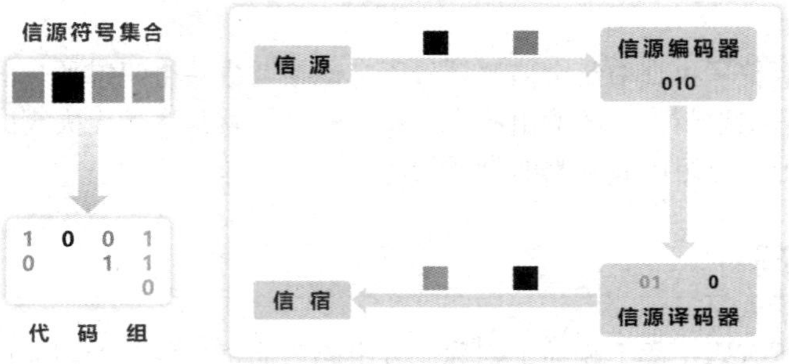

彩图示意

（b）信源译码器输出第二种结果

图 4.7　非唯一可译码示意

若任意有限长的编码序列，都只能唯一地被分割成非奇异码中的码字，则该非奇异码被称为唯一可译码。如图 4.8 所示，将 4 种颜色对应的码字更换为 10、00、11、110，得到一个新的代码组。采用该代码组后，译码时编码序列的切分是唯一的，译码没有歧义，信宿收到的内容与信源发出的一致，说明这个代码组具备唯一可译性。因此，唯一可译是正确译码的充要条件。

动画示意

图 4.8　唯一可译码示意

相对于非奇异码，唯一可译码的判别较为困难。下面介绍一种唯一可译码的判别准则。

1．唯一可译码的判别准则

由原始代码组 S_0，构造集合 S_1，S_2，…，S_n。

（1）集合 S_1 的构造：若代码组 S_0 中码字 w_j 是另一个码字 w_i 的前缀，有 $w_i = w_j a$，即 w_j 恰好是码字 w_i 起始的若干码元，则将后缀 a 放入集合 S_1 中。集合 S_1 由所有这样的后缀 a 构成。

（2）集合 S_n（$n>1$）的构造：将原始代码组 S_0 和集合 S_{n-1} 进行比较。若 $w \in S_0$、$u \in S_{n-1}$ 且 $w = ub$，则将 b 放入集合 S_n 中；或者，若 $w' \in S_{n-1}$、$u' \in S_0$ 且 $w' = u'b'$，则将 b' 放入集合 S_n 中。集合 S_n 由所有这样的 b 和 b' 构成。

原始代码组 S_0 是唯一可译码的充要条件是：集合 $S_1, S_2, \cdots, S_n$ 均不含有代码组 S_0 中的码字。

例 4.3：$S_0 = \{a, c, abb, bad, deb, bbcde\}$ 是否是唯一可译码？

由原始代码组 S_0，构造集合 S_1，S_2，…，S_8、如表 4.1 所示。其中，Φ 表示空集。

在原始代码组 S_0 中，码字"a"是另一个码字"abb"的前缀，将后缀"bb"放入集合 S_1；集合 S_1 中元素"bb"是代码组 S_0 中码字"$bbcde$"的前缀，将后缀"cde"放入集合 S_2 中；代码组 S_0 中码字"c"是集合 S_2 中元素"cde"的前缀，将后缀"de"放入集合 S_3。同理，可以构造集合 S_4、S_5、S_6、S_7、S_8。集合 S_8 为空集。集合 S_1～S_8 不包含原始代码组 S_0 中的任何一个码字，因此，原始代码组 S_0 是唯一可译码。

表 4.1 唯一可译码判别过程

S_0	S_1	S_2	S_3	S_4	S_5	S_6	S_7	S_8
a	bb	cde	de	b	ad	d	eb	Φ
c					$bcde$			
abb								
bad								
deb								
$bbcde$								

例 4.4：$S_0 = \{a, c, ad, abb, bad, deb, bbcde\}$ 是否是唯一可译码？

由原始代码组 S_0，构造集合 S_1，S_2，S_3，S_4，S_5，如表 4.2 所示。

在原始代码组 S_0 中，码字"a"是码字"ad""abb"的前缀，将后缀"d""bb"放入集合 S_1；集合 S_1 中元素"d""bb"分别是代码组 S_0 中码字"deb""$bbcde$"的前缀，将后缀"eb""cde"放入集合 S_2 中；代码组 S_0 中码字"c"是集合 S_2 中元素"cde"的前缀，将后缀"de"放入集合 S_3 中。同理，可以构造集合 S_4，S_5。集合 S_5 包含原始代码组 S_0 中的码字"ad"，因此，原始代码组 S_0 不是唯一可译码。

表 4.2 唯一可译码判别过程

S_0	S_1	S_2	S_3	S_4	S_5
a	d	eb	de	b	ad
c	bb	cde			$bcde$

续表

$\mathcal{S}_0$	$\mathcal{S}_1$	$\mathcal{S}_2$	$\mathcal{S}_3$	$\mathcal{S}_4$	$\mathcal{S}_5$
ad					
abb					
bad					
deb					
$bbcde$					

上述两个例子表明了如何运用唯一可译码的判别准则。不过，这个准则为什么能够准确地判别唯一可译码呢？下面以代码组 $\mathcal{S}_0=\{a,c,ad,abb,bad,deb,bbcde\}$ 为例，对这一问题予以解释。

2．唯一可译码判别的机理

例 4.4 表明，代码组 $\mathcal{S}_0=\{a,c,ad,abb,bad,deb,bbcde\}$ 不是唯一可译码。这意味着该代码组中不同的码字组合能够形成相同的码元序列。下面尝试构造这样的码元序列。

（1）如图 4.9 所示，若序列Ⅰ的第一个码字是"abb"，序列Ⅱ的第一个码字只能是"a"、第二个码字只能是"$bbcde$"，序列Ⅰ的第二个、第三个码字只能是"c""deb"，序列Ⅱ的第三个码字只能是"bad"，序列Ⅰ的第四个码字只能是"ad"。至此，得到了两个由不同码字组合而成的相同的码元序列。

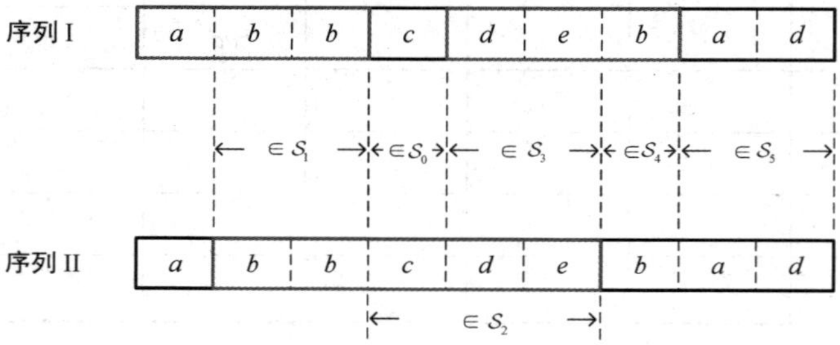

图 4.9 不同码字构成的相同码元序列

观察两个序列的构造过程和表 4.2 中的各个集合：

① 对比两个序列的第一个码字，码字"abb"超出码字"a"的部分"bb"恰好是集合 $\mathcal{S}_1$ 中的元素；

② 在序列Ⅱ中追加第二个码字"$bbcde$"，序列Ⅱ超出序列Ⅰ的部分"cde"恰好是集合 $\mathcal{S}_2$ 中的元素；

③ 在序列Ⅰ中追加第二个码字"c"，序列Ⅱ仍旧超出序列Ⅰ，超出部分"de"恰好是集合 $\mathcal{S}_3$ 中的元素；

④ 在序列Ⅰ中追加第三个码字"deb"，序列Ⅰ超出序列Ⅱ的部分"b"恰好是集合 $\mathcal{S}_4$ 中的元素；

⑤ 在序列Ⅱ中追加第三个码字"bad"，序列Ⅱ超出序列Ⅰ的部分"ad"恰好是集合 $\mathcal{S}_5$ 中的元素；

⑥ 在序列Ⅰ中追加第四个码字"ad"。此时，尽管两个序列中的码字相互交错，但是长度达到了一致，即不同的码字组成了相同的码元序列。

综合上述步骤，在以码字“abb”和码字“a”开头的两个序列中，集合 $\mathcal{S}_0$、$\mathcal{S}_1$、$\mathcal{S}_2$、$\mathcal{S}_3$、$\mathcal{S}_4$、$\mathcal{S}_5$ 中的元素不断“接力”，直至集合 $\mathcal{S}_5$ 中出现了原始代码组 $\mathcal{S}_0$ 中的元素“ad”，标志着“接力”完成，序列 I 和序列 II 达到了完全相同。这也就意味着存在不同码字组合成相同码元序列的情况。

除了图 4.9 所示的情况外，是否还有其他的码字组合能形成相同的码元序列呢？

（2）如图 4.10 所示，若序列Ⅲ的第一个码字是 ad，序列Ⅳ第一个、第二个码字只能是“a”“deb”。“eb”不是原始代码组中的任何码字或任何码字的前缀，序列Ⅲ无法继续构造，也就不可能得到两个完全一样的码元序列。

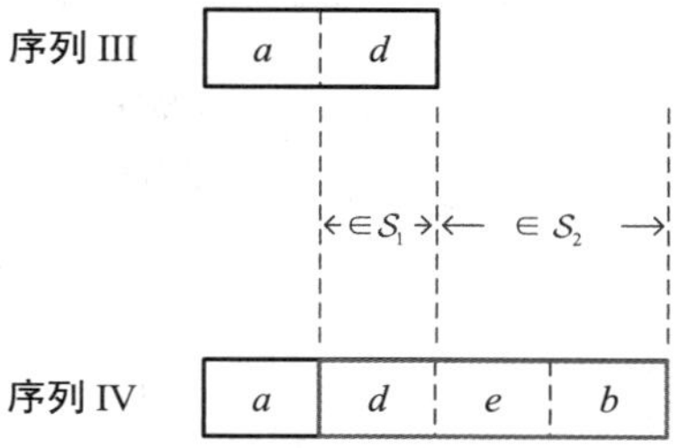

图 4.10　不同码字构成的码元序列

观察两个序列的构造过程和表 4.2 中的各个集合：

① 对比两个序列的第一个码字，码字“ad”超出码字“a”的部分“d”恰好是集合 $\mathcal{S}_1$ 中的元素。

② 在序列Ⅳ中追加第二个码字“deb”，序列Ⅳ超出序列Ⅲ的部分“eb”恰好是集合 $\mathcal{S}_2$ 中的元素。

③ 在序列Ⅲ中追加任何一个原始代码组中的码字，都无法使其与序列Ⅳ保持相同。序列Ⅲ的构造难以为继。

（3）进一步尝试，对于以其他码字“c”“bad”“deb”“$bbcde$”开头的序列，均无法构造与之相同的序列。

经过以上尝试，重新审视唯一可译码的判别准则，就会发现，构造集合 $\mathcal{S}_1$，$\mathcal{S}_2$，…，$\mathcal{S}_n$ 的过程，实质上是在遍历所有可能产生相同码元序列的码字组合。如果集合 $\mathcal{S}_i\ (i\neq 1)$ 中包含原始代码组中的码字，则意味着不同的码字组合能够形成相同的码元序列，即码元序列不能唯一分割；否则，意味着任意码元序列都能被唯一分割，该代码组是唯一可译码。

4.2.3　即时码

如前所述，唯一可译是正确译码的充要条件。但是，唯一可译码是否是无失真信源编码的最佳选择呢？

如图 4.11 所示，一个信源符号集合中包含蓝、黑、绿、橙 4 种颜色，对应的码字分别为 10、00、11、110。信源依次发出绿、蓝、黑、橙 4 种颜色，经过编码器后，得到编码序列 111000110。尽管代码组{10, 00, 11, 110}是唯一可译码，但当信源译码器收到码字“11”时，并不能立刻译码。因为在这个代码组中，“11”既是一个单独的码字，也是另一个码字“110”的前缀。译码时仍须观察“11”后面是否有码元“0”。译码效率受到了影响。

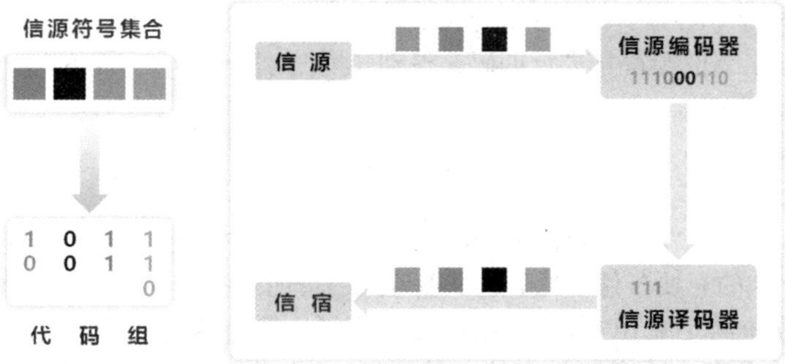

动画示意

图 4.11　基于代码组{10, 00, 11, 110}的信源编码和译码示意

如果将码字更换为 0、10、110、111，不但实现了唯一可译，而且在收到一个完整的码字后，可以立即译码，如图 4.12 所示。若无须考虑后续的码元符号，就可以从码元序列中译出码字，这样的唯一可译码被称为即时码。显然，即时码必然是唯一可译码，而唯一可译码不一定是即时码。那么，符合什么条件的唯一可译码才是即时码呢？

动画示意

图 4.12　基于代码组{0, 10, 110, 111}的信源编码和译码示意

1．即时码的判别准则

唯一可译码成为即时码的充要条件是代码组中任意一个码字都不是其他码字的前缀。

如表 4.3 所示，代码组 I 和代码组 II 均为唯一可译码。不过，代码组 I 中存在码前缀的情况。比如，1 是 10、100、1000 的前缀，10 是 100、1000 的前缀，100 是 1000 的前缀。因此，代码组 I 不是即时码，代码组 II 则不存在码前缀的情况。因此，代码组 II 是即时码。

表 4.3　即时码判别

信源符号	代码组 I	代码组 II
a_1	1	1
a_2	10	01
a_3	100	001
a_4	1000	0001

综上所述，唯一可译码和即时码都能正确译码，并且即时码在译码方面更有效率。那么，在编码方面，即时码和唯一可译码孰优孰劣呢？这就不得不提到克拉夫特-麦克米伦不等式。

2．克拉夫特-麦克米伦（Kraft-McMillan）不等式

1949 年，克拉夫特（Kraft）证明了如下结论。

若用 r 个码元对 q 个信源符号进行编码，得到长度分别为 $l_1, l_2, \cdots, l_q$ 的 q 个码字，则即时码存在的充要条件为

$$\sum_{i=1}^{q} r^{-l_i} \leqslant 1 \tag{4-1}$$

麦克米伦（McMillan）在 1956 年将这个不等式从即时码推广至唯一可译码，证明了式（4-1）同样是唯一可译码存在的充要条件。关于这个不等式的证明可参见附录 F。此处主要强调以下两点。

（1）如果码长分布满足克拉夫特-麦克米伦不等式，则符合这种码长分布的唯一可译码和即时码一定存在，但并不表示所有满足克拉夫特-麦克米伦不等式的代码组一定是唯一可译码和即时码。

例如，假设一个二进制代码组由 4 个码字组成，码长分别为 l_1=1、l_2=2、l_3=2、l_4=3。计算 $\sum_{i=1}^{4} 2^{-l_i}$，有

$$\sum_{i=1}^{4} 2^{-l_i} = 2^{-1} + 2^{-2} + 2^{-2} + 2^{-3} = \frac{9}{8} > 1 \tag{4-2}$$

因此，不存在满足这种码长分布的唯一可译码和即时码。

若码长改为 l_1=1、l_2=2、l_3=3、l_4=3，计算 $\sum_{i=1}^{4} 2^{-l_i}$，有

$$\sum_{i=1}^{4} 2^{-l_i} = 2^{-1} + 2^{-2} + 2^{-3} + 2^{-3} = 1 \tag{4-3}$$

根据克拉夫特-麦克米伦不等式，存在满足这种码长分布的唯一可译码和即时码。比如，{0, 10, 110, 111}就是符合码长分布 1、2、3、3 的即时码。相比之下，尽管{0, 10, 010, 111}的码长分布同样是 1、2、3、3，但它并不是唯一可译码。这再次说明，克拉夫特-麦克米伦不等式并不能用于判定某一个代码组是否具有唯一可译性或即时性。

（2）克拉夫特-麦克米伦不等式表明：若对某个信源符号集合进行编码，得到一个唯一可译码，那么必然存在和这个唯一可译码具有相同码长分布的即时码，反之亦然。因此，在编码方面，唯一可译码和即时码不分伯仲。

综合考虑编码和译码，相对唯一可译码，即时码是更好的选择。

4.2.4 码树

根据 4.2.3 小节的分析可知，即时码在无失真信源编码方面是一个理想的选择。下面介绍一种即时码构造的重要工具——码树。

码树就像一棵真正的树一样，有根节点（树根）、中间节点、叶节点（树叶）及连接节点的树枝，其示意如图 4.13 所示。

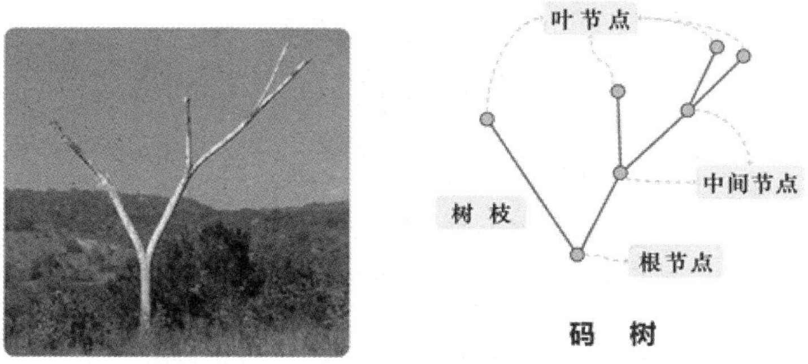

图 4.13　码树示意

只不过，在编码中使用的码树往往是根节点在上、叶节点在下的，如图 4.14 所示。根节点代表码字的起点，每根树枝代表一个码元。把从根节点到叶节点的所有码元符号连接起来，就能得到该叶节点所代表的码字。在图 4.14 所示的二元码树中，每根树枝代表码元 0 或码元 1，4 个叶节点代表的码字分别是 0、10、110、111。码树上，每个节点最多能够分出多少分支，取决于码元的数量，比如，二元码树最多分出两个分支，三元码树最多分出 3 个分支。

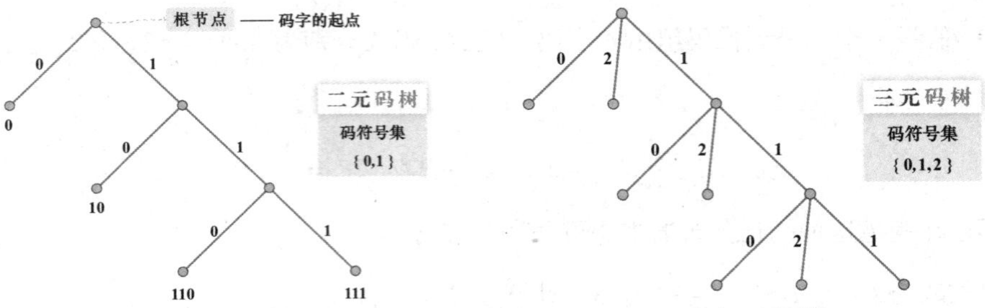

(a)二元码树 (b)三元码树

图 4.14 二元码树和三元码树示意

由码树表征的代码组具有以下 3 个特点。

(1)必然是非奇异的。这是由于每个叶节点代表的码字都是不同的，不存在两个叶节点代表同一个码字的可能。

(2)必然是唯一可译的。非奇异代码组之所以会造成译码不唯一，是因为不同的码字能够组合成相同的码元序列。由此造成码元序列被拆分成码字的方式不唯一，译码自然也就不唯一。如图 4.15 所示，构成码元序列“010”的码字组合方式有两种，分别是 w_1w_2 和 w_2w_3，相应的序列拆分方式也有两种，从而导致译码不唯一。

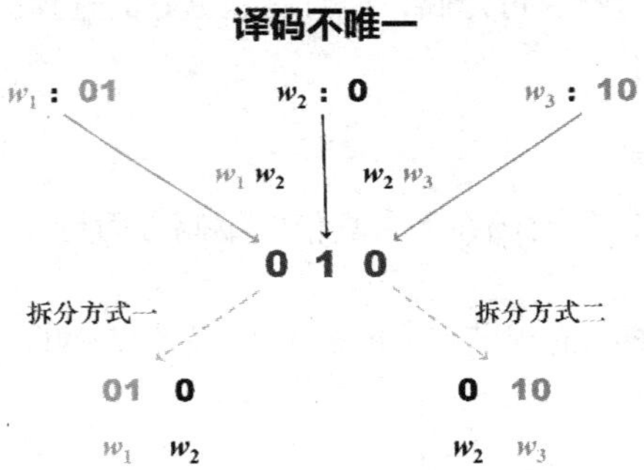

图 4.15 非奇异代码组译码不唯一

对码树所代表的代码组而言，码字的组合可以用码树的“嫁接”来表示。例如，图 4.16 中，原码树表示的代码组包含 3 个码字 w_1、w_2、w_3。将原码树“嫁接”到代表码字 w_1 的叶节点上，那么新产生的 3 个叶节点分别代表的是 w_1 和 w_1 的组合、w_1 和 w_2 的组合、w_1 和 w_3 的组合。类似地，任意的码字组合都可以通过“嫁接”方式来实现。并且，无论如何“嫁接”，“嫁接”后的码树依然代表了一个非奇异代码组，其中不存在两个完全一样的码字。这就意味着，按照任意顺序对由码树表示的码字进行组合，都不会出现两个相同的码元序列。因此，码树表征的代码组是唯一可译的。

(3)必然是即时可译的。如 4.2.3 小节所述，有些唯一可译码之所以不能用于即时译码，是因为代码组中某个码字恰好是其他码字的前缀。由码树的构造可知，代表码字的叶节点是终端节点。由于任何一个终端节点都不可能位于另外一个终端节点所在的路径上，因此，码树上的任何一个码字都不可能是另外一个码字的前缀。

基于以上分析可知，码树表示的都是即时码，那么是不是任何一个即时可译代码组都能够用码树来表示呢?

采用反证法来考虑这个问题。任何一个非奇异的代码组，都可以在码树上为每个码字分配一个不重复的节点，只不过有可能分配的是中间节点，如图 4.17 所示。这种分配是无效的，因为只有叶节点才能代表码字。同理，假设对于某个即时码，不存在可以表示其的码树，那么必然是因为它将中间节点分配给了某个码字。这意味着某个码字是另一个码字的前缀。显然，这不符合即时码的特性，因此假设不成立。可以得出结论：对于任意一个即时码，必然存在能够表示其的码树。

综上所述，码树表示的都是即时码，即时码也都能够用码树表示，两者具有等价性。

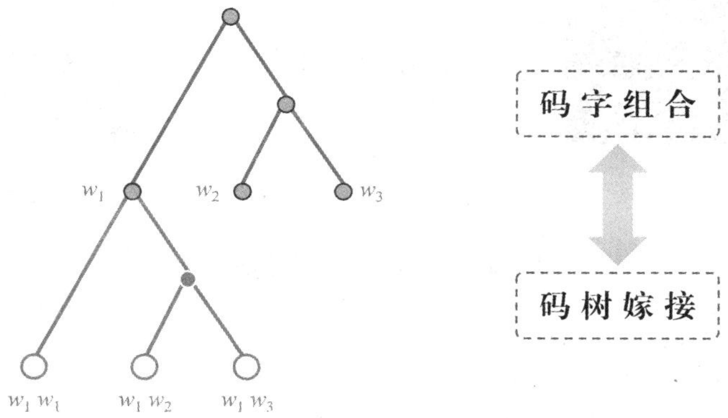

动画示意

图 4.16　码树的“嫁接”

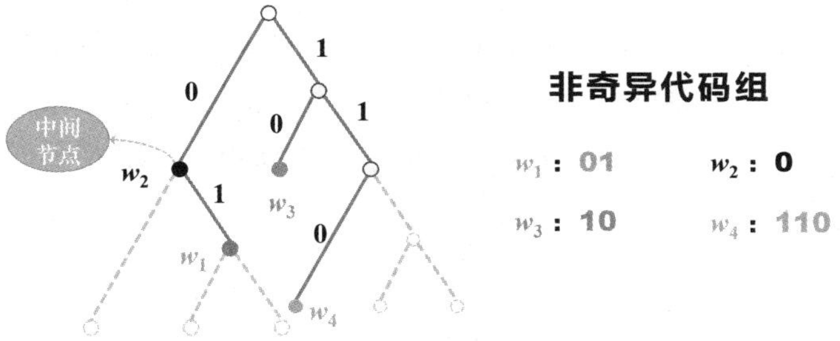

动画示意

图 4.17　码树节点的无效分配

4.3　无失真信源编码定理

无失真信源编码定理

例 4.5：图像编码

如图 4.18 所示，对一张尺寸为 1024 × 1024 的灰度图像（灰度值 0 ~ 255）进行二元编码。如果直接用 8 位二元序列来表示每个灰度等级，即分别以 00000000, 00000001, …, 11111111 代表灰度 0, 1, …, 255，那么每个灰度等级占用 8 个二元符号，编码后整张图的大小为 1.0MB；如果采用霍夫曼编码（详见 4.4 节），平均每个灰度等级只需要用约 3.7 个二元符号来表示，编码后整张图的大小约为 474KB。

这两种编码方案都可以实现无失真译码。不过，第二种编码方案使得编码后的二元序列更短，占用的传输、存储资源更少，显然更好。那么，对图 4.18 中的灰度图像而言，第二种编码方案是不是最优的呢？

为了回答这一问题，本节将引入平均码长的概念，构建以最短平均码长为目标函数的优化模型，探究无失真信源编码定理。

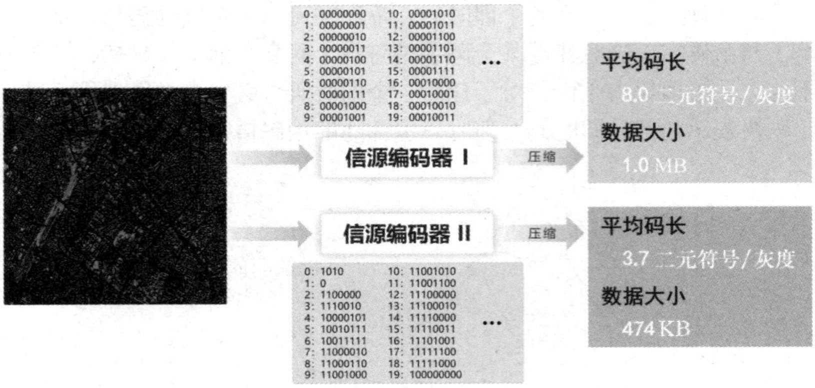

图 4.18 灰度图像编码方案对比

4.3.1 平均码长

为了比较不同编码方法的性能，需要引入一个新的概念——平均码长，它是指平均每个信源符号占用的码元数目。

如图 4.19 所示，某离散无记忆信源可以输出 q 种符号 $s_1, s_2, \cdots, s_q$，每个符号的出现概率分别为 $p(s_1)$，$p(s_2)$，$\cdots$，$p(s_q)$，与之一一对应的码字分别为 $w_1, w_2, \cdots, w_q$，各个码字的长度分别为 $l_1, l_2, \cdots, l_q$。假设该离散无记忆信源输出了 N 个符号，且 N 足够大。这 N 个符号通过信源编码器被转换为码元序列。码元序列的长度 L 应当为

$$L = \sum_{i=1}^{q} N \cdot p(s_i) \cdot l_i \tag{4-4}$$

则平均码长 $\overline{L}$ 等于

$$\overline{L} = \frac{\text{码元序列的长度}}{\text{符号序列的长度}} = \frac{\sum_{i=1}^{q} N \cdot p(s_i) \cdot l_i}{N} = \sum_{i=1}^{q} p(s_i) \cdot l_i \tag{4-5}$$

可以看到，平均码长等于码长的数学期望。

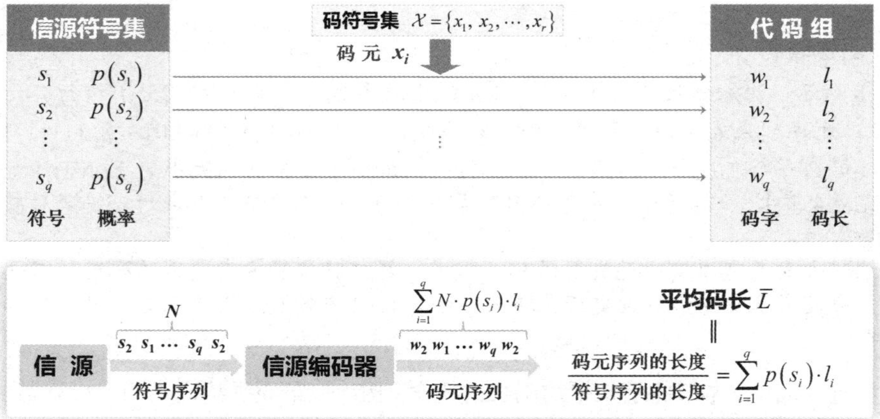

图 4.19 平均码长

4.3.2 编码问题

为了使得编码之后的码元序列尽量短，平均码长必须尽量小。与此同时，码长的分布必须满足克拉夫特-麦克米伦不等式，以保证这个代码组具有唯一可译性和即时性，从而实现无失真且无时延的译码。

至此，可将编码问题转化为一个优化问题。目标函数为

$$\min\left[\sum_{i=1}^{q} p(s_i) l_i\right] \tag{4-6}$$

约束条件为

$$\text{s.t.}\ \sum_{i=1}^{q} r^{-l_i} \leqslant 1 \tag{4-7}$$

其中，r 为码符号集合中的码元符号数目。

对于有约束条件的极值问题，可以构造拉格朗日函数予以求解

$$f(l_1,\cdots,l_q)=\sum_{i=1}^{q} p(s_i) l_i-\lambda\left(\sum_{i=1}^{q} r^{-l_i}-1\right) \tag{4-8}$$

其中，λ 为拉格朗日乘数。

对码长 l_i 和拉格朗日乘数 λ 逐一求偏导，并令其为 0，建立如下方程组

$$\begin{cases}\dfrac{\partial f}{\partial l_i}=p(s_i)+\lambda\cdot\ln r\cdot r^{-l_i}=0\\ \dfrac{\partial f}{\partial \lambda}=\sum\limits_{i=1}^{q} r^{-l_i}-1=0\end{cases} \tag{4-9}$$

求解可得

$$l_i=-\log_r p(s_i) \qquad i=1,\cdots,q \tag{4-10}$$

式（4-10）表明：当码长恰好等于信源符号发生概率的负对数时，平均码长 $\overline{L}$ 最短，即

$$\overline{L}=\sum_{i=1}^{q} p(s_i)\cdot l_i=\frac{H(S)}{\log r} \tag{4-11}$$

其中，$H(S)$ 代表离散无记忆信源的熵。

不过，式（4-11）不一定能够实现，由于码长必须是整数，因此，当式（4-10）所示的码长不是整数时，应当向上取整。综上所述，信源符号 s_i 对应的码长 l_i 满足

$$-\log_r p(s_i)\leqslant l_i<-\log_r p(s_i)+1 \tag{4-12}$$

相应地，平均码长 $\overline{L}$ 满足

$$\frac{H(S)}{\log r}\leqslant \overline{L}=\sum_{i=1}^{q} p(s_i) l_i<1+\frac{H(S)}{\log r} \tag{4-13}$$

由此，可以得到如下引理。

引理 4.1

若离散无记忆信源的概率空间为

$$\begin{bmatrix} S \\ p(s_i)\end{bmatrix}=\begin{bmatrix} s_1 & s_2 & \cdots & s_q \\ p(s_1) & p(s_2) & \cdots & p(s_q)\end{bmatrix} \tag{4-14}$$

信源熵为 $H(S)$，用码符号集合 $\mathcal{X}=\{x_1, x_2, \cdots, x_r\}$ 对其进行编码，则存在一种 r 元编码方式构成即时码，平均码长 $\overline{L}$ 满足

$$\frac{H(S)}{\log r} \leqslant \overline{L} < \frac{H(S)}{\log r} + 1 \tag{4-15}$$

式（4-15）指出了平均码长的存在区间，明确了平均码长的下界 $\frac{H(S)}{\log r}$。如式（4-10）所示，平均码长能否达到下界，取决于信源符号的概率分布。那么，对于某个离散无记忆信源，能否改变其概率空间，使平均码长尽量逼近下界呢？

例 4.6：从符号编码到序列编码

一个离散无记忆信源 S 可以输出 3 种符号 s_1、s_2、s_3，其概率空间为

$$\begin{bmatrix} S \\ p(s_i) \end{bmatrix} = \begin{bmatrix} s_1 & s_2 & s_3 \\ \frac{8}{16} & \frac{5}{16} & \frac{3}{16} \end{bmatrix}$$

基于码树与即时码的等价性，可以通过构建码树获得这 3 个信源符号的二元即时编码结果。然后通过遍历各种可能的码树，找到了一个平均码长最短的即时码。该代码组由 0、10、11 这 3 个码字组成，平均码长为 1.5 二元符号/信源符号，如图 4.20 所示。

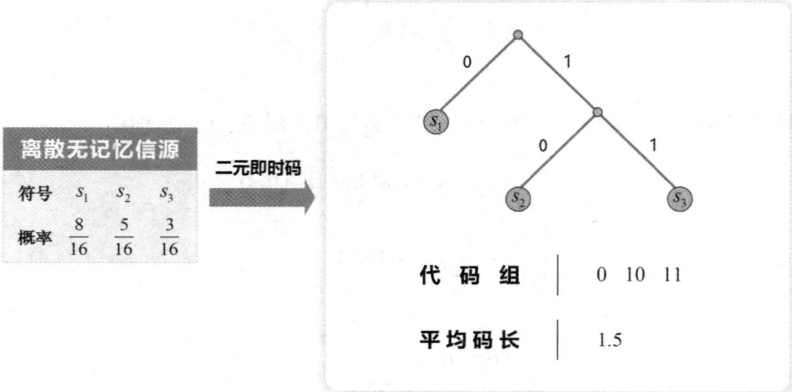

图 4.20 基于码树的信源符号编码

下面换种方式，不再对单个信源符号进行编码，而是对由 N 个信源符号组成的序列进行编码。长度为 N 的序列，可视作是将原始的信源符号扩展了 N 次的结果。因此，对长度为 N 的序列进行编码，也称作 N 次扩展信源编码。

首先尝试 2 次扩展信源编码，即对 9 个长度为 2 的信源序列进行编码。2 次扩展后，信源的概率空间如下所示

$$\begin{bmatrix} S^2 \\ p(s_i s_j) \end{bmatrix} = \begin{bmatrix} s_1s_1 & s_1s_2 & s_1s_3 & s_2s_1 & s_2s_2 & s_2s_3 & s_3s_1 & s_3s_2 & s_3s_3 \\ \frac{64}{256} & \frac{40}{256} & \frac{24}{256} & \frac{40}{256} & \frac{25}{256} & \frac{15}{256} & \frac{24}{256} & \frac{15}{256} & \frac{9}{256} \end{bmatrix}$$

其中

$$p(s_i s_j) = p(s_i) \cdot p(s_j)$$

依然采用码树遍历方法，搜索到一个平均码长最短的代码组，如图 4.21 所示。这个代码组的平均码长为 2.9961 二元符号/信源序列。不过，这个平均码长是每个信源序列对应的平均码长，也就是每两个符号对应的平均码长。每个信源符号对应的平均码长为 1.4980 二元符号/信源符号。

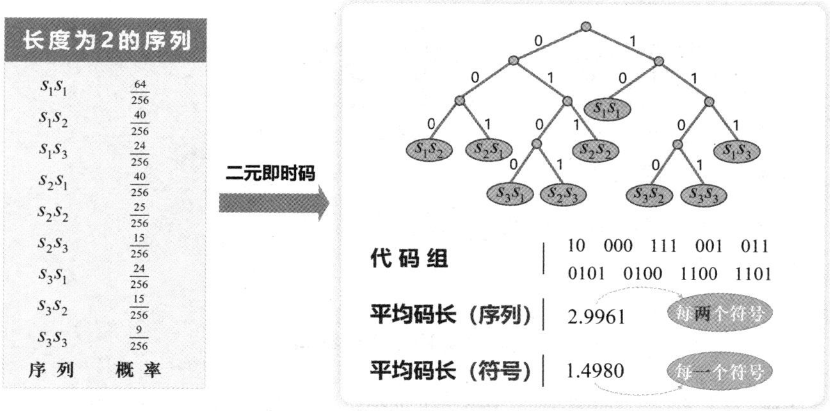

图 4.21　基于码树的 2 次扩展信源编码

进一步，可以采用类似的码树遍历方法对更高次扩展信源进行编码，得到序列对应的最短平均码长和每个符号对应的最短平均码长，如图 4.22 所示。从图 4.22 中可以看出，随着序列长度的增加，符号的平均码长越来越短，不断逼近该离散无记忆信源平均码长的下界

$$\frac{H(S)}{\log r}=1.4772\text{ 二元符号/信源符号}$$

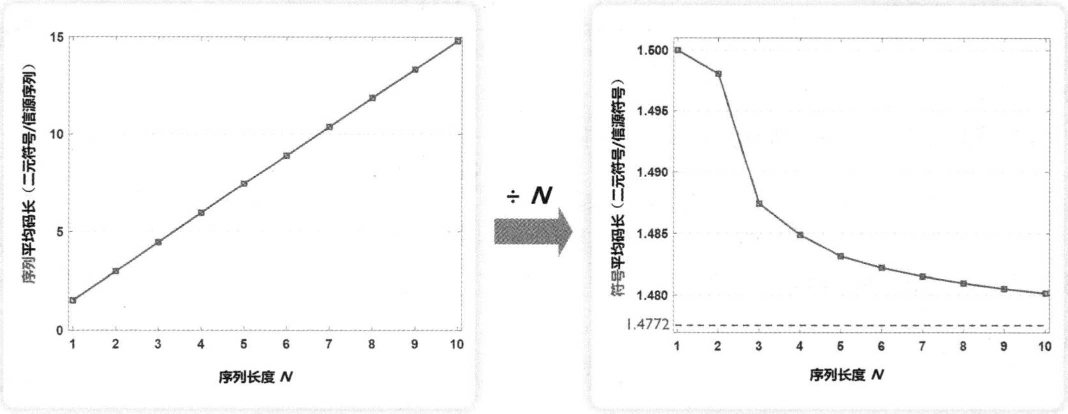

图 4.22　N 次扩展信源编码的最短平均码长

在例 4.6 中，从符号编码到序列编码，离散无记忆信源的概率空间从 1 维变化至 N 维。实验结果表明，随着信源扩展次数的增加，平均每个信源符号占用的码元数目不断减少。这种现象是仅存在于例 4.6 中，还是放之四海而皆准呢？无失真信源编码定理回答了这个问题。

4.3.3　扩展信源编码

直观地考虑一下，对单个信源符号进行编码，每个符号对应的码长必须是整数；而对信源序列进行编码，只要求每个序列对应的码长必须是整数，而每个符号对应的码长则可以是小数。因此，从符号编码到序列编码，对单个符号对应的码长的约束从整数放松到小数，平均码长就存在缩短的可能性，如图 4.23 所示。而且，随着信源序列长度的增加，这种放松的程度将越来越大，平均码长缩短的可能性也就越来越大。

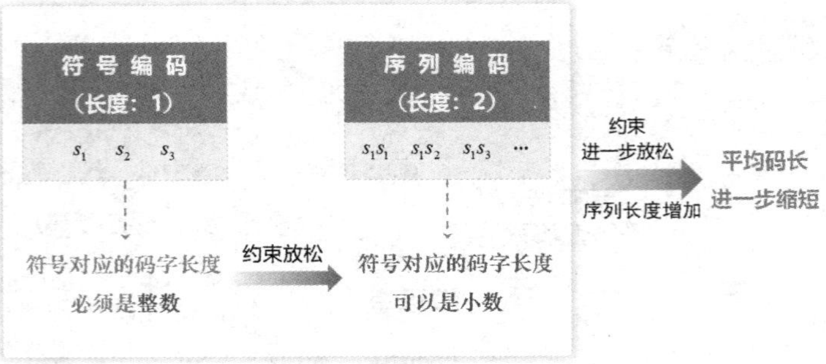

图 4.23 符号编码和序列编码的差异

这个直观的想法是比较容易证明的。由 4.3.2 小节的引理 4.1 可知，对离散无记忆信源的符号进行编码，则一定存在一种 r 元编码方式构成即时码，平均码长 $\bar{L}$ 满足

$$\frac{H(S)}{\log r} \leqslant \bar{L} < \frac{H(S)}{\log r} + 1 \tag{4-16}$$

其中，$H(S)$ 代表符号熵，即平均每个信源符号的不确定性。

类似地，对长度为 N 的序列进行编码，则一定存在一种 r 元编码方式构成即时码，使得序列的平均码长 $\bar{L}_N$ 满足

$$\frac{H(S^N)}{\log r} \leqslant \bar{L}_N < \frac{H(S^N)}{\log r} + 1 \tag{4-17}$$

其中，$H(S^N)$ 代表序列熵。

将不等式（4-17）中的各项除以 N，可得

$$\frac{H(S^N)}{N \cdot \log r} \leqslant \frac{\bar{L}_N}{N} < \frac{H(S^N)}{N \cdot \log r} + \frac{1}{N} \tag{4-18}$$

其中，$\frac{\bar{L}_N}{N}$ 表示对序列编码后符号的平均码长。对于离散无记忆信源，序列熵 $H(S^N)$ 与符号熵 $H(S)$ 满足

$$H(S^N) = N \cdot H(S) \tag{4-19}$$

因此，不等式（4-18）可进一步简化为

$$\frac{H(S)}{\log r} \leqslant \frac{\bar{L}_N}{N} < \frac{H(S)}{\log r} + \frac{1}{N} \tag{4-20}$$

至此，就得到了无失真信源编码定理，即香农第一定理。

无失真信源编码定理（香农第一定理）

若离散无记忆信源的概率空间为

$$\begin{bmatrix} S \\ P \end{bmatrix} = \begin{bmatrix} s_1 & s_2 & \cdots & s_q \\ p(s_1) & p(s_2) & \cdots & p(s_q) \end{bmatrix} \tag{4-21}$$

信源熵为 $H(S)$，对信源输出的长度为 N 的序列进行 r 元编码，则存在一种编码方法构成即时码，使得每个符号的平均码长 $\frac{\bar{L}_N}{N}$ 满足

$$\frac{H(S)}{\log r} \leqslant \frac{\bar{L}_N}{N} < \frac{H(S)}{\log r} + \frac{1}{N} \tag{4-22}$$

其中，$\bar{L}_N$ 代表序列的平均码长。

进一步，当 N 趋于无穷时，存在

$$\lim_{N\to\infty} \frac{\bar{L}_N}{N} = \frac{H(S)}{\log r} \tag{4-23}$$

式（4-23）可以由离散无记忆信源推广至平稳信源，只需将其中的信源熵 $H(S)$ 替换为极限熵 $H_\infty(S)$，即

$$\lim_{N\to\infty} \frac{\bar{L}_N}{N} = \frac{H_\infty(S)}{\log r} \tag{4-24}$$

无失真信源编码定理表明：对于无穷长度的离散无记忆信源序列进行编码，必然存在一种编码方法，可以使得信源符号的平均码长达到下界。

除平均码长外，还有两个指标也常用于评价离散无记忆信源的编码性能。

（1）编码速率 R_s：代表了每个信源符号占用的编码资源，有

$$R_s = \frac{\bar{L}_N}{N} \log r \tag{4-25}$$

（2）编码效率 η

$$\eta = \frac{H(S)}{R_s} \tag{4-26}$$

由于

$$\frac{H(S)}{\log r} \leqslant \frac{\bar{L}_N}{N} < \frac{H(S)}{\log r} + \frac{1}{N} \tag{4-27}$$

所以

$$1 \geqslant \eta > \frac{H(S)}{H(S) + \frac{\log r}{N}} \tag{4-28}$$

由式（4-28）可知，N 的增长有益于提升编码效率。反之，也可以利用该不等式确定满足编码效率所需的 N 值。但需要注意的是，求解的结果是满足编码效率的充分条件，而非必要条件。

例 4.7：信源编码扩展次数 N 的确定

若离散无记忆信源的概率空间为

$$\begin{bmatrix} S \\ p(s_i) \end{bmatrix} = \begin{bmatrix} s_1 & s_2 & s_3 & s_4 \\ \frac{1}{2} & \frac{1}{8} & \frac{1}{8} & \frac{1}{4} \end{bmatrix} \tag{4-29}$$

则对该信源进行二元编码，需扩展几次，编码效率才能大于 90%？

解：

该信源的熵为 $H(S) = 1.75\ \text{bit/symbol}$。

对该信源进行二元编码，依据无失真信源编码定理，求解下式

$$\eta > \frac{H(S)}{H(S) + \frac{\log r}{N}} = \frac{1.75}{1.75 + \frac{1}{N}} > 0.9 \tag{4-30}$$

可得

$$N > 5.14$$

由于信源扩展次数必须为整数，因此，由式（4-30）得到的最小扩展次数为 6。然而，实际情况是：在不扩展（即 N=1）的情况下对该信源进行编码，编码效率就可以达到 1。这就表明，由式（4-30）得到的扩展次数，只是满足编码效率的充分条件，而非必要条件。必须对式（4-30）的求解结果进行验证，才能确定最小的信源扩展次数。

无失真信源编码定理为信源编码指出了一个努力的方向，但是并未给出具体的编码方法。如何获得最佳码，也就是如何获得所有编码结果中平均码长最短的那个即时码，仍旧是一个问题。香农和费诺（Robert Fano）都曾试图构造最佳码（参见附录 G 和附录 H），但求而不得。直到费诺的学生——霍夫曼（David Huffman）的出现，这个问题才有了一个完美的解答。

拓展阅读：跨越世纪的相遇

通常，“数据压缩”是在“数据获取”之后进行的。那么，能不能在数据获取的同时就进行数据压缩，消除冗余性呢？

2006 年前后，以陶哲轩为首的科学家提出了压缩感知理论，在小于奈奎斯特采样率的条件下对信号进行采样，并成功地重建了信号。这种“压缩的采样”之所以能够实现，是因为它建立在一个新的思想之上：采样率应当依据信号中信息的多少来确定，而不是依据信号带宽。

图 4.24 展示了压缩感知理论在雷达成像中的应用。在对海面等信息量较少的场景进行观测时，基于压缩感知理论，雷达的采样方式可以由均匀高频次转变为非均匀低频次，从而显著减少数据获取量。然后，对获取的数据进行压缩感知重建处理，所得到的图像与使用常规数据获取方式所得到的图像质量相当。

无失真信源编码定理明确了数据压缩的极限取决于信息量，压缩感知理论也与信息量紧密相连。两种理论跨越世纪，却有着异曲同工之妙。

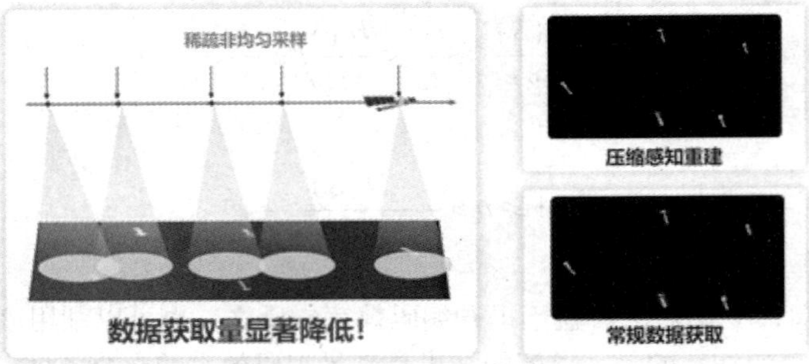

动画示意

图 4.24　基于压缩感知理论的数据获取与处理

霍夫曼编码

4.4 霍夫曼编码

1951 年，美国麻省理工学院的费诺教授给他的学生们提出了一个问题：找出用二进制代码表示数字、字母或其他符号的最有效方法。一位名叫霍夫曼的研究生为此花费了数月时间，就在几乎要放弃的时候，他“灵光乍现，恍然大悟”，找到了比费诺编码更好的方法——霍夫曼编码。

4.4.1 最佳二元码树

霍夫曼苦苦追寻的最佳二元码并不容易得到，否则，香农和费诺也不至于在这个问题上都铩羽而归。霍夫曼之所以能够取得突破，源于将“编码”问题转化为“建树”问题。

4.2.4 小节曾经讨论过，若要对 N 个信源符号构造即时码，只需要构建一棵有 N 个叶节点的码树，将每个叶节点代表的码字逐一分配给每个符号即可。分析码树的拓扑结构可知，码字长度等于叶节点的路径长度，平均码长等于以符号概率加权的路径和，如图 4.25 所示。

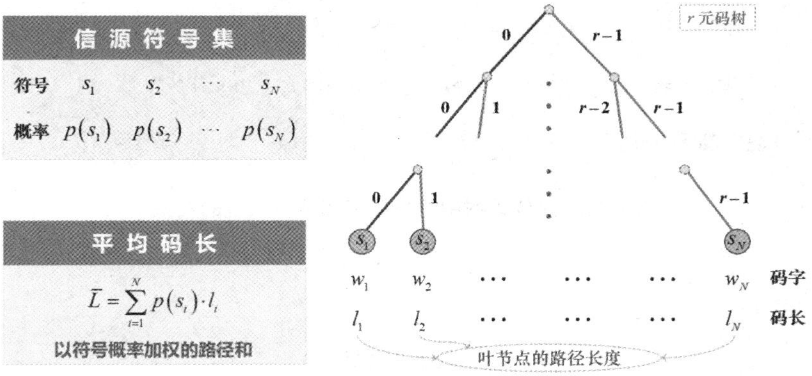

动画示意

图 4.25　分析码树的拓扑结构

因此，要想得到最佳码（即所有编码结果中平均码长最短的即时码）等价于要构建与之相应的最佳码树，也就是加权路径和最小的码树，如图 4.26 所示。为了论述方便，本小节后续讨论都以二元最佳码和二元最佳码树作为研究对象。

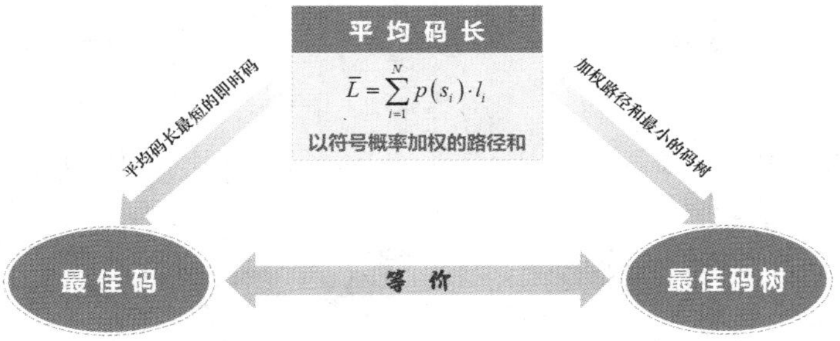

图 4.26　最佳码与最佳码树

为了使得加权路径和最小，小概率符号的路径长度必然不小于大概率符号的路径长度，如图 4.27 所示。因此，概率最小的符号，路径应当最长，对应的叶节点应当在最佳码树的最底层。而且，最佳码树的最底层不会只有孤零零的一个叶节点，至少有两个共用同一个父节点的叶节点。这一特点可以用反证的思路来解释。如图 4.28 所示，假如一棵最佳码树的最底层只有一个叶节点，那么这个叶节点完全可以由其父节点替代，加权路径和也可以进一步减小。这表明原先的码树并非最佳的，与最初的假设矛盾。因此，最佳码树的最底层至少有两个共用同一个父节点的叶节点。

依据概率越小、路径越长的思想，两个路径最长的叶节点，应当分配给概率最小的两个信源符号。那么，这两个符号在码树上的位置完全取决于两者共用的父节点。因此，原先要对 N 个符号构建最佳码树，现在只需要对 $N-1$ 个符号构建最佳码树了，编码对象的规模得到了缩减。如图 4.29 所示，在缩减后的符号集合中，少了原符号集合中概率最小的两个符号 s_{N-1} 和 s_N，多了一个由二者合并而成的符号 s_{N-1}^{new}。并且，这个合并而成的符号 s_{N-1}^{new} 的概率等于它的两个子节点 s_{N-1} 和 s_N 的概率之和。

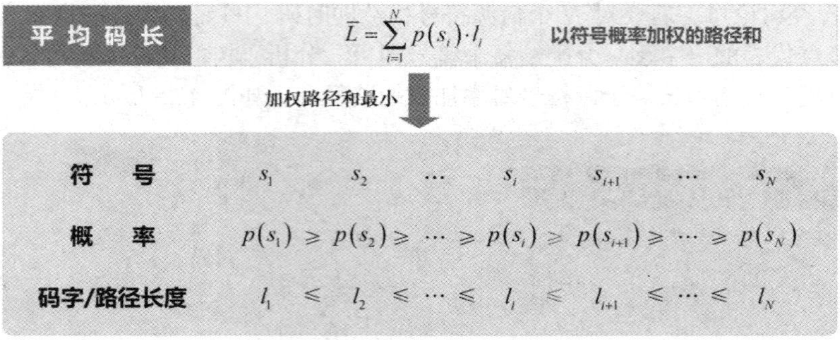

图 4.27　最佳码树中符号概率和路径长度的关系

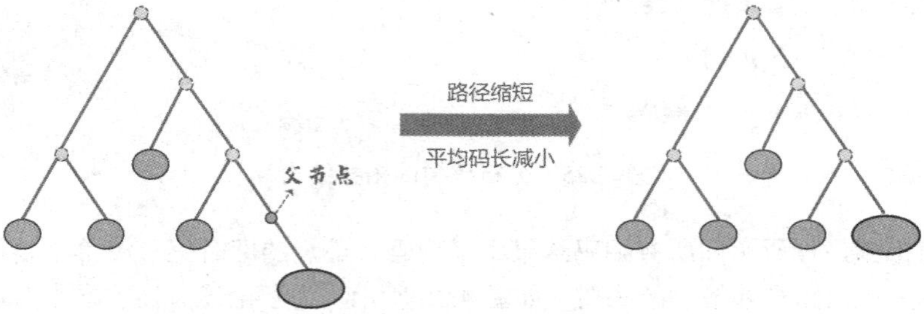

图 4.28　最佳码树的最底层

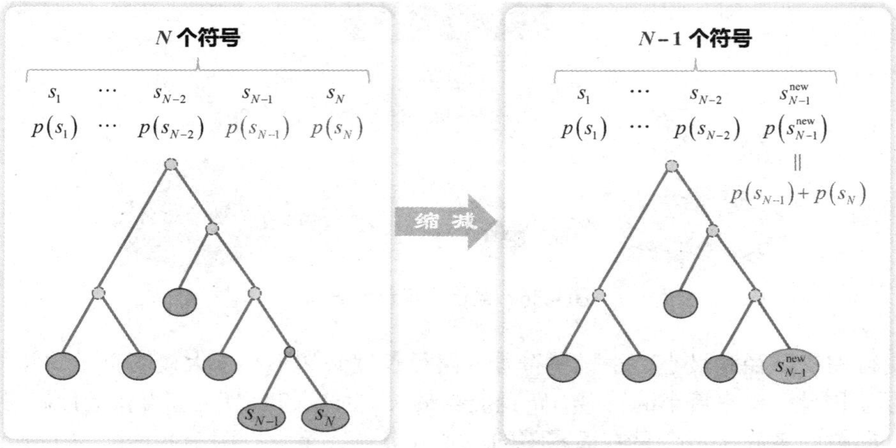

图 4.29　最佳码树的“缩减”

如何为缩减后的 N−1 个符号构建最佳码树呢？根据刚刚的分析可知，对于任何一个集合，将所有符号按照概率从大到小排列，概率最小的两个符号一定在最佳码树的最底层共用一个父节点。通过对这两个概率最小的符号进行缩减，N−1 个符号的最佳码树构建问题就转化为 N−2 个符号的最佳码树构建问题。

类似的操作可以一直进行下去：排序，查找当前符号集合中概率最小的两个符号，缩减；再排序、查找、缩减……直至最后缩减至两个符号。此时，没有其他的选择，只能将树根的两个子节点分配给这两个符号，如图 4.30 所示。至此，“建树”的工作就大功告成了。

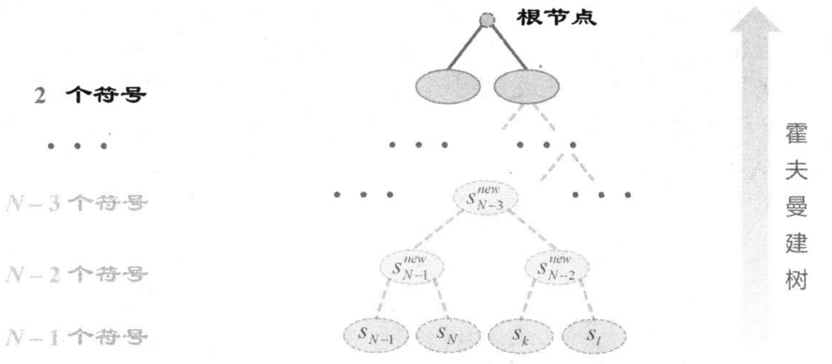

动画示意

图 4.30　霍夫曼建树

树木的生长方向都是从根节点到叶节点。然而，霍夫曼建树的方向是从叶节点到根节点，通过迭代逐渐明确了最佳码树的拓扑结构。最佳二元码树构建完成后，给每根树枝分别赋予码元 0 和 1，把从根节点到叶节点的所有码元都连接起来，就得到了每个叶节点所代表的码字。这些码字组成的代码组，就是信源符号集合对应的最佳二元码。

4.4.2 二元霍夫曼编码

4.4.1 小节介绍了二元最佳码树的构造思路。下面采用该思路对一个文本符号集合进行编码。

例 4.8：文本编码

一个离散无记忆信源能够输出 4 种符号：信、仁、和、毅。对其输出的文本（见图 4.31）进行统计后，得到这 4 种符号的出现概率，分别为 $\frac{1}{16}$、$\frac{7}{16}$、$\frac{5}{16}$、$\frac{3}{16}$。请对该信源符号集合进行霍夫曼编码。

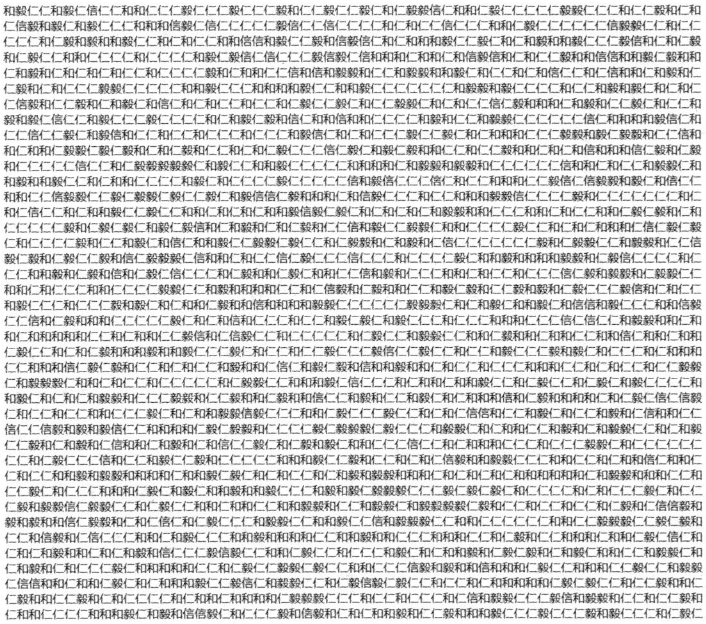

图 4.31　某离散无记忆信源输出的文本

如图 4.32 所示，按照“建树”的思路，先将 4 个符号中概率最小的 2 个字符在码树的最底层合并，从而将符号缩减至 3 个符号；然后将这 3 个符号中概率最小的 2 个字符合并，从而将符号缩减至 2 个符号，汇聚到码树的根节点，完成建树。之后，给每根树枝分别赋予码元 0 和 1，确定各个叶节点对应的码字，得到了由 1（仁）、00（和）、010（毅）、011（信）这 4 个码字组成的最佳代码组。平均码长为 1.8125 二元符号/信源符号。

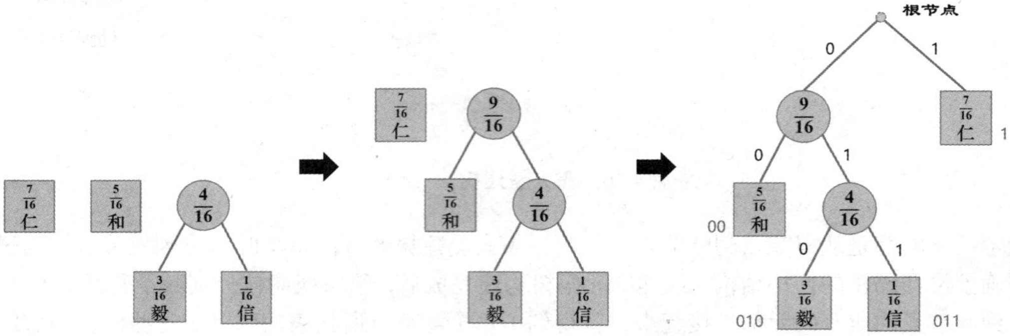

动画示意

图 4.32　霍夫曼建树过程

进一步，还可以尝试对长度为 2 的序列进行编码，从而缩减平均码长。由这 4 种符号组成的长度为 2 的序列共有 16 种。对这 16 种序列建立霍夫曼最佳码树，如图 4.33 所示，得到最佳码。此时，平均码长为 1.7695 二元符号/信源符号。

长度为2的序列

序列	概率	序列	概率
仁仁	$\frac{49}{256}$	毅仁	$\frac{21}{256}$
仁和	$\frac{35}{256}$	毅和	$\frac{15}{256}$
仁毅	$\frac{21}{256}$	毅毅	$\frac{9}{256}$
仁信	$\frac{7}{256}$	毅信	$\frac{3}{256}$
和仁	$\frac{35}{256}$	信仁	$\frac{7}{256}$
和和	$\frac{25}{256}$	信和	$\frac{5}{256}$
和毅	$\frac{15}{256}$	信毅	$\frac{3}{256}$
和信	$\frac{5}{256}$	信信	$\frac{1}{256}$

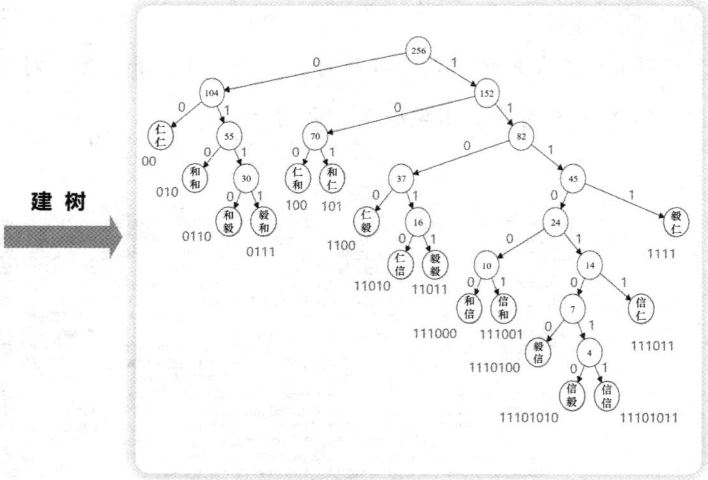

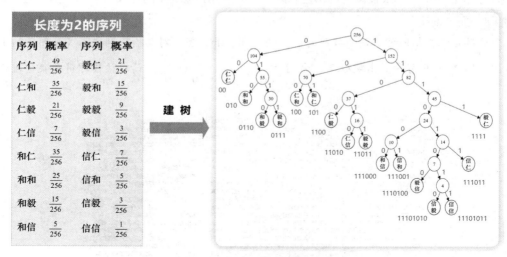

图 4.33　霍夫曼最佳码树构建

继续增加序列的长度，霍夫曼编码得到的平均码长会不断缩减，如图 4.34（a）所示。这与无失真信源编码定理的要义是一致的。与此同时，编码后码元序列中 0 和 1 的出现概率也越来越趋向于相等，如图 4.34（b）所示。这是为什么呢？

由 2.5.1 小节介绍的最大熵原理可知，等概率分布下平均每个码元承载的信息量最大。在信息量不变的前提下，随着平均码长越来越小，平均每个码元就要承载越来越多的信息。在不知不觉中，码元也逐渐趋向于等概率分布了，由此产生了图 4.34（b）所示的现象。

图 4.32 和图 4.33 所示的建树过程反映了霍夫曼编码思想，但是不便于操作。在实际当中，通常会将码树顺时针旋转 90°，即使叶节点在左端、根节点在右端。

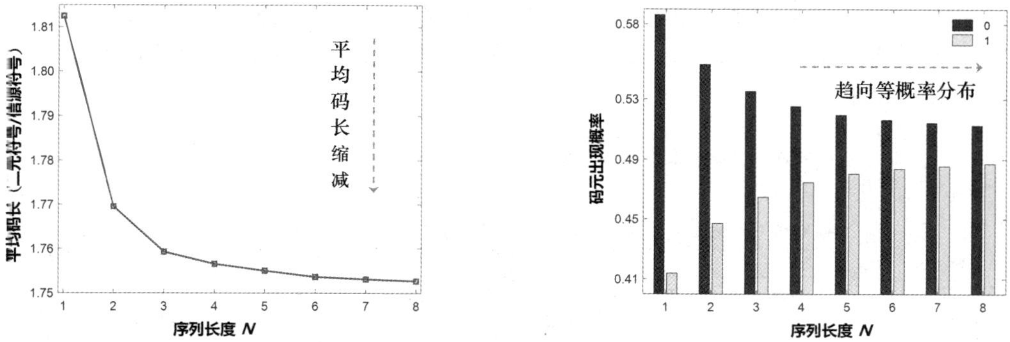

（a）平均码长变化　　（b）码元出现概率变化

图 4.34　符号平均码长和码元出现概率的变化趋势

例 4.9：二元霍夫曼编码

信源的概率空间为

$$\begin{bmatrix} X \\ p(x_i) \end{bmatrix} = \begin{bmatrix} x_1 & x_2 & x_3 & x_4 & x_5 \\ 0.4 & 0.2 & 0.2 & 0.1 & 0.1 \end{bmatrix} \tag{4-31}$$

图 4.35 给出了这 5 个信源符号的二元霍夫曼编码过程。从左向右缩减了 3 次，从原始的 5 个符号缩减至最终的 2 个符号。每次缩减都是将当前集合中概率最小的两个符号进行合并，相当于两个子节点汇聚为一个父节点。

在图 4.35 中，根节点在右端，叶节点在左端。给每个分支分别赋予码元 0 和 1，从右端的根节点到左端的叶节点，把所有分支上的码元符号连接起来，就得到了相应的码字。比如，信源符号 x_4 对应的码字为 0010。

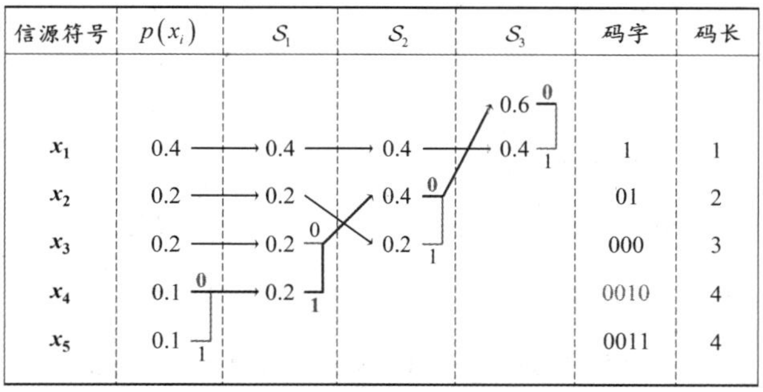

动画示意

图 4.35　二元霍夫曼编码过程

4.4.3　r 元霍夫曼编码

对上述二元霍夫曼编码方法进行推广、归纳和精练，可以得到更加普适的 r 元霍夫曼编码方法，即利用 r 个码元符号进行霍夫曼编码。图 4.36 给出了 r 元霍夫曼编码流程，其主要步骤如下。

（1）排序：将原始集合 $\mathcal{S}_i\ (i=0)$ 中的元素（符号或序列）按概率递减顺序排列。

（2）赋值：将概率最小的 r 个元素分别赋值 0, 1, ⋯, r−1。

（3）判断：如果集合 $\mathcal{S}_i$ 仅含 r 个元素，则进入步骤（7）；否则，进入步骤（4）。

（4）合并：将概率最小的 r 个元素合并为 1 个新的元素。

（5）缩减：缩减 r−1 个元素，形成新的集合 $\mathcal{S}_{i+1}$。

（6）排序：将集合 $\mathcal{S}_{i+1}$ 中的元素按概率递减顺序排列，令 i=i+1，进入步骤（2）。

（7）编码：逆向回溯，从最后一级开始，逐级返回到原始集合，把所有赋值连接起来，生成相应的霍夫曼编码结果。

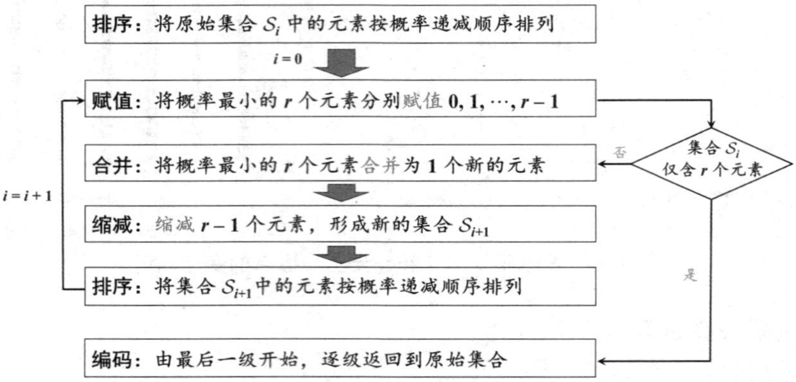

图 4.36　r 元霍夫曼编码流程

与二元霍夫曼编码相比，r 元霍夫曼编码在每次缩减的时候需将 r 个元素合并为一个元素，如图 4.37 所示。这个看似简单的要求，有时却无法满足。图 4.38 展示了 8 个信源符号的三元编码过程。在前 3 次缩减中，每次都能将 3 个概率最小的符号合成 1 个符号。但是，3 次缩减后，只剩 2 个符号了。这就意味着：如果如此缩减，这棵码树的根节点只能分出 2 根树枝。显然，把本该分布在 3 根树枝上的叶节点集中在 2 根树枝上，码字将会变长，这棵树一定不是三元最佳码树。

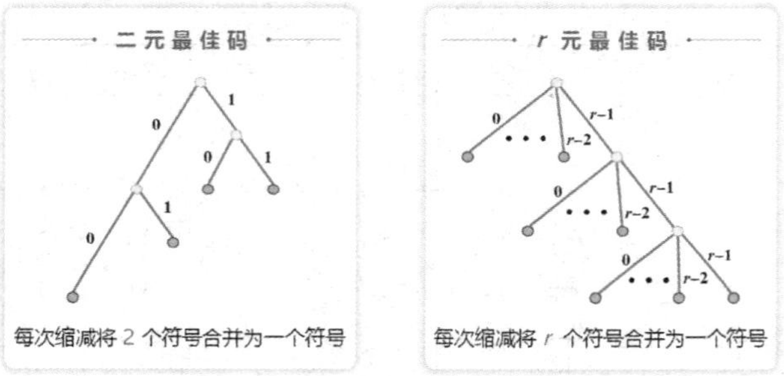

图 4.37　二元霍夫曼编码与 r 元霍夫曼编码比较

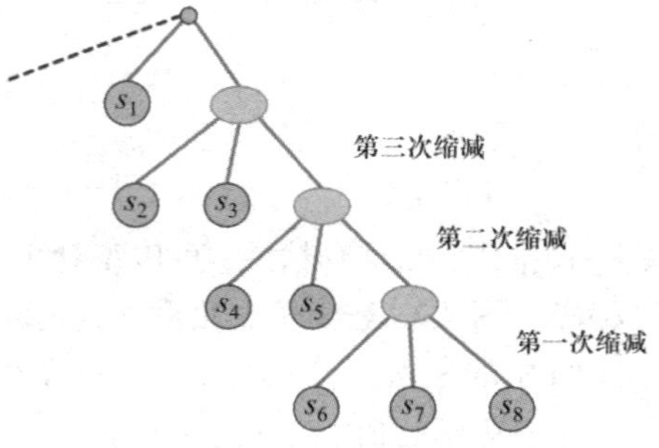

动画示意

图 4.38　8 个信源符号的三元编码过程

如图 4.39 所示，为了保证最终能够有 r 个元素汇聚到根节点，同时考虑到每缩减一次，元素数目减少 r−1 个，在 k 次缩减前，原始集合中的元素数目 N 应当满足

$$N = (r-1) \cdot k + r \tag{4-32}$$

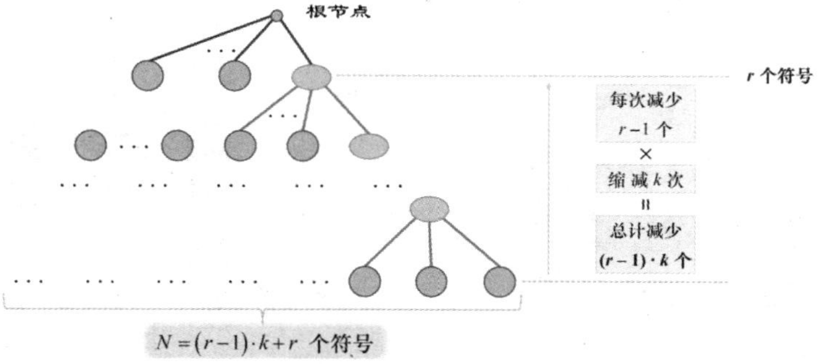

图 4.39 r 元霍夫曼码树节点缩减示意

例 4.10：三元霍夫曼编码

信源的概率空间如下

$$\begin{bmatrix} S \\ p(s_i) \end{bmatrix} = \begin{bmatrix} s_1 & s_2 & s_3 & s_4 & s_5 & s_6 & s_7 & s_8 \\ 0.40 & 0.20 & 0.10 & 0.10 & 0.05 & 0.05 & 0.05 & 0.05 \end{bmatrix} \tag{4-33}$$

请对该信源进行三元霍夫曼编码。

解：

根据式（4-32），信源符号的数目 N 至少应该为 9，相应的缩减次数 k 等于 3。因此，需要再补充一个概率为 0 的信源符号，然后才能进行三元霍夫曼编码，如图 4.40 所示。

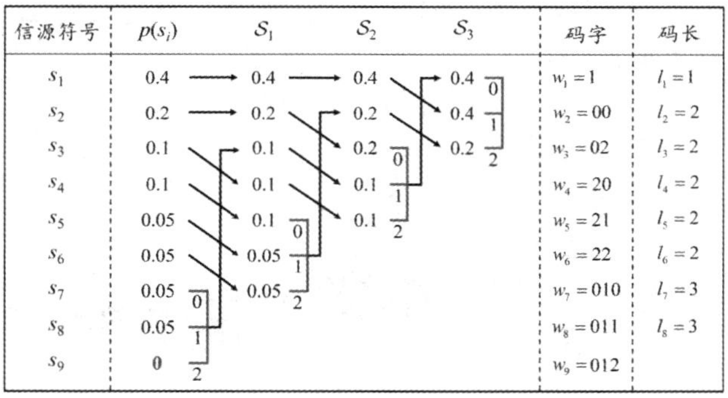

动画示意

图 4.40 三元霍夫曼编码示例

对于补充后的信源符号集合$\{s_1, s_2, \cdots, s_9\}$，图 4.40 给出的代码组必然是最佳的。由于最后一个符号 s_9 的出现概率为 0，因此，由码字 $w_1, w_2, \cdots, w_8$ 构成的代码组$\{w_1, w_2, \cdots, w_8\}$对信源符号集合$\{s_1, s_2, \cdots, s_8\}$而言，是平均码长最短的即时码，即代码组$\{w_1, w_2, \cdots, w_8\}$对于原始信源符号集合是最佳的三元即时码。

在对上面这个信源符号集合进行霍夫曼编码的过程中，初始以及缩减后的符号集合中存在多个概率相同的符号，这就造成了排序的多样性。因此，霍夫曼编码的结果并不唯一。图 4.41 展示了为例 4.10 构建的两棵三元霍夫曼码树，以及得到两个截然不同的代码组

$$\mathcal{C}_1 = \{1, 00, 02, 20, 21, 22, 010, 011\} \tag{4-34}$$

$$\mathcal{C}_2 = \{0, 2, 11, 12, 101, 102, 1000, 1001\} \tag{4-35}$$

那么，这两个代码组是否都是最佳三元即时码呢？

两个代码组的构造都遵循了霍夫曼思想，平均码长均为 1.7。它们都是平均码长最短的即时码。

不同之处在于：对于代码组 C_1，码长的方差（码方差）为 0.41；对于代码组 C_2，码方差为 1.01。不同的码方差使得这两个代码组在传输时的表现并不一样。

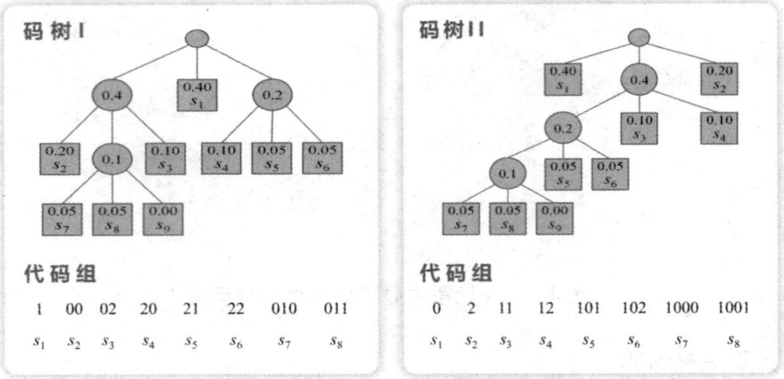

图 4.41　同一信源的不同霍夫曼码树

通常，信源以匀速输出信源符号，码字的长短不一会导致信源编码器生成码流的速率不断变化。为了保证能够在信道中匀速传输码元，在信源编码器和信道之间需要设置缓冲区。将码元序列输入缓冲区，再以恒定的速率从缓冲区中移出。在平均码长相同的情况下，码方差越大的最佳码需要的缓冲区越大。对于代码组 $C_1=\{1,00,02,20,21,22,010,011\}$，缓冲区的最小长度为 3，如图 4.42 所示；对于码方差较大的代码组 $C_2=\{0,2,11,12,101,102,1000,1001\}$，需要将缓冲区的长度增加至 4 后，进入信道的码流速度才能由非均匀调整至均匀，如图 4.43 所示。（在图 4.42 和图 4.43 中，缓冲区输出码元速率是信源输出符号速率的两倍。）

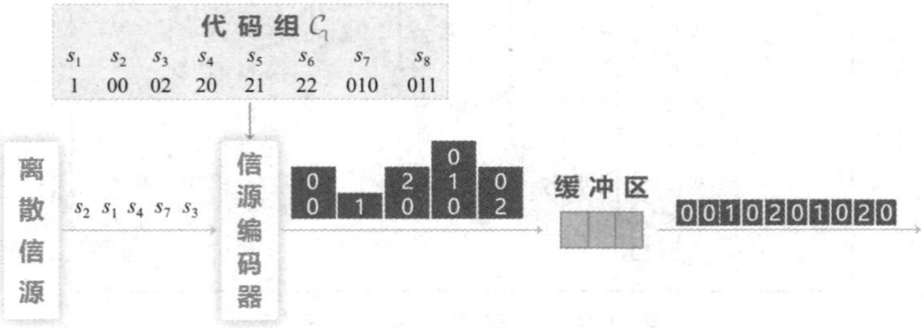

图 4.42　小码方差传输

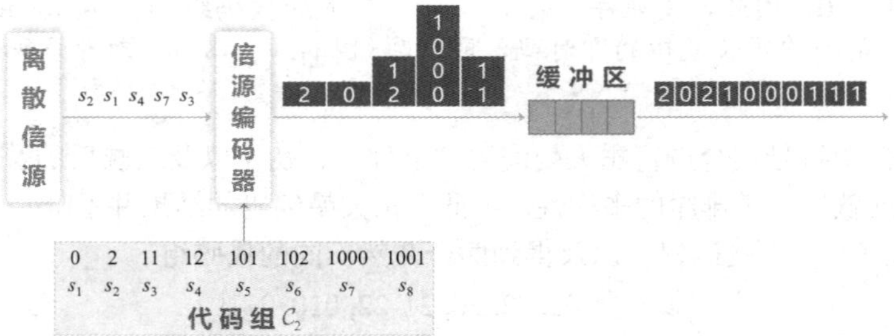

图 4.43　大码方差传输

综上所述，从节省资源的角度，小码方差的霍夫曼编码在实时数据传输中更为可取。为了实现小码方差的霍夫曼编码，在每次缩减后的符号集合中，应当把合成符号尽量向前排。针对例 4.10，

图 4.44 给出了小码方差霍夫曼码树的构建过程。第一次缩减后，合成符号的概率为 0.1，将该符号排在所有概率为 0.1 的符号中的第一位；第二次缩减后，合成符号的概率为 0.2，将该符号排在所有概率为 0.2 的符号中的第一位；第三次缩减后，合成符号的概率为 0.4，将该符号排在所有概率为 0.4 的符号中的第一位。这样操作，有利于减少码树的层数，从而使得码长的方差尽量小。

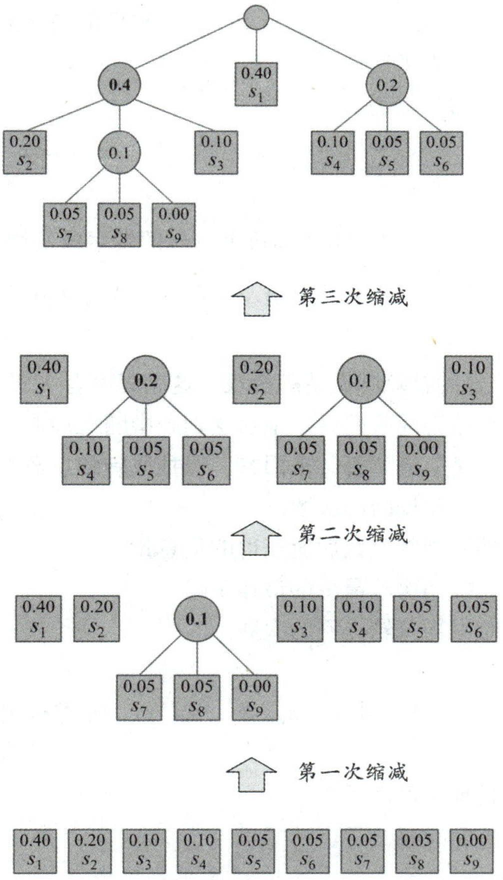

图 4.44　小码方差霍夫曼码树的构建过程

结合这一操作，可以对图 4.36 进行修正，得到码方差最小的 r 元霍夫曼编码流程，如图 4.45 所示。

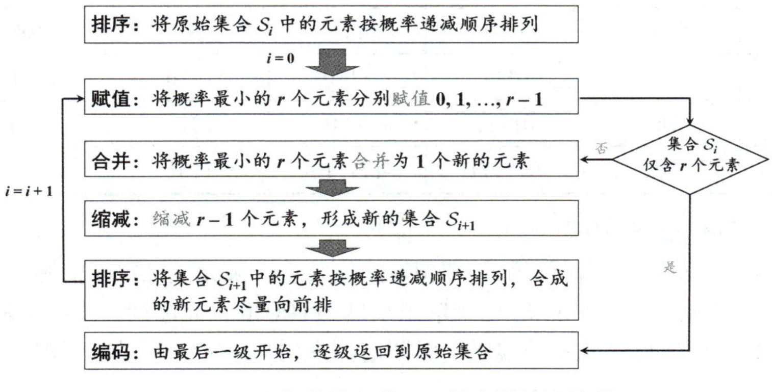

图 4.45　码方差最小的 r 元霍夫曼编码流程

4.5 习题

1. 一个离散无记忆信源的符号集合为$\{x_1, x_2, x_3, x_4\}$，对应的概率分布为0.15、0.15、0.3、0.4，对该信源进行二元霍夫曼编码，码字集合为{0, 10, 110, 111}。

（1）列出信源符号与码字的对应表。

（2）计算平均码长。

知识点：霍夫曼编码、平均码长。

2. 一个信源的符号集合由N个符号组成，每个符号的发生概率均为$\frac{1}{N}$。现对该信源符号集合进行二元霍夫曼编码。证明：代码组中最大和最小的码长至多相差1。

知识点：霍夫曼编码。

3. 甲、乙两人用一副特殊的扑克牌做猜牌游戏。这副牌中有1张黑桃A，2张黑桃2，3张黑桃3，……，13张黑桃K。每轮游戏开始后，甲从这副牌中随机抽取1张，乙用向甲提问的方式确定抽取牌的点数，甲只能用“是”或“否”来回答。当抽取牌的点数被确定后，该轮游戏结束。游戏进行若干轮之后，统计平均每轮提问的次数。

（1）求乙平均每轮得知抽取牌的点数后所获得的信息量。

（2）试设计使乙平均每轮提问次数最少的最佳策略。

（3）计算采用最佳策略时平均每轮提问的次数。

知识点：霍夫曼编码。

4. 对一个信源输出的6个消息符号a_1、a_2、a_3、a_4、a_5、a_6进行编码，得到代码组A、B、C、D、E、F，如表4.4所示。

（1）这些代码组中哪些是唯一可译码？

（2）这些代码组中哪些是即时码？

表4.4 编码结果

消息符号	A	B	C	D	E	F
a_1	000	0	0	0	0	0
a_2	001	01	10	10	10	100
a_3	010	011	110	110	1100	101
a_4	011	0111	1110	1110	1101	110
a_5	100	01111	11110	1011	1110	111
a_6	101	011111	111110	1101	1111	011

知识点：唯一可译码、即时码。

5. 定长码（或等长码）是指所有码长都相等的代码组。某无记忆二元信源，输出“0”的概率为0.995，输出“1”的概率为0.005。若信源输出长度为100的二元序列，并仅对其中含有3个或小于3个“1”的信源序列进行二元定长编码，保证信源序列与码字一一对应，求：

（1）码字所需的最小长度。

（2）这种等长码的错误概率。

知识点：信源编码。

6. 是否存在码长分布为 1、2、2、2、2、2、3、3、3、3 的唯一可译二元码？是否可以构造一个码长分布为 1、2、2、2、2、2、3、3、3 的三元即时码？如果可以，可以构造多少种？

知识点：码树、克拉夫特-麦克米伦不等式。

7. 有 8 枚外表一模一样的硬币，但是其中 1 枚是假币，并且假币略重于其他硬币。设计用无砝码天平称重鉴别出假币的最佳策略，平均最少几次能够把这枚假币找出来？

知识点：霍夫曼编码。

8. 离散无记忆信源的概率空间为

$$\begin{bmatrix} S \\ P \end{bmatrix} = \begin{bmatrix} s_1 & s_2 & s_3 & s_4 & s_5 & s_6 & s_7 & s_8 & s_9 & s_{10} \\ 0.16 & 0.14 & 0.13 & 0.12 & 0.10 & 0.09 & 0.08 & 0.07 & 0.06 & 0.05 \end{bmatrix}$$

（1）对该信源进行最佳二元编码，计算平均码长和编码效率。

（2）对该信源进行最佳三元编码，计算平均码长和编码效率。

知识点：霍夫曼编码。

9. 一个离散无记忆信源的概率空间为

$$\begin{bmatrix} S \\ P \end{bmatrix} = \begin{bmatrix} s_1 & s_2 & s_3 & s_4 & s_5 & s_6 & s_7 & s_8 \\ 0.2 & 0.15 & 0.15 & 0.1 & 0.1 & 0.1 & 0.1 & 0.1 \end{bmatrix}$$

试对该信源进行编码，得到两种不同码方差的三元最佳码。计算其平均码长和码方差，说明哪一种码的质量更好一些。

知识点：霍夫曼编码。

10 某信源的符号集合由 N 个等概率出现的符号组成。对该信源进行最佳霍夫曼二元编码，当 $N=2^i$ 和 $N=2^i+1$（i 为正整数）时，请问每个码字的长度等于多少？平均码长是多少？

知识点：霍夫曼编码。

11. 已经知道 5 瓶酒中有一瓶变质了（尝起来是苦的）。通过眼睛观察，判断这些酒变质了的概率分别为：$[p_1, p_2, p_3, p_4, p_5] = \left[\frac{1}{3}, \frac{1}{4}, \frac{1}{6}, \frac{1}{6}, \frac{1}{12}\right]$。进一步，通过品尝可确定哪瓶酒变质了。

（1）假设每次只能品尝一瓶，怎样安排品尝顺序，才能用尽可能少的品尝次数来确定变质酒？求品尝次数的均值。

（2）假设每次可以将数瓶酒混合起来一起品尝，直到找到变质酒为止。首先应该品尝哪几瓶酒的混合物？答案唯一吗？如果是唯一的，请解释为什么；如果不是唯一的，请给出另外一种方案。（提示：品尝数瓶酒的混合等效于品尝其他几瓶酒的混合，因此这不算两种方案。另外，有两瓶酒的变质的概率相等，都是 $\frac{1}{6}$，所以交换这两瓶酒不算新的方案。）

知识点：霍夫曼编码。

12. 设某城市有 805 门公务电话和 60000 门居民电话。系统工程师需要为这些用户分配电话号码。所有号码均是十进制数，且不考虑电话系统中 0、1 不可用在号码首位的限制。回答以下问题。（提示：利用即时码概念。）

（1）如果要求所有公务电话号码长度为 3 位，所有居民电话号码等长，求居民号码长度 L_1 的最小值；

（2）设城市分为 A、B 两个区，其中 A 区有 9000 门电话，B 区有 51000 门电话，现进一步要求 A 区的电话号码比 B 区的短 1 位，试问 A 区号码长度 L_2 的最小值。

知识点：克拉夫特-麦克米伦不等式。

13. 一个离散无记忆信源能够分别以概率 0.5、0.4、0.1 输出 3 个符号 s_1、s_2、s_3，求二次扩展信源的霍夫曼编码结果及编码效率。

知识点：霍夫曼编码。

14. 设 X_1、X_2、X_3 为独立的二进制随机变量，并且 $p(X_1=1)=\frac{1}{2}$，$p(X_2=1)=\frac{1}{3}$，$p(X_3=1)=\frac{1}{4}$，请给出联合随机变量 $X_1X_2X_3$ 的霍夫曼编码结果并求其平均码长。

知识点：霍夫曼编码。

15. 请问下述哪些编码组不可能是霍夫曼编码的结果？

（1）{0, 10, 11}；

（2）{00, 01, 10, 110}；

（3）{01, 10}。

知识点：分组码。

16. 变长码的译码延时定义为在译码时需要查看的下一个码字的码符号个数的最大值。例如，代码组{0,01}的译码延时为 1；即时码的译码延时为 0。请给出一个译码延时为 3 的变长码。

知识点：分组码。

17. 在赛马比赛中共有 8 匹马，它们赢得比赛的概率分别为$\left\{\frac{1}{2}, \frac{1}{4}, \frac{1}{8}, \frac{1}{16}, \frac{1}{64}, \frac{1}{64}, \frac{1}{64}, \frac{1}{64}\right\}$。在宣布哪匹马赢得比赛时，播报的是马的号码（由 0 和 1 组成）。为了简短播报，请问应该给每匹马赋予什么编号？

知识点：霍夫曼编码。

18. 已知信源的概率空间如下

$$\begin{bmatrix} X \\ P \end{bmatrix} = \begin{bmatrix} s_1 & s_2 & s_3 & s_4 & s_5 & s_6 & s_7 & s_8 \\ \frac{1}{12} & \frac{1}{6} & \frac{1}{12} & \frac{1}{8} & \frac{1}{12} & \frac{1}{4} & \frac{1}{12} & \frac{1}{8} \end{bmatrix}$$

（1）请给出此信源的二进制费诺编码结果。

（2）求相应的平均码长、编码效率和码方差。

知识点：费诺编码。

19. 给出一个不是即时码的唯一可译码。

知识点：分组码。

20. 设信源的概率空间为

$$\begin{bmatrix} X \\ P \end{bmatrix} = \begin{bmatrix} a_1 & a_2 \\ 0.8 & 0.2 \end{bmatrix}$$

该信源每秒发出 2.5 个信源符号，通过某个二元无噪信道传输符号。但是，该信道每秒只能传送两个符号。显然，该信源不能与信道直接相接。

（1）是否有可能通过适当编码实现无失真传输？

（2）如果有可能，设计一种编码方式，实现无失真传输。

知识点：信源编码。

21. 一个二元无记忆信源 $S\in\{0,1\}$，输出“0”的概率为 p，且 $p\approx 1$。对该信源进行编码，映射为一个新信源 $S_n\in\{s_1, s_2, s_3, \cdots, s_{n+1}\}$。原始二元信源与新信源的映射关系如表 4.5 所示。

表 4.5　原始二元信源与新信源的映射关系

原始二元信源序列	1	01	001	…	000…01 （n−1 个“0”，1 个“1”）	000…0 （n 个“0”）
新信源符号	s_1	s_2	s_3	…	s_n	s_{n+1}

（1）求新信源的熵。

（2）求 $\lim\limits_{n\to\infty} H\left(S_n\right)$。

知识点：信源编码。

22. 某离散无记忆信源的符号集合为 $\{u_0, u_1, u_2, u_3\}$，信源符号概率分布和二进制代码如表 4.6 所示。

表 4.6　信源符号概率分布和二进制代码

符号	u_0	u_1	u_2	u_3
概率	$\frac{1}{2}$	$\frac{1}{4}$	$\frac{1}{8}$	$\frac{1}{8}$
代码	0	10	110	111

（1）求信源的符号熵。

（2）求代码序列中平均每个二进制代码的自信息量。

知识点：信源编码。

23. 用 α、β、γ 这 3 个字母作为码元，组成码字。假设组成的码字有以下 3 种情况：

（1）只含 α 一个字母的单字母码字。

（2）由 α 开头或结尾的两字母码字。

（3）将 α 夹在中间的三字母码字。

假定所有码字的出现概率相等，试计算编码效率。

知识点：信源编码。

24. 假设一阶马尔可夫信源的符号集合为 $\{a, b, c\}$，相互之间的条件概率为

$$\begin{cases} p(a|a)=0 \\ p(b|a)=0.5 \\ p(c|a)=0.5 \end{cases} \quad \begin{cases} p(a|b)=0.25 \\ p(b|b)=0.50 \\ p(c|b)=0.25 \end{cases} \quad \begin{cases} p(a|c)=0 \\ p(b|c)=1 \\ p(c|c)=0 \end{cases}$$

对该信源进行二元霍夫曼编码，并计算编码效率。

知识点：有记忆平稳信源、马尔可夫信源、霍夫曼编码。

25. 二元二阶马尔可夫信源的条件概率为

$$p(0|00)=p(1|11)=0.8$$
$$p(1|00)=p(0|11)=0.2$$
$$p(0|01)=p(0|10)=p(1|01)=p(1|10)=0.5$$

（1）若将该信源视作一阶马尔可夫信源，请对 N 次扩展信源的输出序列进行霍夫曼编码；

（2）若将该信源视作二阶马尔可夫信源，请对 N 次扩展信源的输出序列进行霍夫曼编码；

（3）对比两种编码结果，并予以解释。

知识点：扩展信源编码、马尔可夫信源、霍夫曼编码。

4.6 仿真实验

4.6.1 基于霍夫曼编码的文本数据压缩

1．实验目的

模拟离散无记忆信源，输出足够长的文本数据。针对长度为 N $(1 \leqslant N \leqslant 8)$ 的序列构建概率空间模型，进行相应的二元霍夫曼编码。分析平均码长随序列长度 N 的变化情况，验证无失真信源编码定理。统计不同序列长度下编码序列中码元的概率分布，从最大熵的角度解释平均码长缩短的机理。

2．实验内容

（1）模拟离散无记忆信源，生成符号数目不少于 4 种的文本数据，文本足够长且符号发生概率互不相等。

（2）对文本数据进行统计分析，针对长度为 N $(1 \leqslant N \leqslant 8)$ 的序列构建概率空间模型。

（3）依据概率空间模型，对长度为 N 的序列进行二元霍夫曼编码（以“0”和“1”作为码元），计算相应的平均码长，形成相应的编码序列，统计编码序列中码元 0 和 1 的出现概率。

（4）分析平均码长和码元出现概率随序列长度 N 的变化规律，从无失真信源编码定理和最大熵的角度对其进行解释。

4.6.2 基于霍夫曼编码的图像压缩

1．实验目的

统计长度为 N $(1 \leqslant N \leqslant 8)$ 的序列在实验示例黑白图像（见图 4.46）中的出现概率，构建概率空间模型，进行相应的二元霍夫曼编码。分析平均码长和编码序列中码元概率随序列长度 N 的变化情况，验证无失真信源编码定理。与离散无记忆信源的编码结果进行对比，理解记忆性对编码性能的影响。

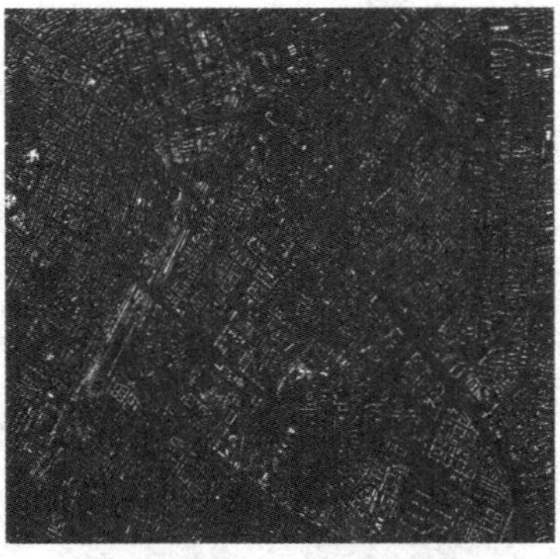

图 4.46 实验示例图像

2. 实验内容

（1）将黑白图像转换为一维序列，用 0、1 代表黑白像素，构建 N 维概率空间，描述长度为 N $(1 \leqslant N \leqslant 8)$ 的序列在图像中的出现概率，例如

$$\begin{bmatrix} X_1X_2\cdots X_N \\ p(X_1X_2\cdots X_N) \end{bmatrix} = \begin{bmatrix} \underbrace{00\cdots0}_{N\text{个“0”}} & 00\cdots1 & \cdots & \underbrace{11\cdots1}_{N\text{个“1”}} \\ \cdots & \cdots & \cdots & \cdots \end{bmatrix}$$

（2）依据概率空间模型，对长度为 N 的序列进行二元霍夫曼编码（以“0”和“1”作为码元），计算相应的平均码长，形成相应的编码序列，统计编码序列中码元 0 和 1 的出现概率，分析平均码长和码元出现概率随序列长度 N 的变化规律。

（3）基于该图像的一维概率空间，模拟生成黑白像素序列，各个像素独立且同分布，保证

$$p(X_1X_2\cdots X_N) = \prod_{i=1}^{N} p(X_i)$$

（4）重复上述编码过程，分析平均码长和码元出现概率随序列长度 N 的变化规律。与真实图像的编码结果进行比较，解释两者的异同。

拓展学习

读者可参考以下主题，自行与大模型工具对话，并查阅相关文献，了解“无失真信源编码”的更多知识。

（1）在计算机文件存储与传输中，需要高效的压缩算法来减少文件大小，提高存储利用率和数据传输效率。分析 WinRAR、7zip 等压缩文件如何实现无损压缩。

（2）在工业物联网中，大量传感器持续采集数据，例如温度、压力、湿度、电力消耗等。无损压缩可以减少数据存储和传输负担，同时保证数据完整性。请针对智能电表、工业监测系统等设计合适的无损数据压缩方案。

（3）中国拥有大量的历史文献（如甲骨文、敦煌文献等）。数字化技术有助于保存历史文献、推动文化传承。在文献数字化过程中，需要无损压缩技术确保数据完整性，同时减少存储成本。试探究可应用于文献数字化的无损压缩方法。

（4）航天科技是国家强盛的象征。中国航天已经进入世界第一梯队。高分系列卫星、嫦娥探月工程、天问火星探测任务等，都需要高效的数据传输，将观测结果即时传回地面站。请总结在星上实时数据压缩方面，都有哪些方法。

第 5 章 离散信道

信道是信息传输的媒介，承担着将信号从发送方传递到接收方的重任。本章将在构建离散信道模型的基础上，引入信道容量的概念，给出信道容量的通用确定方法，分析准对称无记忆信道、独立级联信道和独立并联信道的信息传输能力，为进一步研究和设计更为复杂的通信系统奠定基础。本章思维导图如图 5.1 所示。

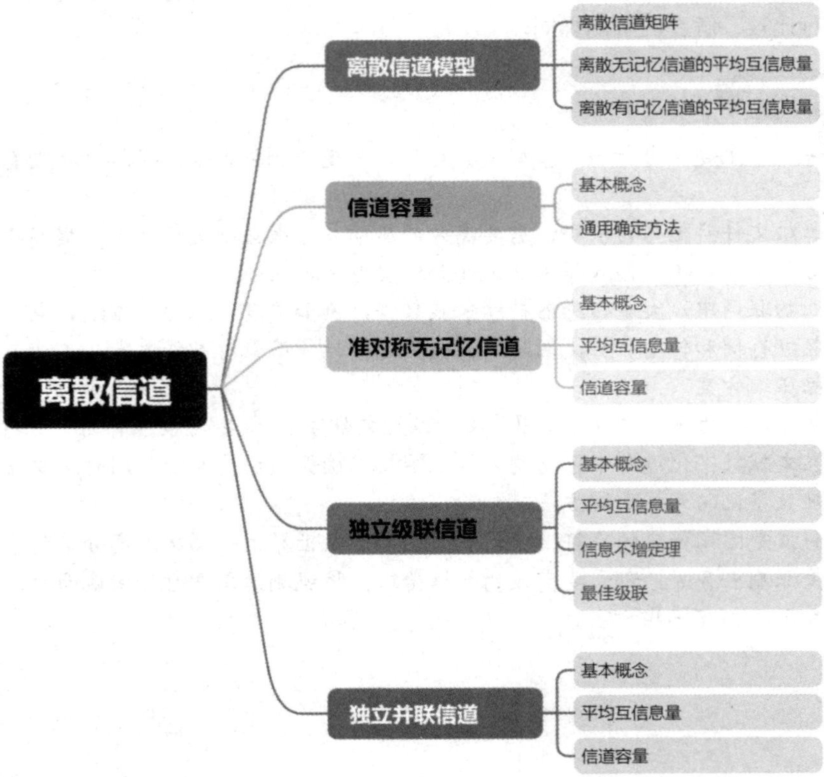

图 5.1　本章思维导图

信道容量

5.1 离散信道模型

离散信道模型构建的关键，在于明确信道输入和输出之间的映射关系。需要说明的是，本书仅考虑恒参信道，即传输特性不随时间变化的信道。

5.1.1 离散信道矩阵

离散信道的输入、输出可以用两个长度相同的离散随机序列来表示。从数学的角度来讲，信道相当于一个映射，即将输入序列映射为输出序列。不过，由于噪声等因素的存在，这种映射是随机的。因此，采用条件概率来描述信道输入和输出之间的映射关系，是比较恰当的。

如图 5.2 所示，假设信道的输入随机序列为 $(X_1, X_2, \cdots, X_i, \cdots, X_N)$，输出随机序列为 $(Y_1, Y_2, \cdots, Y_i, \cdots, Y_N)$。其中，$X_i$ 是定义于集合 $\{x_1, x_2, \cdots, x_r\}$ 上的随机变量，那么输入序列样本有 r^N 种，分别记为 $\boldsymbol{\alpha}_1, \boldsymbol{\alpha}_2, \cdots, \boldsymbol{\alpha}_{r^N}$；$Y_i$ 是定义于集合 $\{y_1, y_2, \cdots, y_s\}$ 上的随机变量，那么输出序列样本有 s^N 种，分别记为 $\boldsymbol{\beta}_1, \boldsymbol{\beta}_2, \cdots, \boldsymbol{\beta}_{s^N}$。

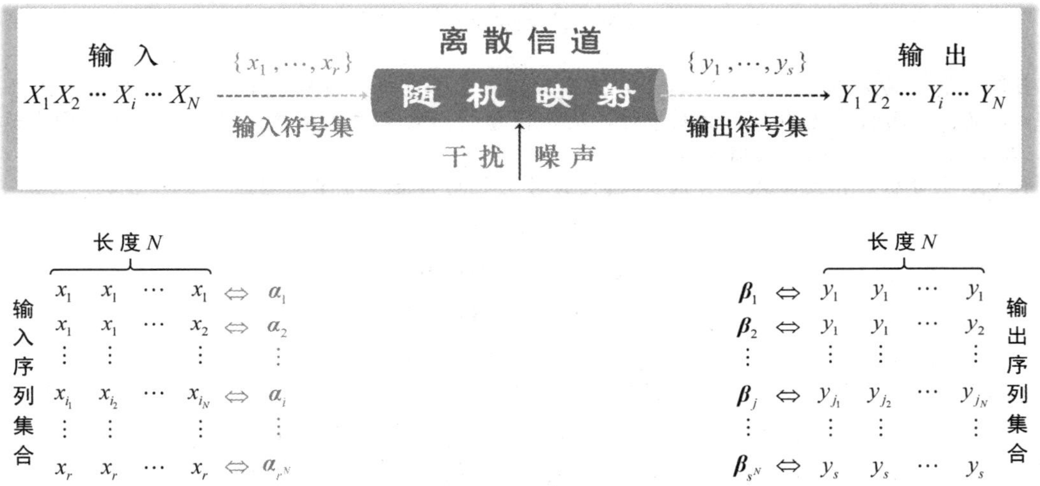

图 5.2　离散信道模型

所有输入序列和输出序列之间的映射关系，可以构成一个大小为 $r^N \times s^N$ 的矩阵，如图 5.3 所示。该矩阵的行代表了输入序列，列代表了输出序列，其中的元素 p_{ij} 代表了输入序列为 $\boldsymbol{\alpha}_i$ 的情况下输出序列恰为 $\boldsymbol{\beta}_j$ 的概率，即

$$p_{ij} = p(\boldsymbol{\beta}_j \mid \boldsymbol{\alpha}_i) \tag{5-1}$$

图 5.3 所示的矩阵全面反映了信道输入端到输出端的传输特性，被称为信道的信道矩阵，简称信道矩阵。显然，对同一个信道而言，信道矩阵并不唯一，它与输入序列、输出序列的长度有关。

$$\begin{array}{c} \\ \boldsymbol{\alpha}_1 \\ \boldsymbol{\alpha}_2 \\ \vdots \\ \boldsymbol{\alpha}_i \\ \vdots \\ \boldsymbol{\alpha}_{r^N} \end{array}
\begin{array}{c} \begin{array}{ccccccc} \boldsymbol{\beta}_1 & \boldsymbol{\beta}_2 & \cdots & \boldsymbol{\beta}_j & \cdots & \boldsymbol{\beta}_{s^N} \end{array} \\
\begin{bmatrix} p_{11} & p_{12} & \cdots & p_{1j} & \cdots & p_{1s^N} \\ p_{21} & p_{22} & \cdots & p_{2j} & \cdots & p_{2s^N} \\ \vdots & \vdots & & \vdots & & \vdots \\ p_{i1} & p_{i2} & \cdots & p_{ij} & \cdots & p_{is^N} \\ \vdots & \vdots & & \vdots & & \vdots \\ p_{r^N1} & p_{r^N2} & \cdots & p_{r^Nj} & \cdots & p_{r^Ns^N} \end{bmatrix} \end{array}$$

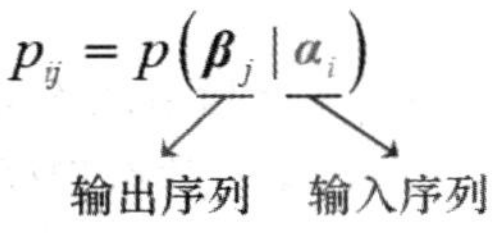

图 5.3　信道矩阵示意

例 5.1：二进制数字传输系统

如图 5.4 所示，在信道的输入端，以高电平代表数字 1，以低电平代表数字 0。信道中存在服从零均值均匀分布的噪声 $n(t)$，且分布范围不超过高低电平之差 Δ。在信道的输出端，以低电平作为判决门限。凡是大于低电平的信号，都判定为 1；凡是不超过低电平的信号，都判定为 0。

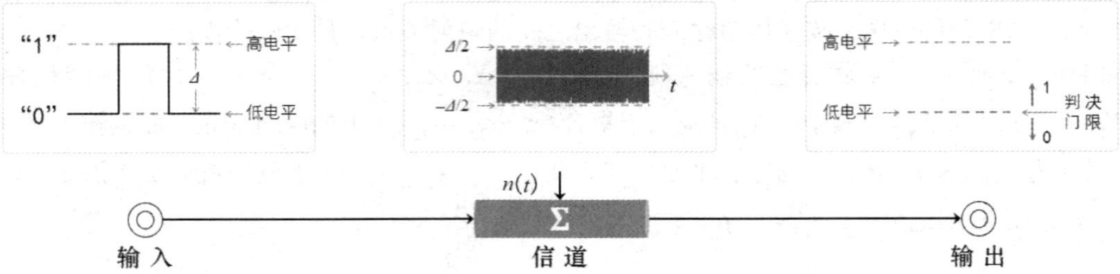

图 5.4　二进制数字传输系统

当信道输入为高电平时，输出信号的强度必然大于低电平，将被判定为 1，即当输入为 1 时，输出必定为 1；而当信道输入为低电平时，输出信号的强度有 50%的概率超过低电平，即当输入为 0 时，输出被判定为 0 或 1 的概率均为 0.5。

基于以上分析，得到输入符号 X_1 和输出符号 Y_1 之间的条件概率，即

$$\begin{aligned} p(Y_1=0\,|\,X_1=0)&=0.5\\ p(Y_1=1\,|\,X_1=0)&=0.5\\ p(Y_1=0\,|\,X_1=1)&=0.0\\ p(Y_1=1\,|\,X_1=1)&=1.0 \end{aligned} \tag{5-2}$$

也就得到了当输入、输出为单个符号时的信道矩阵

$$\begin{bmatrix} p(Y_1=0\,|\,X_1=0) & p(Y_1=1\,|\,X_1=0)\\ p(Y_1=0\,|\,X_1=1) & p(Y_1=1\,|\,X_1=1) \end{bmatrix}=\begin{bmatrix} 0.5 & 0.5\\ 0.0 & 1.0 \end{bmatrix} \tag{5-3}$$

当信道输入是长度为 2 的序列时，输入序列和输出序列各有 4 种：00、01、10、11。需要得到 4 种输入序列和 4 种输出序列之间的条件概率，才能构建相应的信道矩阵，如图 5.5 所示。

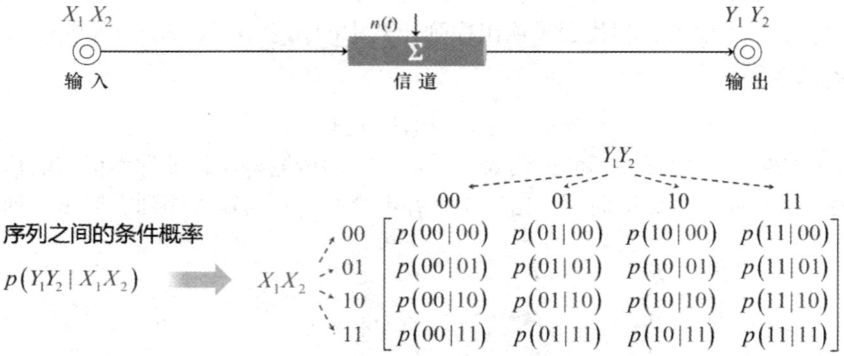

图 5.5　输入是长度为 2 的序列时的信道矩阵

就图 5.4 所示的数字传输系统而言，信道的输出仅与当前的输入有关，即 Y_1 只与 X_1 有关、Y_2 只与 X_2 有关。那么，序列之间的条件概率等于序列中对应位置上符号之间的条件概率的连乘，即

$$p(Y_1Y_2\,|\,X_1X_2)=p(Y_1\,|\,X_1)\cdot p(Y_2\,|\,X_2) \tag{5-4}$$

由此，可计算得到输入是长度为 2 的序列时的信道矩阵

$$
\begin{bmatrix} p(00|00) & p(01|00) & p(10|00) & p(11|00) \\ p(00|01) & p(01|01) & p(10|01) & p(11|01) \\ p(00|10) & p(01|10) & p(10|10) & p(11|10) \\ p(00|11) & p(01|11) & p(10|11) & p(11|11) \end{bmatrix}
$$

$$
= \begin{bmatrix} p(0|0)\cdot p(0|0) & p(0|0)\cdot p(1|0) & p(1|0)\cdot p(0|0) & p(1|0)\cdot p(1|0) \\ p(0|0)\cdot p(0|1) & p(0|0)\cdot p(1|1) & p(1|0)\cdot p(0|1) & p(1|0)\cdot p(1|1) \\ p(0|1)\cdot p(0|0) & p(0|1)\cdot p(1|0) & p(1|1)\cdot p(0|0) & p(1|1)\cdot p(1|0) \\ p(0|1)\cdot p(0|1) & p(0|1)\cdot p(1|1) & p(1|1)\cdot p(0|1) & p(1|1)\cdot p(1|1) \end{bmatrix} \tag{5-5}
$$

$$
= \begin{bmatrix} 0.25 & 0.25 & 0.25 & 0.25 \\ 0.00 & 0.50 & 0.00 & 0.50 \\ 0.00 & 0.00 & 0.50 & 0.50 \\ 0.00 & 0.00 & 0.00 & 1.00 \end{bmatrix}
$$

类似地，还可以继续增加输入序列和输出序列的长度，并构建相应的信道矩阵。

5.1.2 离散无记忆信道的平均互信息量

在例 5.1 中，信道的输出仅与当前的输入有关。这种信道被称为离散无记忆信道，如图 5.6 所示。其最为明显的特征就是序列之间的条件概率等于序列中对应位置上符号之间的条件概率的乘积，即

$$
p(Y_1Y_2\cdots Y_i\cdots Y_N \mid X_1X_2\cdots X_i\cdots X_N) = \prod_{i=1}^{N} p(Y_i \mid X_i) \tag{5-6}
$$

其中，$(X_1, X_2, \cdots, X_i, \cdots, X_N)$、$(Y_1, Y_2, \cdots, Y_i, \cdots, Y_N)$ 分别代表信道的输入序列和输出序列。

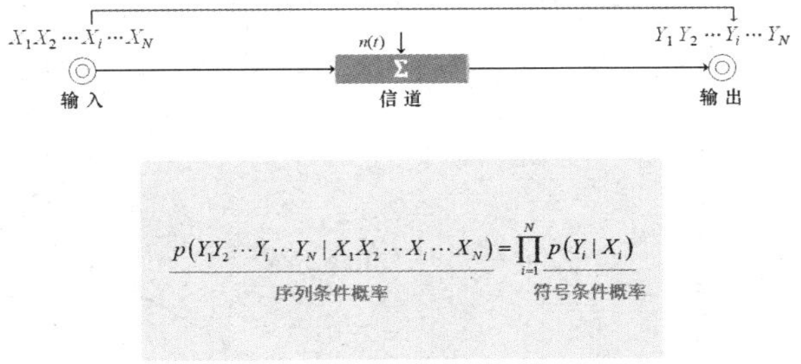

图 5.6 离散无记忆信道示意

离散无记忆信道在信息传输方面有什么特点呢？先来观察一个对比实验。

例 5.2：有记忆和无记忆输入序列对离散无记忆信道平均互信息量的影响

存在两个二元离散随机序列 X 和 $\widehat{X}$

$$
\boldsymbol{X} = (X_1, X_2, \cdots, X_i, \cdots, X_N)
$$

$$
\widehat{\boldsymbol{X}} = (\widehat{X}_1, \widehat{X}_2, \cdots, \widehat{X}_i, \cdots, \widehat{X}_N)
$$

两者的相同之处：在两个序列中的任意一个位置上，符号 0 出现的概率均为 0.31，符号 1 出现的概率均为 0.69，即

$$
p(X_i = 0) = p(\widehat{X}_i = 0) = 0.31, \quad i = 1, 2, \cdots, N \tag{5-7}
$$

$$
p(X_i = 1) = p(\widehat{X}_i = 1) = 0.69, \quad i = 1, 2, \cdots, N \tag{5-8}
$$

两者的不同之处如下。

（1）序列 $\boldsymbol{X}$ 是有记忆的，该序列中每个符号都与之前的两个符号相关，即

$$p\left(X_i \mid X_1 \cdots X_{i-2} X_{i-1}\right)=p\left(X_i \mid X_{i-2} X_{i-1}\right) \tag{5-9}$$

符号之间的条件概率为

$$\begin{array}{ll}
p\left(X_i=0 \mid X_{i-2} X_{i-1}=00\right)=0.9 & p\left(X_i=1 \mid X_{i-2} X_{i-1}=00\right)=0.1 \\
p\left(X_i=0 \mid X_{i-2} X_{i-1}=01\right)=0.3 & p\left(X_i=1 \mid X_{i-2} X_{i-1}=01\right)=0.7 \\
p\left(X_i=0 \mid X_{i-2} X_{i-1}=10\right)=0.2 & p\left(X_i=1 \mid X_{i-2} X_{i-1}=10\right)=0.8 \\
p\left(X_i=0 \mid X_{i-2} X_{i-1}=11\right)=0.1 & p\left(X_i=1 \mid X_{i-2} X_{i-1}=11\right)=0.9
\end{array} \tag{5-10}$$

（2）序列 $\widehat{\boldsymbol{X}}$ 是无记忆的，该序列中每个符号之间相互独立，即

$$p\left(\widehat{X}_1 \widehat{X}_2 \cdots \widehat{X}_i \cdots \widehat{X}_N\right)=\prod_{i=1}^{N} p\left(\widehat{X}_i\right) \tag{5-11}$$

将序列 $\boldsymbol{X}$ 和 $\widehat{\boldsymbol{X}}$ 分别输入同一个二元离散无记忆信道（见图 5.7），相应的输出分别为 $\boldsymbol{Y}$ 和 $\widehat{\boldsymbol{Y}}$，计算平均互信息量 $I(\boldsymbol{X};\boldsymbol{Y})$ 和 $I\left(\widehat{\boldsymbol{X}};\widehat{\boldsymbol{Y}}\right)$，即

$$I(\boldsymbol{X};\boldsymbol{Y})=H(\boldsymbol{Y})-H(\boldsymbol{Y} \mid \boldsymbol{X}) \tag{5-12}$$

$$I\left(\widehat{\boldsymbol{X}};\widehat{\boldsymbol{Y}}\right)=H\left(\widehat{\boldsymbol{Y}}\right)-H\left(\widehat{\boldsymbol{Y}} \mid \widehat{\boldsymbol{X}}\right) \tag{5-13}$$

可以得到平均互信息量随序列长度的变化情况。二者平均互信息量对比如图 5.8 所示。

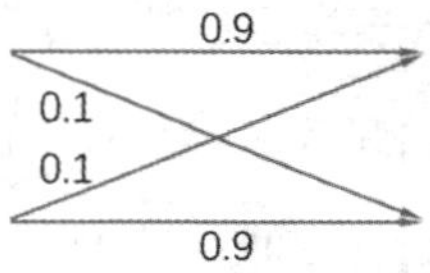

图 5.7　二元离散无记忆信道

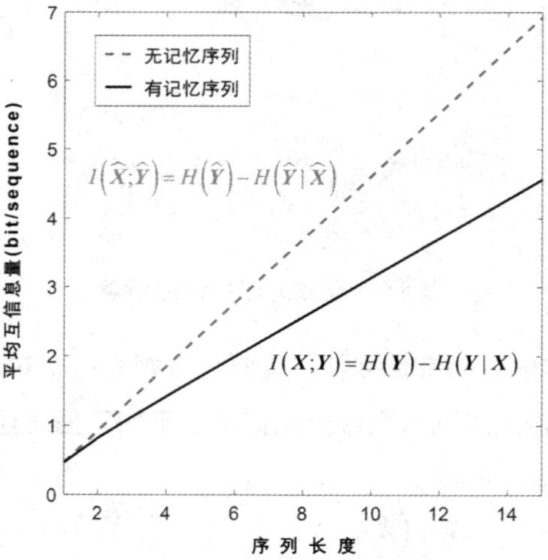

图 5.8　平均互信息量对比

对比这两条曲线可以看出，无记忆序列能够传送更多的信息量。那么，该结论是否具有普适意义呢？引理 5.1 和定理 5.1 回答了这个问题。

引理 5.1

若序列 $\boldsymbol{X}=\left(X_1, X_2, \cdots, X_i, \cdots, X_N\right)$ 通过一个离散无记忆信道产生的输出序列为

$\boldsymbol{Y}=\left(Y, Y_2, \cdots, Y_i, \cdots, Y_N\right)$，则所产生的平均互信息量可以表示为

$$I(\boldsymbol{X};\boldsymbol{Y})=H(\boldsymbol{Y})-\sum_{i=1}^{N}H(Y_i\mid X_i) \tag{5-14}$$

证明：

输入序列 $\boldsymbol{X}$ 和输出序列 $\boldsymbol{Y}$ 之间的平均互信息量可以表示为

$$I(\boldsymbol{X};\boldsymbol{Y})=H(\boldsymbol{Y})-H(\boldsymbol{Y}\mid\boldsymbol{X}) \tag{5-15}$$

对于离散无记忆信道，输出符号仅与当前的输入符号有关。因此，序列之间的条件熵 $H(\boldsymbol{Y}\mid\boldsymbol{X})$ 可以表达为符号之间的条件熵之和，即

$$\begin{aligned}
H(\boldsymbol{Y}\mid\boldsymbol{X})&=-\sum_{\boldsymbol{X}}\sum_{\boldsymbol{Y}}\left[p(\boldsymbol{XY})\log p(\boldsymbol{Y}\mid\boldsymbol{X})\right]\\
&=-\sum_{\boldsymbol{X}}\sum_{\boldsymbol{Y}}\left\{p(\boldsymbol{XY})\log\left[\prod_{i=1}^{N}p(Y_i\mid X_i)\right]\right\}\\
&=-\sum_{i=1}^{N}\left[\sum_{\boldsymbol{X}}\sum_{\boldsymbol{Y}}p(\boldsymbol{XY})\log p(Y_i\mid X_i)\right]\\
&=-\sum_{i=1}^{N}\left[\sum_{X_i}\sum_{Y_i}\log p(Y_i\mid X_i)\sum_{X_1,\cdots,X_{i-1},X_{i+1},\cdots,X_n}\ \sum_{Y_1,\cdots,Y_{i-1},Y_{i+1},\cdots,Y_n}p(X_1\cdots X_NY_1\cdots Y_N)\right]\\
&=-\sum_{i=1}^{N}\left[\sum_{X_i}\sum_{Y_i}\log p(Y_i\mid X_i)p(X_iY_i)\right]\\
&=\sum_{i=1}^{N}H(Y_i\mid X_i)
\end{aligned} \tag{5-16}$$

基于式（5-16），式（5-15）可以重写为

$$\begin{aligned}
I(\boldsymbol{X};\boldsymbol{Y})&=H(\boldsymbol{Y})-H(\boldsymbol{Y}\mid\boldsymbol{X})\\
&=H(\boldsymbol{Y})-\sum_{i=1}^{N}H(Y_i\mid X_i)
\end{aligned} \tag{5-17}$$

证明完毕。

基于引理 5.1，可以进一步证明定理 5.1。

定理 5.1

若有记忆序列 $\boldsymbol{X}$ 通过离散无记忆信道传送的平均互信息量为 I，则必然存在同样长度的无记忆序列 $\widehat{\boldsymbol{X}}$，在通过相同信道时传送的平均互信息量 $\hat{I}$ 不小于 I。

证明：

根据有记忆序列 $\boldsymbol{X}=\left(X_1, X_2, \cdots, X_i, \cdots, X_N\right)$，可以构建一个同样长度的无记忆序列 $\widehat{\boldsymbol{X}}=\left(\widehat{X}_1, \widehat{X}_2, \cdots, \widehat{X}_i, \cdots, \widehat{X}_N\right)$，使得无记忆序列 $\widehat{\boldsymbol{X}}$ 和有记忆序列 $\boldsymbol{X}$ 中相同位置上的符号有着同样的概率分布，即

$$p(X_i=x_k)=p\left(\widehat{X}_i=x_k\right) \tag{5-18}$$

其中，X_i、$\widehat{X}_i$ 为定义于集合 $\{x_1, x_2, \cdots, x_r\}$ 上的随机变量。

若有记忆序列 $\boldsymbol{X}=(X_1,X_2,\cdots,X_i,\cdots,X_N)$ 通过离散无记忆信道产生的输出序列为 $\boldsymbol{Y}=\left(Y_1, Y_2, \cdots, Y_i, \cdots, Y_N\right)$，则依据引理 5.1，序列 $\boldsymbol{X}$ 和 $\boldsymbol{Y}$ 之间的平均互信息量可以表示为

$$I(\boldsymbol{X};\boldsymbol{Y})=H(\boldsymbol{Y})-\sum_{i=1}^{N}H(Y_i\mid X_i) \tag{5-19}$$

同理，若无记忆序列 $\widehat{\boldsymbol{X}}=\left(\widehat{X}_1,\widehat{X}_2,\cdots,\widehat{X}_i,\cdots,\widehat{X}_N\right)$ 通过相同的离散无记忆信道产生的输出序列为 $\widehat{\boldsymbol{Y}}=\left(\widehat{Y}_1,\widehat{Y}_2,\cdots,\widehat{Y}_i,\cdots,\widehat{Y}_N\right)$，则 $\widehat{\boldsymbol{X}}$ 和 $\widehat{\boldsymbol{Y}}$ 之间的平均互信息量可以表示为

$$I\left(\widehat{\boldsymbol{X}};\ \widehat{\boldsymbol{Y}}\right)=H\left(\widehat{\boldsymbol{Y}}\right)-\sum_{i=1}^{N}H\left(\widehat{Y}_i\mid\widehat{X}_i\right) \tag{5-20}$$

进一步，由于无记忆序列 $\widehat{\boldsymbol{X}}$ 和有记忆序列 $\boldsymbol{X}$ 中相同位置上的符号有着同样的概率分布，并且两者通过的是同一个无记忆信道，因此，式（5-19）和式（5-20）的右端具有以下特点。

（1）输出序列 $\boldsymbol{Y}$ 和 $\widehat{\boldsymbol{Y}}$ 中相同位置上的符号有着同样的概率分布，即

$$\begin{aligned}p\left(Y_j=y_k\right)&=\sum_{i=1}^{r}p\left(X_j=x_i\right)p\left(Y_j=y_k\mid X_j=x_i\right)\\&=\sum_{i=1}^{r}p\left(\widehat{X}_j=x_i\right)p\left(\widehat{Y}_j=y_k\mid\widehat{X}_j=x_i\right)\\&=p\left(\widehat{Y}_j=y_k\right)\end{aligned} \tag{5-21}$$

其中，X_i、$\widehat{X}_i$ 定义于集合 $\left\{x_1,x_2,\cdots,x_r\right\}$ 之上，Y_j、$\widehat{Y}_j$ 定义于集合 $\left\{y_1,y_2,\cdots,y_s\right\}$ 之上。$p\left(Y_j=y_k\mid X_j=x_i\right)$、$p\left(\widehat{Y}_j=y_k\mid\widehat{X}_j=x_i\right)$ 由信道的传输特性决定，两者相等。

不过，无记忆序列 $\widehat{\boldsymbol{X}}$ 通过无记忆信道产生的输出序列 $\widehat{\boldsymbol{Y}}$ 必然是无记忆的；而有记忆序列 $\boldsymbol{X}$ 通过无记忆信道产生的输出序列 $\boldsymbol{Y}$ 可能是有记忆的，也可能是无记忆的。

对于无记忆序列 $\widehat{\boldsymbol{Y}}$，它的熵等于序列中各个随机变量的熵之和，即

$$H\left(\widehat{\boldsymbol{Y}}\right)=H\left(\widehat{Y}_1\right)+\cdots+H\left(\widehat{Y}_j\right)+\cdots+H\left(\widehat{Y}_N\right) \tag{5-22}$$

对于可能有记忆的序列 $\boldsymbol{Y}$，它的熵不大于序列中各个随机变量的熵之和，即

$$H(\boldsymbol{Y})\leqslant H\left(Y_1\right)+\cdots+H\left(Y_j\right)+\cdots+H\left(Y_N\right) \tag{5-23}$$

由于序列 $\widehat{\boldsymbol{Y}}$ 和 $\boldsymbol{Y}$ 中相同位置上的符号有着同样的概率分布，因此，有

$$H\left(Y_j\right)=H\left(\widehat{Y}_j\right) \tag{5-24}$$

综合式（5-22）、式（5-23）、式（5-24），可得

$$H(\boldsymbol{Y})\leqslant H\left(\widehat{\boldsymbol{Y}}\right) \tag{5-25}$$

（2）两对输入序列、输出序列中相同位置上符号的条件熵相等，即

$$\begin{aligned}H\left(Y_i\mid X_i\right)&=-\sum_{k=1}^{r}\sum_{j=1}^{s}p\left(X_i=x_k\right)p\left(Y_i=y_j\mid X_i=x_k\right)\log p\left(Y_i=y_j\mid X_i=x_k\right)\\&=-\sum_{k=1}^{r}\sum_{j=1}^{s}p\left(\widehat{X}_i=x_k\right)p\left(\widehat{Y}_i=y_j\mid\widehat{X}_i=x_k\right)\log p\left(\widehat{Y}_i=y_j\mid\widehat{X}_i=x_k\right)\\&=H\left(\widehat{Y}_i\mid\widehat{X}_i\right)\end{aligned} \tag{5-26}$$

其中，$p\left(Y_i=y_j\mid X_i=x_k\right)$、$p\left(\widehat{Y}_i=y_j\mid\widehat{X}_i=x_k\right)$ 由信道的传输特性决定，两者相等。

综合式（5-19）、式（5-20）、式（5-25）和式（5-26），可得

$$\begin{aligned}I(\boldsymbol{X};\ \boldsymbol{Y})&=H(\boldsymbol{Y})-\sum_{i=1}^{N}H\left(Y_i\mid X_i\right)\\&\leqslant H\left(\widehat{\boldsymbol{Y}}\right)-\sum_{i=1}^{N}H\left(\widehat{Y}_i\mid\widehat{X}_i\right)=I\left(\widehat{\boldsymbol{X}};\ \widehat{\boldsymbol{Y}}\right)\end{aligned} \tag{5-27}$$

式（5-27）表明，有记忆序列 $\boldsymbol{X}$ 传送的平均互信息量，不大于无记忆序列 $\widehat{\boldsymbol{X}}$ 通过同一个无记忆信道所传输的平均互信息量。

定理得证。

定理 5.1 表明，要最大化离散无记忆信道的信息传输能力，输入信道的必须是无记忆序列。5.2.1 小节将基于定理 5.1，对离散无记忆信道的信道容量进行初步的分析。

5.1.3 离散有记忆信道的平均互信息量

若信道的输出不但与当前的输入有关，还与以前若干个输入有关，则称该信道为有记忆信道，例如存在反馈或多径效应的信道，如图 5.9 所示。

离散有记忆信道的平均互信息量

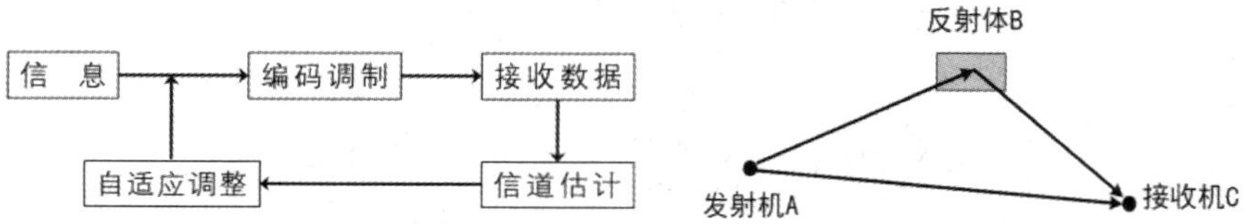

（a）反馈信道　　（b）多径效应信道

图 5.9　有记忆信道示例

5.1.2 小节介绍的定理 5.1 指出，要想最大化离散无记忆信道的信息传输能力，输入信道的必须是无记忆序列。此处进一步探讨一下无记忆序列在有记忆信道中的传输特性。

定理 5.2

若有记忆信道的输入和输出分别是长度为 N 的序列 $\boldsymbol{X}=(X_1, X_2, \cdots, X_N)$ 和 $\boldsymbol{Y}=(Y_1\ Y_2, \cdots, Y_N)$，且输入序列 $\boldsymbol{X}$ 是无记忆的，即

$$p(X_1X_2\cdots X_N)=\prod_{i=1}^{N}p(X_i) \tag{5-28}$$

则

$$I(\boldsymbol{X};\boldsymbol{Y})>\sum_{i=1}^{N}I(X_i;Y_i) \tag{5-29}$$

证明：

由于输入序列 $\boldsymbol{X}=(X_1, X_2, \cdots, X_N)$ 是无记忆的，因此

$$H(\boldsymbol{X})=\sum_{i=1}^{N}H(X_i) \tag{5-30}$$

则信道输入序列 $\boldsymbol{X}$ 与输出序列 $\boldsymbol{Y}$ 之间的平均互信息量可表示为

$$\begin{aligned}I(\boldsymbol{X};\boldsymbol{Y})&=H(\boldsymbol{X})-H(\boldsymbol{X}\mid\boldsymbol{Y})\\&=\sum_{i=1}^{N}H(X_i)-H(\boldsymbol{X}\mid\boldsymbol{Y})\\&=\sum_{i=1}^{N}H(X_i)-\sum_{\boldsymbol{X}}\sum_{\boldsymbol{Y}}p(\boldsymbol{XY})\log\frac{1}{p(\boldsymbol{X}\mid\boldsymbol{Y})}\end{aligned} \tag{5-31}$$

N 个输入、输出符号之间的平均互信息量之和为

$$\begin{aligned}\sum_{i=1}^{N} I(X_i;Y_i) &= \sum_{i=1}^{N}\left[H(X_i)-H(X_i|Y_i)\right] \\ &= \sum_{i=1}^{N} H(X_i)-\sum_{i=1}^{N} H(X_i|Y_i) \\ &= \sum_{i=1}^{N} H(X_i)-\sum_{i=1}^{N}\left[\sum_{X_i}\sum_{Y_i} p(X_iY_i)\log\frac{1}{p(X_i|Y_i)}\right] \\ &= \sum_{i=1}^{N} H(X_i)-\sum_{i=1}^{N}\left[\sum_{\boldsymbol{X}}\sum_{\boldsymbol{Y}} p(\boldsymbol{XY})\log\frac{1}{p(X_i|Y_i)}\right] \\ &= \sum_{i=1}^{N} H(X_i)-\sum_{\boldsymbol{X}}\sum_{\boldsymbol{Y}}\left\{p(\boldsymbol{XY})\left[\sum_{i=1}^{N}\log\frac{1}{p(X_i|Y_i)}\right]\right\} \\ &= \sum_{i=1}^{N} H(X_i)-\sum_{\boldsymbol{X}}\sum_{\boldsymbol{Y}}\left[p(\boldsymbol{XY})\log\frac{1}{\prod_{i=1}^{N} p(X_i|Y_i)}\right]\end{aligned} \tag{5-32}$$

式（5-32）和式（5-31）相减，可得

$$\begin{aligned}&\sum_{i=1}^{N} I(X_i;Y_i)-I(\boldsymbol{X};\boldsymbol{Y}) \\ &= H(\boldsymbol{X}|\boldsymbol{Y})-\sum_{i=1}^{N} H(X_i|Y_i) \\ &= \sum_{\boldsymbol{X}}\sum_{\boldsymbol{Y}} p(\boldsymbol{XY})\log\frac{\prod_{i=1}^{N} p(X_i|Y_i)}{p(\boldsymbol{X}|\boldsymbol{Y})}\end{aligned} \tag{5-33}$$

由于序列 $\boldsymbol{X}$ 通过的是有记忆信道，因此

$$p(\boldsymbol{X}|\boldsymbol{Y}) \neq \prod_{i=1}^{N} p(X_i|Y_i) \tag{5-34}$$

结合对数函数线性化方法（参见附录 B），可得

$$\log\frac{\prod_{i=1}^{N} p(X_i|Y_i)}{p(\boldsymbol{X}|\boldsymbol{Y})} < \left[\frac{\prod_{i=1}^{N} p(X_i|Y_i)}{p(\boldsymbol{X}|\boldsymbol{Y})}-1\right]\cdot\log \mathrm{e} \tag{5-35}$$

将式（5-35）代入式（5-33），可得

$$\begin{aligned}&\sum_{i=1}^{N} I(X_i;Y_i)-I(\boldsymbol{X};\boldsymbol{Y}) \\ &< \sum_{\boldsymbol{X}}\sum_{\boldsymbol{Y}} p(\boldsymbol{XY})\cdot\left[\frac{\prod_{i=1}^{N} p(X_i|Y_i)}{p(\boldsymbol{X}|\boldsymbol{Y})}-1\right]\cdot\log \mathrm{e} \\ &= \left[\sum_{\boldsymbol{X}}\sum_{\boldsymbol{Y}} p(\boldsymbol{Y})\prod_{i=1}^{N} p(X_i|Y_i)-\sum_{\boldsymbol{X}}\sum_{\boldsymbol{Y}} p(\boldsymbol{XY})\right]\cdot\log \mathrm{e}\end{aligned}$$

$$
=\left[\sum_{\boldsymbol{Y}} p(\boldsymbol{Y}) \sum_{X_1} p\left(X_1 \mid Y_1\right) \sum_{X_2} p\left(X_2 \mid Y_2\right) \cdots \sum_{X_N} p\left(X_N \mid Y_N\right)-1\right] \cdot \log \mathrm{e} \tag{5-36}
$$

$$
=0
$$

证明完毕。

定理 5.2 表明，对于离散有记忆信道，长度为 N 的无记忆序列所传送的平均互信息量比 N 个符号所传送的平均互信息量之和更大。这主要是因为有记忆信道使得输出符号与若干个输入符号有关，强化了输入和输出序列之间的耦合性，减少了信息在信道中的损失，提高了传输的平均互信息量。

5.2.1 小节将基于定理 5.2 初步探讨有记忆信道的信道容量，并将其与离散无记忆信道的信道容量进行对比。

5.2 信道容量

5.2.1 基本概念

为了描述信道传输信息的能力，香农在《通信的数学理论》中定义了信道容量的概念（见图 5.10）。时至今日，信道容量通常用序列中平均每个符号能够传送的最大信息量

$$
\frac{\max\left[I\left(X_1X_2\cdots X_N;\ Y_1Y_2\cdots Y_N\right)\right]}{N} \tag{5-37}
$$

或者单位时间内可以传输的最大信息量

$$
\frac{\max\left[I\left(X_1X_2\cdots X_N;\ Y_1Y_2\cdots Y_N\right)\right]}{T_N} \tag{5-38}
$$

来表示。其中，T_N 代表传输 N 个符号所需的时间。

下面分别针对离散无记忆信道和离散有记忆信道的信道容量进行讨论。

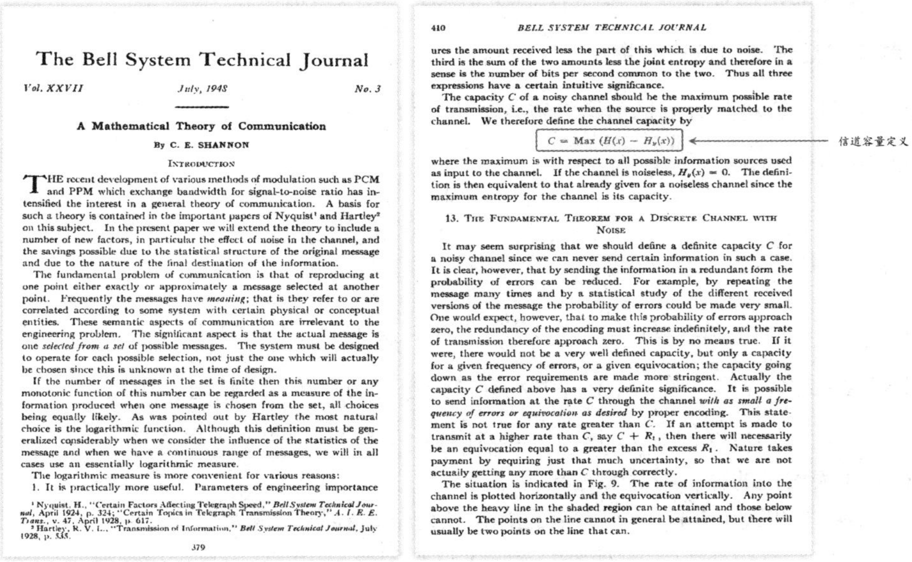

The Bell System Technical Journal

Vol. XXVII　　*July, 1948*　　*No. 3*

A Mathematical Theory of Communication

By C. E. SHANNON

INTRODUCTION

THE recent development of various methods of modulation such as PCM and PPM which exchange bandwidth for signal-to-noise ratio has intensified the interest in a general theory of communication. A basis for such a theory is contained in the important papers of Nyquist[1] and Hartley[2] on this subject. In the present paper we will extend the theory to include a number of new factors, in particular the effect of noise in the channel, and the savings possible due to the statistical structure of the original message and due to the nature of the final destination of the information.

The fundamental problem of communication is that of reproducing at one point either exactly or approximately a message selected at another point. Frequently the messages have *meaning*; that is they refer to or are correlated according to some system with certain physical or conceptual entities. These semantic aspects of communication are irrelevant to the engineering problem. The significant aspect is that the actual message is one *selected from a set* of possible messages. The system must be designed to operate for each possible selection, not just the one which will actually be chosen since this is unknown at the time of design.

If the number of messages in the set is finite then this number or any monotonic function of this number can be regarded as a measure of the information produced when one message is chosen from the set, all choices being equally likely. As was pointed out by Hartley the most natural choice is the logarithmic function. Although this definition must be generalized considerably when we consider the influence of the statistics of the message and when we have a continuous range of messages, we will in all cases use an essentially logarithmic measure.

The logarithmic measure is more convenient for various reasons:

1. It is practically more useful. Parameters of engineering importance

[1] Nyquist, H., "Certain Factors Affecting Telegraph Speed," *Bell System Technical Journal*, April 1924, p. 324; "Certain Topics in Telegraph Transmission Theory," *A. I. E. E. Trans.*, v. 47, April 1928, p. 617.

[2] Hartley, R. V. L., "Transmission of Information," *Bell System Technical Journal*, July 1928, p. 535.

379

410　*BELL SYSTEM TECHNICAL JOURNAL*

ures the amount received less the part of this which is due to noise. The third is the sum of the two amounts less the joint entropy and therefore in a sense is the number of bits per second common to the two. Thus all three expressions have a certain intuitive significance.

The capacity C of a noisy channel should be the maximum possible rate of transmission, i.e., the rate when the source is properly matched to the channel. We therefore define the channel capacity by

$$
C = \mathrm{Max}\,(H(x) - H_y(x))
$$

where the maximum is with respect to all possible information sources used as input to the channel. If the channel is noiseless, $H_y(x) = 0$. The definition is then equivalent to that already given for a noiseless channel since the maximum entropy for the channel is its capacity.

13. THE FUNDAMENTAL THEOREM FOR A DISCRETE CHANNEL WITH NOISE

It may seem surprising that we should define a definite capacity C for a noisy channel since we can never send certain information in such a case. It is clear, however, that by sending the information in a redundant form the probability of errors can be reduced. For example, by repeating the message many times and by a statistical study of the different received versions of the message the probability of errors could be made very small. One would expect, however, that to make this probability of errors approach zero, the redundancy of the encoding must increase indefinitely, and the rate of transmission therefore approach zero. This is by no means true. If it were, there would not be a very well defined capacity, but only a capacity for a given frequency of errors, or a given equivocation; the capacity going down as the error requirements are made more stringent. Actually the capacity C defined above has a very definite significance. It is possible to send information at the rate C through the channel *with as small a frequency of errors or equivocation as desired* by proper encoding. This statement is not true for any rate greater than C. If an attempt is made to transmit at a higher rate than C, say $C + R_1$, then there will necessarily be an equivocation equal to a greater than the excess R_1. Nature takes payment by requiring just that much uncertainty, so that we are not actually getting any more than C through correctly.

The situation is indicated in Fig. 9. The rate of information into the channel is plotted horizontally and the equivocation vertically. Any point above the heavy line in the shaded region can be attained and those below cannot. The points on the line cannot in general be attained, but there will usually be two points on the line that can.

图 5.10　香农定义的“信道容量”

1．离散无记忆信道的信道容量

5.1.2 小节介绍的定理 5.1 表明，要最大化离散无记忆信道的信息传输能力，输入信道的必须是无记忆序列。

若离散无记忆信道的输入为无记忆序列 $\boldsymbol{X}=(X_1,X_2,\cdots,X_i,\cdots,X_N)$，输出为序列 $\boldsymbol{Y}=(Y_1,Y_2,\cdots,Y_i,\cdots,Y_N)$，则依据引理 5.1，序列 $\boldsymbol{X}$ 和 $\boldsymbol{Y}$ 之间的平均互信息量可以表示为

$$I(\boldsymbol{X};\boldsymbol{Y})=H(\boldsymbol{Y})-\sum_{i=1}^{N}H(Y_i\mid X_i) \tag{5-39}$$

并且，无记忆序列 $\boldsymbol{X}$ 通过无记忆信道产生的输出序列 $\boldsymbol{Y}$ 必然是无记忆的，因此，有

$$H(\boldsymbol{Y})=\sum_{i=1}^{N}H(Y_i) \tag{5-40}$$

综合式（5-39）和式（5-40），无记忆序列 $\boldsymbol{X}$ 和 $\boldsymbol{Y}$ 之间的平均互信息量等于序列中各个符号的平均互信息量之和，即

$$I(X_1\cdots X_N;\ Y_1\cdots Y_N)=\sum_{i=1}^{N}I(X_i;\ Y_i) \tag{5-41}$$

则

$$\max\left[I(X_1\cdots X_N;\ Y_1\cdots Y_N)\right]=\sum_{i=1}^{N}\max\left[I(X_i;\ Y_i)\right] \tag{5-42}$$

由平均互信息量的上凸性（见 2.7.1 小节）可知，对于某一个离散信道，平均互信息量的最大值是唯一的。由于无记忆序列 $\boldsymbol{X}=(X_1,X_2,\cdots,X_i,\cdots,X_N)$ 中所有符号通过的是同一个信道，所以

$$\max\left[I(X_1;\ Y_1)\right]=\cdots=\max\left[I(X_N;\ Y_N)\right]=\max\left[I(X;\ Y)\right] \tag{5-43}$$

其中，X、Y 分别代表该信道的输入和输出符号。

结合式（5-37）、式（5-42）和式（5-43），离散无记忆信道的信道容量满足

$$C=\max\left[\frac{I(X_1\cdots X_N;\ Y_1\cdots Y_N)}{N}\right]=\max\left[I(X;\ Y)\right] \tag{5-44}$$

即离散无记忆信道的信道容量等于符号的平均互信息量的最大值。

2．离散有记忆信道的信道容量

定理 5.2 表明，若离散有记忆信道的输入为无记忆序列 $\boldsymbol{X}=(X_1,X_2,\cdots,X_i,\cdots,X_N)$，输出为序列 $\boldsymbol{Y}=(Y_1,Y_2,\cdots,Y_i,\cdots,Y_N)$，则

$$I(\boldsymbol{X};\ \boldsymbol{Y})>\sum_{i=1}^{N}I(X_i;\ Y_i) \tag{5-45}$$

因此，有

$$\max\left[I(X_1\cdots X_N;\ Y_1\cdots Y_N)\right]>\sum_{i=1}^{N}\max\left[I(X_i;\ Y_i)\right] \tag{5-46}$$

由于序列 $\boldsymbol{X}=(X_1,X_2,\cdots,X_i,\cdots,X_N)$ 中所有符号通过的是同一个信道，所以

$$\max\left[I(X_1;\ Y_1)\right]=\cdots=\max\left[I(X_N;\ Y_N)\right]=\max\left[I(X;\ Y)\right] \tag{5-47}$$

其中，X 和 Y 代表信道的输入符号和输出符号。

结合式（5-46）和式（5-47），离散有记忆信道的信道容量 C 满足

$$C=\max\left\{\frac{I(X_1\cdots X_N;\ Y_1\cdots Y_N)}{N}\right\}>\max\left[I(X;\ Y)\right] \tag{5-48}$$

也就是说，离散有记忆信道的信道容量大于符号之间的平均互信息量的最大值。与式（5-44）相比，“有记忆”增加了信道容量。

相较于无记忆信道，有记忆信道的分析比较复杂。为了聚焦核心概念和关键方法，回避烦琐的计算，本章接下来的讨论将仅与离散无记忆信道相关。

5.2.2　通用确定方法

本小节将介绍两种通用的信道容量确定方法：驻点法和迭代法。

1．驻点法

在 2.7.1 小节中曾经证明：平均互信息量是信源概率分布的上凸函数。对于任意上凸函数，若定义域内存在驻点，则该上凸函数的最大值位于驻点；否则，其最大值位于定义域的边界。依据这一性质，可以采用驻点法来求解信道容量。

例 5.3：驻点法求解信道容量（定义域内存在驻点）

假设离散无记忆信道的传输特性如图 5.11 所示。

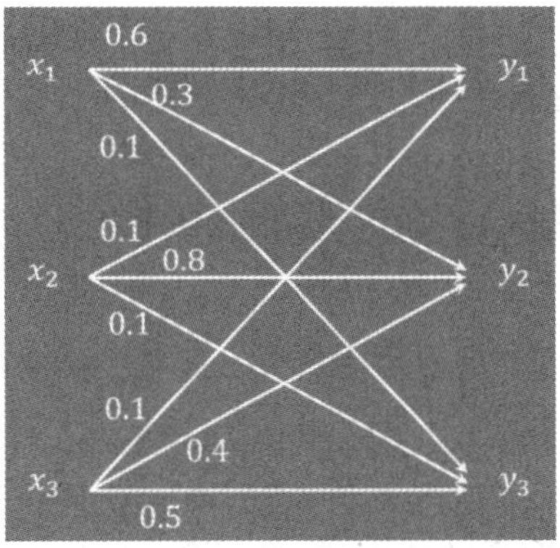

图 5.11　离散无记忆信道的传输特性

根据信道的输入、输出关系可以构建信道矩阵

$$\boldsymbol{P}=\begin{bmatrix}0.6 & 0.3 & 0.1\\0.1 & 0.8 & 0.1\\0.1 & 0.4 & 0.5\end{bmatrix} \tag{5-49}$$

进而得到平均互信息量函数 $I(X;Y)$

$$I(X;Y)=\sum_{i=1}^{3}\sum_{j=1}^{3}p(x_i)\cdot p(y_j\mid x_i)\cdot\log\frac{p(y_j\mid x_i)}{\sum_{k=1}^{3}\left[p(x_k)\cdot p(y_j\mid x_k)\right]} \tag{5-50}$$

令平均互信息量函数对输入概率 $p(x_1)$、$p(x_2)$ 的偏导为 0，即

$$\begin{cases}\dfrac{\partial I(X;\ Y)}{\partial p(x_1)}=0\\[2ex]\dfrac{\partial I(X;\ Y)}{\partial p(x_2)}=0\end{cases} \tag{5-51}$$

结合概率的规范性，解得函数$I(X;\ Y)$的驻点

$$\begin{cases} p(x_1)=0.378 \\ p(x_2)=0.306 \\ p(x_3)=1-p(x_1)-p(x_2)=0.316 \end{cases} \tag{5-52}$$

显然，驻点符合概率的非负性和规范性，位于函数$I(X;\ Y)$的定义域内。因此，函数$I(X;\ Y)$的最大值为

$$C=I(X;\ Y)\Big|_{p(x_1)=0.378,\ p(x_2)=0.306,\ p(x_3)=0.316}=0.3074\text{bit/symbol} \tag{5-53}$$

这也是该信道的信道容量。

例 5.4：驻点法求解信道容量（定义域内不存在驻点）

假设离散无记忆信道的信道矩阵为

$$\boldsymbol{P}=\begin{bmatrix} 0.1 & 0.5 & 0.4 \\ 0.8 & 0.1 & 0.1 \\ 0.5 & 0.1 & 0.4 \end{bmatrix} \tag{5-54}$$

与例 5.3 同理，构造该信道的平均互信息量函数$I(X;\ Y)$

$$I(X;Y)=\sum_{i=1}^{3}\sum_{j=1}^{3}p(x_i)\cdot p(y_j\mid x_i)\cdot\log\frac{p(y_j\mid x_i)}{\sum_{k=1}^{3}\left[p(x_k)\cdot p(y_j\mid x_k)\right]} \tag{5-55}$$

令平均互信息量函数对输入概率$p(x_1)$、$p(x_2)$的偏导为 0，即

$$\begin{cases} \dfrac{\partial I(X;\ Y)}{\partial p(x_1)}=0 \\ \dfrac{\partial I(X;\ Y)}{\partial p(x_2)}=0 \end{cases} \tag{5-56}$$

结合概率的规范性，解得函数$I(X;\ Y)$的驻点

$$\begin{cases} p(x_1)=0.81 \\ p(x_2)=0.82 \\ p(x_3)=1-p(x_1)-p(x_2)=-0.63 \end{cases} \tag{5-57}$$

显然，该驻点并不在函数$I(X;\ Y)$的定义域内。对于该信道，平均互信息量函数的最大值应位于定义域的边界上。

基于概率的非负性和规范性

$$\begin{gathered} 0\leqslant p(x_1),\ p(x_2)\leqslant 1 \\ 0\leqslant p(x_3)=1-p(x_1)-p(x_2)\leqslant 1 \end{gathered} \tag{5-58}$$

可以确定该平均互信息量函数的定义域为图 5.12 中的黄色三角形区域。沿着定义域的边界进行搜索，可得平均互信息量在定义域内的最大值（即信道容量）为 0.3983bit/symbol。信道容量成立的条件为

$$\begin{cases} p(x_1)=0.52 \\ p(x_2)=0.48 \\ p(x_3)=0.00 \end{cases} \tag{5-59}$$

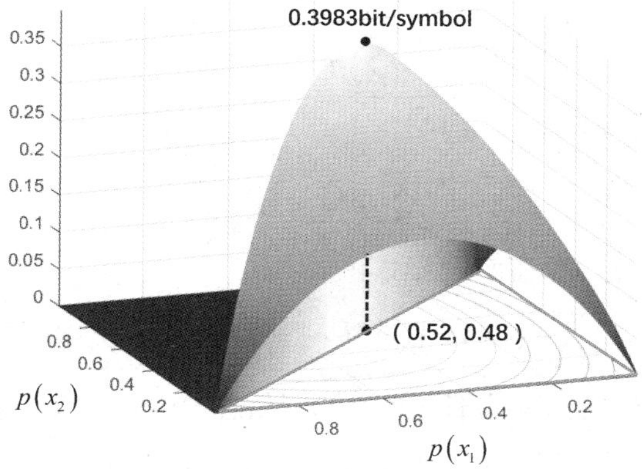

彩图示意

图 5.12 可视化平均互信息量函数

采用驻点法求解信道容量，需要构造由偏导表达式组成的方程组。当偏导表达式过于复杂时，求解变得困难，驻点法就力有不逮了。此时，可以考虑采用迭代法。

2．迭代法

假设离散无记忆信道的输入符号为 X 、输出符号为 Y ， X 、Y 分别定义于集合 $\{x_1, x_2, \cdots, x_r\}$ 和集合 $\{y_1, y_2, \cdots, y_s\}$ 之上。迭代法的核心思想是：将平均互信息量表示为信道输入分布 $p(x_i)$ 和后验概率 $p(x_i \mid y_j)$ 的函数，即

$$\begin{aligned} I(X;Y) &= H(X) - H(X \mid Y) \\ &= -\sum_{i=1}^{r} p(x_i)\log p(x_i) + \sum_{i=1}^{r}\sum_{j=1}^{s} p(x_i)\, p(y_j \mid x_i)\log p(x_i \mid y_j) \end{aligned} \tag{5-60}$$

之所以这样考虑问题，是因为 $I(X;Y)$ 对 $p(x_i)$ 和 $p(x_i \mid y_j)$ 的偏导容易得到，这样求解比较便利。不过，需要注意的是， $p(x_i)$ 和 $p(x_i \mid y_j)$ 这两个自变量并不独立。后验概率 $p(x_i \mid y_j)$ 是由信道输入分布 $p(x_i)$ 和信道传输概率 $p(y_j \mid x_i)$ 共同决定的。这种内在的耦合保证了迭代法的收敛性，使得迭代求解信道容量成为可能。

具体迭代步骤如下。

（1）初始化信道的输入分布 $\boldsymbol{P}^{(0)} = \left[p^{(0)}(x_1), \cdots, p^{(0)}(x_r)\right]$，设定信道容量迭代计算的收敛门限 δ $(\delta > 0)$，置迭代计数器 $k = 0$ 。

（2）置计数器 $k = k + 1$ 。

（3）以后验概率作为约束条件

$$\sum_{m=1}^{r} p(x_m \mid y_n) = 1,\ \forall n \tag{5-61}$$

构造拉格朗日函数，将第 $k-1$ 次信道输入分布代入

$$F = I\left[p^{(k-1)}(x_i), p(x_i \mid y_j)\right] - \sum_{n=1}^{s}\lambda_n \sum_{m=1}^{r} p(x_m \mid y_n) \tag{5-62}$$

并对后验概率求偏导，可求得在当前条件下使平均互信息量最大的后验概率

$$p^{(k)}\left(x_i \mid y_j\right)=\frac{p^{(k-1)}\left(x_i\right)p\left(y_j \mid x_i\right)}{\sum_{m=1}^{r}p^{(k-1)}\left(x_m\right)p\left(y_j \mid x_m\right)} \tag{5-63}$$

（4）以信道输入分布为约束条件，即

$$\sum_{m=1}^{r}p\left(x_m\right)=1 \tag{5-64}$$

构造拉格朗日函数，将第 k 次后验概率代入

$$F=I\left[p\left(x_i\right),p^{(k)}\left(x_i \mid y_j\right)\right]-\lambda\sum_{m=1}^{r}p\left(x_m\right) \tag{5-65}$$

并对输入分布求偏导，可求得在当前条件下使平均互信息量最大的信道输入分布

$$p^{(k)}\left(x_i\right)=\frac{\exp\left[\sum_{j=1}^{s}p\left(y_j \mid x_i\right)\ln p^{(k)}\left(x_i \mid y_j\right)\right]}{\sum_{m=1}^{r}\exp\left[\sum_{n=1}^{s}p\left(y_n \mid x_m\right)\ln p^{(k)}\left(x_m \mid y_n\right)\right]} \tag{5-66}$$

（5）计算第 k 次迭代的平均互信息量

$$I^{(k)}=\ln\left\{\sum_{i=1}^{r}\exp\left[\sum_{j=1}^{s}p\left(y_j \mid x_i\right)\ln p^{(k)}\left(x_i \mid y_j\right)\right]\right\} \tag{5-67}$$

（6）若

$$\frac{\left|I^{(k)}-I^{(k-1)}\right|}{I^{(k)}}\leqslant\delta \tag{5-68}$$

则迭代结束；否则，重复步骤（2）～步骤（5）。

迭代法详细的数学推导过程可以参考李梅老师编著的《信息论基础教程（第 3 版）》的 4.2.7 小节。上述迭代过程可以用“爬山”来形象地予以解释。如图 5.13 所示，爬山时最好能找到一条距离最短或时间最短的路径，一举登顶。但是，目前看不到整座山的顶峰在哪里，只能由某个位置开始，先沿一个方向，登上该方向的局部顶峰；然后，以该局部顶峰作为起点，再选择一个新的方向，登上一个新的局部顶峰；如此循环往复，最终登顶。

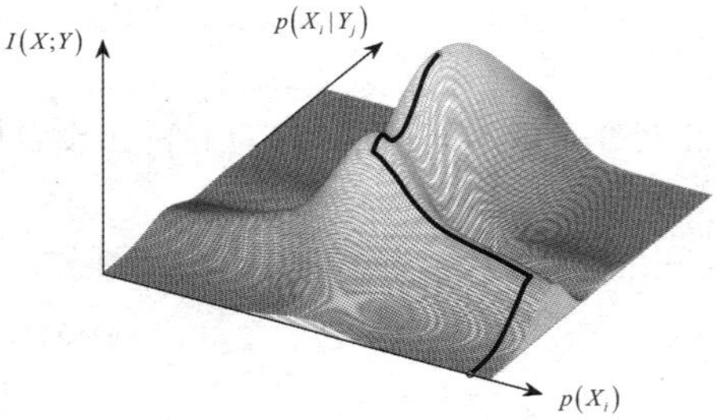

动画示意

图 5.13　迭代法示意

5.3 准对称无记忆信道

准对称无记忆信道

准对称无记忆信道是一种常见且重要的离散无记忆信道，其信道矩阵具有独特的结构特征，这种特征使信道容量求解得以简化。本节将介绍离散准对称无记忆信道的概念，探讨其平均互信息量

与信道容量的确定方法。

5.3.1　基本概念

如图 5.14 所示，将离散无记忆信道的信道矩阵按列拆分成若干个子阵，若子阵为列向量，且每行元素相同；或子阵为矩阵，每行都是彼此的不同排列，且每列元素之和都相等，则该信道被称为离散准对称无记忆信道。

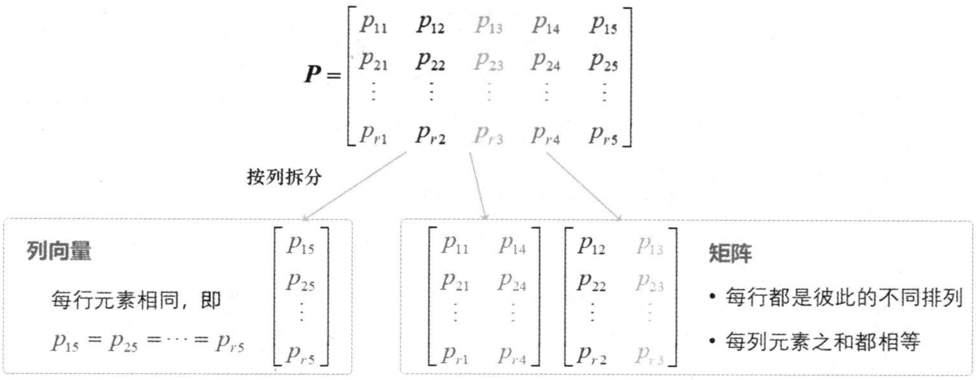

图 5.14　准对称无记忆信道示意

例 5.5：准对称无记忆信道

某个离散无记忆信道的信道矩阵为

$$\boldsymbol{P}=\begin{bmatrix}\frac{1}{6} & \frac{5}{36} & \frac{5}{12} & \frac{5}{18}\\ \frac{1}{6} & \frac{5}{12} & \frac{5}{36} & \frac{5}{18}\end{bmatrix} \tag{5-69}$$

如图 5.15 所示，可以将该信道矩阵按列拆分为两个子阵，分别是列向量 $\boldsymbol{P}_1$

$$\boldsymbol{P}_1=\begin{bmatrix}\frac{1}{6}\\ \frac{1}{6}\end{bmatrix} \tag{5-70}$$

和矩阵 $\boldsymbol{P}_2$

$$\boldsymbol{P}_2=\begin{bmatrix}\frac{5}{36} & \frac{5}{12} & \frac{5}{18}\\ \frac{5}{12} & \frac{5}{36} & \frac{5}{18}\end{bmatrix} \tag{5-71}$$

列向量 $\boldsymbol{P}_1$ 中，每一行元素都为 $\frac{1}{6}$；矩阵 $\boldsymbol{P}_2$ 中，每行元素均是 $\frac{5}{36}$、$\frac{5}{12}$、$\frac{5}{18}$，每列元素之和均为 $\frac{5}{9}$，且每行元素的排列顺序不同。根据定义，矩阵 $\boldsymbol{P}$ 代表的就是一个准对称无记忆信道。

在准对称无记忆信道的基础上，可以进一步定义弱对称信道和对称信道。

（1）若一个信道矩阵的各行是彼此的不同排列且每列元素之和都相等，该信道被称为弱对称信道。

（2）如果弱对称信道的每列元素都相同，至多是排列顺序不同，则该信道被称为对称信道。

由定义可知，弱对称信道和对称信道都是准对称无记忆信道的特例，三者的关系如图 5.16 所示。本节后续的讨论将以准对称无记忆信道作为研究对象。相关的结论可以推广至弱对称信道和对称信道。

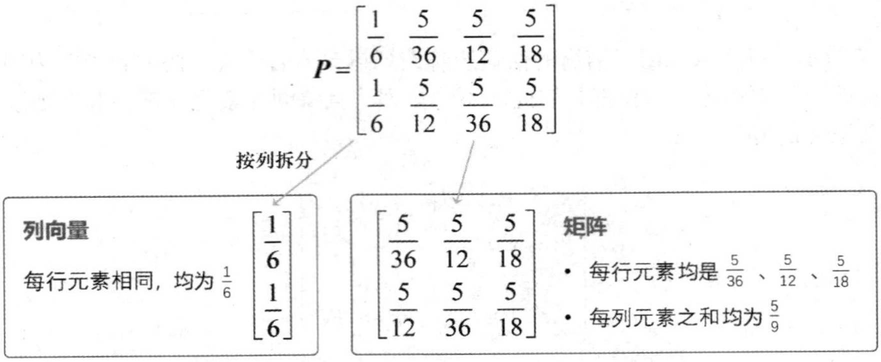

图 5.15　准对称无记忆信道判别过程

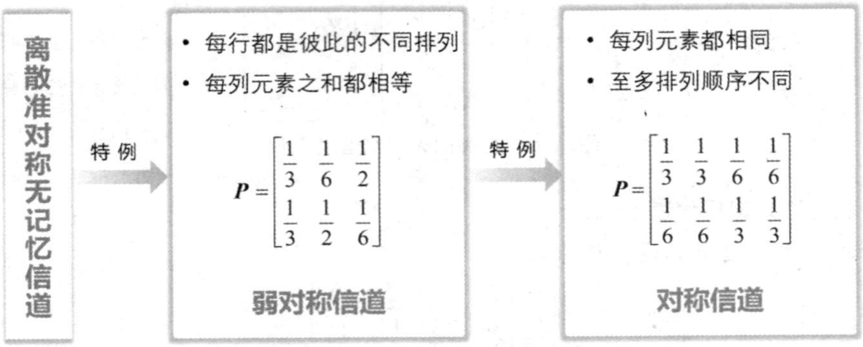

图 5.16　准对称无记忆信道、弱对称信道和对称信道的关系

5.3.2 平均互信息量

为了研究离散准对称无记忆信道的信道容量，首先要明确其平均互信息量。

假设一个准对称无记忆信道的输入符号为 X、输出符号为 Y、信道矩阵为 $\boldsymbol{Q}$。其中，随机变量 X、Y 分别定义于集合 $\mathcal{X}=\{x_1, x_2, \cdots, x_n\}$ 和集合 $\mathcal{Y}=\{y_{1_1}, \cdots, y_{1_r}, \cdots, y_{i_1}, \cdots, y_{i_s}, y_{m_1}, \cdots, y_{m_j}\}$ 之上。将该准对称无记忆信道的信道矩阵 $\boldsymbol{Q}$ 按列拆分为若干个具有弱对称特性的子阵 $\boldsymbol{Q}_1$，…，$\boldsymbol{Q}_i$，…，$\boldsymbol{Q}_m$。每个子阵的各行元素都相同，只是彼此排列顺序不同，且每列元素之和都相等（若子阵为列向量，则每行元素相同）。

由于信道矩阵的列对应着信道输出集合中的元素，因此，按列拆分得到的子阵对应着信道输出符号集合 $\mathcal{Y}$ 的子集。假设子阵 $\boldsymbol{Q}_1$，…，$\boldsymbol{Q}_i$，…，$\boldsymbol{Q}_m$ 分别对应子集 $\mathcal{Y}_1=\{y_{1_1}, \cdots, y_{1_r}\}$，…，$\mathcal{Y}_i=\{y_{i_1}, \cdots, y_{i_s}\}$，…，$\mathcal{Y}_m=\{y_{m_1}, \cdots, y_{m_j}\}$，如图 5.17 所示。子集 $\mathcal{Y}_1,\cdots,\mathcal{Y}_i,\cdots,\mathcal{Y}_m$ 互不相交且并集为 $\mathcal{Y}$。在集合 $\mathcal{Y}_1$，…，$\mathcal{Y}_i$，…，$\mathcal{Y}_m$ 之上分别定义随机变量 Y_1，…，Y_i，…，Y_m。

与子阵拆分相对应，平均互信息量也可以表示为若干项之和，即

$$
\begin{aligned}
I(X;Y)\big|_Q &= \sum_{x_l\in\mathcal{X}}\sum_{y_j\in\mathcal{Y}} p(x_l y_j)\cdot I(x_l;y_j) \\
&= \sum_{x_l\in\mathcal{X}}\sum_{y_j\in\mathcal{Y}_1} p(x_l y_j)\cdot I(x_l;y_j)+\cdots+\sum_{x_l\in\mathcal{X}}\sum_{y_j\in\mathcal{Y}_i} p(x_l y_j)\cdot I(x_l;y_j)+ \\
&\quad \cdots+\sum_{x_l\in\mathcal{X}}\sum_{y_j\in\mathcal{Y}_m} p(x_l y_j)\cdot I(x_l;y_j)
\end{aligned}
\tag{5-72}
$$

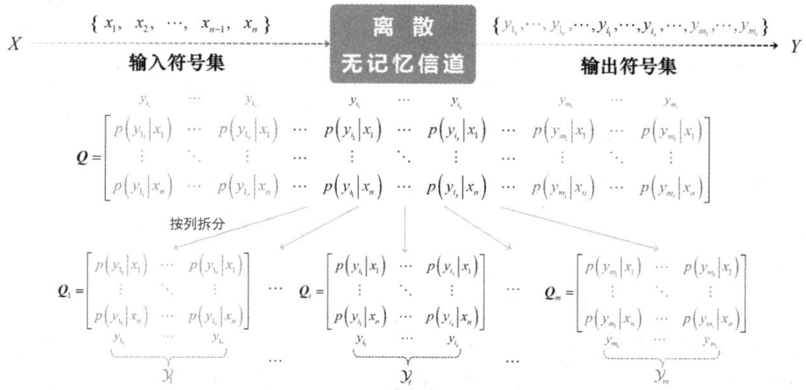

图 5.17　信道矩阵拆分示意

对于拆分得到的任意一个子阵，其各行元素都相同，自然每行元素之和也是相等的。令第 i 个子阵 $\boldsymbol{Q}_i$ 中任意一行的元素之和为 a_i，即

$$a_i=\sum_{y\in\mathcal{Y}_i} p(y_j\mid x_l) \tag{5-73}$$

如图 5.18 所示，对子阵 $\boldsymbol{Q}_i$ 进行归一化，将 $\boldsymbol{Q}_i$ 表示为

$$\boldsymbol{Q}_i=a_i\cdot\widehat{\boldsymbol{Q}}_i \tag{5-74}$$

其中，$\widehat{\boldsymbol{Q}}_i$ 不但具有 $\boldsymbol{Q}_i$ 的弱对称特性，而且每行之和为 1，即

$$\sum_{y\in\mathcal{Y}_i}\widehat{p}(y_j\mid x_l)=1 \tag{5-75}$$

$\widehat{p}(y_j\mid x_l)$ 代表子阵 $\widehat{\boldsymbol{Q}}_i$ 中的元素，且 $p(y_j\mid x_l)=a\cdot\widehat{p}(y_j\mid x_l)$。式（5-75）表明，$\widehat{\boldsymbol{Q}}_i$ 的每行均符合概率的规范性要求。因此，$\widehat{\boldsymbol{Q}}_i$ 可以被视作某个弱对称信道的信道矩阵。

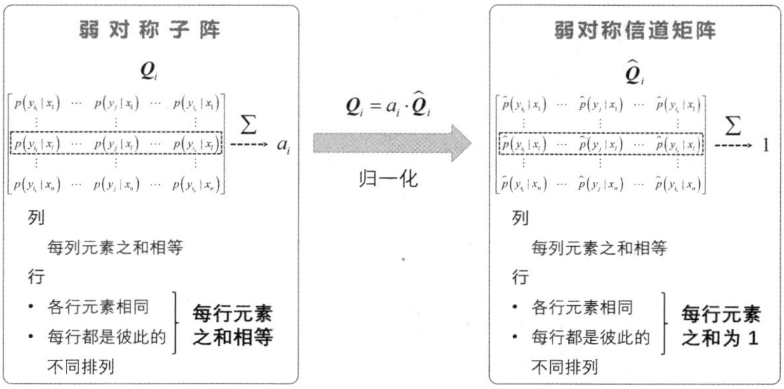

图 5.18　子阵归一化示意

将$\boldsymbol{Q}_i$归一化为$\widehat{\boldsymbol{Q}}_i$的结果应用于式（5-72）中的第$i$项，可得

$$\begin{aligned}
&\sum_{x_l\in\mathcal{X}}\sum_{y_j\in\mathcal{Y}_i} p\left(x_l y_j\right)\cdot I\left(x_l;\ y_j\right)\\
&=\sum_{x_l\in\mathcal{X}}\sum_{y_j\in\mathcal{Y}_i} p\left(x_l\right)\cdot p\left(y_j\mid x_l\right)\cdot\left[\log\frac{p\left(y_j\mid x_l\right)}{\sum_{x_l\in\mathcal{X}}\left[p\left(x_l\right)\cdot p\left(y_j\mid x_l\right)\right]}\right]\\
&=\sum_{x_l\in\mathcal{X}}\sum_{y_j\in\mathcal{Y}_i} p\left(x_l\right)\cdot a_i\cdot\hat{p}\left(y_j\mid x_l\right)\cdot\left[\log\frac{a_i\cdot\hat{p}\left(y_j\mid x_l\right)}{\sum_{x_l\in\mathcal{X}}\left[p\left(x_l\right)\cdot a_i\cdot\hat{p}\left(y_j\mid x_l\right)\right]}\right]\\
&=a_i\cdot\sum_{x_l\in\mathcal{X}}\sum_{y_j\in\mathcal{Y}_i} p\left(x_l\right)\cdot\hat{p}\left(y_j\mid x_l\right)\cdot\left[\log\frac{\hat{p}\left(y_j\mid x_l\right)}{\sum_{x_l\in\mathcal{X}}\left[p\left(x_l\right)\cdot\hat{p}\left(y_j\mid x_l\right)\right]}\right]\\
&=a_i\cdot I\left(X;Y_i\right)\big|_{\widehat{\boldsymbol{Q}}_i}
\end{aligned}\tag{5-76}$$

其中，$I\left(X;\ Y_i\right)$代表了信道原本的输入集合X通过$\widehat{\boldsymbol{Q}}_i$代表的弱对称信道所传输的平均互信息量。结合式（5-76）可以看出，式（5-72）中的第i项等于$I\left(X;\ Y_i\right)$乘加权系数a_i。那么，式（5-72）可以转化为

$$I\left(X;\ Y\right)\big|_{\boldsymbol{Q}}=a_1\cdot I\left(X;\ Y_1\right)\big|_{\widehat{\boldsymbol{Q}}_1}+\cdots+a_i\cdot I\left(X;\ Y_i\right)\big|_{\widehat{\boldsymbol{Q}}_i}+\cdots+a_m\cdot I\left(X;\ Y_m\right)\big|_{\widehat{\boldsymbol{Q}}_m}\tag{5-77}$$

式（5-77）表明，准对称无记忆信道的平均互信息量可以表达为多个弱对称信道的平均互信息量的加权和。

5.3.3 信道容量

由式（5-77）可知，为了使信道矩阵$\boldsymbol{Q}$对应的平均互信息量$I\left(X;\ Y\right)\big|_{\boldsymbol{Q}}$达到最大，必须最大化每个子阵对应的平均互信息量。下面以第i个子阵为例进行分析。

第i个子阵$\widehat{\boldsymbol{Q}}_i$对应的平均互信息量$I\left(X;Y_i\right)\big|_{\widehat{\boldsymbol{Q}}_i}$可以表示为

$$I\left(X;Y_i\right)\big|_{\widehat{\boldsymbol{Q}}_i}=H\left(Y_i\right)-H\left(Y_i\mid X\right)\tag{5-78}$$

其中，条件熵$H\left(Y_i\mid X\right)$为

$$H\left(Y_i\mid X\right)=-\sum_{x_i\in\mathcal{X}} p\left(x_i\right)\sum_{y_j\in\mathcal{Y}_i}\hat{p}\left(y_j\mid x_i\right)\log\hat{p}\left(y_j\mid x_i\right)\tag{5-79}$$

$-\sum_{y_j\in\mathcal{Y}_i}\hat{p}\left(y_j\mid x_i\right)\log\hat{p}\left(y_j\mid x_i\right)$代表了信道矩阵$\widehat{\boldsymbol{Q}}_i$中某一行的熵。由于$\widehat{\boldsymbol{Q}}_i$中每行元素都相同，因此，$-\sum_{y_j\in\mathcal{Y}_i}\hat{p}\left(y_j\mid x_i\right)\log\hat{p}\left(y_j\mid x_i\right)$与$x_i$无关，等于$\widehat{\boldsymbol{Q}}_i$中任意一行的熵，即

$$-\sum_{y_j\in\mathcal{Y}_i}\hat{p}\left(y_j\mid x_i\right)\log\hat{p}\left(y_j\mid x_i\right)=H\left(\hat{p}_{ki_1},\ \hat{p}_{ki_2},\ \cdots,\ \hat{p}_{ki_s}\right)\tag{5-80}$$

其中，$\hat{p}_{ki_1}$，$\hat{p}_{ki_2}$，$\cdots$，$\hat{p}_{ki_s}$代表子阵$\widehat{\boldsymbol{Q}}_i$中第$k$行的元素。

进一步，结合概率的规范性$\sum_{x_i\in\mathcal{X}} p\left(x_i\right)=1$，可得

$$\begin{aligned} H(Y_i \mid X) &= \sum_{x_i \in \mathcal{X}} p(x_i) H\left(\hat{p}_{ki_1},\ \hat{p}_{ki_2},\ \cdots,\ \hat{p}_{ki_s}\right) \\ &= H\left(\hat{p}_{ki_1},\ \hat{p}_{ki_2},\ \cdots,\ \hat{p}_{ki_s}\right) \end{aligned} \tag{5-81}$$

代入式（5-78），得

$$I(X;\ Y_i)|_{\hat{Q}_i} = H(Y_i) - H\left(\hat{p}_{ki_1},\ \hat{p}_{ki_2},\ \cdots,\ \hat{p}_{ki_s}\right) \tag{5-82}$$

可以看出，要最大化子阵 $\hat{\boldsymbol{Q}}_i$ 对应的平均互信息量，归根结底就是要最大化子阵 $\hat{\boldsymbol{Q}}_i$ 对应的输出集合熵 $H(Y_i)$。

由 2.5.1 小节介绍的内容可知，等概率集合的熵最大。那么，能否使子阵 $\hat{\boldsymbol{Q}}_i$ 的输出集合达到等概率分布呢？如前所述，子阵 $\hat{\boldsymbol{Q}}_i$ 的输入符号集合、输出符号集合分别为 $\mathcal{X} = \{x_1,\ x_2,\ \cdots,\ x_n\}$ 、$\mathcal{Y}_i = \{y_{i_1},\ \cdots,\ y_{i_s}\}$。当输入为等概率分布（即 $p(x_i) = \dfrac{1}{n}$）时，有

$$\begin{aligned} p(y_{i_k}) &= \sum_{x_j \in \mathcal{X}} p(x_j) \hat{p}(y_{i_k} \mid x_j) \\ &= \frac{1}{n} \sum_{x_j \in \mathcal{X}} \hat{p}(y_{i_k} \mid x_j) \end{aligned} \tag{5-83}$$

其中，$\sum_{x \in \mathcal{X}} \hat{p}(y_{i_k} \mid x_j)$ 为 $\hat{\boldsymbol{Q}}_i$ 中任意一列之和。作为弱对称子阵，$\hat{\boldsymbol{Q}}_i$ 的每列元素之和相等。因此，式（5-83）表明，当输入符号的概率相等时，输出符号恰好等概率分布。相应地，输出集合熵达到最大，即

$$H(Y_i) = -\sum_{k=1}^{s} p(Y_i = y_{i_k}) \log p(Y_i = y_{i_k}) = \log i_s \tag{5-84}$$

综合式（5-82）、式（5-84），当输入达到等概率分布时，$\hat{\boldsymbol{Q}}_i$ 对应的平均互信息量达到最大，有

$$\max\left[I(X;\ Y_i)|_{\hat{Q}_i}\right] = \log i_s - H\left(\hat{p}_{ki_1},\ \hat{p}_{ki_2},\ \cdots,\ \hat{p}_{ki_s}\right) \tag{5-85}$$

原有的准对称无记忆信道 $\boldsymbol{Q}$ 的平均互信息量也随之达到最大，有

$$C|_{Q} = a_1 \cdot C_1|_{\hat{Q}_1} + \cdots + a_i \cdot C_i|_{\hat{Q}_i} + \cdots + a_m \cdot C_m|_{\hat{Q}_m} \tag{5-86}$$

即准对称无记忆信道 $\boldsymbol{Q}$ 的信道容量等于各个弱对称信道的信道容量的加权和。

例 5.6：准对称无记忆信道的信道容量

准对称无记忆信道的信道矩阵 $\boldsymbol{Q}$ 为

$$\boldsymbol{Q} = \begin{bmatrix} \frac{1}{9} & \frac{1}{18} & \frac{1}{6} & \frac{4}{9} & \frac{2}{9} \\ \frac{1}{9} & \frac{1}{6} & \frac{1}{18} & \frac{2}{9} & \frac{4}{9} \end{bmatrix} \tag{5-87}$$

求其信道容量。

解：

该信道矩阵 $\boldsymbol{Q}$ 可以拆分为两个弱对称子阵

$$\boldsymbol{Q}_1 = \begin{bmatrix} \frac{1}{9} & \frac{1}{18} & \frac{1}{6} \\ \frac{1}{9} & \frac{1}{6} & \frac{1}{18} \end{bmatrix},\quad \boldsymbol{Q}_2 = \begin{bmatrix} \frac{4}{9} & \frac{2}{9} \\ \frac{2}{9} & \frac{4}{9} \end{bmatrix} \tag{5-88}$$

归一化后，可得

$$\boldsymbol{Q}_1 = a_1 \cdot \widehat{\boldsymbol{Q}}_1, \quad \boldsymbol{Q}_2 = a_2 \cdot \widehat{\boldsymbol{Q}}_2 \tag{5-89}$$

其中，有

$$\widehat{\boldsymbol{Q}}_1 = \begin{bmatrix} \frac{1}{3} & \frac{1}{6} & \frac{1}{2} \\ \frac{1}{3} & \frac{1}{2} & \frac{1}{6} \end{bmatrix}, \quad \widehat{\boldsymbol{Q}}_2 = \begin{bmatrix} \frac{2}{3} & \frac{1}{3} \\ \frac{1}{3} & \frac{2}{3} \end{bmatrix}, \quad a_1 = \frac{1}{3}, \quad a_2 = \frac{2}{3} \tag{5-90}$$

$\widehat{\boldsymbol{Q}}_1$ 和 $\widehat{\boldsymbol{Q}}_2$ 可视作两个弱对称信道的信道矩阵，相应的信道容量分别为

$$C_1 |_{\widehat{Q}_1} = \log 3 - H\left(\frac{1}{3}, \frac{1}{6}, \frac{1}{2}\right) = 0.126 \text{ bit/symbol} \tag{5-91}$$

$$C_2 |_{\widehat{Q}_2} = \log 2 - H\left(\frac{2}{3}, \frac{1}{3}\right) = 0.082 \text{ bit/symbol} \tag{5-92}$$

准对称无记忆信道 $\boldsymbol{Q}$ 的信道容量等于两个弱对称信道 $\widehat{\boldsymbol{Q}}_1$ 和 $\widehat{\boldsymbol{Q}}_2$ 的信道容量的加权和

$$C |_{Q} = a_1 \cdot C_1 |_{\widehat{Q}_1} + a_2 \cdot C_2 |_{\widehat{Q}_2} = 0.096 \text{ bit/symbol} \tag{5-93}$$

5.4 独立级联信道

独立级联信道

2018 年 12 月 8 日，嫦娥四号探测器如期升空，开启了人类首次月背探索之旅。由于受到月球自身的遮挡，着陆在月球背面的探测器无法直接实现与地球的测控通信和数据传输。“鹊桥”中继星作为架设在嫦娥四号着陆器和巡视器与地球间的“通信站”，提供数据中继和测控服务，如图 5.19 所示。

以“鹊桥”为代表的中继通信，其拓扑结构可以表征为多个信道的级联。那么，与单个信道相比，级联信道在信息传输方面有什么特点呢？本节将引入独立级联信道的概念，分析独立级联信道中平均互信息量的变化情况，给出信息不增定理。

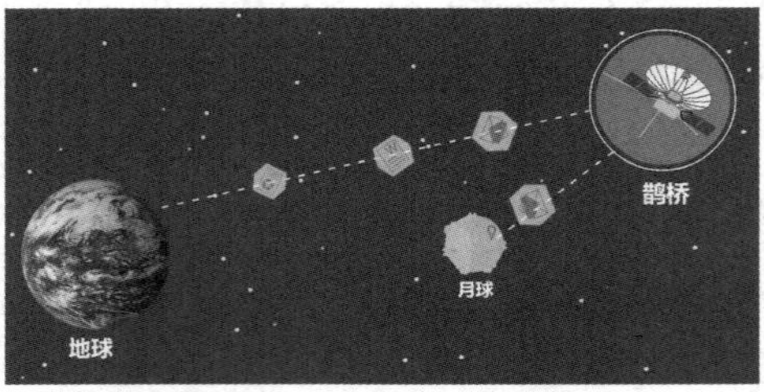

动画示意

图 5.19 “鹊桥”中继通信

5.4.1 基本概念

独立级联信道是指由若干个独立的离散无记忆子信道串联而成的组合信道。此处的“独立”是指每个子信道的传输特性只与该子信道自身的输入、输出集合有关，即每个子信道的输出概率分布等于其输入概率分布与该子信道的信道矩阵之积。

如图 5.20 所示，在一个独立级联信道中，第 k 个子信道的输入符号集合为 $\mathcal{X} = \{x_1, x_2, \cdots, x_n\}$、信道矩阵为 $\boldsymbol{Q}_k$，第 $k+1$ 个子信道的输出符号集合为 $\mathcal{Z} = \{z_1, z_2, \cdots, z_r\}$、信道矩阵为 $\boldsymbol{Q}_{k+1}$。$\mathcal{Y} = \{y_1, y_2, \cdots, y_m\}$ 既是第 k 个子信道的输出符号集合，也是第 $k+1$ 个子信道的输入符号集合。X、

Y、Z 分别为定义在 $\mathcal{X}$ 、$\mathcal{Y}$ 、$\mathcal{Z}$ 上的随机变量。

假设第 k 个子信道的输入概率分布为

$$\boldsymbol{P}_X = \left[p(x_1) \quad p(x_2) \quad \cdots \quad p(x_n) \right] \tag{5-94}$$

第 $k+1$ 个子信道的输出概率分布为

$$\boldsymbol{P}_Z = \left[p(z_1) \quad p(z_2) \quad \cdots \quad p(z_r) \right] \tag{5-95}$$

第 k 个子信道的输出概率分布，即第 $k+1$ 个子信道的输入概率分布，为

$$\boldsymbol{P}_Y = \left[p(y_1) \quad p(y_2) \quad \cdots \quad p(y_m) \right] \tag{5-96}$$

则

$$\boldsymbol{P}_Y = \boldsymbol{P}_X \boldsymbol{Q}_k, \quad \boldsymbol{P}_Z = \boldsymbol{P}_Y \boldsymbol{Q}_{k+1} \tag{5-97}$$

综合上述两式，可以得到

$$\boldsymbol{P}_Z = \boldsymbol{P}_X \left(\boldsymbol{Q}_k \boldsymbol{Q}_{k+1} \right) \tag{5-98}$$

即第 k 个和第 $k+1$ 个子信道级联后总的信道矩阵，是两个子信道的信道矩阵的乘积 $\boldsymbol{Q}_k \cdot \boldsymbol{Q}_{k+1}$ 。

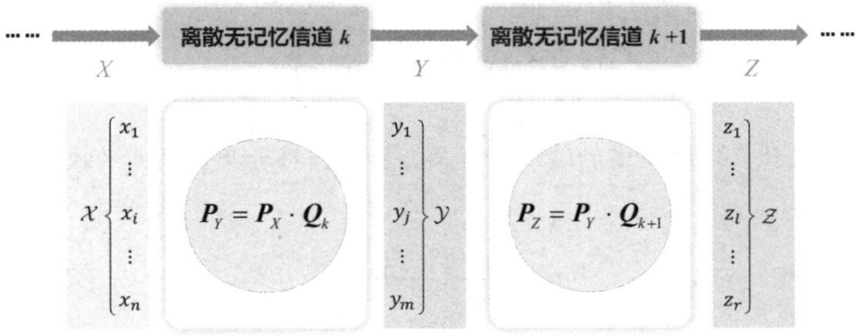

图 5.20　独立级联信道示意

以此类推，可以得出结论：独立级联信道的信道矩阵 $\boldsymbol{Q}_{\text{Total}}$ 等于各个子信道的信道矩阵之积

$$\boldsymbol{Q}_{\text{Total}} = \prod_{k=1}^{N} \mathbf{Q}_k \tag{5-99}$$

其中，$\boldsymbol{Q}_k \ (k=1,\ 2,\ \cdots,\ N)$ 是第 k 个子信道的信道矩阵。

例 5.7：级联信道矩阵

如图 5.21 所示，一个独立级联信道由信道 I 和信道 II 串联而成。其中，X、Y 分别代表信道 I 的输入和输出符号，Y、Z 分别代表信道 II 的输入和输出符号，求总的信道矩阵。

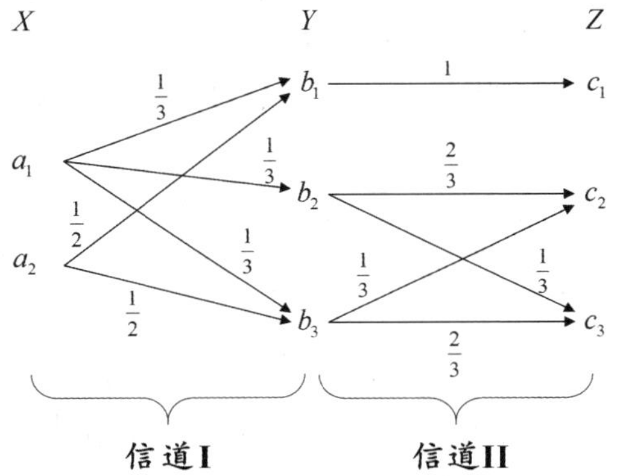

图 5.21　由信道 I 和信道 II 串联而成的独立级联信道

解:

依据图 5.21，信道 I 的信道矩阵为

$$P_{Y|X}=\begin{bmatrix}\frac{1}{3} & \frac{1}{3} & \frac{1}{3}\\ \frac{1}{2} & 0 & \frac{1}{2}\end{bmatrix} \tag{5-100}$$

信道 II 的信道矩阵为

$$P_{Z|Y}=\begin{bmatrix}1 & 0 & 0\\ 0 & \frac{2}{3} & \frac{1}{3}\\ 0 & \frac{1}{3} & \frac{2}{3}\end{bmatrix} \tag{5-101}$$

则独立级联信道的信道矩阵为

$$P_{Z|X}=P_{Y|X}\cdot P_{Z|Y}=\begin{bmatrix}\frac{1}{3} & \frac{1}{3} & \frac{1}{3}\\ \frac{1}{2} & \frac{1}{6} & \frac{1}{3}\end{bmatrix} \tag{5-102}$$

根据式（5-102），该独立级联信道的输入符号集合和输出符号集合之间的映射关系如图 5.22 所示。

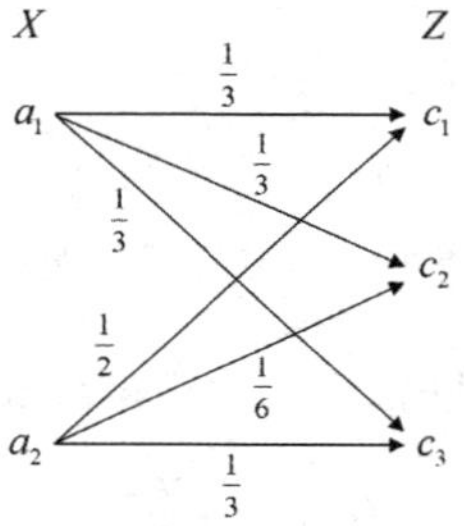

图 5.22 级联信道输入与输出之间的映射关系

5.4.2 平均互信息量

基于式（5-99），本小节将以二元对称信道级联为例，探讨独立级联信道中平均互信息量的变化规律，为推演更具普适意义的信息不增定理奠定基础。

假设一个二元对称信道的正确传输概率是 $\bar{p}$，错误传输概率是 p，则该信道的信道矩阵 $\boldsymbol{Q}$ 为

$$\boldsymbol{Q}=\begin{bmatrix}\bar{p} & p\\ p & \bar{p}\end{bmatrix} \tag{5-103}$$

若将两个信道矩阵如式（5-103）所示的信道级联起来，则级联后的信道的信道矩阵应当是两个二元对称信道的信道矩阵之积 $\boldsymbol{Q}^2$

$$\boldsymbol{Q}^2=\begin{bmatrix}\bar{p} & p\\ p & \bar{p}\end{bmatrix}^2=\begin{bmatrix}\bar{p}^2+p^2 & 2\bar{p}p\\ 2\bar{p}p & \bar{p}^2+p^2\end{bmatrix} \tag{5-104}$$

再级联一个一模一样的信道，总的信道矩阵应为 $\boldsymbol{Q}^3$

$$Q^3=\begin{bmatrix}\overline{p} & p\\ p & \overline{p}\end{bmatrix}^3=\begin{bmatrix}\overline{p}^3+3p^2\overline{p} & p^3+3\overline{p}^2p\\ p^3+3\overline{p}^2p & \overline{p}^3+3p^2\overline{p}\end{bmatrix} \tag{5-105}$$

如图 5.23 所示，以 X 、Y_1 、Y_2 分别代表 3 个子信道的输入符号，以 Y_3 代表级联信道的输出符号。假设级联信道的输入集服从等概率分布，即

$$\boldsymbol{P}_X=[0.5\quad 0.5] \tag{5-106}$$

可以计算得到 X 和 Y_1 、Y_2 、Y_3 之间的平均互信息量，即

$$I(X;Y_1)=1-H(p) \tag{5-107}$$

$$I(X;Y_2)=1-H(2p\overline{p}) \tag{5-108}$$

$$I(X;Y_3)=1-H\left(p^3+3\overline{p}^2p\right) \tag{5-109}$$

其中

$$H(p)=p\log\left(\frac{1}{p}\right)+(1-p)\log\left(\frac{1}{1-p}\right) \tag{5-110}$$

$H(2p\overline{p})$ 、$H\left(p^3+3\overline{p}^2p\right)$ 同理可得。

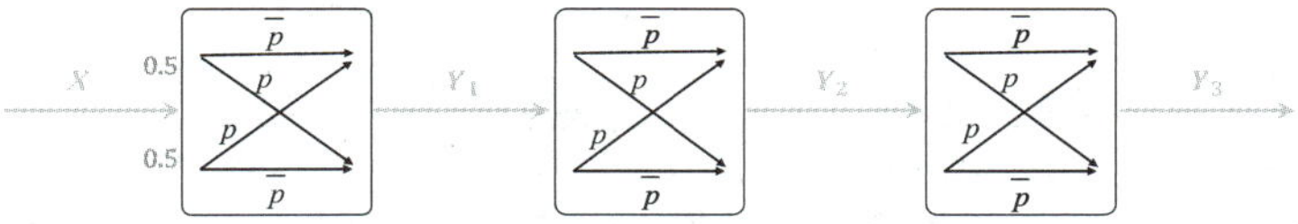

图 5.23　3 个子信道构成的级联系统

图 5.24 展示了 3 个平均互信息量 $I(X;Y_1)$ 、$I(X;Y_2)$ 、$I(X;Y_3)$ 随 $\overline{p}$ 变化的情况。从中可知，X 和 Y_1 之间的平均互信息量最大，X 和 Y_3 之间的平均互信息量最小。那么，“级联的子信道越多，平均互信息量越小”是一种必然的规律吗？5.4.3 小节的信息不增定理将回答这个问题。

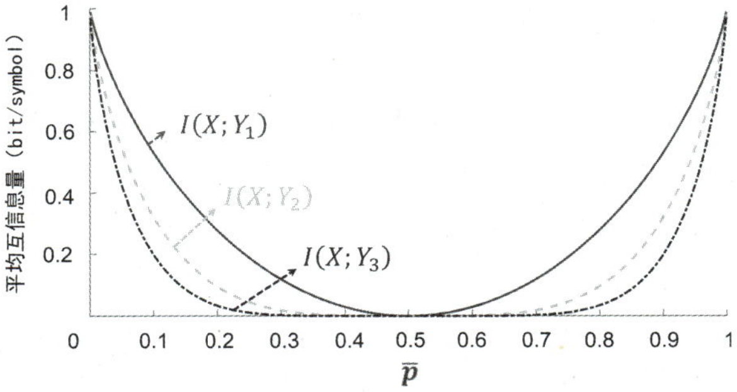

图 5.24　平均互信息量随 $\overline{p}$ 变化的情况

5.4.3 信息不增定理

图 5.24 所反映的现象，可以用维拉图予以解释。

图 5.25 中包含一个由信道 I 和信道 II 组成的级联信道。信道 I 的输入、输出符号分别为 X 和 Y，信道 II 的输入、输出符号分别为 Y 和 Z 。以土黄色的圆来代表随机变量 X 的熵 $H(X)$，以湖蓝色的

圆代表随机变量 Y 的熵 $H(Y)$，两圆重叠的部分代表了平均互信息量 $I(X;Y)$。随机变量 Z 的熵 $H(Z)$ 以褐色的圆表示。

按照信息在级联信道中的传递过程，X 传递给 Z 的信息量 $I(X;Z)$ 应先由 X 传递给 Y、再由 Y 传递给 Z。因此，在图 5.25 中，$I(X;Z)$ 对应三圆相交的黄色区域。显然，$I(X;Z)$ 包含于 X 传递给 Y 的信息 $I(X;Y)$ 中，故存在

$$I(X;Z) \leqslant I(X;Y) \tag{5-111}$$

关于这个不等式的数学证明，感兴趣的读者可以参见附录 J。

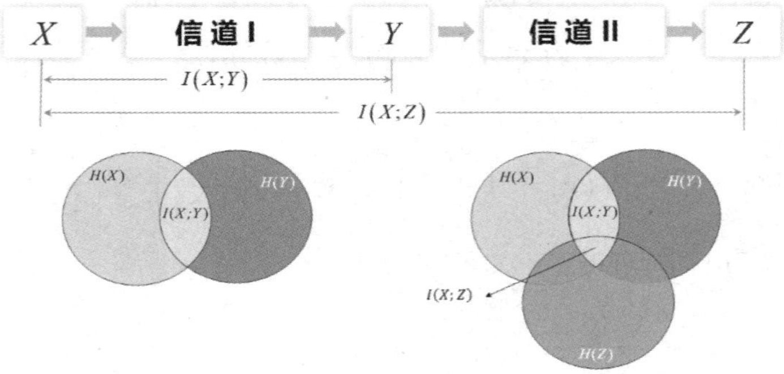

动画示意

图 5.25　级联信道平均互信息量的维拉图解释

不等式（5-111）被称为信息不增定理或数据处理定理。为什么会有这样的称谓呢？下面两个例子将给出解释。

例 5.8：黑白格图像级联传输

在一张黑白格图像中，黑白像素的比例为 1:1。分别用 0 和 1 代表黑、白像素，然后将该图像通过由 3 个二元对称信道构成的独立级联信道进行传输。这 3 个二元对称信道完全相同，正确传输概率均为 $\overline{p}$。

如果 $\overline{p}=1$，即进行无差错传输，那么每个子信道输出的图像必然与输入图像一模一样，信息不会丢失，如图 5.26 所示。

如果 $\overline{p}$ 小于 1，随着级联的子信道越来越多，输出图像的质量不断衰退，平均互信息量也不断下降。比如，当 $\overline{p}=0.9$ 时，输入图像与输出图像 I、II、III 的平均互信息量分别为 0.53bit/px、0.32bit/px、0.20bit/px，平均互信息量越来越小，如图 5.27 所示。

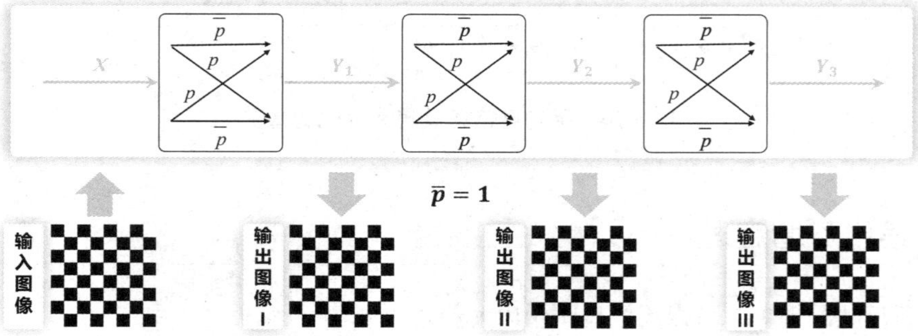

图 5.26　正确传输概率 $\overline{p}=1$ 时的信道级联传输示意图

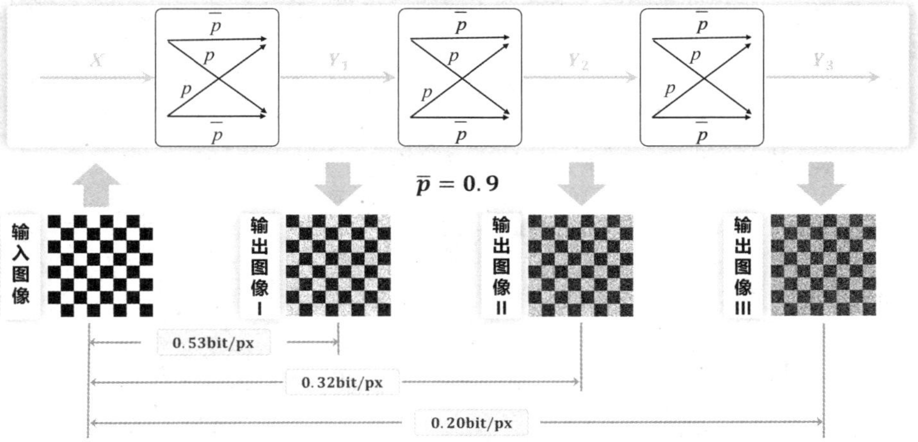

图 5.27　正确传输概率 $\overline{p} = 0.9$ 时的信道级联传输示意图

例 5.9：级联滤波处理

如图 5.28 所示，一幅图像经过两次独立滤波，可以视作通过了两个独立的子信道。

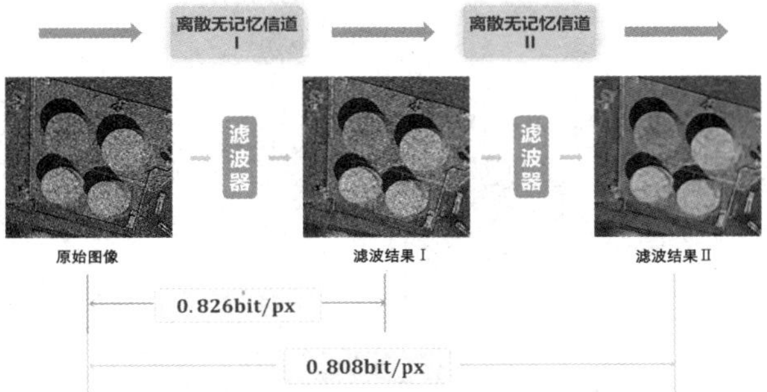

图 5.28　图像滤波与信道级联的关系

对比一下原始图像和两个子信道的输出图像，可以发现滤波效果明显，图像质量越来越好。不过，计算结果表明：原始图像传递给滤波结果 I 的平均互信息量为 0.826bit/px，传递给滤波结果 II 的平均互信息量为 0.808bit/px。随着数据处理环节的增加，平均互信息量不断减少。

那么，矛盾就出现了：从视觉效果上来讲，图像质量明明提升了，似乎更多的有效信息被显示出来了，为什么平均互信息量却减少了呢？这就要从通信的本质说起了。

香农在《通信的数学理论》中指出，通信的基本问题就是在一点重新准确地或近似地再现另一点所选择的消息。因此，信道的输出与输入越相似，平均互信息量越大，否则，无论输出结果是偏坏（如例 5.8），还是偏好（如例 5.9），平均互信息量都会随着偏差变大而越来越小。

结合这两个例子，再次审视不等式（5-111），就比较容易理解它为什么被称为信息不增定理或数据处理定理了。因为它反映了信息在独立级联信道中传输或数据经过多次处理时，每多经过一个环节，由原始数据传递出来的信息量并不会增加，只会减少或至多保持不变。

5.4.4　最佳级联

在独立级联信道中，若各个子信道都是二元对称的，则级联信道的信道矩阵与子信道的级联顺序无关。当级联信道的信道矩阵与子信道的级联顺序有关时，最佳级联就成为一个值得研究的问题。

如图 5.29 所示，一个独立级联信道由两个不同的二元非对称子信道构成。两个子信道的信道矩阵分别为 $\boldsymbol{Q}_1$ 和 $\boldsymbol{Q}_2$，有

$$\boldsymbol{Q}_1=\begin{bmatrix}0.99 & 0.01\\ 0.70 & 0.30\end{bmatrix},\quad \boldsymbol{Q}_2=\begin{bmatrix}0.55 & 0.45\\ 0.01 & 0.99\end{bmatrix} \tag{5-112}$$

在子信道 I 级联子信道 II 的条件下，总的信道矩阵等于

$$\boldsymbol{Q}_1\cdot\boldsymbol{Q}_2=\begin{bmatrix}0.54 & 0.46\\ 0.39 & 0.61\end{bmatrix} \tag{5-113}$$

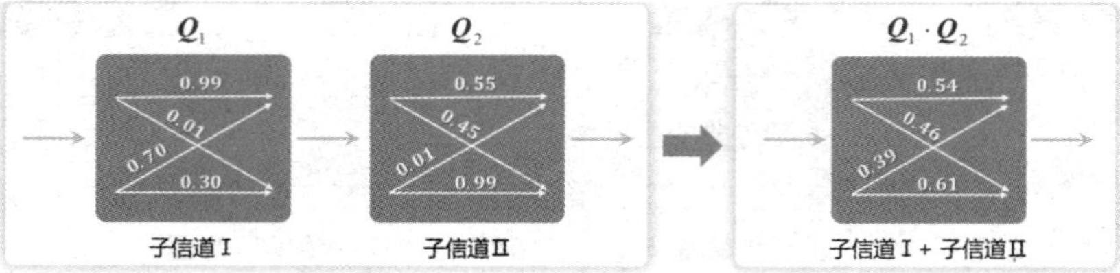

图 5.29　子信道 I 级联子信道 II

若交换两个子信道，如图 5.30 所示，则总的信道矩阵等于

$$\boldsymbol{Q}_2\cdot\boldsymbol{Q}_1=\begin{bmatrix}0.86 & 0.14\\ 0.70 & 0.30\end{bmatrix} \tag{5-114}$$

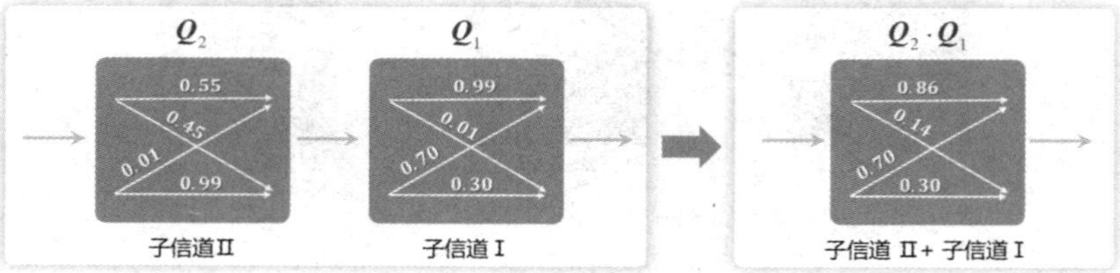

图 5.30　子信道 II 级联子信道 I

可以看出，在两种级联顺序下，总的信道矩阵截然不同，相应地，信息传输性能也有所差异。改变级联信道输入集合的概率分布，令符号 0 的发生概率由 0 变化至 1，可以得到两种级联顺序下平均互信息量的变化情况，如图 5.31 所示。可以看出，子信道 II+子信道 I 的级联方式能够获得更好的信息传输性能和更大的信道容量。

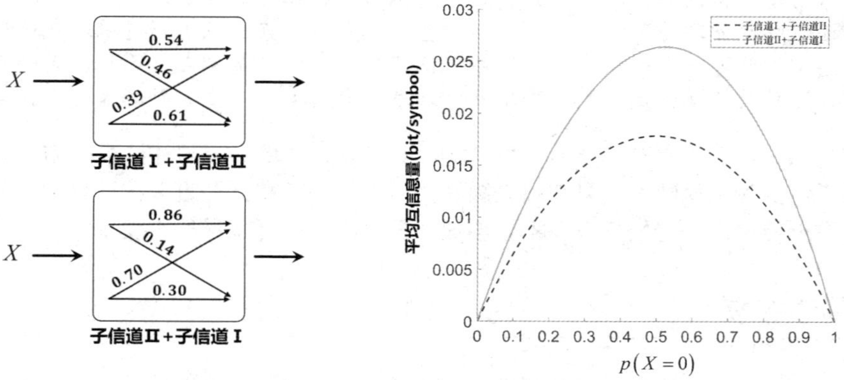

图 5.31　两种级联顺序下平均互信息量的变化情况

随着子信道数目的增多，枚举法显然不是解决最佳级联问题的最好方法。自 20 世纪 90 年代开始，研究人员对这一问题展开了研究，给出了二元最佳级联顺序的确定方法，感兴趣的读者可以参考相关论文。

独立并联信道

5.5 独立并联信道

近年来，5G 通信凭借其更高的网络吞吐量、更快的数据率和更短的延迟，在个人市场和商用领域中的普及率不断提升。5G 之所以能够拥有优异的性能，多输入多输出（Multiple-Input Multiple-Output，MIMO）技术在其中发挥了至关重要的作用。本节将基于独立并联信道探讨 MIMO 的工作机理，解析其在不增加带宽的条件下是如何提高数据传输速率的。

5.5.1 基本概念

独立并联信道是指由多个独立的离散无记忆信道并联而成的组合信道，其中每个子信道的输出仅与该信道的当前输入有关。

如图 5.32 所示，对于由 N 个子信道组成的独立并联信道，其输入、输出可以视作长度为 N 的序列。根据每个子信道的输入、输出集合，可以明确整个信道的输入、输出集合，进而确定总的信道矩阵。

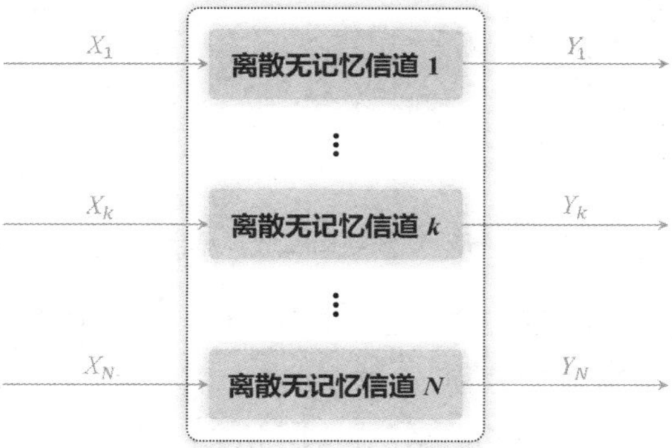

图 5.32　独立并联信道模型

例 5.10：独立并联信道的信道矩阵

在图 5.33 所示的独立并联信道中，离散无记忆信道 I 和 II 的输入集合分别为 $\{a_1, a_2\}$ 和 $\{c_1, c_2\}$，输出集合分别为 $\{b_1, b_2\}$ 和 $\{d_1, d_2, d_3, d_4\}$；分别以 X_1、X_2 代表两个子信道的输入，以 Y_1、Y_2 代表两个子信道的输出。

将独立并联信道封装成一个黑盒，如图 5.34 所示。可以看出，这个独立并联信道的输入可以用长度为 2 的离散随机序列 (X_1, X_2) 来代表，输入序列集合为

$$\{a_1c_1, a_2c_1, a_1c_2, a_2c_2\} \tag{5-115}$$

其中，符号 a_1、a_2 源于子信道 I 的输入集合，符号 c_1、c_2 源于子信道 II 的输入集合。类似地，输出也可以用长度为 2 的离散随机序列 (Y_1, Y_2) 来代表，输出序列集合为

$$\{b_1d_1, b_1d_2, b_1d_3, b_1d_4, b_2d_1, b_2d_2, b_2d_3, b_2d_4\} \tag{5-116}$$

其中，符号 b_1、b_2 源于子信道 I 的输出集合，符号 d_1、d_2、d_3、d_4 源于子信道 II 的输出集合。

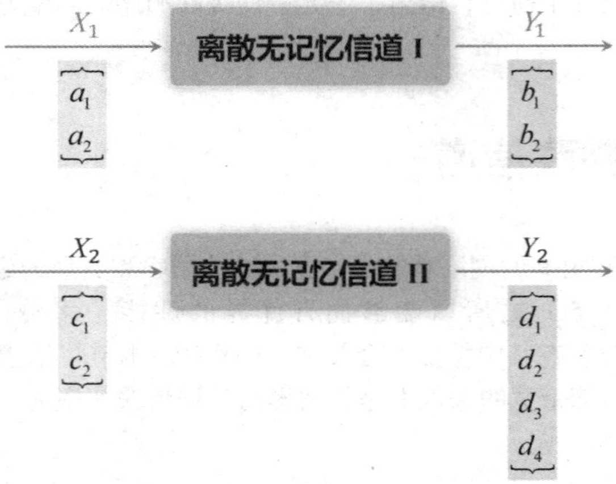

图 5.33 信道 I 与信道 II 独立并联

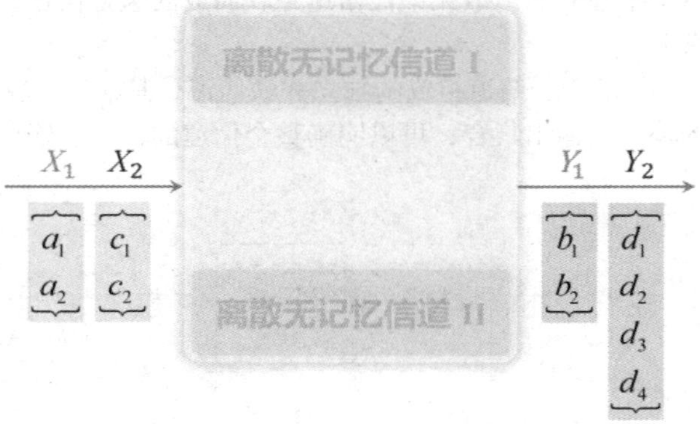

动画示意

图 5.34 将独立并联信道封装成一个黑盒

由于两个子信道是独立的，因此，Y_1 只与 X_1 有关，Y_2 只与 X_2 有关。X_1X_2 映射为 Y_1Y_2 的条件概率就等于符号映射为符号的条件概率的乘积，即

$$p\left(Y_1Y_2 \mid X_1X_2\right)=\prod_{i=1}^{2} p\left(Y_i \mid X_i\right) \tag{5-117}$$

假设子信道 I 和 II 的信道矩阵分别为

$$\begin{bmatrix} \frac{2}{3} & \frac{1}{3} \\ \frac{1}{3} & \frac{2}{3} \end{bmatrix} \tag{5-118}$$

和

$$\begin{bmatrix} \frac{1}{3} & \frac{1}{6} & \frac{1}{3} & \frac{1}{6} \\ \frac{1}{6} & \frac{1}{3} & \frac{1}{6} & \frac{1}{3} \end{bmatrix} \tag{5-119}$$

则如图 5.35 所示，可得独立并联信道的信道矩阵为

$$\begin{bmatrix} \frac{2}{9} & \frac{1}{9} & \frac{2}{9} & \frac{1}{9} & \frac{1}{9} & \frac{1}{18} & \frac{1}{9} & \frac{1}{18} \\ \frac{1}{9} & \frac{2}{9} & \frac{1}{9} & \frac{2}{9} & \frac{1}{18} & \frac{1}{9} & \frac{1}{18} & \frac{1}{9} \\ \frac{1}{9} & \frac{1}{18} & \frac{1}{9} & \frac{1}{18} & \frac{2}{9} & \frac{1}{9} & \frac{2}{9} & \frac{1}{9} \\ \frac{1}{18} & \frac{1}{9} & \frac{1}{18} & \frac{1}{9} & \frac{1}{9} & \frac{2}{9} & \frac{1}{9} & \frac{2}{9} \end{bmatrix} \tag{5-120}$$

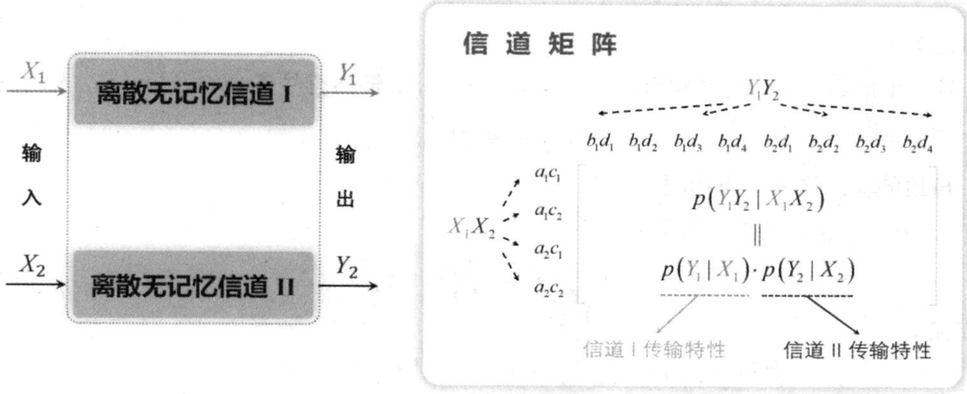

图 5.35　独立并联信道的信道矩阵

确定了独立并联信道的信道矩阵后，就可以进一步分析在某种输入分布下该信道的平均互信息量。

5.5.2 平均互信息量

如图 5.32 所示，对于由 N 个子信道组成的独立并联信道，若以 $X_1, X_2, \cdots, X_N$ 分别代表各个子信道的输入，以 $Y_1, Y_2, \cdots, Y_N$ 分别代表各个子信道的输出，则该独立并联信道的输入、输出可以视作长度为 N 的序列。该独立并联信道的平均互信息量为

$$I(X_1 \cdots X_N; Y_1 \cdots Y_N) = H(Y_1 \cdots Y_N) - H(Y_1 \cdots Y_N \mid X_1 \cdots X_N) \tag{5-121}$$

在独立并联信道中，由于子信道的输出 Y_k 仅与该子信道当前的输入 X_k 有关，可得

$$\begin{aligned} & H(Y_1 \cdots Y_N \mid X_1 \cdots X_N) \\ & = -\sum_{X_1} \cdots \sum_{X_N} \sum_{Y_1} \cdots \sum_{Y_N} p(X_1 \cdots X_N Y_1 \cdots Y_N) \log p(Y_1 \cdots Y_N \mid X_1 \cdots X_N) \\ & = -\sum_{X_1} \cdots \sum_{X_N} \sum_{Y_1} \cdots \sum_{Y_N} p(X_1 \cdots X_N Y_1 \cdots Y_N) \log \left[\prod_{k=1}^{N} p(Y_k \mid X_k) \right] \\ & = -\sum_{X_1} \sum_{Y_1} p(X_1 Y_1) \log p(Y_1 \mid X_1) - \sum_{X_2} \sum_{Y_2} p(X_2 Y_2) \log p(Y_2 \mid X_2) - \cdots - \\ & \quad \sum_{X_N} \sum_{Y_N} p(X_N Y_N) \log p(Y_N \mid X_N) \\ & = H(Y_1 \mid X_1) + H(Y_2 \mid X_2) + \cdots + H(Y_N \mid X_N) \end{aligned} \tag{5-122}$$

那么，平均互信息量 $I(X_1\cdots X_N; Y_1\cdots Y_N)$ 可以重新表示为

$$I(X_1\cdots X_N; Y_1\cdots Y_N)=H(Y_1\cdots Y_N)-\sum_{k=1}^{N}H(Y_k\mid X_k) \tag{5-123}$$

下面围绕式（5-123）展开讨论。

构造两组符合下列条件的离散随机序列，它们通过同一个独立并联信道。

（1）第一组为无记忆序列 $\boldsymbol{X}=(X_1, \cdots, X_k, \cdots, X_N)$。其中，$X_k$ 作为第 k 个子信道的输入，相应的输出为 Y_k。

（2）第二组为有记忆序列 $\widehat{\boldsymbol{X}}=\left(\widehat{X}_1, \cdots, \widehat{X}_k, \cdots, \widehat{X}_N\right)$。其中，$\widehat{X}_k$ 作为第 k 个子信道的输入，相应的输出为 $\widehat{Y}_k$。

（3）各个子信道的输入符号集合均为 $\{x_1, x_2, \cdots, x_r\}$，输出符号集合均为 $\{y_1, y_2, \cdots, y_s\}$，并且

$$p(X_k=x_i)=p\left(\widehat{X}_k=x_i\right) \tag{5-124}$$

即各个子信道的输入概率分布相同。

由于 X_k 和 $\widehat{X}_k$ 通过的都是第 k 个子信道，有

$$p(Y_k\mid X_k)=p\left(\widehat{Y}_k\mid \widehat{X}_k\right) \tag{5-125}$$

那么，存在

$$\begin{aligned}H(Y_k\mid X_k)&=-\sum_{X_k}\sum_{Y_k}p(X_k)p(Y_k\mid X_k)\log p(Y_k\mid X_k)\\&=-\sum_{\widehat{X}_k}\sum_{\widehat{Y}_k}p\left(\widehat{X}_k\right)p\left(\widehat{Y}_k\mid \widehat{X}_k\right)\log p\left(\widehat{Y}_k\mid \widehat{X}_k\right)\\&=H\left(\widehat{Y}_k\mid \widehat{X}_k\right)\end{aligned} \tag{5-126}$$

类似地，可得到

$$\begin{aligned}p(Y_k=y_j)&=\sum_{X_k}p(X_k)p(Y_k=y_j\mid X_k)\\&=\sum_{\widehat{X}_k}p\left(\widehat{X}_k\right)p\left(\widehat{Y}_k=y_j\mid \widehat{X}_k\right)=p\left(\widehat{Y}_k=y_j\right)\end{aligned} \tag{5-127}$$

$$\begin{aligned}H(Y_k)&=-\sum_{Y_k}p(Y_k)\log p(Y_k)\\&=-\sum_{\widehat{Y}_k}p\left(\widehat{Y}_k\right)\log p\left(\widehat{Y}_k\right)=H\left(\widehat{Y}_k\right)\end{aligned} \tag{5-128}$$

相应地，两个输出序列的符号熵之和相等，即

$$H(Y_1)+\cdots+H(Y_k)+\cdots+H(Y_N)=H\left(\widehat{Y}_1\right)+\cdots+H\left(\widehat{Y}_k\right)+\cdots+H\left(\widehat{Y}_N\right) \tag{5-129}$$

不过，两个输出序列 $\boldsymbol{Y}=(Y_1, \cdots, Y_k, \cdots, Y_N)$ 和 $\widehat{\boldsymbol{Y}}=\left(\widehat{Y_1}, \cdots, \widehat{Y_k}, \cdots, \widehat{Y_N}\right)$ 的熵 $H(\boldsymbol{Y})$ 和 $H\left(\widehat{\boldsymbol{Y}}\right)$ 却不一定相等。这是因为：序列 $\boldsymbol{Y}$ 必然无记忆，其序列熵等于序列中符号熵之和，即

$$H(\boldsymbol{Y})=H(Y_1)+\cdots+H(Y_k)+\cdots+H(Y_N) \tag{5-130}$$

而序列 $\widehat{\boldsymbol{Y}}$ 可能有记忆，其序列熵不大于序列中符号熵之和，即

$$H\left(\widehat{\boldsymbol{Y}}\right)\leqslant H\left(\widehat{Y}_1\right)+\cdots+H\left(\widehat{Y}_k\right)+\cdots+H\left(\widehat{Y}_N\right) \tag{5-131}$$

因此，序列 $\boldsymbol{Y}$ 的熵不小于序列 $\widehat{\boldsymbol{Y}}$ 的熵，即

$$H(\boldsymbol{Y}) \geqslant H(\hat{\boldsymbol{Y}}) \tag{5-132}$$

综合式（5-123）、式（5-126）和式（5-132），无记忆序列 $\boldsymbol{X}$ 产生的平均互信息量必然不小于有记忆序列 $\hat{\boldsymbol{X}}$ 产生的平均互信息量，即

$$I(\boldsymbol{X};\boldsymbol{Y}) \geqslant I(\hat{\boldsymbol{X}};\hat{\boldsymbol{Y}}) \tag{5-133}$$

式（5-133）表明，对于任意一个独立并联信道，总可以构造一个无记忆序列，比有记忆序列传送更多的平均互信息量。换言之，要使得独立并联信道的平均互信息量达到最大，其输入序列必须是无记忆的。这为求解独立并联信道的信道容量指明了方向。

例 5.11：独立并联信道的平均互信息量

本例将以图 5.33 所示的独立并联信道为研究对象，具象化展示无记忆和有记忆序列通过独立并联信道产生的平均互信息量。其中，子信道 I 和 II 的信道矩阵如式（5-118）、式（5-119）所示，并联信道总的信道矩阵如式（5-120）所示。

以 X_1、X_2 分别代表两个子信道的输入，构造两种输入序列。

（1）两个子信道的输入相关，即 X_2 的发生概率与 X_1 有关。

假设子信道 I 的输入符号是等概率发生的，即

$$\begin{bmatrix} X_1 \\ p(X_1) \end{bmatrix} = \begin{bmatrix} a_1 & a_2 \\ 0.5 & 0.5 \end{bmatrix} \tag{5-134}$$

X_2 和 X_1 之间的条件概率为

$$\begin{aligned} p(c_1 \mid a_1) &= 0.8 \\ p(c_2 \mid a_1) &= 0.2 \\ p(c_1 \mid a_2) &= 0.2 \\ p(c_2 \mid a_2) &= 0.8 \end{aligned} \tag{5-135}$$

可得子信道 II 的输入分布为

$$\begin{bmatrix} X_2 \\ p(X_2) \end{bmatrix} = \begin{bmatrix} c_1 & c_2 \\ 0.5 & 0.5 \end{bmatrix} \tag{5-136}$$

也可得 X_1 和 X_2 的联合概率分布为

$$\begin{bmatrix} X_1X_2 \\ p(X_1X_2) \end{bmatrix} = \begin{bmatrix} a_1c_1 & a_1c_2 & a_2c_1 & a_2c_2 \\ 0.4 & 0.1 & 0.1 & 0.4 \end{bmatrix} \tag{5-137}$$

结合式（5-120）和式（5-137），可得输入序列 (X_1, X_2) 和输出序列 (Y_1, Y_2) 之间的平均互信息量为

$$I(X_1X_2;Y_1Y_2) = 0.1602\ \text{bit/sequence} \tag{5-138}$$

（2）两个子信道的输入相互独立，即 $p(X_1X_2) = p(X_1)p(X_2)$。

假设子信道 I 和子信道 II 的输入符号都是等概率发生的，即

$$\begin{bmatrix} X_1 \\ p(X_1) \end{bmatrix} = \begin{bmatrix} a_1 & a_2 \\ 0.5 & 0.5 \end{bmatrix}, \quad \begin{bmatrix} X_2 \\ p(X_2) \end{bmatrix} = \begin{bmatrix} c_1 & c_2 \\ 0.5 & 0.5 \end{bmatrix} \tag{5-139}$$

可得独立并联信道的输入概率分布为

$$\begin{bmatrix} X_1X_2 \\ p(X_1X_2) \end{bmatrix} = \begin{bmatrix} a_1c_1 & a_1c_2 & a_2c_1 & a_2c_2 \\ \frac{1}{4} & \frac{1}{4} & \frac{1}{4} & \frac{1}{4} \end{bmatrix} \tag{5-140}$$

结合式（5-120）和式（5-140），可得输入序列 (X_1, X_2) 和输出序列 (Y_1, Y_2) 之间的平均互信息量为

$$I\left(X_1X_2;\ Y_1Y_2\right)=0.1634\ \text{bit/sequence} \tag{5-141}$$

在上述两种输入条件下，尽管子信道的输入概率分布是相同的，但是子信道输入相关时的平均互信息量小于子信道输入独立时的平均互信息量。这与式（5-133）给出的结论是一致的。

5.5.3 信道容量

单独的一个信道每次只能传送一个符号，它的信道容量通常用平均每个符号能够传送的最大信息量来表示。与之相比，由 N 个子信道构成的独立并联信道可以同时传递 N 个符号，因此，它的信道容量应当用每 N 个符号（或者长度为 N 的序列）平均能够传送的最大信息量来描述。

根据 5.5.2 小节的结论，要使独立并联信道的平均互信息量达到最大，各个子信道的输入应当相互独立。此时，独立并联信道的平均互信息量等于各个子信道的平均互信息量之和，即

$$\begin{aligned} I\left(\boldsymbol{X};\boldsymbol{Y}\right) &= H\left(\boldsymbol{Y}\right)-\sum_{k=1}^{N}H\left(Y_k\mid X_k\right) \\ &= \sum_{k=1}^{N}H\left(Y_k\right)-\sum_{k=1}^{N}H\left(Y_k\mid X_k\right) \\ &= \sum_{k=1}^{N}I\left(X_k;\ Y_k\right) \end{aligned} \tag{5-142}$$

其中，X_k、Y_k 代表第 k 个子信道的输入符号和输出符号，$\boldsymbol{X}=\left(X_1,\ \cdots,\ X_k,\ \cdots,\ X_N\right)$，$\boldsymbol{Y}=\left(Y_1,\ \cdots,\ Y_k,\ \cdots,\ Y_N\right)$。

进一步，每个子信道的输入 X_k 还应当达到最佳分布，才能使得每个子信道的平均互信息量达到最大，即

$$C_k=\max I\left(X_k;\ Y_k\right) \tag{5-143}$$

综合上述讨论，当各个子信道的输入相互独立且每个子信道的输入均达到最佳分布时，独立并联信道的平均互信息量达到最大，信道容量等于各个子信道的信道容量之和，即

$$C=\sum_{k=1}^{N}C_k \tag{5-144}$$

例 5.12：独立并联信道的信道容量

如图 5.36 所示，一个独立并联信道由两个不同的二元对称信道构成。两个子信道的信道矩阵分别为

$$\boldsymbol{Q}_1=\begin{bmatrix}\frac{1}{5} & \frac{4}{5}\\ \frac{4}{5} & \frac{1}{5}\end{bmatrix},\quad \boldsymbol{Q}_2=\begin{bmatrix}\frac{1}{3} & \frac{2}{3}\\ \frac{2}{3} & \frac{1}{3}\end{bmatrix} \tag{5-145}$$

依据式（5-85），可得两个子信道的信道容量分别为

$$C_1=\log 2-H\left(\frac{1}{5},\frac{4}{5}\right)=0.2781\ \text{bit/symbol} \tag{5-146}$$

$$C_2=\log 2-H\left(\frac{1}{3},\frac{2}{3}\right)=0.0817\ \text{bit/symbol} \tag{5-147}$$

当每个子信道的输入相互独立且每个子信道的输入均达到等概率分布时，整个独立并联信道的平均互信息量达到最大。信道容量等于两个子信道的信道容量之和，即

$$C=C_1+C_2=0.3598\ \text{bit/sequence} \tag{5-148}$$

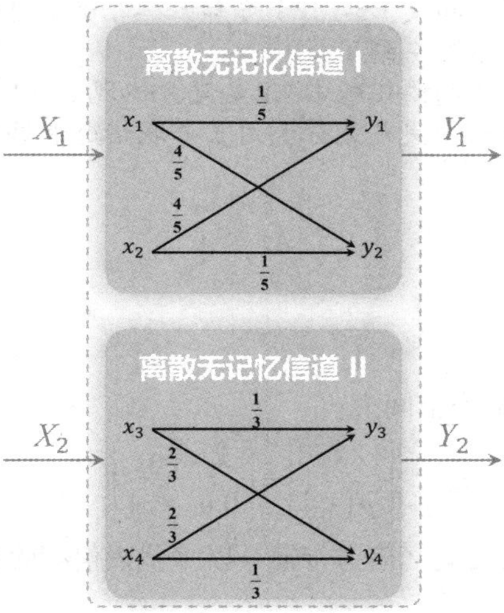

图 5.36　由两个不同的二元对称信道构成的独立并联信道

例 5.13：单输入双输出系统的信道容量

高斯信道是一种常见的连续信道，其信道容量为（参见附录 I）

$$C = W\log\left(1+\frac{S}{N}\right)\text{bit/s} \tag{5-149}$$

其中，W、$\frac{S}{N}$ 分别为信道的带宽和信噪比。由式（5-149）可知，改善信噪比、增大带宽，可以提升高斯信道的容量。除此之外，单输入多输出（Single-Input Multiple-Output，SIMO）也是一种有效的方法。

如图 5.37 所示，采用单输入双输出技术的通信系统，可以视作由两个子信道构成的独立并联信道，其信道容量应当是这两个子信道的信道容量之和。

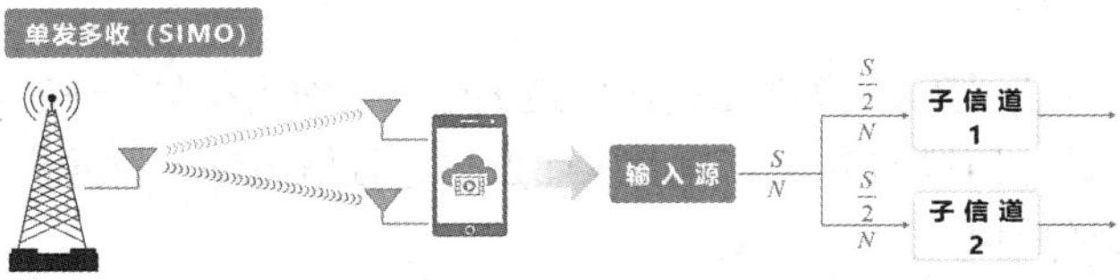

图 5.37　采用单输入双输出的通信系统视作独立并联信道

不过，需要注意的是，每个子信道只能分得发射信号功率的一半。因此，子信道的信噪比只有单输入单输出系统的一半，子信道容量也小于单输入单输出系统的信道容量。

若单输入单输出系统的信噪比 $\frac{S}{N}=10\text{dB}$、带宽 $W=20\text{MHz}$，其信道容量应为

$$C = W\cdot\log\left(1+\frac{S}{N}\right)=69.2\text{Mbit/s} \tag{5-150}$$

若发射功率不变、信道传输条件不变，则采用单输入双输出技术后，子信道的信道容量为

$$C = W\cdot\log\left(1+\frac{S}{2N}\right)=51.7\text{Mbit/s} \tag{5-151}$$

总的信道容量为

$$C = 2W\cdot\log\left(1+\frac{S}{2N}\right)=103.4\text{Mbit/s} \tag{5-152}$$

对比式（5-150）、式（5-151）和式（5-152）可知，尽管子信道的信道容量变小了，但是随着子信道数目的增长，总的信道容量依然得到了提升。

虽然这个案例只是 SIMO 信道的简化版本，但是充分体现了并联对于提升信道容量的积极意义。作为 SIMO 的升级版本，MIMO 技术更是充分利用了并联信道能够提升信道容量的特性，显著提高了数据传输速率。

5.6 习题

1. 一个离散无记忆信源的概率空间为

$$\begin{bmatrix} X \\ p(x_i) \end{bmatrix} = \begin{bmatrix} x_1 & x_2 \\ 0.6 & 0.4 \end{bmatrix}$$

该信源的消息通过一个离散无记忆信道传输。以 Y 代表信宿收到的符号，$Y \in \{y_1, y_2\}$。信道传输特性示意如图 5.38 所示。求：

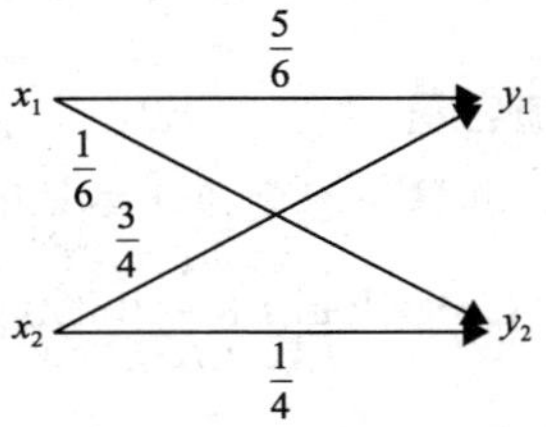

图 5.38 信道传输特性示意

（1）信源和信宿的熵。

（2）信道疑义度 $H(X|Y)$ 和噪声熵 $H(Y|X)$。

（3）信源和信宿之间的平均互信息量。

知识点：离散无记忆信道。

2. 以随机变量 X、Y 分别代表离散无记忆信道的输入、输出符号。证明：信道疑义度 $H(X|Y)$ 达到最大值的充要条件是，信道的输入与输出统计独立，且信道输入符号等概率分布。

知识点：离散无记忆信道。

3. 设某离散信道的输入集合由等概率出现的 A、B、C、D 这 4 个字母组成。该信道的正确传输概率为 $\frac{1}{2}$，错误传输概率平均分布在其他 3 个字母上。该信道上每个字母传输的平均信息量为多少？

知识点：信道矩阵。

4. 设离散无记忆对称信道的信道矩阵为

$$\boldsymbol{P} = \begin{bmatrix} \frac{1}{3} & \frac{1}{3} & \frac{1}{6} & \frac{1}{6} \\ \frac{1}{6} & \frac{1}{6} & \frac{1}{3} & \frac{1}{3} \end{bmatrix}$$

求信道容量 C 及其达到容量时的输入概率分布。

知识点：准对称无记忆信道。

5. 离散信源发出消息 X，通过有噪信道产生的输出为 Y，且 $Y = (X + Z) \bmod 2$。其中，Z 代表信道中的噪声。X 和 Z 相互独立，且 X 和 Z 只能取值为 0 或 1，$p_X(0)=\omega$，$p_Z(0)=\varepsilon$。信源功率受限，有 $E\left(X^2\right)\leqslant\frac{1}{2}$；噪声功率也受限，有 $E\left(Z^2\right)\leqslant\frac{1}{4}$。

（1）求信道输入与输出的平均互信息量 $I\left(X;\ Y\right)$。

（2）当信道噪声分布给定时，求使 $I\left(X;\ Y\right)$ 最大的信源 X 的分布。

（3）当信源 X 的分布给定时，求使 $I\left(X;\ Y\right)$ 最小的信道噪声的分布。

（4）发送端设法使 $I\left(X;\ Y\right)$ 最大，而干扰噪声则设法使 $I\left(X;\ Y\right)$ 最小。如果两者同时达到它们的目的，平均互信息量 $I\left(X;\ Y\right)$ 是多少？

知识点：离散信道模型、信道容量。

6. 在离散信道上传输符号 0 和 1。在传输过程中，每 100 个符号发生一个错误，求此信道的信道容量。

知识点：准对称无记忆信道的信道容量。

7. 两个离散无记忆信道的信道矩阵如下所示，请比较它们的信道容量。

（1）$\begin{bmatrix}\overline{p}-\varepsilon & p-\varepsilon & 2\varepsilon\\ p-\varepsilon & \overline{p}-\varepsilon & 2\varepsilon\end{bmatrix}$。

（2）$\begin{bmatrix}\overline{p}-\varepsilon & p-\varepsilon & 2\varepsilon & 0\\ p-\varepsilon & \overline{p}-\varepsilon & 0 & 2\varepsilon\end{bmatrix}$。

其中，$p+\overline{p}=1$。

知识点：准对称无记忆信道的信道容量。

8. 按照图 5.39，将两个离散无记忆信道级联在一起。其中，X、Y 分别代表信道 I 的输入符号和输出符号，Z 代表信道 II 的输出符号。

$$X\rightarrow \text{信道I}\rightarrow Y\rightarrow \text{信道II}\rightarrow Z$$

图 5.39　级联信道

信道 I 和信道 II 的信道矩阵均为

$$\boldsymbol{P}=\begin{bmatrix}0 & 0 & 0 & 1\\ 0 & 0 & 0 & 1\\ \frac{1}{2} & \frac{1}{2} & 0 & 0\\ 0 & 0 & 1 & 0\end{bmatrix}$$

假设信道 I 的输入达到等概率分布时，求 $I(X;\ Z)$ 和 $I\left(X;\ Y\right)$，并对它们加以比较。

知识点：级联信道。

9. 信道示意如图 5.40 所示，$\varepsilon\neq\frac{1}{2}$。求信道的信道容量及其最佳的输入概率分布。

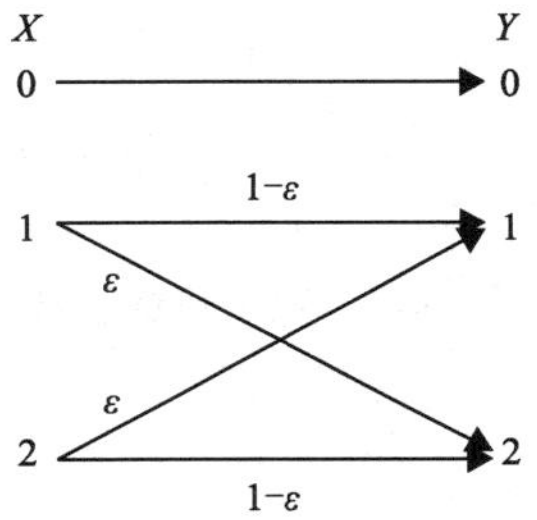

图 5.40　信道示意

知识点：和信道的信道容量（参见附录 K）。

10. 有一个二元对称信道，如图 5.41 所示。设该信道每秒可以传输 1500 个二元符号。一个消息序列中有 14000 个二元符号，并且其中 $p(0)=p(1)=\frac{1}{2}$。请从信息传输的角度来考虑，10s 内能否将这个消息序列无失真地传送完？

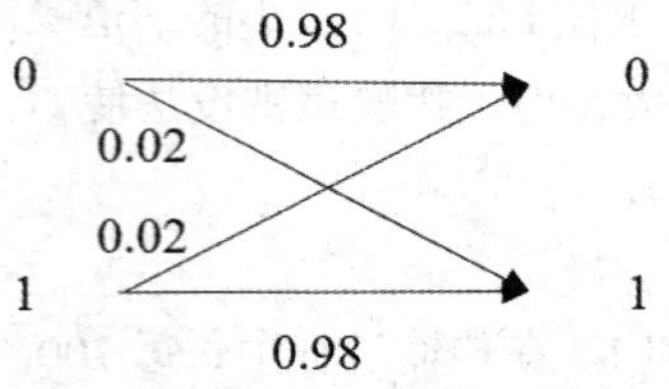

图 5.41　二元对称信道

知识点：信道容量。

11. 求图 5.42 所示的信道的信道容量，给出使平均互信息量达到信道容量的信道输入概率分布。

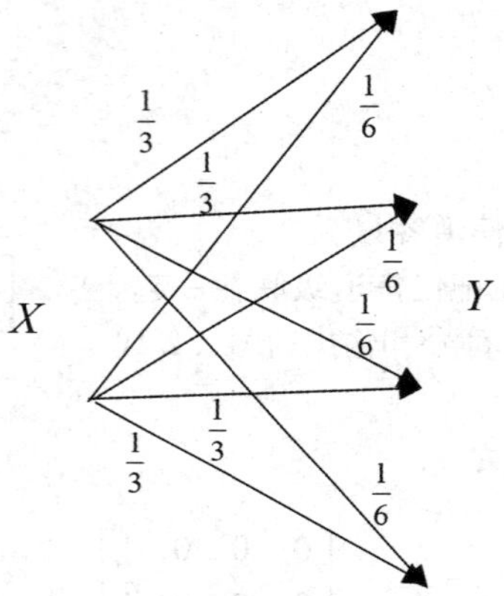

图 5.42　信道示意

知识点：对称信道的信道容量。

12. 一个离散信道如图 5.43 所示。试求：

（1）信道容量 C。

（2）$\varepsilon=0$ 和 $\varepsilon=1$ 时的信道容量。

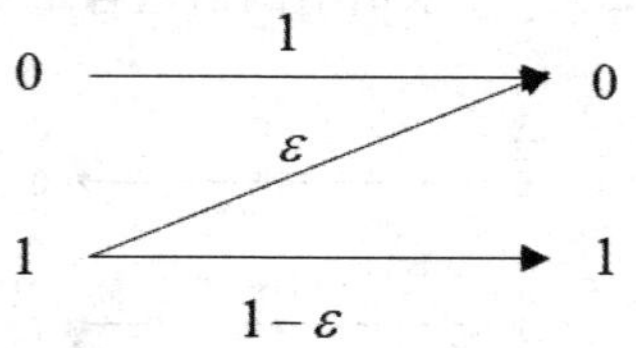

图 5.43　离散信道示意

知识点：信道容量。

13. 一离散无记忆信道的信道矩阵为

$$\begin{bmatrix} \frac{2}{3} & \frac{1}{3} & 0 \\ \frac{1}{3} & \frac{1}{3} & \frac{1}{3} \\ 0 & \frac{1}{3} & \frac{2}{3} \end{bmatrix}$$

试求该信道的信道容量。

知识点：信道容量。

14. 信道 I 和信道 II 构成级联信道。以随机变量 X 和 Y 分别代表信道 I 的输入符号和输出符号，以随机变量 Y 和 Z 分别代表信道 II 的输入符号和输出符号。其中，$X \in \{0, 1, 2\}$，$Y \in \{0, 1, 2, -1\}$，$Z = Y^2$，$p_{Y|X}(1|1) = p_{Y|X}(-1|2) = 1-\varepsilon$，$p_{Y|X}(0|0) = 1$，$p_{Y|X}(2|1) = p_{Y|X}(2|2) = \varepsilon$。

（1）求信道 I 的信道容量和达到信道容量时的输入概率分布；

（2）求信道 II 的信道容量和达到信道容量时的输入概率分布；

（3）求级联信道的信道容量和达到信道容量时的输入概率分布。

知识点：级联信道、信道容量。

15. 把 n 个二元对称信道级联起来，其中每个二元对称信道的错误传输概率为 p $(p \neq 0$ 或 $1)$。以随机变量 X_0、X_n 分别代表级联信道的输入和输出符号，证明

$$\lim_{n\to\infty} I(X_0; X_n) = 0$$

知识点：级联信道。

16. 在某通信系统中，信源可以发送 2 种符号 x_1 和 x_2，信宿可以接收 3 种符号 y_1、y_2、y_3，信道矩阵为

$$\boldsymbol{P} = \begin{bmatrix} \frac{1}{2} & \frac{1}{2} & 0 \\ \frac{1}{2} & \frac{1}{4} & \frac{1}{4} \end{bmatrix}$$

假设 $p(x_1) = a$，请计算：

（1）接收端的平均不确定度。

（2）由噪声产生的平均不确定度。

（3）信道容量。

知识点：信道容量、熵、条件熵。

17. 令随机变量 X 和 Y 分别代表信道的输入、输出符号，$X \in \{x_1, x_2, \cdots, x_r\}$，$Y \in \{y_1, y_2, \cdots, y_s\}$。证明：若对于任意的信道输入集合，信道疑义度 $H(X|Y)$ 均为 0，则信道矩阵每列有且只有一个非零元素。

知识点：信道模型、条件熵。

18. 已知信道输入和输出均为长度为 2 的二进制代码，并且信道的输入、输出以概率 1 发生如下转移：00→00、01→10、10→11、11→01。假设信道输入消息相互独立且服从等概率分布，请问该信道的平均互信息量为多少？

知识点：离散信道模型。

5.7 仿真实验

5.7.1 信源记忆性对信息传输性能的影响

1．实验目的

模拟生成长度可变的有记忆和无记忆序列，将它们输入同一个无记忆通道，如图 5.44 所示。通过构建信源的概率空间、信宿的概率空间以及信源和信宿的联合概率空间，评估和对比两种序列产生的平均互信息量，分析信源记忆性对信息传输性能的影响。

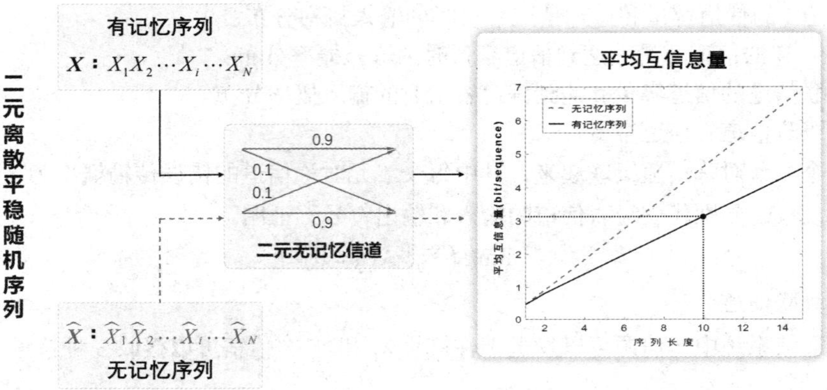

图 5.44 实验示意

2．实验内容 1——有记忆序列通过无记忆信道

（1）以概率 $p(0)=0.3077$、$p(1)=0.6923$ 生成足够多的符号“0”和“1”。

（2）将所有符号依次输入二元无记忆信道，模拟生成信道的输出符号。二元无记忆信道的信道矩阵为

$$\boldsymbol{P}_{Y_1|X_1}=\begin{bmatrix} p(0|0)=0.9 & p(1|0)=0.1 \\ p(0|1)=0.1 & p(1|1)=0.9 \end{bmatrix}$$

其中，X_1 和 Y_1 分别代表信道的输入符号和输出符号。

（3）构建信道输出符号 X_1 的概率空间模型、信道输入和输出符号 X_1、Y_1 的联合概率空间模型，计算熵 $H(X_1)$、熵 $H(Y_1)$、联合熵 $H(X_1Y_1)$ 以及平均互信息量，有

$$I(X_1;Y_1)=H(X_1)+H(Y_1)-H(X_1Y_1)$$

（4）依据条件概率矩阵

$$\boldsymbol{P}_{X_2|X_1}=\begin{bmatrix} p(0|0)=0.7500 & p(1|0)=0.2500 \\ p(0|1)=0.1111 & p(1|1)=0.8889 \end{bmatrix}$$

在第一个符号的基础上生成第二个符号，构成足够多的长度为 2 的序列。

（5）将序列 (X_1, X_2) 依次输入同样的二元无记忆信道，模拟生成信道的输出序列 (Y_1, Y_2)。输入

和输出序列之间满足

$$p(Y_1Y_2 \mid X_1X_2) = p(Y_1 \mid X_1) \cdot p(Y_2 \mid X_2)$$

（6）构建信道输出序列$\{Y_1, Y_2\}$的概率空间模型、信道输入和输出序列(X_1, X_2)、(Y_1, Y_2)的联合概率空间模型，计算熵$H(X_1X_2)$、熵$H(Y_1Y_2)$、联合熵$H(X_1X_2Y_1Y_2)$以及平均互信息量，有

$$I(X_1X_2; Y_1Y_2) = H(X_1X_2) + H(Y_1Y_2) - H(X_1X_2Y_1Y_2)$$

（7）令$i=3$。

（8）依据与前两个符号的条件概率矩阵

$$\boldsymbol{P}_{X_i|X_{i-2}X_{i-1}} = \begin{bmatrix} p(0|00)=0.9 & p(1|00)=0.1 & 0.0 & 0.0 \\ 0.0 & 0.0 & p(0|01)=0.2 & p(1|01)=0.8 \\ p(0|10)=0.3 & p(1|10)=0.7 & 0.0 & 0.0 \\ 0.0 & 0.0 & p(0|11)=0.1 & p(1|11)=0.9 \end{bmatrix}$$

生成第i个符号X_i，构成足够多的长度为i的序列。

（9）将序列$(X_1, X_2, \cdots, X_i)$依次输入同样的二元无记忆信道，模拟生成信道的输出序列$(Y_1, Y_2, \cdots, Y_i)$。输入和输出序列之间满足

$$p(Y_1Y_2\cdots Y_i \mid X_1X_2\cdots X_i) = \prod_{l=1}^{i} p(Y_l \mid X_l)$$

（10）构建信道输出序列$(Y_1, Y_2, \cdots, Y_i)$的概率空间模型、信道输入和输出序列$(X_1, X_2, \cdots, X_i)$、$(Y_1, Y_2, \cdots, Y_i)$的联合概率空间模型，计算熵$H(X_1X_2\cdots X_i)$、熵$H(Y_1Y_2\cdots Y_i)$、联合熵$H(X_1X_2\cdots X_iY_1Y_2\cdots Y_i)$以及平均互信息量，有

$$I(X_1X_2\cdots X_i; Y_1Y_2\cdots Y_i) = H(X_1X_2\cdots X_i) + H(Y_1Y_2\cdots Y_i) - H(X_1X_2\cdots X_iY_1Y_2\cdots Y_i)$$

（11）令$i=i+1$，重复步骤（8）～步骤（10），直至输入序列的长度达到 15。

（12）统计平均互信息量随信道输入序列长度变化的情况。

3．实验内容 2——无记忆序列通过无记忆信道

（1）以概率$p(0)=0.3077$、$p(1)=0.6923$生成足够多的符号“0”和“1”。

（2）将所有符号依次输入二元无记忆信道，模拟生成信道的输出符号。二元无记忆信道的信道矩阵为

$$\boldsymbol{P}_{Y_1|X_1} = \begin{bmatrix} p(0|0)=0.9 & p(1|0)=0.1 \\ p(0|1)=0.1 & p(1|1)=0.9 \end{bmatrix}$$

其中，X_1和Y_1分别代表信道的输入符号和输出符号。

（3）构建信道输出符号X_1的概率空间模型、信道输入和输出符号X_1Y_1的联合概率空间模型，计算熵$H(X_1)$、熵$H(Y_1)$、联合熵$H(X_1Y_1)$以及平均互信息量，有

$$I(X_1;Y_1) = H(X_1) + H(Y_1) - H(X_1Y_1)$$

（4）令$i=2$。

（5）依据概率$p(0)=0.3077$、$p(1)=0.6923$生成第i个符号X_i，构成足够多的长度为i的无记忆序列$X_1X_2\cdots X_i$，满足

$$p(X_1X_2\cdots X_i) = \prod_{l=1}^{i} p(X_l)$$

（6）将序列 $(X_1, X_2, \cdots, X_i)$ 依次输入同样的二元无记忆信道，模拟生成信道的输出序列 $(Y_1, Y_2, \cdots, Y_i)$。输入和输出序列之间满足

$$p(Y_1Y_2\cdots Y_i \mid X_1X_2\cdots X_i)=\prod_{l=1}^{i} p(Y_l \mid X_l)$$

（7）构建信道输出序列 $(Y_1, Y_2, \cdots, Y_i)$ 的概率空间模型、信道输入和输出序列 $(X_1, X_2, \cdots, X_i)$、$(Y_1, Y_2, \cdots, Y_i)$ 的联合概率空间模型，计算熵 $H(X_1X_2\cdots X_i)$、熵 $H(Y_1Y_2\cdots Y_i)$、联合熵 $H(X_1X_2\cdots X_iY_1Y_2\cdots Y_i)$ 以及平均互信息量，有

$$I(X_1X_2\cdots X_i;\ Y_1Y_2\cdots Y_i)=H(X_1X_2\cdots X_i)+H(Y_1Y_2\cdots Y_i)-H(X_1X_2\cdots X_iY_1Y_2\cdots Y_i)$$

（8）令 $i=i+1$，重复步骤（5）～步骤（7），直至输入序列的长度达到 15。

（9）统计平均互信息量随信道输入序列长度变化的情况，并与实验内容 1 的结果进行对比，阐释两个实验结果的异同，理解信源记忆性对信息传输性能的影响。

5.7.2 级联信道的信息传输特性

1．实验目的

如图 5.45 所示，模拟黑白格图像在级联信道中的传输效果。统计级联信道输入集合与各个子信道输出集合之间的平均互信息量，对比各个子信道输出图像的质量，从“数”“像”两个角度分析级联信道的信息传输特性，验证信息不增定理。

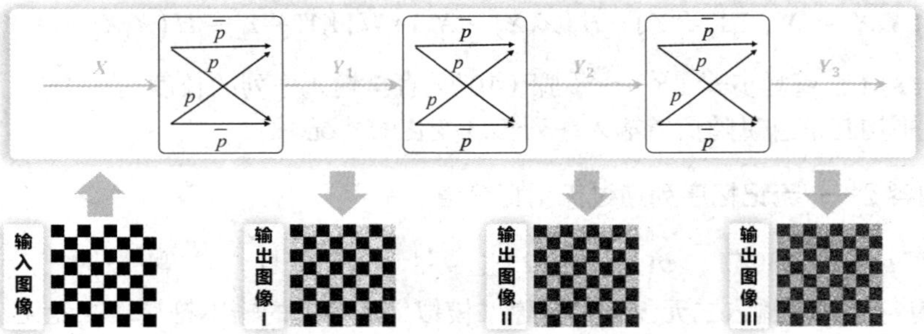

图 5.45 实验示意

2．实验内容

（1）构建由 3 个二元对称信道构成的级联信道。其中，各个子信道的信道矩阵为

$$\boldsymbol{P}=\begin{bmatrix} p(0|0)=\overline{p} & p(1|0)=p \\ p(0|1)=p & p(1|1)=\overline{p} \end{bmatrix}$$

（2）假设信道输入符号服从等概率分布，分别计算级联信道输入集合与各个子信道输出集合之间的平均互信息量 $I(X;Y_1)$、$I(X;Y_2)$、$I(X;Y_3)$，其中，X 代表级联信道的输入符号，Y_1、Y_2、Y_3 分别代表第一个、第二个、第三个子信道的输出符号。总结级联信道平均互信息量随子信道数目的变化规律，基于信息不增定理进行解释。

（3）令 $\overline{p}=0.9$。选择黑白格图像，逐像素（分别以符号“0”和“1”代表黑白像素）输入步骤（1）中构建的级联信道，模拟生成各个子信道的输出图像。依次构建各个子信道输出符号的概率空

间模型 $p(Y_1)$、$p(Y_2)$、$p(Y_3)$ 及其与级联信道输入符号的联合概率空间模型 $p(XY_1)$、$p(XY_2)$、$p(XY_3)$，计算平均互信息量

$$I(X;Y_i)=H(X)+H(Y_i)-H(XY_i) \qquad i=1,\ 2,\ 3$$

（4）对比步骤（3）的计算结果以及各个环节的输入、输出图像，具象化理解信息不增定理。

拓展学习

读者可参考以下主题，自行与大模型工具对话，并查阅相关文献，了解“离散信道”的更多知识。

（1）由于老化、干扰等原因，数据存储介质的读写过程可能发生误码，符号随之翻转。如何采用信道模型对该问题进行描述？误码率通常是多少？

（2）在航天测控系统中，信号往往需要经过地面站、卫星、终端等多个节点传输。请用级联信道描述该信号的传输过程，并分析信息在其中的变化情况。

（3）5G Massive MIMO 利用多个天线并行传输数据、提高信道容量。试探究其工作原理是什么？又该如何定量化描述？

（4）偏远地区地形复杂，传统基站覆盖不足。我国大力推进和完善农村通信基础设施建设，已经取得了显著的成效。请分析 5G+卫星互联网的形式，是否适用于农村通信基础设施建设。

第 6 章 有噪信道编码

在通信系统中，为了减少传输错误，提升信息传输的可靠性，通常会引入信道编译码模块。信道编译码的基本思想是由信道编码器在信源或信源编码器的输出序列中加入与之相关的冗余信息，然后由信道译码器依据相关性来检测和纠正信道输出序列中的差错，对抗传输过程的干扰、噪声等不利因素，使得信道译码器的输出序列与信源或信源编码器的输出序列尽量相似，如图 6.1 所示。

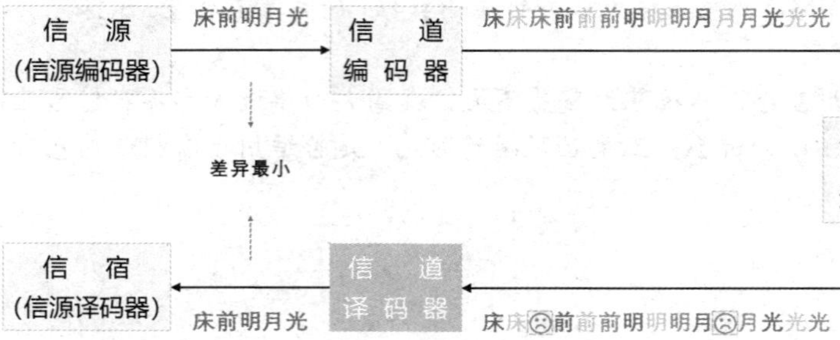

动画示意

图 6.1　信道编译码的基本思想

为了评价信息传输的差错，本章将引入“平均错误概率”的概念，给出最佳译码规则；然后探究有噪信道编码方法，联合信道编码和最佳译码来减小平均错误概率；最后介绍有噪信道编码定理（即香农第二定理），明确信息可靠传输的理论极限。本章思维导图如图 6.2 所示。

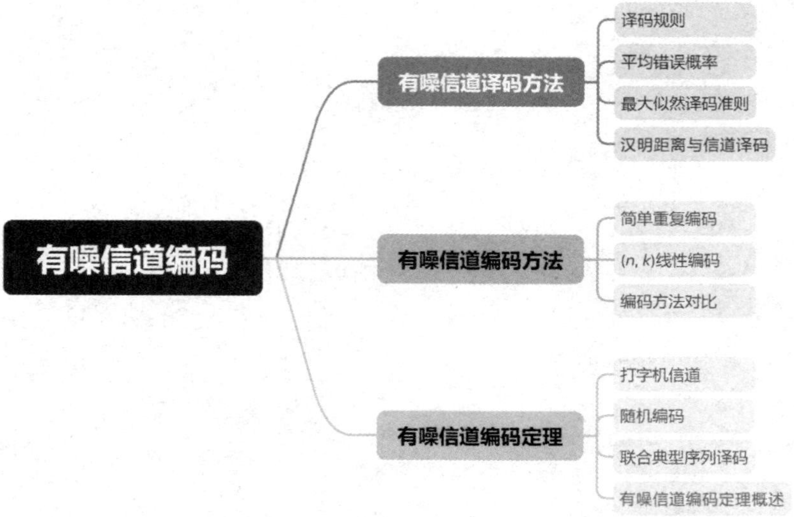

图 6.2　本章思维导图

6.1 有噪信道译码方法

最佳译码规则

6.1.1 译码规则

译码规则是指一族确定信道译码器输入和输出映射关系的函数。

如图 6.3 所示，如果译码器的输入集合为 $\{y_1, y_2, \cdots, y_j, \cdots, y_s\}$，输出集合为 $\{x_1, x_2, \cdots, x_i, \cdots, x_r\}$，那么与之匹配的译码规则将由 s 个函数构成，即

$$\begin{cases} F(y_1) = x_k \\ F(y_2) = x_l \\ \quad \vdots \\ F(y_j) = x_i \\ \quad \vdots \\ F(y_s) = x_m \end{cases} \tag{6-1}$$

这 s 个函数逐一将输入集合中的每个元素映射为输出集合中的某个元素。例如，该译码规则中的第 j 个函数 $F(y_j) = x_i$ 决定了输入元素 y_j 应当被映射为输出元素 x_i。

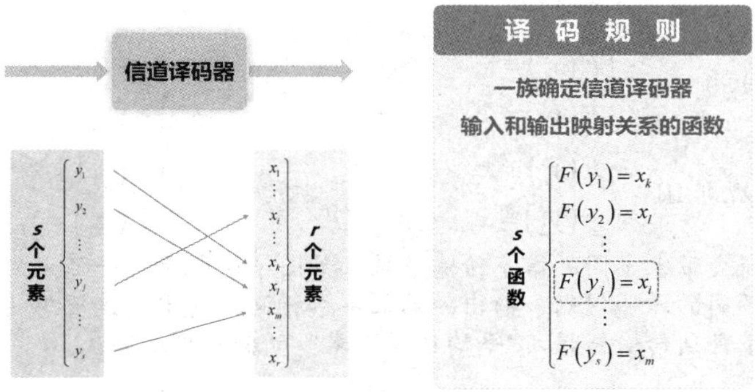

图 6.3　译码规则示意

显然，译码规则并不唯一。这是因为输入集合中的每个元素都可以映射为输出集合中的任何一个元素。例如，对图 6.4 中的信道译码器而言，每个输入元素都有 r 种译码选择，候选的译码规则共有 r^s 种。

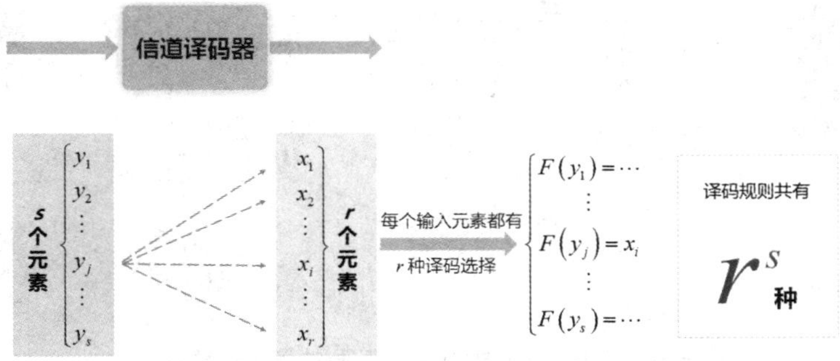

图 6.4　信道译码规则并不唯一

例 6.1：二元信道译码规则

在图 6.5 所示的二元通信系统中，信源的输出集合（即信道的输入集合）为$\{x_1, x_2\}$，信道的输出集合为$\{y_1, y_2\}$。

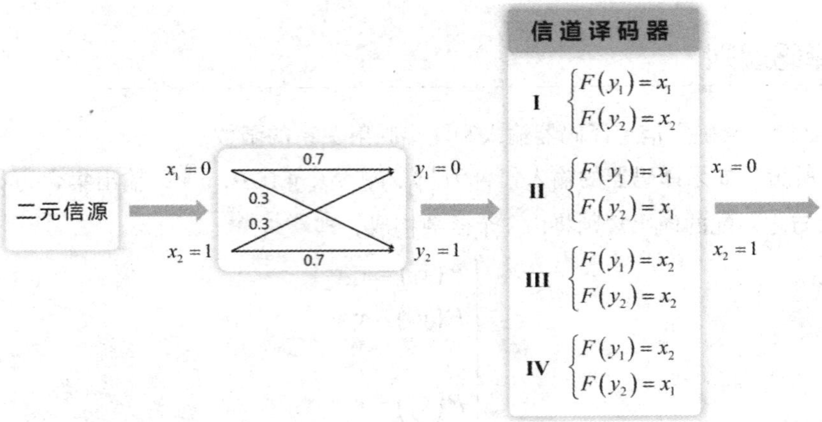

图 6.5　二元信道译码规则

在信道编译码中，信道译码器的输出结果要与信源（或信源编码器）的输出序列尽量相近，这就要求信道译码器的输出集合和信源（或信源编码器）的输出集合必须相同。因此，在本例中，信道译码器的输出集合应为$\{x_1, x_2\}$；输入集合则与信道的输出集合相同，为$\{y_1, y_2\}$。那么，可选的译码规则共有$r^s|_{r=2,\,s=2}=4$种，分别是

规则 I $\begin{cases}F(y_1)=x_1\\F(y_2)=x_2\end{cases}$　　规则 II $\begin{cases}F(y_1)=x_1\\F(y_2)=x_1\end{cases}$

规则 III $\begin{cases}F(y_1)=x_2\\F(y_2)=x_2\end{cases}$　　规则 IV $\begin{cases}F(y_1)=x_2\\F(y_2)=x_1\end{cases}$

不同的译码规则将会带来不同的信息传输效果。如图 6.6 所示，一张黑白图像，先通过二元信道，再分别经过 4 种不同的译码规则，输出的结果不尽相同。其中，最理想的结果无疑是传输错误最小的那个。为了定量评估传输错误，“平均错误概率”的概念应运而生。

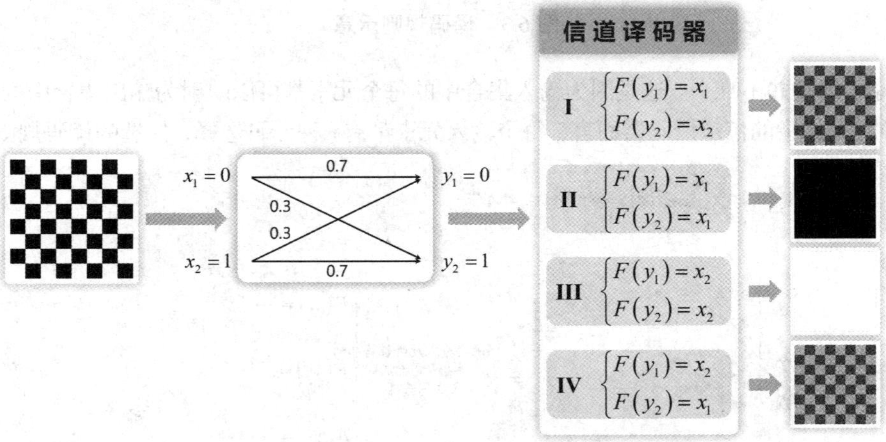

图 6.6　不同的译码规则带来不同的信息传输效果

6.1.2　平均错误概率

若某个译码规则选择将信道的输出元素 y_j 译为 x^*，即 $F(y_j)=x^*$，并且此时信源或信源编码器输出的元素是 x^*，则译码是正确的，如图 6.7 所示；若信源或信源编码器输出的元素不是 x^*，则译码是错误的，如图 6.8 所示。综上所述，对译码函数 $F(y_j)=x^*$ 而言，译码正确概率为 $p(x^*|y_j)$，译码错误概率为

$$p_E(y_j)=1-p\left[F(y_j)|y_j\right] \tag{6-2}$$

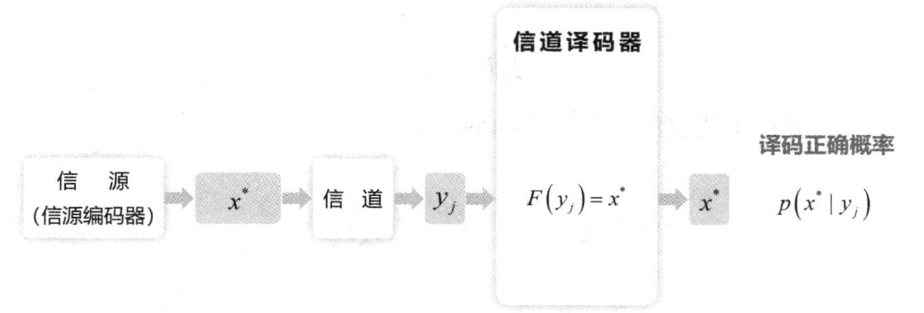

图 6.7　译码正确示意

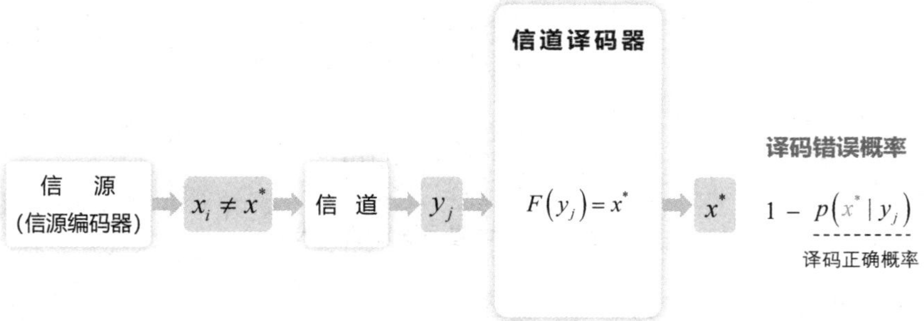

图 6.8　译码错误示意

类似地，如果一个译码规则包含 s 个函数，可以逐一计算每个函数的译码错误概率，得到一组数值，如图 6.9 所示。不过，用一组数值来评价一个译码规则的优劣并不方便，通常也不可行。因此，有必要给出一个综合评价指标。

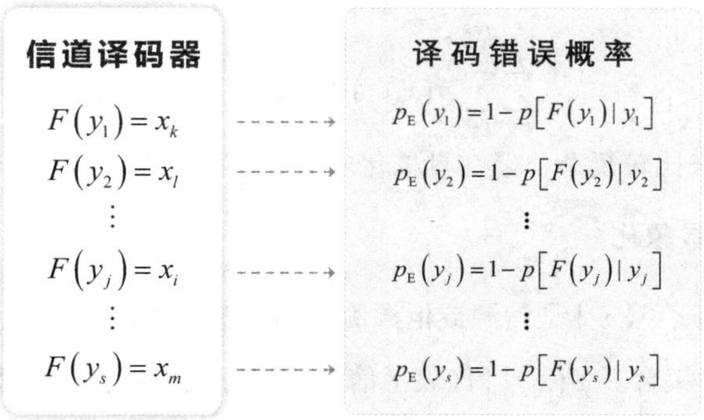

图 6.9　译码规则中每个函数的译码错误概率

1．平均错误概率的引入

如图 6.10 所示，假设输出集合为$\{y_1, y_2,\cdots, y_s\}$的信道输出了N个元素，并且N足够大，则其中元素y_j的数目为$N\cdot p(y_j)$。若译码规则中y_j对应的译码错误概率为$p_{\mathrm{E}}(y_j)$，则对符号y_j进行信道译码，产生的错误次数为

$$N\cdot p(y_j)\cdot p_{\mathrm{E}}(y_j)$$

遍历所有的信道输出元素，可以得到总的译码错误次数为

$$\sum_{j=1}^{s}N\cdot p(y_j)\cdot p_{\mathrm{E}}(y_j)$$

除以N，得到

$$p_{\mathrm{E}}=\sum_{j=1}^{s}p(y_j)\cdot p_{\mathrm{E}}(y_j) \tag{6-3}$$

p_{E}代表了平均每次译码产生错误的概率，简称平均错误概率。

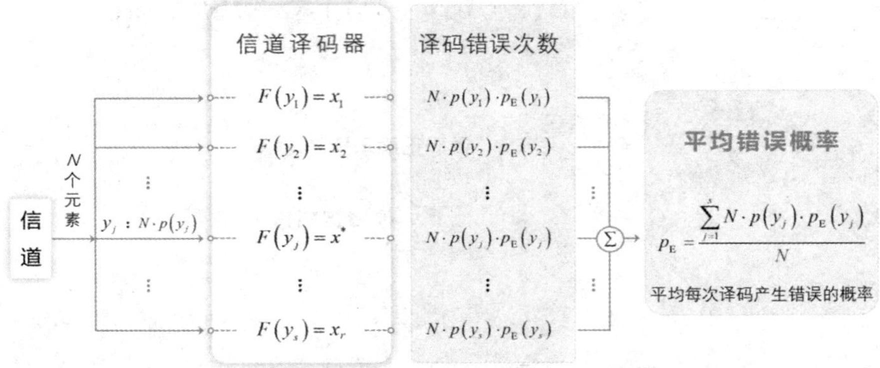

图 6.10　平均错误概率的引入

将式（6-2）代入式（6-3），可得

$$\begin{aligned}p_{\mathrm{E}}&=\sum_{j=1}^{s}p(y_j)\cdot p_{\mathrm{E}}(y_j)\\&=\sum_{j=1}^{s}p(y_j)\cdot\{1-p[F(y_j)\mid y_j]\}\\&=1-\sum_{j=1}^{s}p[F(y_j),y_j]\\&=\sum_{i=1}^{r}\sum_{j=1}^{s}p(x_iy_j)-\sum_{j=1}^{s}p[F(y_j),y_j]\end{aligned} \tag{6-4}$$

尽管式（6-4）看起来比较复杂，但在具象化之后，其意义就会变得非常清晰。

2．平均错误概率的具象化

如图 6.11 所示，$\{x_1, x_2,\cdots, x_r\}$是信源或信源编码器的输出集合，$\{\hat{x}_1, \hat{x}_2,\cdots, \hat{x}_r\}$、$\{y_1, y_2,\cdots, y_s\}$分别是信道的输入和输出集合。$p(x_iy_j)$代表了信源或信源编码器输出元素$x_i$与信道输出元素$y_j$的联合概率。由于信源或信源编码器的输出元素$x_i$和信道输入元素$\hat{x}_i$是一一对应的，因此，联合概率

$p(x_i y_j)$ 等于信道输入、输出元素的联合概率 $p(\hat{x}_i y_j)$。相应地，如图 6.12 所示，信源或信源编码器输出元素与信道输出元素的联合概率矩阵等价于信道输入、输出元素的联合概率矩阵。

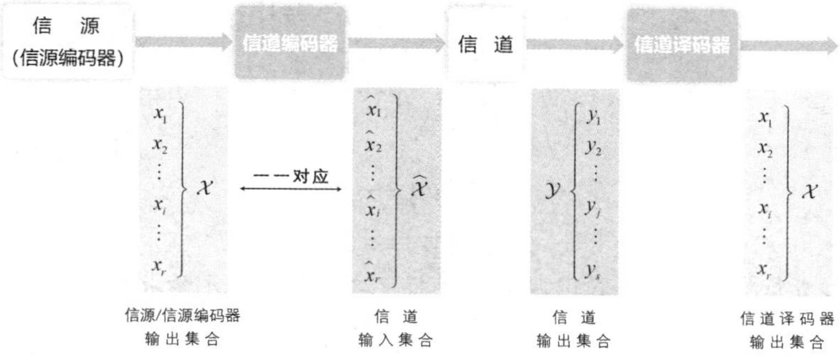

图 6.11　信道编码器与信道译码器的输入、输出集合

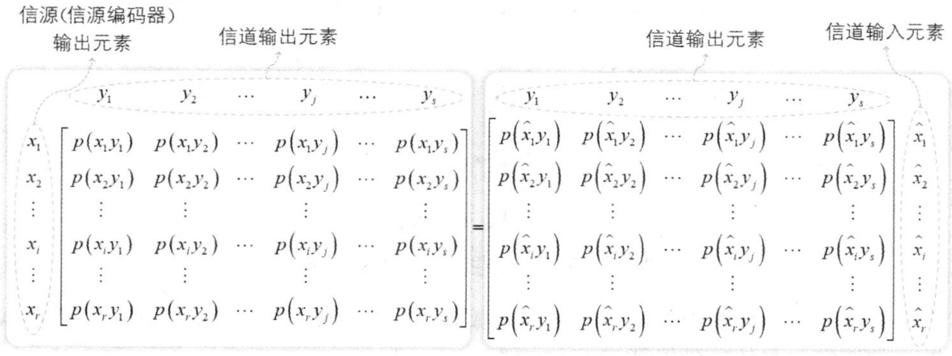

图 6.12　联合概率矩阵

在联合概率矩阵上可以标记出译码规则中的每个函数。如图 6.13 所示，若译码规则中的第一个函数选择将 y_1 译为 x_2，就在联合概率矩阵中第一列第二行的位置上做标记。类似地，逐一把每个译码函数都标记在信道输入、输出元素的联合概率矩阵上。矩阵中每列有且只有一个位置会被选中。这些标记位置之和恰好等于式（6-4）中的第二项 $\sum_{j=1}^{s} p\left[F(y_j), y_j\right]$。因此，若将式（6-4）中的第一项视作联合概率矩阵中所有元素之和，那么除去标记位置后，联合概率矩阵中剩下元素之和，恰好就是该译码规则的平均错误概率。

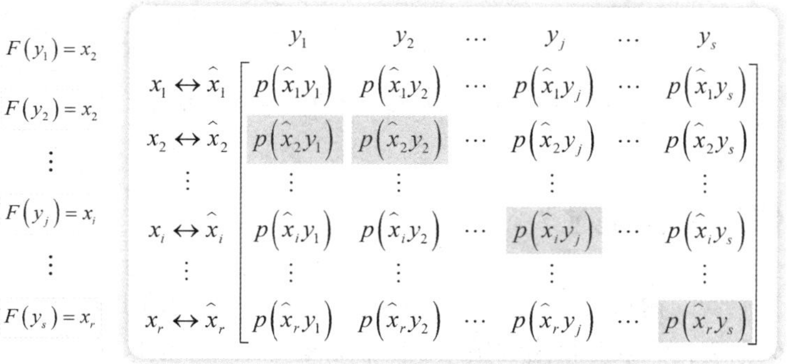

动画示意

图 6.13　平均错误概率的具象化示意

例 6.2：二元信道译码的平均错误概率

如图 6.5 所示，假设信源输出等概率分布的二元序列，对于这个二元通信系统，可选的译码规则有 4 种，每种译码规则由两个函数组成。

信道输入元素为 $\{x_1 = 0, x_2 = 1\}$，输出元素为 $\{y_1 = 0, y_2 = 1\}$，输入、输出元素的联合概率矩阵为

$$\begin{bmatrix} 0.35 & 0.15 \\ 0.15 & 0.35 \end{bmatrix} \tag{6-5}$$

根据译码规则 I

$$\begin{cases} F(y_1) = x_1 \\ F(y_2) = x_2 \end{cases} \tag{6-6}$$

在联合概率矩阵上进行标记，如图 6.14 所示。对标记之外的其余元素求和后，可得译码规则 I 的平均错误概率为

$$\begin{aligned} p_{\mathrm{E}} &= 1 - \{p[F(y_1), y_1] + p[F(y_2), y_2]\} \\ &= 1 - [p(x_1, y_1) + p(x_2, y_2)] \\ &= 0.3 \end{aligned} \tag{6-7}$$

$$\begin{array}{c} \\ x_1 \\ x_2 \end{array} \begin{array}{c} \begin{array}{cc} y_1 & y_2 \end{array} \\ \begin{bmatrix} 0.35 & 0.15 \\ 0.15 & 0.35 \end{bmatrix} \end{array}$$

图 6.14　根据译码规则 I 在联合概率矩阵上进行标记

类似地，可以求得其他 3 种译码规则的平均错误概率，如图 6.15 所示。相较之下，译码规则 I 的平均错误概率最小，它为最佳译码规则。

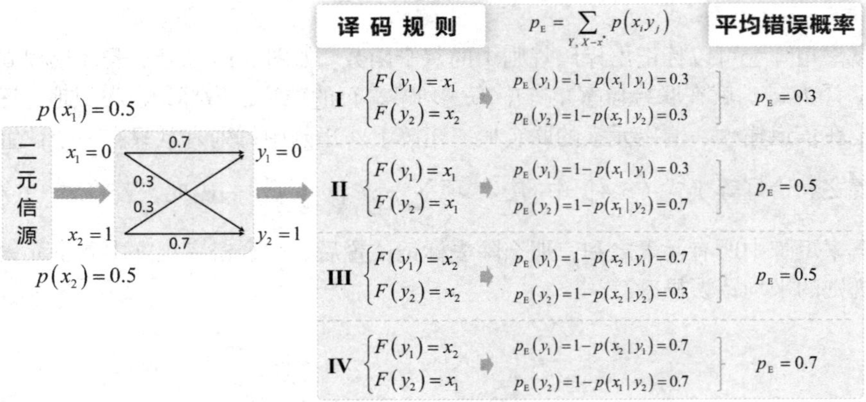

图 6.15　不同译码规则的平均错误概率

6.1.3 最大似然译码准则

若信源或信源编码器的输出集合为 $\mathcal{X} = \{x_1, x_2, \cdots, x_r\}$，信道的输出集合为 $\mathcal{Y} = \{y_1, y_2, \cdots, y_s\}$，构造信源或信源编码器输出元素与信道输出元素的联合概率矩阵。依据式（6-4）和图 6.13，若将矩阵每列中数值最大的位置选出来作为译码函数，即将元素 y_j 译为与之联合概率最大的元素 x^*，有

$$p\left(x^*, y_j\right) \geqslant p\left(x_i y_j\right), \quad i=1, 2, \cdots, r \tag{6-8}$$

则平均错误概率

$$p_{\mathrm{E}} = 1 - \sum_{y_j \in \mathcal{Y}} p\left(x^*, y_j\right) \tag{6-9}$$

可以达到最小。不等式（6-8）被称为最大似然译码准则。

不等式（6-8）也可以表达为

$$p\left(y_j \mid x^*\right) p\left(x^*\right) \geqslant p\left(y_j \mid x_i\right) p\left(x_i\right) \qquad i=1, 2, \cdots, r \tag{6-10}$$

当信源或信源编码器的输出集合为等概率分布（即$p\left(x_i\right)=\dfrac{1}{r}$）时，最大似然译码准则简化为

$$p\left(y_j \mid x^*\right) \geqslant p\left(y_j \mid x_i\right) \tag{6-11}$$

相应地，最小平均错误概率为

$$\begin{aligned} p_{\mathrm{E}} &= 1 - \sum_{y_j \in \mathcal{Y}} p\left(x^*, y_j\right) \\ &= 1 - \sum_{y_j \in \mathcal{Y}} p\left(x^*\right) p\left(y_j \mid x^*\right) \\ &= 1 - \frac{1}{r} \sum_{y_j \in \mathcal{Y}} p\left(y_j \mid x^*\right) \end{aligned} \tag{6-12}$$

例 6.3：最大似然译码准则的应用

在图 6.16 所示的通信系统中，信源输出符号的概率相等，即 $p\left(x_1\right)=p\left(x_2\right)=0.5$，信道矩阵为

$$\boldsymbol{P} = \begin{bmatrix} \frac{1}{2} & \frac{1}{3} & \frac{1}{6} \\ \frac{1}{6} & \frac{1}{2} & \frac{1}{3} \end{bmatrix}$$

依据式（6-11），可以确定最佳译码规则为

$$\begin{cases} F\left(y_1\right) = x_1 \\ F\left(y_2\right) = x_2 \\ F\left(y_3\right) = x_2 \end{cases} \tag{6-13}$$

相应的平均错误概率为

$$\begin{aligned} p_{\mathrm{E}} &= 1 - \frac{1}{2} \sum_{y_j \in \mathcal{Y}} p\left(y_j \mid x^*\right) \\ &= \frac{1}{3} \end{aligned} \tag{6-14}$$

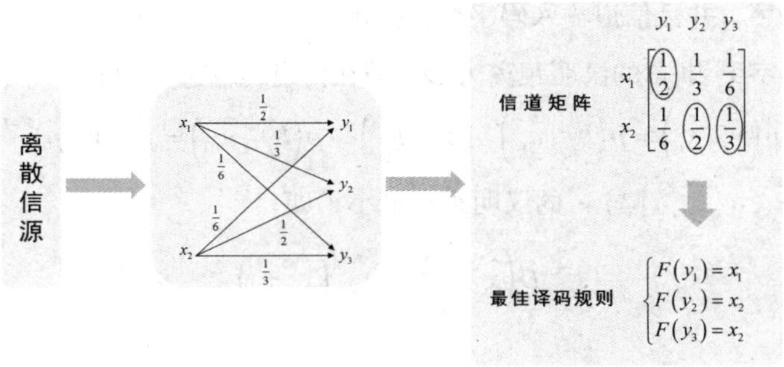

图 6.16　最佳译码规则设计

6.1.4 汉明距离与信道译码

在数字通信中，除了最大似然译码准则，最小汉明距离准则也常用于最佳译码规则的设计。

1．汉明距离

设 $X = x_1x_2\cdots x_n$ 、$Y = y_1y_2\cdots y_n$ 为两个长度为 n 的二元码字，它们的汉明距离定义为

$$D(X,Y)=\sum_{k=1}^{n}x_k\oplus y_k \tag{6-15}$$

其中，$\oplus$ 表示模二和运算。式（6-15）表明，两个码字的汉明距离是它们在相同位置上不同码元符号的数目之和。

比如，码字 $X=101111$ 和码字 $Y=111100$ 的汉明距离为 $D(X,\ Y)=3$。

2．最小汉明距离

在二元代码组 $\mathcal{C}$ 中，任意两个码字 C_i 和 C_j 的汉明距离的最小值，称为代码组 $\mathcal{C}$ 的最小距离，即

$$D_{\min}=\min\left\{D\left(C_i,\ C_j\right),\ C_i\neq C_j,\ C_i,\ C_j\in\mathcal{C}\right\} \tag{6-16}$$

例如，代码组 $\{000,\ 011,\ 101,\ 110\}$ 的最小汉明距离为 2，代码组 $\{000,\ 001,\ 010,\ 100\}$ 的最小汉明距离为 1。

3．最小汉明距离准则

如图 6.11 所示，$\{x_1,\ x_2,\cdots,\ x_r\}$ 是信源或信源编码器的输出集合，$\left\{\hat{x}_1,\ \hat{x}_2,\cdots,\ \hat{x}_r\right\}$、$\{y_1,\ y_2,\cdots,\ y_s\}$ 分别是信道的输入和输出码字集合。对于 y_j，信道译码器首先应当译成集合 $\left\{\hat{x}_1,\ \hat{x}_2,\cdots,\ \hat{x}_r\right\}$ 中与之具有最小汉明距离的码字 $\hat{x}^*$，即选择译码规则 $F\left(y_j\right)=\hat{x}^*$，使之满足

$$D\left(\hat{x}^*,y_j\right)=D_{\min}\left(\hat{x}_i,y_j\right) \tag{6-17}$$

再译为集合 $\{x_1,\ x_2,\cdots,\ x_r\}$ 中与 $\hat{x}^*$ 一一对应的元素 x^*。

下面以二元对称无记忆信道为例，证明最小汉明距离准则。

证明：

假设二元对称无记忆信道的误码率为 $p\ (p<0.5)$，$\hat{x}_i=\hat{a}_{i_1}\hat{a}_{i_2}\cdots\hat{a}_{i_n}$ 和 $y_j=b_{j_1}b_{j_1}\cdots b_{j_n}$ 分别为信道输入和输出的二元码字，并且信道输入码字的发生概率相等。

进一步，假设码字 $\hat{x}_i$ 和 y_j 的汉明距离为 D，即在信道传输过程中有 D 个位置发生错误，则

$$p\left(y_j\mid\hat{x}_i\right)=p\left(b_{j_1}\mid\hat{a}_{i_1}\right)p\left(b_{j_2}\mid\hat{a}_{i_2}\right)\cdots p\left(b_{j_n}\mid\hat{a}_{i_n}\right)=p^D(1-p)^{n-D} \tag{6-18}$$

若 $\hat{x}^*$ $\left(\hat{x}^*\in\left\{\hat{x}_1,\ \hat{x}_2,\cdots,\ \hat{x}_r\right\}\right)$ 与 y_j 的汉明距离最小，即

$$D\left(\hat{x}^*,y_j\right)=D_{\min}\left(\hat{x}_i,y_j\right) \tag{6-19}$$

则

$$p\left(y_j \mid \hat{x}^*\right) \geqslant p\left(y_j \mid \hat{x}_i\right) \tag{6-20}$$

依据式（6-11）所示的最大似然译码准则，应当将 y_j 译为与其条件概率最大的码字 $\hat{x}^*$。最小汉明距离准则得证。

由上述证明过程可知，严格地讲，最小汉明距离准则的应用是存在前提条件的：首先，信道输入码字的发生概率应当相等；其次，信道是二元对称无记忆的。

例 6.4：最小汉明距离准则的应用

一个二元信源可以输出 4 种消息：$x_1 = 00$、$x_2 = 01$、$x_3 = 10$、$x_4 = 11$。对这 4 种消息进行表 6.1 所示的 $(5, 2)$ 线性编码（详见 6.2.2 小节），然后通过图 6.17 所示的二元对称无记忆信道进行传输。

表 6.1　$(5, 2)$ 线性编码

信源输出消息	信道编码结果
$x_1 = 00$	$\hat{x}_1 = 00000$
$x_2 = 01$	$\hat{x}_2 = 01011$
$x_3 = 10$	$\hat{x}_3 = 10101$
$x_4 = 11$	$\hat{x}_4 = 11111$

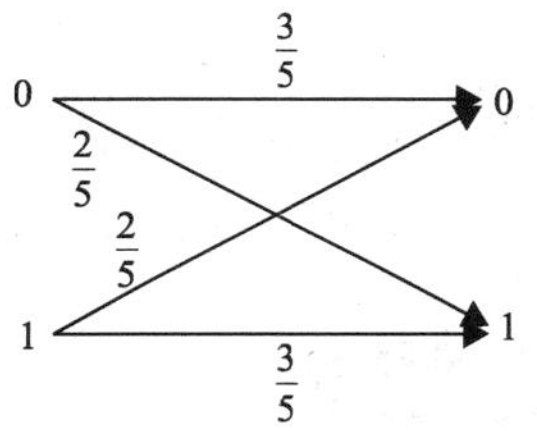

图 6.17　二元对称无记忆信道

若信源输出消息的概率分布为

$$p(x_1) = \frac{1}{10},\ p(x_2) = \frac{2}{10},\ p(x_3) = \frac{3}{10},\ p(x_4) = \frac{4}{10} \tag{6-21}$$

下面探讨分别采用最大似然译码准则和最小汉明距离准则对信道输出结果 $y_2 = 00001$ 进行译码的差异。

（1）计算信道输入码字与输出结果 y_2 的联合概率

$$\begin{aligned}
p\left(\hat{x}_1 y_2\right) &= \frac{3}{5}\times\frac{3}{5}\times\frac{3}{5}\times\frac{3}{5}\times\frac{2}{5}\times\frac{1}{10} = \frac{81}{15625} \\
p\left(\hat{x}_2 y_2\right) &= \frac{3}{5}\times\frac{2}{5}\times\frac{3}{5}\times\frac{2}{5}\times\frac{3}{5}\times\frac{2}{10} = \frac{108}{15625} \\
p\left(\hat{x}_3 y_2\right) &= \frac{2}{5}\times\frac{3}{5}\times\frac{2}{5}\times\frac{3}{5}\times\frac{3}{5}\times\frac{3}{10} = \frac{162}{15625} \\
p\left(\hat{x}_4 y_2\right) &= \frac{2}{5}\times\frac{2}{5}\times\frac{2}{5}\times\frac{2}{5}\times\frac{3}{5}\times\frac{4}{10} = \frac{96}{15625}
\end{aligned} \tag{6-22}$$

根据最大似然译码准则，信道译码器应将信道输出结果 y_2 先译为 $\hat{x}_3$，再译为与之对应的信源消息 x_3，即选择译码规则 $F(y_2) = x_3$。

（2）采用最小汉明距离准则，应当将信道输出结果 $y_2=00001$ 译成与之具有最小汉明距离的码字。因此，信道译码器应将信道输出结果 y_2 先译为 $\hat{x}_1$，再译为与之对应的信源消息 x_1，即选择译码规则 $F(y_2)=x_1$。

从上面的结果可以看出，在信道输入码字非等概率的情况下，采用最小汉明距离准则未必能够获得最佳译码规则。

综上所述，基于最大似然译码准则设计最佳译码规则，能够使得平均错误概率尽量小。那么，平均错误概率的下界在哪里呢？费诺不等式回答了这个问题。如图 6.18 所示，费诺不等式描述了平均错误概率与信道疑义度之间的关系，指出平均错误概率的下界是由信道特性决定的（证明参见附录 L）。因此，最佳译码并不能无限地减小平均错误概率。若要在不更换物理信道的情况下，进一步减小平均错误概率，就需要借助信道编码来改变信道的传输特性了。

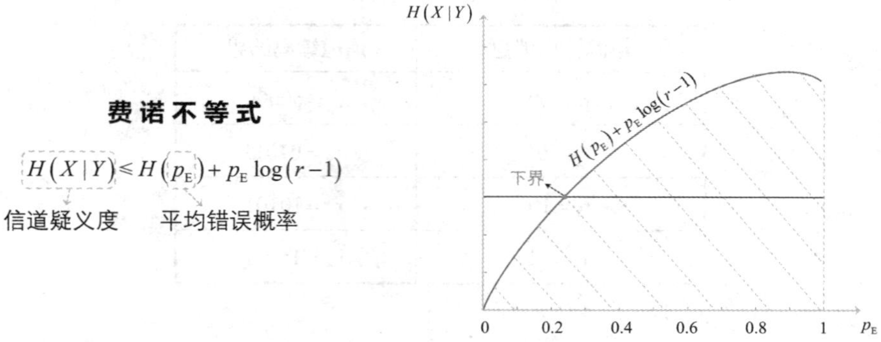

图 6.18　费诺不等式释义

6.2 有噪信道编码方法

有噪信道编码方法

信道编码器的作用是：采用码符号集合 $\{x_1, x_2, \cdots, x_r\}$ 中的码元符号 x_i，对信源或信源编码器输出的 M 个消息序列 $S_1, S_2, \cdots, S_M$ 进行编码，得到与之一一相应的 M 个码字 $W_1, W_2, \cdots, W_M$，如图 6.19 所示。

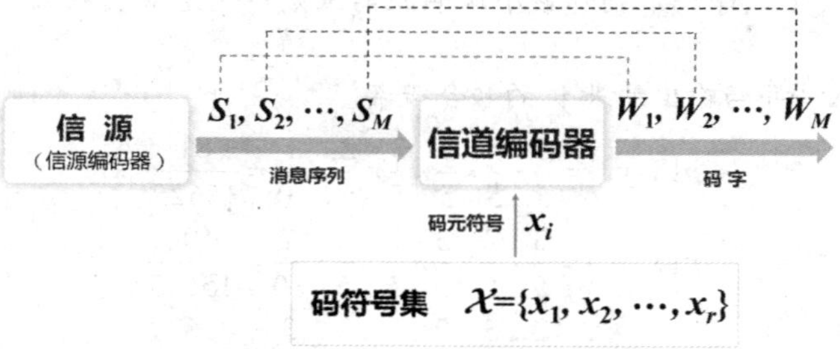

图 6.19　信道编码器的作用

有噪信道编码的基本思想是：在信源或信源编码器输出的序列中加入冗余信息，从而减少有效信息在传输过程中的损失（见图 6.20）。这类似于通过塞泡沫来降低货物在运输过程中的受损概率。不同的塞泡沫方式，造就了不同的信道编码方法。

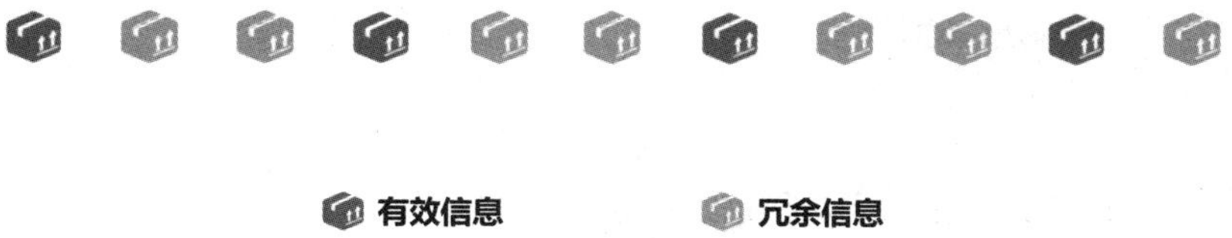

图 6.20　有噪信道编码的基本思想

动画示意

下面主要介绍两种有噪信道编码方法：简单重复编码和(n, k)线性编码。

6.2.1　简单重复编码

所谓简单重复编码，顾名思义，就是简单地重复信源或信源编码器的输出符号。重复的次数不同，会带来的信息传输性能不同。

图 6.21 展示了三次重复编码的概念。若对一个只产生 0 和 1 两种符号的信源进行三次重复编码，则信源输出符号为“0”时，信道编码器将会重复发出 3 个“0”；信源输出符号为“1”时，信道编码器将会重复发出 3 个“1”。这种信道编码方法，在不经意间契合了一句流行语：重要的事情说三遍。

动画示意

图 6.21　三次重复编码

采用简单重复编码会带来什么好处呢？下面仍以三次重复编码为例进行解释。

1. 三次重复编码的性能

对于图 6.22 所示的二元通信系统，信源等概率输出符号 0 和 1，然后通过无记忆二元对称信道传输。其中，无记忆二元对称信道如图 6.23 所示。

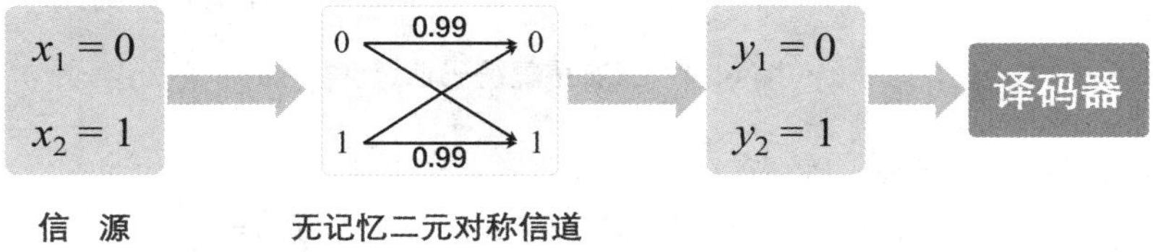

图 6.22　二元通信系统

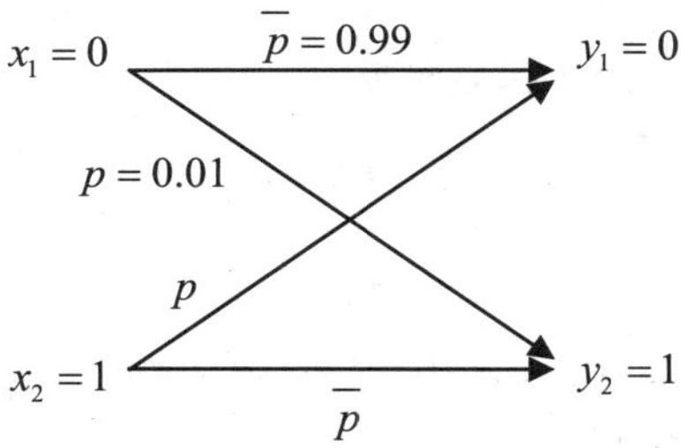

图 6.23　无记忆二元对称信道

根据图 6.23，可以构建信道矩阵

$$\begin{bmatrix} \bar{p} & 1-\bar{p} \\ 1-\bar{p} & \bar{p} \end{bmatrix} \tag{6-23}$$

其中，$\bar{p}=0.99$，它代表无记忆二元对称信道的正确传输概率。

采用最大似然译码准则，依据式（6-11）和式（6-12），可得图 6.22 所示二元通信系统的最小平均错误概率为

$$p_{\mathrm{E}}=1-\frac{1}{2}\sum_{y_j\in\mathcal{Y}} p\left(y_j \mid x^*\right)=0.01 \tag{6-24}$$

其中，x^* 代表将符号 y_j 译为的符号。

如图 6.24 所示，在图 6.22 所示通信系统中引入三次重复编码，信道编码器将信源输出符号“0”“1”分别映射为“000”“111”。相应地，信道的输入不再是符号 0 和 1，而是序列 $\alpha_1=000$ 和 $\alpha_8=111$。需要注意的是，虽然信道的输入序列只有两种，但是输出序列却有 8 种：$\beta_1=000$，$\beta_2=001$，$\beta_3=010$，$\beta_4=011$，$\beta_5=100$，$\beta_6=101$，$\beta_7=110$，$\beta_8=111$。根据离散无记忆信道的特点

$$p\left(Y_1Y_2Y_3 \mid X_1X_2X_3\right)=\prod_{i=1}^{3} p\left(Y_i \mid X_i\right) \tag{6-25}$$

可以得到三次重复编码后的信道矩阵为

$$\begin{bmatrix} \bar{p}^3 & \bar{p}^2 p & \bar{p}^2 p & \bar{p}p^2 & \bar{p}^2 p & \bar{p}p^2 & \bar{p}p^2 & p^3 \\ p^3 & \bar{p}p^2 & \bar{p}p^2 & \bar{p}^2 p & \bar{p}p^2 & \bar{p}^2 p & \bar{p}^2 p & \bar{p}^3 \end{bmatrix} \tag{6-26}$$

在式（6-25）中，(X_1, X_2, X_3)、(Y_1, Y_2, Y_3) 分别代表无记忆信道的输入和输出序列。

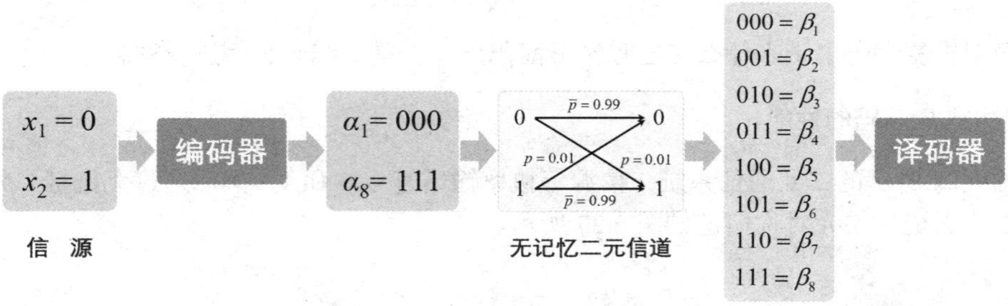

图 6.24　三次重复编码信道

依然采用最大似然译码准则，有

$$\begin{matrix} F\left(\beta_1\right)=x_1 & F\left(\beta_2\right)=x_1 & F\left(\beta_3\right)=x_1 & F\left(\beta_4\right)=x_2 \\ F\left(\beta_5\right)=x_1 & F\left(\beta_6\right)=x_2 & F\left(\beta_7\right)=x_2 & F\left(\beta_8\right)=x_2 \end{matrix} \tag{6-27}$$

其中，$x_1=0$，$x_2=1$。

图 6.24 所示通信系统的最小平均错误概率为

$$p_{\mathrm{E}}=1-\frac{1}{2}\sum_{\beta_j\in\mathcal{B}} p\left(\beta_j \mid x^*\right)\approx 3.0\times 10^{-4} \tag{6-28}$$

其中，$\mathcal{B}$ 代表三次重复编码后的信道输出序列集合，x^* 代表将序列 β_j 译为的符号。

对比式（6-24）和式（6-28）可以发现，采用三次重复编码后，平均错误概率从 10^{-2} 降到 3.0×10^{-4}，几乎降了两个量级。其原因是什么呢？

2．三次重复编码的机理

对于编码前的通信系统，可以将信源和信宿之间的部分视作由无记忆二元信道和信道译码器级联而成的组合信道，如图 6.25 所示。其中，无记忆二元信道的信道矩阵如式（6-23）所示，信道译码器输入、输出之间的映射关系为

$$\begin{bmatrix} 1 & 0 \\ 0 & 1 \end{bmatrix} \tag{6-29}$$

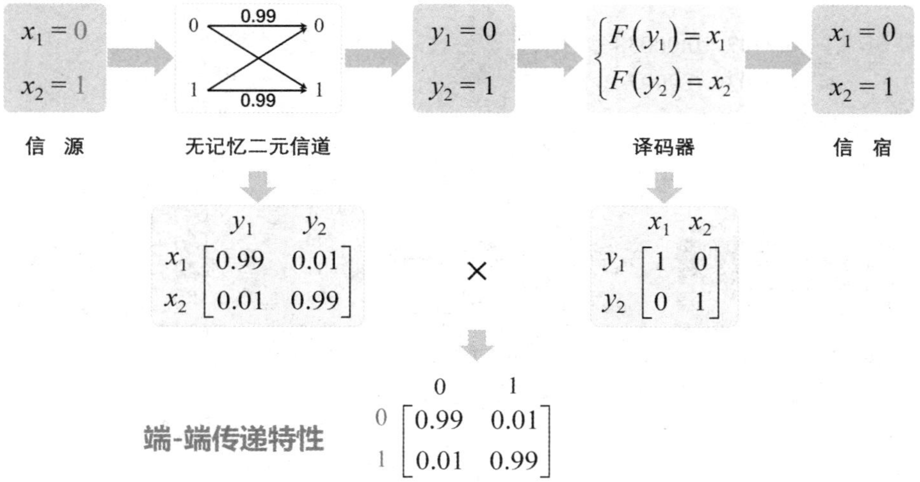

图 6.25　三次重复编码前的通信系统

独立级联信道的信道矩阵等于其中各个子信道的信道矩阵之积。综合无记忆二元信道的信道矩阵和信道译码器的输入和输出的映射关系，可得信源至信宿的端-端传输特性矩阵为

$$\boldsymbol{P}=\begin{bmatrix} 0.99 & 0.01 \\ 0.01 & 0.99 \end{bmatrix}\cdot\begin{bmatrix} 1 & 0 \\ 0 & 1 \end{bmatrix}=\begin{bmatrix} 0.99 & 0.01 \\ 0.01 & 0.99 \end{bmatrix} \tag{6-30}$$

式（6-30）表明，从信源到信宿的符号正确传输概率为 0.99。

对于编码后的通信系统，可以将信源和信宿之间的部分视作由信道编码器、无记忆二元信道和信道译码器级联而成的组合信道，如图 6.26 所示。其中，信道矩阵如式（6-26）所示，信道编码器、译码器的输入和输出的映射关系分别为

$$\boldsymbol{P}_{\mathrm{c}}=\begin{bmatrix} 1 & 0 \\ 0 & 1 \end{bmatrix},\quad \boldsymbol{P}_{\mathrm{d}}=\begin{bmatrix} 1 & 0 \\ 1 & 0 \\ 1 & 0 \\ 0 & 1 \\ 1 & 0 \\ 0 & 1 \\ 0 & 1 \\ 0 & 1 \end{bmatrix} \tag{6-31}$$

综合式（6-26）和式（6-31），可得信源至信宿的端-端传输特性矩阵为

$$\boldsymbol{P}=\begin{bmatrix}1&0\\0&1\end{bmatrix}\begin{bmatrix}\overline{p}^3&\overline{p}^2p&\overline{p}^2p&\overline{p}p^2&\overline{p}^2p&\overline{p}p^2&\overline{p}p^2&p^3\\p^3&\overline{p}p^2&\overline{p}p^2&\overline{p}^2p&\overline{p}p^2&\overline{p}^2p&\overline{p}^2p&\overline{p}^3\end{bmatrix}_{\overline{p}=0.99}\cdot\begin{bmatrix}1&0\\1&0\\1&0\\0&1\\1&0\\0&1\\0&1\\0&1\end{bmatrix} \tag{6-32}$$

$$=\begin{bmatrix}0.9997&0.0003\\0.0003&0.9997\end{bmatrix}$$

其中，正确传输概率为 0.9997。

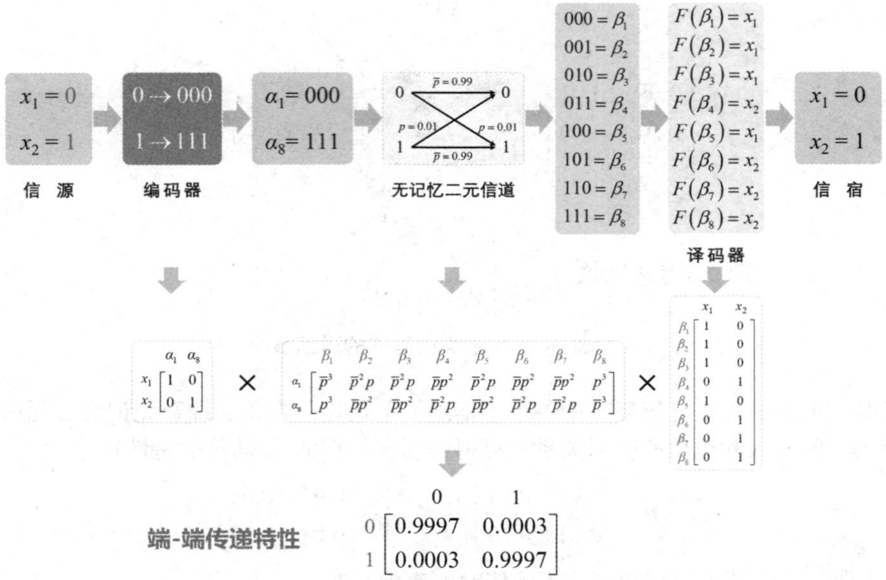

图 6.26 三次重复编码后的通信系统

对比式（6-30）和式（6-32）可以看出，平均错误概率之所以会显著下降，是因为三次重复编码将信息传递过程中的正确概率从 0.99 提升至 0.9997。

3．简单重复编码的优势与劣势

如何提升可靠性与有效性是通信的两大主题。平均错误概率反映了可靠性，有效性则可以由信息传输率来体现。

信息传输率指信道编码后平均每个码元所携带的信息量。若信源等概率输出消息序列，则信息传输率可以表示为

$$R=\frac{\log M}{n} \tag{6-33}$$

其中，M 代表信源输出消息序列的个数，n 代表信道编码的码长。对于采用简单重复编码的通信系统，$M=2$，式（6-33）可以简化为 $R=\dfrac{1}{n}$。

依然采用图 6.22 中的二元信源和无记忆信道，将简单重复编码的次数 n 从 1 增加到 11，并采用最大似然译码准则，可得最小平均错误概率 p_E 和信息传输率 R，如表 6.2 所示。

表 6.2　简单重复编码性能

简单重复编码次数 n	最小平均错误概率 p_E	信息传输率 R （bit/symbol）
1	1.0×10^{-2}	1
3	3.0×10^{-4}	$\frac{1}{3}$
5	9.9×10^{-6}	$\frac{1}{5}$
7	3.4×10^{-7}	$\frac{1}{7}$
9	1.2×10^{-8}	$\frac{1}{9}$
11	4.4×10^{-10}	$\frac{1}{11}$

可见，随着重复编码次数的增加，平均错误概率不断减小，可靠性越来越好；但与此同时，信息传输率持续下降，有效性越来越差。简单重复编码的优势与劣势都非常明显，可靠性的提升是以牺牲有效性为代价的。为了尽量平衡可靠性和有效性，可以采用 (n, k) 线性编码。

6.2.2　(n, k)线性编码

(n, k) 线性编码是通过预设的线性运算将信源或信源编码器输出的长度为 k 的序列，变换为 $n\,(n>k)$ 位长的码字，如图 6.27 所示。

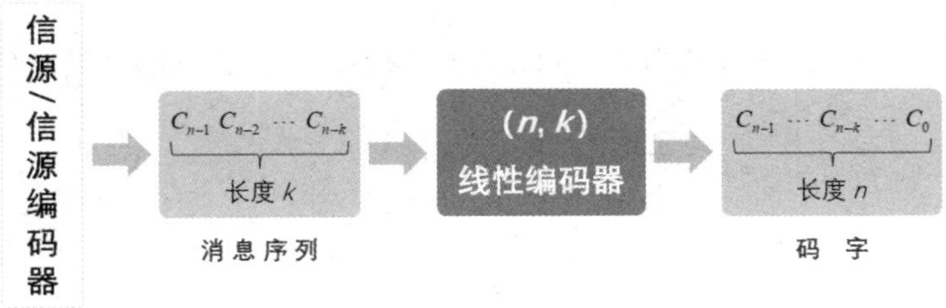

图 6.27　(n, k) 线性编码示意

1．(5, 2) 线性编码

(5, 2) 线性编码是将长度为 2 的消息序列 C_4C_3 映射为 5 位长的码字 $C_4C_3C_2C_1C_0$。具体映射规则如下

$$\begin{cases} C_4 = C_4 \\ C_3 = C_3 \\ C_2 = C_4 \oplus C_3 \\ C_1 = C_4 \\ C_0 = C_4 \oplus C_3 \end{cases} \tag{6-34}$$

即码字的前两位与消息序列中的相同，第 3 位和第 5 位是消息序列中两位的异或运算结果，第 4 位与消息序列中的第 1 位相同。

依据式（6-34），$(5,\ 2)$线性编码可以对信源或信源编码器输出的 4 种序列 00、01、10、11 进行编码，得到相应的码字 00000、01101、10111、11010。那么，信道输入序列有 4 种，输出序列则有 32 种，信道矩阵的大小为 4×32。

如图 6.28 所示，假设信源等概率输出 4 种序列，二元无记忆对称信道的正确传输概率为 0.99。类似于式（6-26）的构造过程，可以利用离散无记忆信道的特点，得到$(5,\ 2)$线性编码后的信道矩阵。依据最大似然译码准则确定最佳译码规则，可得平均错误概率为 $p_{\mathrm{E}}=7.86\times10^{-4}$，信息传输率为 $R=\left.\dfrac{\log M}{n}\right|_{M=4,\ n=5}=0.4\ \text{bit/symbol}$。

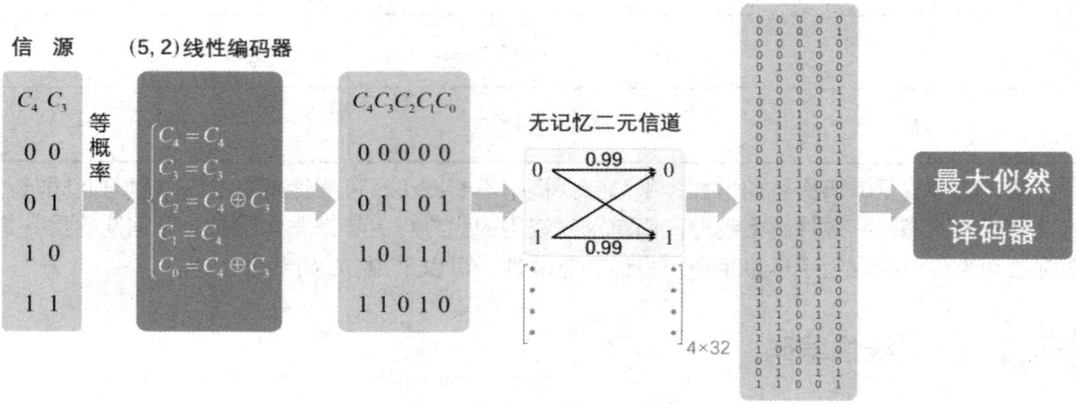

图 6.28　$(5,\ 2)$线性编码示意

2．$(7,\ 3)$线性编码

$(7,\ 3)$线性编码是将长度为 3 的消息序列 $C_6C_5C_4$ 映射为 7 位长的码字 $C_6C_5C_4C_3C_2C_1C_0$。具体映射规则如下

$$\begin{cases}C_6=C_6\\C_5=C_5\\C_4=C_4\\C_3=C_6\oplus C_4\\C_2=C_6\oplus C_5\oplus C_4\\C_1=C_6\oplus C_5\\C_0=C_5\oplus C_4\end{cases}\tag{6-35}$$

依据式（6-35），$(7,\ 3)$线性编码可以对信源或信源编码器输出的 8 种序列 000、001、010、011、100、101、110、111 进行编码，得到相应的 8 种码字。相应地，信道输入序列有 8 种，输出序列则有 128 种，信道矩阵的大小达到了 8×128。

如图 6.29 所示，假设信源输出的 8 种序列依然是等概率分布的，可得最小平均错误概率为 $p_{\mathrm{E}}=1.4\times10^{-3}$，信息传输率为

$$R=\left.\frac{\log M}{n}\right|_{M=8,\ n=7}=0.4286\ \text{bit/symbol}。$$

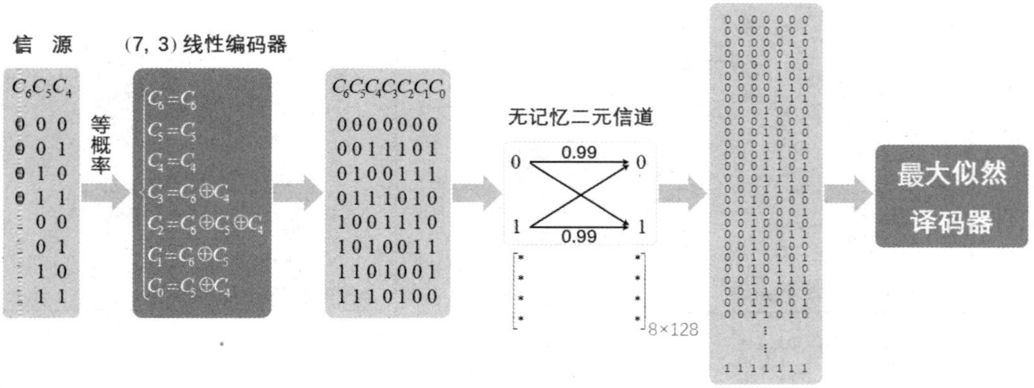

图 6.29 (7, 3) 线性编码示意

6.2.3 编码方法对比

尽管简单重复编码、(5, 2) 线性编码、(7, 3) 线性编码的对象不一样（简单重复编码的对象是单独的一个符号，(5, 2) 线性编码的对象是长度为 2 的二元序列，(7, 3) 线性编码的对象是长度为 3 的二元序列），但是这些信道编码方法完全可以用于同一个二元信源或信源编码器。如图 6.30 所示，可以直接对信源或信源编码器输出的单个符号进行简单重复编码；也可以将每两个符号分为 1 组，对每组采用 (5, 2) 线性编码；还可以将每 3 个符号分为 1 组，对每组采用 (7, 3) 线性编码。

（a）简单重复编码

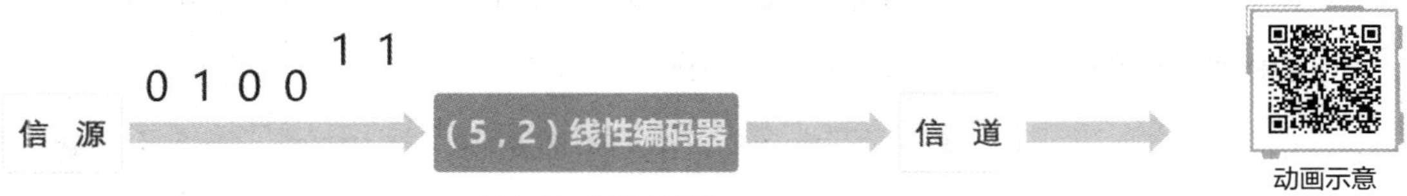

（b）(5, 2) 线性编码

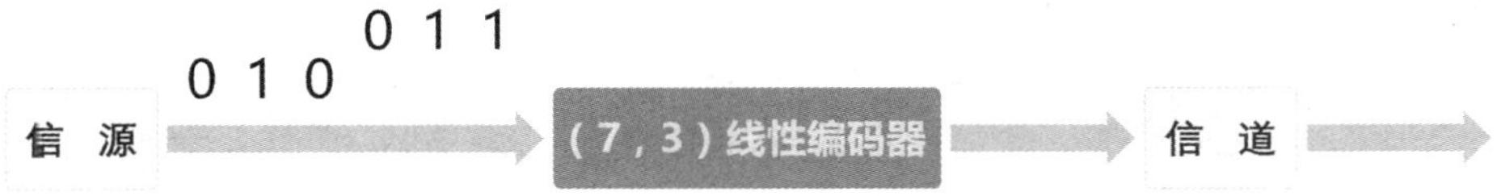

（c）(7, 3) 线性编码

图 6.30 不同信道编码方法用于同一信源

综合 6.2.1 小节和 6.2.2 小节的分析结果，图 6.31 对比了不同信道编码方法在有效性与可靠性方面的表现。从三次重复编码、(5, 2) 线性编码到 (7, 3) 线性编码，在信息传输率不断升高、有效性越来越好的同时，平均错误概率却在不断恶化，可靠性越来越差。难道有效性与可靠性就无法兼得吗？

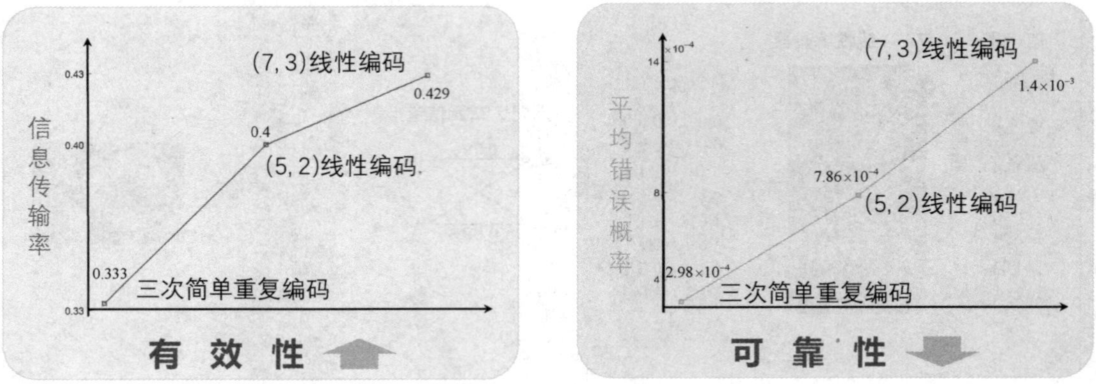

（a）有效性对比　　（b）可靠性对比

图 6.31　不同信道编码方法的性能对比

6.3 有噪信道编码定理

有噪信道编码定理

对于 6.2.3 小节最后提出的问题，香农早在 1948 年就给出了解答，那就是著名的有噪信道编码定理（即香农第二定理）。它最大的贡献在于，纠正了人们认为有效性与可靠性无法兼得的传统观念，指出了能够同时实现高有效性（接近信道容量）和高可靠性（译码平均错误概率任意小）的信道编码方法是存在的。该定理在通信领域占据着举足轻重的地位，其证明方法的构思也极为精巧、令人惊叹。下面让我们从打字机信道说起。

6.3.1 打字机信道

如图 6.32 所示，打字机信道的输入、输出集合均由 26 个英文字母构成。输入的每个英文字母会以 $\frac{1}{2}$ 的概率出现在信道的输出端，或者以 $\frac{1}{2}$ 的概率变换为下一个相邻的字母。

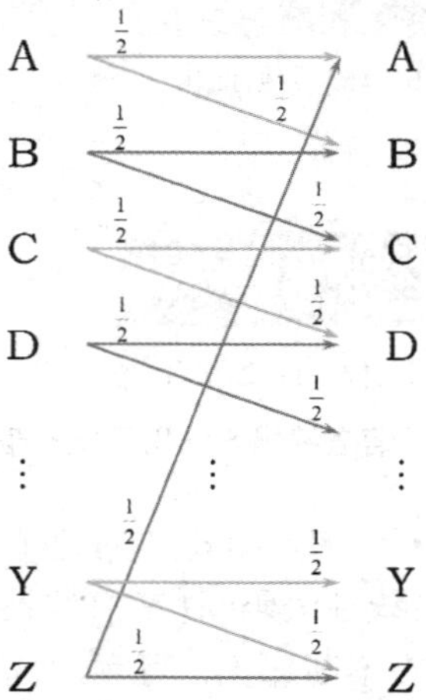

图 6.32　打字机信道

若要通过这个信道传输 13 条消息，请问如何进行信道编码和译码，才能使得译码的平均错误概率最小呢？

方法可能有很多。其中一种是这样的：间隔使用信道输入集合中的字母，如图 6.33 所示。以 A, C, E, G, …, Y 代表要传输的 13 条消息，其余的字母 B, D, F, …, Z 舍弃不用。那么，与输入符号 A 对应的输出符号为 A 或 B，与输入符号 C 对应的输出符号为 C 或 D，以此类推，与每个输入符号对应的输出子集之间互不相交，保证了由信道的输出一定能够准确地推断出信道的输入符号。比如，当信道输出的符号为 D 时，能够确定发送的符号一定是 C。如此编码，译码的平均错误概率将为 0，即达到最小。

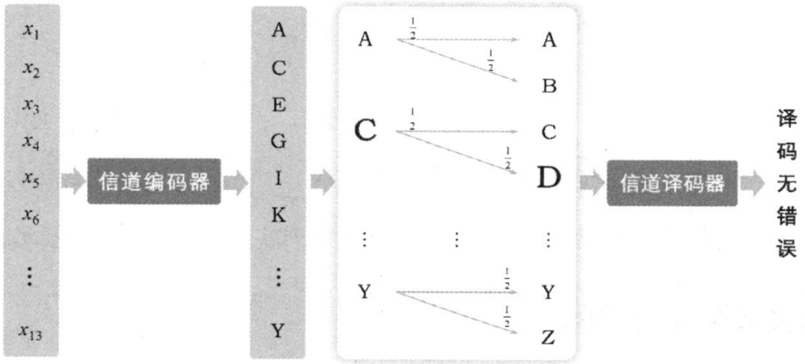

图 6.33　零错误概率信道编码方法

6.3.2 随机编码

受到打字机信道的启发，如果所设计的信道编码方法，能够使得信道输入元素对应的输出子集互不相交，就可以实现译码零错误。不过，是不是对于任意离散无记忆信道，都能构造出这样的编码方法呢？显然，这个问题并不好回答。香农另辟蹊径，提出了随机编码的思想。

"随机编码"，顾名思义，是指采用码元符号对信源或信源编码器输出的消息进行随机映射，生成码字。图 6.34 展示了二元随机编码的概念：对信源或信源编码器输出的 M 个消息进行编码，随机生成 M 个由 0 和 1 组成的长度为 n 的码字。显然，随机编码生成的代码组并不唯一。

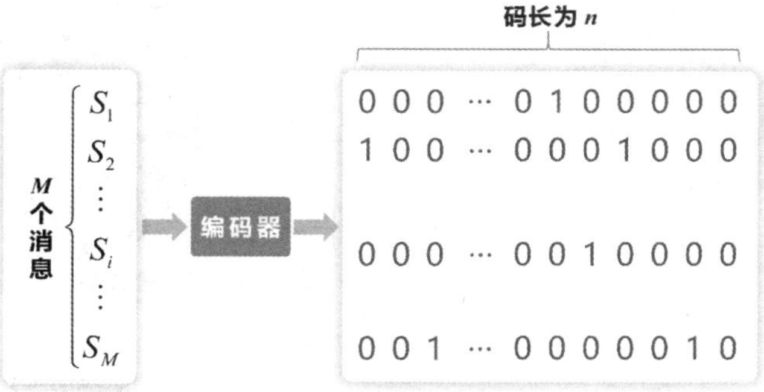

动画示意

图 6.34　二元随机编码的概念示意

随机编码看似杂乱无章，实则另有玄机。图 6.35 展示了采用离散符号集合 $\mathcal{X}=\{x_1, x_2, \cdots, x_r\}$ 构造离散无记忆序列的过程。当序列长度较短时，生成的序列在概率空间中散乱分布，毫无规律可言。

但是，随着序列长度不断增加，部分序列会在概率空间中逐渐聚集。只要序列足够长，就会存在一个任意小的子空间，其所包含的序列的概率之和趋近于 1。这个任意小的子空间被称为典型序列集合，其中的序列被称为典型序列。关于典型序列的严格定义和性质参见附录 M。

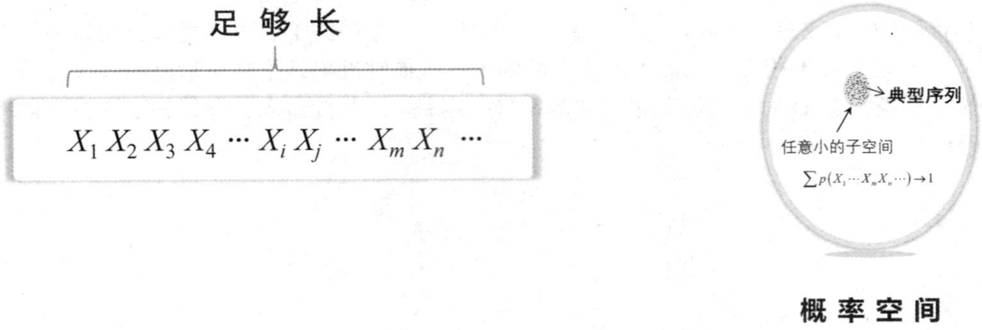

动画示意

图 6.35　典型序列示意

综上所述，只要随机编码生成的序列足够长，这个序列就会以趋近于 1 的概率成为典型序列。

6.3.3 联合典型序列译码

如果信道输入端发送的是一个足够长的典型序列，通过一个离散无记忆信道后，输出序列会以趋近于 1 的概率成为输出集合中的典型序列，同时会以趋近于 1 的概率与输入的典型序列构成联合典型序列。关于联合典型序列的严格定义和性质参见附录 N。

如果每个输入典型序列对应的输出典型序列子集之间无交集，那么，类似于打字机信道，在译码的时候就可以实现零错误概率。然而，每个输入典型序列对应的输出典型序列子集通常是相互交错的。如图 6.36 所示，黄点代表输入典型序列，红点代表输出典型序列。每个黄点对应的多个红点构成该黄点对应的输出典型序列子集，并且，子集之间的交集非空。在这种情况下，就需要改造输入集合和输出集合，从而达到一个期望的理想状态。

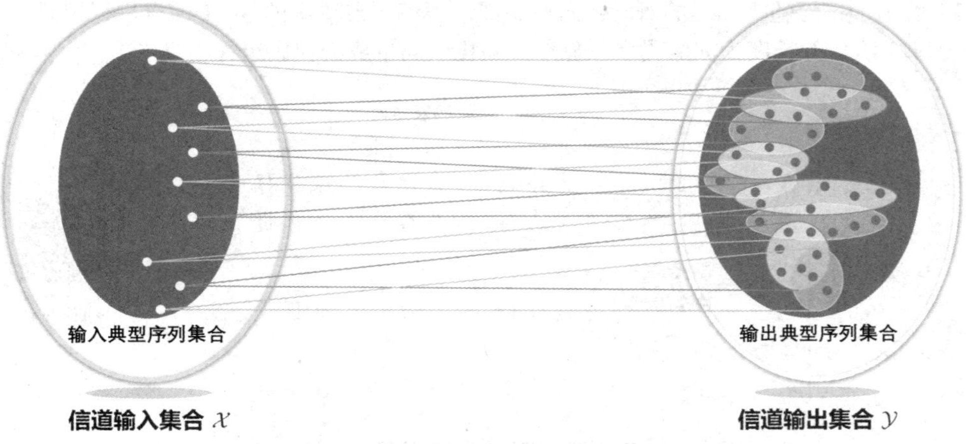

动画示意

图 6.36　输入、输出典型序列之间的映射关系

输入典型序列的数目（即黄点的数目）主要由输入符号集合 $\mathcal{X}$ 的熵 $H(X)$ 和典型序列的长度 n 决定，大约有 $2^{n\cdot H(X)}$ 个。类似地，通过离散无记忆信道后，输出典型序列的数目（即红点的数目）主要由输出符号集合 $\mathcal{Y}$ 的熵 $H(Y)$ 和序列长度 n 决定，大约有 $2^{n\cdot H(Y)}$ 个。输入和输出序列构成的联合典型序列的数目，则由输入、输出符号集合的联合熵 $H(XY)$ 决定，大约有 $2^{n\cdot H(XY)}$ 对。图 6.37 展示了上述数据。

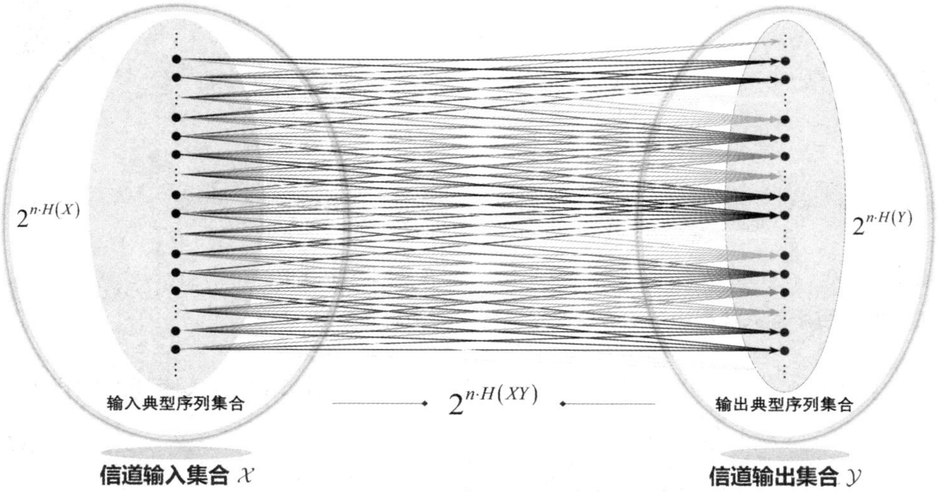

彩图示意

图 6.37　输入、输出以及联合典型序列的数目

那么，如图 6.38 所示，每个输出典型序列对应的输入典型序列的数目为

$$\frac{2^{n\cdot H(XY)}}{2^{n\cdot H(Y)}} = 2^{n\cdot H(X|Y)} \tag{6-36}$$

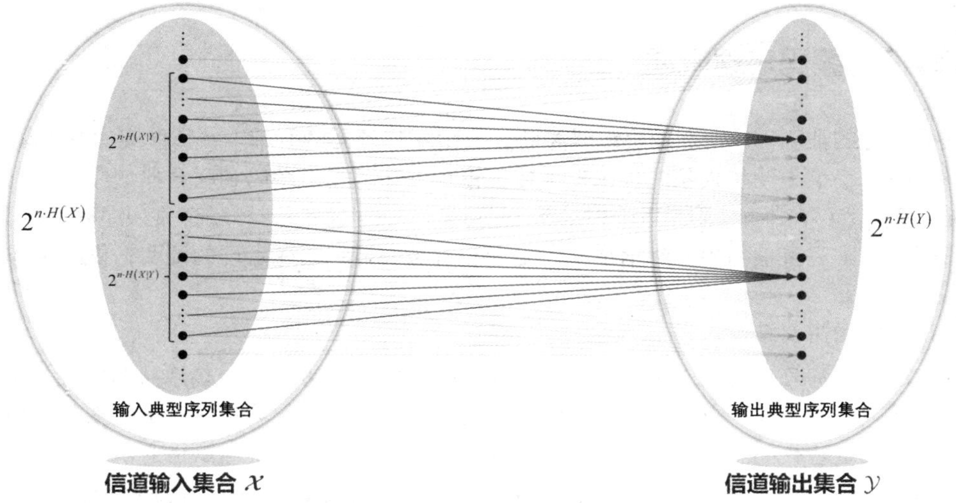

彩图示意

图 6.38　联合典型序列译码

如果像打字机信道一样，舍弃一些输入典型序列，在每 $2^{n\cdot H(X|Y)}$ 个输入典型序列中只保留一个，就有可能使得每个输出典型序列只对应一个输入典型序列，实现每个输入典型序列对应的输出典型

序列子集无交集，如图 6.39 所示。

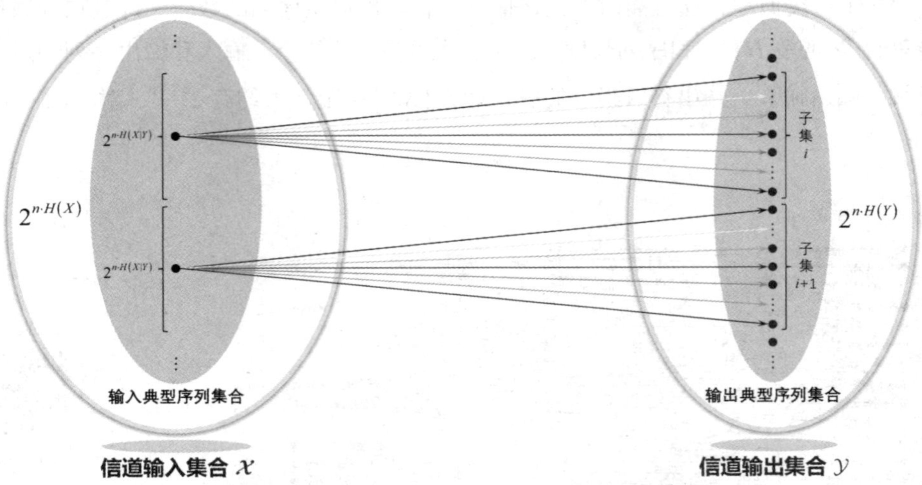

彩图示意

图 6.39 每个输入典型序列对应的输出典型序列子集无交集

依据这一思路，若在每 $2^{n\cdot H(X|Y)}$ 个输入典型序列中只保留一个，则可用的输入序列的数目为

$$M = 2^{n\cdot H(X)} \cdot \frac{1}{2^{n\cdot H(X|Y)}} = 2^{n\cdot I(X;\ Y)} \tag{6-37}$$

相应地，信息传输率 R（即传输序列中每个码元承载的信息量）最大为

$$R = \frac{\log M}{n} = I(X;\ Y) \tag{6-38}$$

即信息传输率 R 恰好等于信道输入、输出符号集合之间的平均互信息量 $I(X;\ Y)$。

综上所述，在信息传输率不超过信道平均互信息量的前提下，信道输入典型序列相对应的输出典型序列子集有望达到无交集的状态，译码有可能实现零错误。

6.3.4 有噪信道编码定理概述

有噪信道编码定理的证明，建立在随机编码和联合典型序列译码的基础上，其框架如图 6.40 所示。6.3.2 小节和 6.3.3 小节力图将抽象的理论形象化，重点阐述了随机编码和联合典型序列译码的思想，在数学的严谨性上存在不足。附录 M、附录 N 详尽地介绍了典型序列和联合典型序列的定义、性质，附录 O、附录 P 则完整地给出有噪信道编码定理和有噪信道编码逆定理的证明，供感兴趣的读者研究。

此处，仅给出证明的主要结论：

对于一个输入、输出符号分别为 X 和 Y 的离散无记忆平稳信道，当信道编码序列足够长，并且信息传输率 R 小于平均互信息量 $I(X;\ Y)$ 时，随机生成的所有代码组的平均错误概率的期望能够任意小。这就意味着，在这些代码组中，至少存在一个代码组的平均错误概率可以任意小。

通过调整信道输入符号 X 的概率分布，总可以使得平均互信息量 $I(X;\ Y)$ 达到信道容量 C，即 $I(X;\ Y) = C$。因此，上述结论可以升华为有噪信道编码定理：

对于一个离散无记忆平稳信道，只要信息传输率小于信道容量，则必然存在一种编码，当码长足够大时，可以使译码平均错误概率任意小。

图 6.40　有噪信道编码定理的证明框架

例 6.5：Z 信道的最大信息传输率

对于传输特性如式（6-39）所示的信道，采用等概率分布的 0 和 1 作为信道输入符号，随机生成 2^{nR} 个长度为 n 的码字。求在这种信道编码方式下的最大信息传输率 R，以保证码长趋近于无穷时平均错误概率可以任意小。

$$\boldsymbol{P}=\begin{bmatrix}1 & 0\\ \frac{1}{2} & \frac{1}{2}\end{bmatrix} \tag{6-39}$$

解：

采用 5.2.2 节所示的驻点法可得：当 $p(x=0)=\frac{3}{5}$ 时，该信道的信息传输率可以达到信道容量。因此，在输入符号等概率分布的情况下，信道容量是无法实现的。此时，平均互信息量为

$$I(X;Y)=H(Y)-H(Y\mid X)=0.3113\,\text{bit/symbol} \tag{6-40}$$

在这种条件下，最大信息传输率应当小于平均互信息量，才能保证码长趋近于无穷时平均错误概率可以任意小。因此，信息传输率应满足

$$R<I(X;Y)=0.3113\,\text{bit/ symbol} \tag{6-41}$$

从有噪信道编码定理的证明过程来看，随机编码和联合典型序列译码可以获得任意小的平均错误概率。但是，这两种方法在实际中的可操作性并不强。因此，学者们一直在努力构造优秀的信道编码。Turbo 码是第一个接近香农极限的编码方案，应用于 3G 和 4G 通信；LDPC 码也可以接近香农极限，被广泛应用于存储和广播领域；华为主导的 Polar 码是目前唯一理论上证明可以达到香农极限的信道编码方法，并且有着较低的编译码复杂度。2016 年，Polar 码成为 5G 控制信道 eMBB（Enhanced Mobile Broadband，增强移动宽带）控制信道的编码方案，这标志着我国通信厂商在 5G 时代有了更多的话语权。

6.4 习题

1. 某信道的输入符号集合为 $\{0, \frac{1}{2}, 1\}$，输出符号集合为 $\{0, 1\}$，信道矩阵为

$$\boldsymbol{P}=\begin{bmatrix}1 & 0\\ \frac{1}{2} & \frac{1}{2}\\ 0 & 1\end{bmatrix}$$

现有 4 个等概率出现的消息通过该信道传输。对 4 个消息按如下方式进行信道编码

$$C:\left\{\left(x_1,\ x_2,\ \frac{1}{2},\ \frac{1}{2}\right)\right\}\quad x_i=0\text{或}1\quad i=1,\ 2$$

按如下规则进行译码

$$f\left(y_1,\ y_2,\ y_3,\ y_4\right)=\left(y_1,\ y_2,\ \frac{1}{2},\ \frac{1}{2}\right)$$

请问：

（1）信道编码后的信息传输率为多少？

（2）译码的平均错误概率是多少？

知识点：有噪信道编码、有噪信道译码。

2. 设有一离散无记忆信道，其信道矩阵为

$$\boldsymbol{P}=\begin{bmatrix}\frac{1}{2}&\frac{1}{2}&0&0&0\\0&\frac{1}{2}&\frac{1}{2}&0&0\\0&0&\frac{1}{2}&\frac{1}{2}&0\\0&0&0&\frac{1}{2}&\frac{1}{2}\\\frac{1}{2}&0&0&0&\frac{1}{2}\end{bmatrix}$$

假设信源等概率输出 5 种消息 0、1、2、3、4，找出一个码长为 2 的重复码，使其信息传输率为 $\frac{1}{2}\log5$。如果按最大似然译码准则设计译码器，求译码器输出端的平均错误概率。

知识点：有噪信道编码、有噪信道译码。

3. 一个二元对称信道的信道矩阵为 $\begin{bmatrix}1-p&p\\p&1-p\end{bmatrix}$。信道输入符号 0、1 的概率分别为 ω、$1-\omega$。假设 $p<\frac{1}{2}$，请设计基于最大似然译码准则的最佳译码规则，并计算相应的平均错误概率。

知识点：最大似然译码准则

4. 将 4 个码字 $w_1=0000$、$w_2=0011$、$w_3=1100$、$w_4=1111$ 送入一个二元对称信道。若输入码字的概率分布为 $p\left(w_1\right)=\frac{1}{2}$、$p\left(w_2\right)=\frac{1}{8}$、$p\left(w_3\right)=\frac{1}{8}$、$p\left(w_4\right)=\frac{1}{4}$，则平均每个码元符号携带的信息量是多少？

知识点：信息传输率。

5. 已知离散无记忆信道的信道矩阵为

$$\boldsymbol{P}=\begin{bmatrix}0.5&0.3&0.2\\0.2&0.3&0.5\\0.3&0.3&0.4\end{bmatrix}$$

且信道输入符号服从等概率分布。计算译码的最小平均错误概率 p_{E}。

知识点：最大似然译码准则。

6. 已知离散无记忆信道的信道矩阵为

$$\boldsymbol{P}=\begin{bmatrix}\frac{1}{2} & \frac{1}{3} & \frac{1}{6}\\ \frac{1}{6} & \frac{1}{2} & \frac{1}{3}\\ \frac{1}{3} & \frac{1}{6} & \frac{1}{2}\end{bmatrix}$$

信道的输入符号集合为 $\{a_1, a_2, a_3\}$ 、输出符号集合为 $\{b_1, b_2, b_3\}$ ，且 $p(a_1)=\frac{1}{2}$ ，$p(a_2)=p(a_3)=\frac{1}{4}$ 。试求最小的译码平均错误概率。

知识点：最大似然译码准则。

7. 概率分别为 ω 、$1-\omega$ 的符号 0、1，通过图 6.41 所示的二元删除信道进行传输。其中，$0\leqslant p\leqslant\frac{1}{2}$ 。

（1）设计最佳译码规则，计算最小译码平均错误概率。

（2）对两个等概率的消息进行简单重复编码，通过该二元删除信道进行传输。证明当码长无限大时译码平均错误概率趋于 0。

知识点：最大似然译码准则、简单重复编码

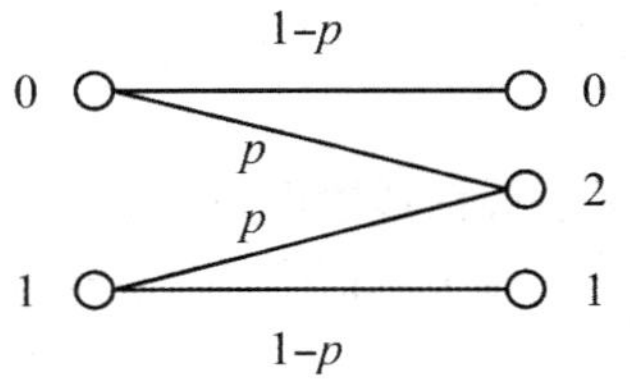

图 6.41　二元删除信道

8. 某信源以 $\frac{1}{2}$ 、$\frac{1}{4}$ 、$\frac{1}{8}$ 、$\frac{1}{8}$ 的概率输出 4 种消息。对这 4 种消息进行信道编码，分别编为 000、011、101、110，然后通过图 6.41 所示的二元删除信道进行传输。

（1）求该代码组的最小汉明距离 $D_{\min}$ 和信息传输率。

（2）设计最佳译码规则，计算最小译码平均错误概率 p_E 。

（3）如果将 4 种消息分别编为 00、01、10、11，仍通过同一信道传输，求最小译码平均错误概率。

知识点：汉明距离、最大似然译码准则、平均错误概率。

9. 代码组 {11100, 01001, 10010, 00111} 通过二元对称信道进行传输，并且每个码字的发生概率都相等。对信道输出序列 10000、01100 和 00100，应分别译成什么码字，才能使得平均错误概率最小？

知识点：最小汉明距离准则。

10. 存在一个 Z 信道，当发送 0 时，输出为 0；当发送 1 时，以概率 p 输出 1，以概率 $1-p$（$p>\frac{1}{2}$）输出 0。信道输入符号 0、1 的概率分别为 $1-\omega$ 、ω（$\omega<\frac{1}{2}$）。

（1）确定最佳译码规则，计算译码平均错误概率。

（2）将符号 0、1 分别编成 000 和 111，通过该 Z 信道传送，确定最佳译码规则，计算信息传输率和译码平均错误概率。

（3）利用长度为 n 的重复码传送符号 0、1，计算信息传输率和译码平均错误概率。当码长 $n\to\infty$ 时，结果如何？

知识点：最大似然译码规则、简单重复编码、平均错误概率、信息传输率。

11. 一个盒子里有 3 枚形状相同的硬币。其中，第一枚是均匀的，第二枚在抛掷落下后正面朝上的概率是 $\frac{3}{4}$，第三枚在抛掷落下后正面朝上的概率是 $\frac{1}{4}$ 。现从盒中随机地取出其中的一枚，进行 3 次抛掷，然后观察硬币朝上的正反面情况，回答以下问题。

（1）若某次试验结果为“正面、正面、反面”，求该试验结果与事件“取出的是第一枚硬币”之间的互信息量。

（2）根据（1）的试验结果，利用最佳译码规则确定所取的硬币是哪一枚。

（3）如果取出的是第 2 枚硬币，求利用最佳译码规则的条件错误概率。

（4）如果反复进行上述试验，并对所有的“3 次抛掷”结果进行最佳判决，求平均错误概率。

知识点：最大似然译码准则。

12. 以随机变量 X 和 Y 代表信道的输入和输出符号，$X \in \{x_1, x_2, x_3\}$，$Y \in \{y_1, y_2, y_3\}$。

（1）若信道的后验概率矩阵如下（行代表信道输出，列代表信道输入）

$$\boldsymbol{P}_{X|Y} = \begin{bmatrix} \frac{1}{6} & \frac{2}{3} & \frac{1}{6} \\ \frac{1}{6} & \frac{1}{6} & \frac{2}{3} \\ \frac{2}{3} & \frac{1}{6} & \frac{1}{6} \end{bmatrix}$$

并假设信道输出服从等概率分布，求信道疑义度及其上界。

（2）若信道的后验概率矩阵如下（行代表信道输出，列代表信道输入）

$$\boldsymbol{P}_{X|Y} = \begin{bmatrix} \frac{1}{4} & \frac{1}{2} & \frac{1}{4} \\ \frac{1}{6} & \frac{1}{6} & \frac{2}{3} \\ \frac{1}{3} & \frac{1}{3} & \frac{1}{3} \end{bmatrix}$$

并假设信道输出服从等概率分布，求信道疑义度及其上界。

知识点：费诺不等式。

13. 设无记忆二元对称信道的正确传输概率为 $\bar{p}$，错误传输概率为 $p < \frac{1}{2}$。对于 $(7, 3)$ 线性编码，在最佳译码规则下，计算平均错误概率 p_{E}（假设每个码字的出现概率相同）。

知识点：(n, k) 线性编码。

14. 证明：二元 $(2n+1,1)$ 重复码（即将一位信息位重复 $2n+1$ 次）通过二元对称信道传输，采用最大似然译码准则，译码平均错误概率为

$$p_{\mathrm{E}} = \sum_{k=n+1}^{2n+1} \binom{2n+1}{k} p^k (1-p)^{2n+1-k}$$

其中，p 为二元对称信道的错误传输概率。假设每个码字的出现概率相同。

知识点：简单重复编码。

15. 某信道编码码表如表 6.3 所示。

表 6.3 某信道编码码表

消息	码字
00	00000
01	01101
10	10111
11	11010

假设消息服从等概率分布，通过一个符号传输错误概率为 p 的二元对称信道传输，求最小的译码平均错误概率。

知识点：(n,k) 线性编码。

16. 某信道的输入集合为 $\{x_1,x_2,x_3\}$，符号的出现概率分别为 $p(x_1)=\frac{1}{2}$、$p(x_2)=\frac{1}{4}$、$p(x_3)=\frac{1}{4}$。信道的输出集合为 $\{y_1,y_2,y_3\}$，信道矩阵为

$$\boldsymbol{P}=\begin{bmatrix}1 & 0 & 0\\ 1 & 0 & 0\\ 0 & \frac{1}{2} & \frac{1}{2}\end{bmatrix}$$

求最佳译码规则。

知识点：最大似然译码准则。

17. 采用码元数目为 r、码长为 N 的分组码，通过信道容量为 C 的信道传输消息。R 为信息传输率。证明：译码的错误概率 p_{E} 满足 $p_{\mathrm{E}}\geqslant\frac{1}{\log r}\left(R-C-\frac{1}{N}\right)$。

知识点：费诺不等式。

6.5 仿真实验

6.5.1 通信系统的“可靠性”与“有效性”

1. 实验目的

如图 6.42 所示，模拟灰度图像在 3 种通信系统中的传输效果。对比信源编码和信道编码对传输时效性和传输质量的影响，解释通信中“有效性”“可靠性”的含义。

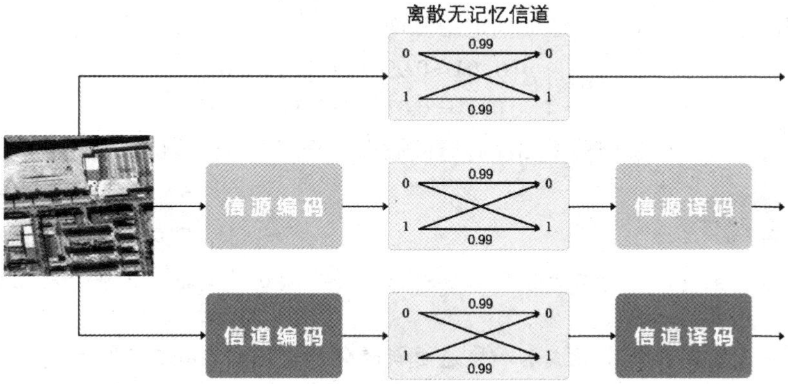

图 6.42　实验示例

2. 实验内容

选择一张灰度图像，在图 6.42 所示的 3 个通信系统中进行传输。

（1）在第一个系统中，以 8 位二进制数代表 256 阶灰度，将灰度图像转换为二元序列，通过二

元对称信道进行传输。

（2）在第二个系统中，统计各阶灰度在图像中的概率分布，对各阶灰度进行二元霍夫曼编码，得到最佳代码组。依据该代码组，将灰度图像转换为二元序列，通过二元对称信道进行传输，并进行信源译码。

（3）在第三个系统中，以 8 位二进制数代表 256 阶灰度，将灰度图像转换为二元序列。对该序列进行信道编码（例如三次重复编码），通过二元对称信道进行传输，并进行信道译码。

在上述 3 个通信系统中，二元对称信道的信道矩阵均为

$$\boldsymbol{P}=\begin{bmatrix} p(0|0)=0.99 & p(1|0)=0.01 \\ p(0|1)=0.01 & p(1|1)=0.99 \end{bmatrix}$$

对比上述通信系统输出图像的质量和信道输入序列的长度，从通信的“可靠性”“有效性”出发予以解释。

6.5.2 有噪信道编码与最佳信道译码

1. 实验目的

模拟有噪信道编码和最佳信道译码的过程，从信息传输率和译码错误概率的角度，对比简单重复编码、(5, 2) 线性编码、(7, 3) 线性编码的性能。

2. 实验内容

生成二元离散无记忆序列。其中，符号“0”“1”服从等概率分布。按照如下 3 种方式进行编码和传输。

（1）直接对序列中的单个符号进行简单重复编码，通过二元对称信道进行传输，应用最大似然译码准则进行译码。

（2）将序列中每两个符号分为 1 组，对每组采用 (5, 2) 线性编码，通过二元对称信道进行传输，应用最大似然译码准则进行译码。

（3）将每 3 个符号分为 1 组，对每组采用 (7, 3) 线性编码，通过二元对称信道进行传输，应用最大似然译码准则进行译码。

上述 3 种情况中，二元对称信道的信道矩阵均为

$$\boldsymbol{P}=\begin{bmatrix} p(0|0)=0.99 & p(1|0)=0.01 \\ p(0|1)=0.01 & p(1|1)=0.99 \end{bmatrix}$$

对比分析 3 种方式的信息传输率和译码错误概率，验证理论计算值。

拓展学习

读者可参考以下主题，自行与大模型工具对话，并查阅相关文献，了解“有噪信道编码”的更多知识。

（1）商用芯片因其高性能、低成本和快速更新的优势，逐渐在航天系统中得到了应用。但由于航天环境的极端性，商用芯片在空间环境中的可靠性面临诸多挑战。为了确保航天任务的可靠性，冗余备份等软件容错技术得到了广泛应用。请从有噪信道编码的角度解释软件容错技术的原理。

（2）北斗卫星导航系统是中国自主建设、独立运行的全球卫星导航系统，可提供高精度、高可靠的定位、导航、授时服务，并具备短报文通信等功能。北斗系统在复杂大气环境中传输数据，易受电磁干扰，因此必须采用信道编码。请探究北斗系统使用了哪些信道编码方案。

附录

附录 A

等式证明之“无中生有”

联合熵与信息熵、条件熵之间存在下述等式关系

$$H(XY)=H(X)+H(Y|X) \tag{A-1}$$

证明：

依据信息熵$H(X)$和条件熵$H(Y|X)$的定义，可得

$$H(X)=-\sum_i p(x_i)\log p(x_i) \tag{A-2}$$

$$H(Y|X)=-\sum_i\sum_j p(x_iy_j)\log p(y_j|x_i) \tag{A-3}$$

为实现上述两项相加，根据边缘概率分布与联合概率分布的关系

$$p(x_i)=\sum_j p(x_iy_j) \tag{A-4}$$

可将信息熵表示为

$$H(X)=-\sum_i\sum_j p(x_iy_j)\log p(x_i) \tag{A-5}$$

进一步求和，可得

$$\begin{aligned}H(X)+H(Y|X)&=-\sum_i\sum_j p(x_iy_j)\log p(x_i)-\sum_i\sum_j p(x_iy_j)\log p(y_j|x_i)\\&=-\sum_i\sum_j p(x_iy_j)\left[\log p(x_i)+\log p(y_j|x_i)\right]\\&=-\sum_i\sum_j p(x_iy_j)\log p(x_iy_j)\\&=H(XY)\end{aligned} \tag{A-6}$$

证明完毕。

在上述等式关系的证明中，采用了一种“无中生有”的方法：基于边缘概率分布与联合概率分布的关系，将加权系数由低维概率分布升级至高维概率分布。如式（A-2）、式（A-5）所示，加权系数从一维概率$p(x_i)$变换为联合概率$p(x_iy_j)$。该方法被广泛地应用于本书的等式证明中。

附录B

不等式证明之“对数函数线性化”

对数函数与线性函数存在下述不等式关系

$$\ln x \leqslant x-1$$

证明：

令 $f(x)=\ln x-(x-1)$，其导数 $f'(x)$ 为

$$f'(x)=\frac{1}{x}-1 \tag{B-1}$$

令 $f'(x)=0$，解得 $x=1$。又因为

$$f''(x)=-\frac{1}{x^2}<0,\quad x>0 \tag{B-2}$$

所以 $x=1$ 是极大值点，故

$$f(x)=\ln x-(x-1)\leqslant f(1)=0 \tag{B-3}$$

即 $\ln x\leqslant x-1$。

为了更形象地说明 $\ln x\leqslant x-1$，图 B.1 给出了 $y=\ln x$ 和 $y=x-1$ 两个函数在同一坐标系下的图像。可以很清晰地看到，函数 $y=\ln x$ 对应的曲线始终不会超过函数 $y=x-1$ 对应的直线。当且仅当 $x=1$ 时，两函数图像相切，即存在 $\ln x|_{x=1}=(x-1)|_{x=1}$。

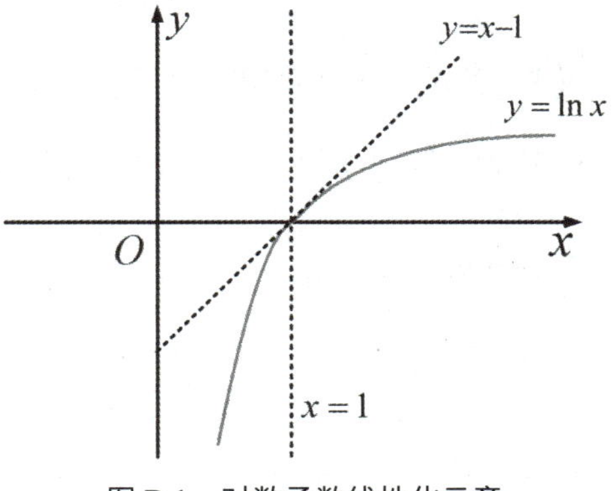

图 B.1　对数函数线性化示意

在信息论中，常用的是以 2 为底的对数。依据换底公式，可得

$$\log x=\ln x\cdot\log \mathrm{e}\leqslant(x-1)\log \mathrm{e} \tag{B-4}$$

式（B-4）所示的“对数函数线性化”，被广泛地应用于本书的不等式证明中。

附录 C 联合熵的链式关系

联合熵的链式关系是指

$$H(X_1X_2\cdots X_N)=H(X_1)+H(X_2|X_1)+H(X_3|X_1X_2)+\cdots+H(X_N|X_1X_2\cdots X_{N-1}) \quad (C\text{-}1)$$

证明：

依据信息熵和条件熵的定义，式（C-1）等号右端的各项可以分别表示为

$$H(X_1)=-\sum_{X_1}p(X_1)\log p(X_1)=-\sum_{X_1}\sum_{X_2}\cdots\sum_{X_N}p(X_1X_2\cdots X_N)\log p(X_1) \quad (C\text{-}2)$$

$$\begin{aligned}H(X_2|X_1)&=-\sum_{X_1}\sum_{X_2}p(X_1X_2)\log p(X_2|X_1)\\&=-\sum_{X_1}\sum_{X_2}\cdots\sum_{X_N}p(X_1X_2\cdots X_N)\log p(X_2|X_1)\end{aligned} \quad (C\text{-}3)$$

$$\begin{aligned}H(X_3|X_1X_2)&=-\sum_{X_1}\sum_{X_2}\sum_{X_3}p(X_1X_2X_3)\log p(X_3|X_1X_2)\\&=-\sum_{X_1}\sum_{X_2}\cdots\sum_{X_N}p(X_1X_2\cdots X_N)\log p(X_3|X_1X_2)\end{aligned} \quad (C\text{-}4)$$

$$\vdots$$

$$\begin{aligned}&H(X_N|X_1X_2\cdots X_{N-1})=\\&\quad-\sum_{X_1}\sum_{X_2}\cdots\sum_{X_N}p(X_1X_2\cdots X_N)\log p(X_N|X_1X_2\cdots X_{N-1})\end{aligned} \quad (C\text{-}5)$$

将上述各项合并后，可得

$$\begin{aligned}&H(X_1)+H(X_2|X_1)+H(X_3|X_1X_2)+\cdots+H(X_N|X_1X_2\cdots X_{N-1})\\&=-\sum_{X_1}\sum_{X_2}\cdots\sum_{X_N}p(X_1X_2\cdots X_N)\log\left[p(X_1)\cdot p(X_2|X_1)\cdot p(X_3|X_1X_2)\cdots p(X_N|X_1X_2\cdots X_{N-1})\right]\\&=-\sum_{X_1}\sum_{X_2}\cdots\sum_{X_N}p(X_1X_2\cdots X_N)\log p(X_1X_2\cdots X_N)\\&=H(X_1X_2\cdots X_N)\end{aligned} \quad (C\text{-}6)$$

联合熵的链式关系得证。

附录 D 条件熵的不增性

假设有记忆平稳信源的输出序列为 $(X_1, X_2, \cdots, X_{k-1}, X_k, \cdots, X_{N-1}, X_N)$，则条件熵满足单调不增性

$$H(X_1) \geqslant H(X_2 \mid X_1) \geqslant \cdots \geqslant H(X_{N-1} \mid X_1X_2\cdots X_{N-2}) \geqslant H(X_N \mid X_1X_2\cdots X_{N-1}) \tag{D-1}$$

证明：

首先证明 $H(X_k \mid X_1X_2\cdots X_{k-1}) \leqslant H(X_k \mid X_2\cdots X_{k-1})$

$$\begin{aligned}
& H(X_k \mid X_1X_2\cdots X_{k-1}) - H(X_k \mid X_2\cdots X_{k-1}) \\
&= \sum_{X_1}\cdots\sum_{X_k} p(X_1X_2\cdots X_k)\log\frac{1}{p(X_k \mid X_1X_2\cdots X_{k-1})} - \sum_{X_2}\cdots\sum_{X_k} p(X_2\cdots X_k)\log\frac{1}{p(X_k \mid X_2\cdots X_{k-1})} \\
&= \sum_{X_1}\cdots\sum_{X_k} p(X_1X_2\cdots X_k)\log\frac{1}{p(X_k \mid X_1X_2\cdots X_{k-1})} - \sum_{X_1}\cdots\sum_{X_k} p(X_1X_2\cdots X_k)\log\frac{1}{p(X_k \mid X_2\cdots X_{k-1})} \\
&= \sum_{X_1}\cdots\sum_{X_k} p(X_1X_2\cdots X_k)\log\frac{p(X_k \mid X_2\cdots X_{k-1})}{p(X_k \mid X_1X_2\cdots X_{k-1})}
\end{aligned} \tag{D-2}$$

利用“对数函数线性化”，可得

$$\log\frac{p(X_k \mid X_2\cdots X_{k-1})}{p(X_k \mid X_1X_2\cdots X_{k-1})} \leqslant \left[\frac{p(X_k \mid X_2\cdots X_{k-1})}{p(X_k \mid X_1X_2\cdots X_{k-1})} - 1\right]\log \mathrm{e} \tag{D-3}$$

代入式（D-2），可得

$$\begin{aligned}
& H(X_k \mid X_1X_2\cdots X_{k-1}) - H(X_k \mid X_2\cdots X_{k-1}) \\
&\leqslant \sum_{X_1}\cdots\sum_{X_k} p(X_1X_2\cdots X_k)\left[\frac{p(X_k \mid X_2\cdots X_{k-1})}{p(X_k \mid X_1X_2\cdots X_{k-1})} - 1\right]\log \mathrm{e} \\
&= \left[\sum_{X_1}\cdots\sum_{X_k} p(X_1X_2\cdots X_{k-1})p(X_k \mid X_2\cdots X_{k-1}) - \sum_{X_1}\cdots\sum_{X_k} p(X_1X_2\cdots X_k)\right]\log \mathrm{e} \\
&= \left[\sum_{X_1}\cdots\sum_{X_{k-1}} p(X_1X_2\cdots X_{k-1})\sum_{X_k} p(X_k \mid X_2\cdots X_{k-1}) - 1\right]\log \mathrm{e} \\
&= (1-1)\log \mathrm{e} \\
&= 0
\end{aligned} \tag{D-4}$$

式（D-4）中，等号成立条件为 $p(X_k \mid X_2\cdots X_{k-1}) = p(X_k \mid X_1X_2\cdots X_{k-1})$，即 X_k 与 X_1 无关，只和 $X_2, X_3, \cdots, X_{k-1}$ 有关。这意味着该平稳信源的记忆性是有限的。而当记忆性是无限的时，式（D-4）

只能取小于号。

基于条件熵的时移性，将 $H(X_k \mid X_2 \cdots X_{k-1})$ 平移一个时间单位，可得

$$H(X_k \mid X_2 \cdots X_{k-1}) = H(X_{k-1} \mid X_1 \cdots X_{k-2}) \tag{D-5}$$

综合式（D-4）和（D-5），可得

$$H(X_{k-1} \mid X_1 \cdots X_{k-2}) \geqslant H(X_k \mid X_1 X_2 \cdots X_{k-1}) \tag{D-6}$$

令式（D-6）中 $k = 2, \cdots, N$，可得

$$H(X_1) \geqslant H(X_2 \mid X_1) \geqslant \cdots \geqslant H(X_{N-1} \mid X_1 X_2 \cdots X_{N-2}) \geqslant H(X_N \mid X_1 X_2 \cdots X_{N-1}) \tag{D-7}$$

证毕。

附录 E

齐次遍历马尔可夫信源的收敛性

对于齐次遍历马尔可夫信源，从初始时刻状态 s_i 到第 k 时刻状态 s_j 的转移概率，当 k 趋于无穷时，必然会收敛于不依赖于初始状态 i 、仅依赖于终止状态 j 的极限 p_j ，即

$$\lim_{k\to\infty} p\left(s_j^{(k)} \mid s_i^{(0)}\right) = p_j \tag{E-1}$$

式（E-1）的证明需要借助下述引理。该引理是在佩龙·弗罗贝尼乌斯（Perron-Frobenius）定理及其推论的基础上得到的。

引理 E.1

若矩阵 $\boldsymbol{P}$ 是一个所有元素均为非负实数的方阵，且存在正整数 N，使得 $\boldsymbol{P}^N$ 中所有元素均大于 0，则：

（1）矩阵 $\boldsymbol{P}$ 的最大特征值 λ 是正实数，且代数重数和几何重数均为 1；

（2）与最大特征值 λ 相应的特征向量是正的、实的；

（3）矩阵 $\boldsymbol{P}$ 的所有其他特征值的绝对值均小于 λ。

下面证明式（E-1）

证明：

假设齐次遍历马尔可夫信源的一步状态转移矩阵 $\boldsymbol{P}$ 为

$$\boldsymbol{P} = \begin{bmatrix} p_{1,1} & p_{1,2} & \cdots & p_{1,q^m} \\ p_{2,1} & p_{2,2} & \cdots & p_{2,q^m} \\ \vdots & \vdots & & \vdots \\ p_{q^m,1} & p_{q^m,2} & \cdots & p_{q^m,q^m} \end{bmatrix} \tag{E-2}$$

其中， $p_{i,j} \geqslant 0$ ， $\sum_j p_{i,j} = 1$ ， $i,\ j \in \{1,\ 2,\ \cdots,\ q^m\}$ 。

证明主要分两步完成：首先分析一步状态转移矩阵 $\boldsymbol{P}$ 的最大特征值；然后在对 $\boldsymbol{P}$ 进行若当分解的基础上，确定 $\boldsymbol{P}^\infty$ 的秩，证明 $\boldsymbol{P}^\infty$ 的任意两行都完全相同。

（1）一步状态转移矩阵的最大特征值

矩阵 $\boldsymbol{P}$ 满足

$$\begin{aligned} &\boldsymbol{P} \cdot \begin{bmatrix} 1 & 1 & \cdots & 1 \end{bmatrix}^{\mathrm{T}} \\ &= \begin{bmatrix} \sum_j p_{1,j} & \sum_j p_{2,j} & \cdots & \sum_j p_{q^m,j} \end{bmatrix}^{\mathrm{T}} \\ &= \begin{bmatrix} 11\cdots 1 \end{bmatrix}^{\mathrm{T}} \end{aligned} \tag{E-3}$$

式（E-3）表明“1”是矩阵 $\boldsymbol{P}$ 的一个特征值。

“遍历性”保证一定存在正整数 N ，使得 $\boldsymbol{P}^N$ 中所有元素均大于 0。根据引理 E.1，矩阵 $\boldsymbol{P}$ 的最大特征值是正实数，且代数重数和几何重数均为 1。下面采用反证法证明“1”是矩阵 $\boldsymbol{P}$ 的最大特征值。

假设矩阵 $\boldsymbol{P}$ 的最大特征值为 λ 且 $\lambda>1$，λ 也是转置矩阵 $\boldsymbol{P}^{\mathrm{T}}$ 的最大特征值。根据引理 E.1 可知，矩阵 $\boldsymbol{P}^{\mathrm{T}}$ 存在一个元素全部为正的实特征向量 $\boldsymbol{\mu}=\begin{bmatrix}\mu_1 & \mu_2 & \cdots & \mu_{q^m}\end{bmatrix}$ $\left(\mu_k>0,\ k\in\{1,\ 2,\ \cdots,\ q^m\}\right)$ 与 λ 对应，即

$$\boldsymbol{P}^{\mathrm{T}}\boldsymbol{\mu}^{\mathrm{T}}=\lambda\boldsymbol{\mu}^{\mathrm{T}} \tag{E-4}$$

将 $\boldsymbol{\mu}$ 进行归一化，得到 $\hat{\boldsymbol{\mu}}$，即

$$\hat{\boldsymbol{\mu}}=\frac{\boldsymbol{\mu}}{\sum_{i=1}^{q^m}\mu_i} \tag{E-5}$$

则

$$\boldsymbol{P}^{\mathrm{T}}\hat{\boldsymbol{\mu}}^{\mathrm{T}}=\lambda\hat{\boldsymbol{\mu}}^{\mathrm{T}} \tag{E-6}$$

两边同时取转置，可得

$$\hat{\boldsymbol{\mu}}\boldsymbol{P}=\lambda\hat{\boldsymbol{\mu}} \tag{E-7}$$

向量 $\lambda\hat{\boldsymbol{\mu}}$ 的元素之和等于 λ，大于 1。

然而，令 $\mathbf{1}$ 表示元素全为 1 的列向量，可得

$$\lambda\hat{\boldsymbol{\mu}}\cdot\mathbf{1}=\hat{\boldsymbol{\mu}}\cdot\boldsymbol{P}\cdot\mathbf{1}=\hat{\boldsymbol{\mu}}\cdot(\boldsymbol{P}\cdot\mathbf{1})=\hat{\boldsymbol{\mu}}\cdot\mathbf{1}=1 \tag{E-8}$$

这与由式（E-7）推出的结论矛盾。因此，一步状态转移矩阵 $\boldsymbol{P}$ 的最大特征值大于 1 的假设不成立。对于齐次遍历马尔可夫信源，其一步状态转移矩阵 $\boldsymbol{P}$ 的最大特征值 λ 等于 1。进一步，由引理 E.1 可知，特征值 1 的代数重数是 1，并且其他特征值的绝对值小于 1。

（2）一步状态转移矩阵的若当分解

对矩阵 $\boldsymbol{P}$ 进行若当分解

$$\boldsymbol{P}=\boldsymbol{M}\boldsymbol{J}\boldsymbol{M}^{-1} \tag{E-9}$$

其中，$\boldsymbol{M}$ 是一个可逆矩阵，$\boldsymbol{J}$ 为若当矩阵，有

$$\boldsymbol{J}=\begin{bmatrix}1 & & & \\ & \boldsymbol{J}_2 & & \\ & & \ddots & \\ & & & \boldsymbol{J}_S\end{bmatrix} \tag{E-10}$$

若当矩阵 $\boldsymbol{J}$ 由若干个沿对角线分布的若当块构成。若当块 $\boldsymbol{J}_i$ 由特征值 λ_i 决定，结构如下

$$\boldsymbol{J}_i=\begin{bmatrix}\lambda_i & 1 & 0 & \cdots & 0\\ 0 & \lambda_i & 1 & \cdots & 0\\ \vdots & \vdots & \vdots & & \vdots\\ 0 & 0 & \cdots & \lambda_i & 1\\ 0 & 0 & \cdots & 0 & \lambda_i\end{bmatrix} \tag{E-11}$$

第一个若当块 $\boldsymbol{J}_1$ 对应最大特征值 1。由于特征值 1 的代数重数是 1，所以若当矩阵 $\boldsymbol{J}$ 左上角的第一个若当块 $\boldsymbol{J}_1$ 只有一个元素 1。

若当块 $\boldsymbol{J}_i$（$i=2,\ 3,\ \cdots,\ S$）的 n 次方为

$$
\boldsymbol{J}_i^n = \begin{bmatrix}
\lambda_i^n & \binom{n}{1}\lambda_i^{n-1} & \binom{n}{2}\lambda_i^{n-2} & \cdots & \binom{n}{r-1}\lambda_i^{n-r+1} \\
0 & \lambda_i^n & \binom{n}{1}\lambda_i^{n-1} & \cdots & \binom{n}{r-2}\lambda_i^{n-r+2} \\
\vdots & \vdots & \vdots & & \vdots \\
0 & 0 & \cdots & \lambda_i^n & \binom{n}{1}\lambda_i^{n-1} \\
0 & 0 & \cdots & 0 & \lambda_i^n
\end{bmatrix} \tag{E-12}
$$

根据引理 E.1 可知，每个特征值 λ_i（ $i=2, 3, \cdots, S$ ）的绝对值小于 1。因此，当 n 趋于无穷时，若当块 $\boldsymbol{J}_i^n$ 中每个元素都趋近于 0，若当矩阵 $\boldsymbol{J}$ 化简为

$$
\boldsymbol{J}^{\infty} \overset{\text{def}}{=} \lim_{n\to\infty} \boldsymbol{J}^n = \begin{bmatrix}
1 & 0 & \cdots & 0 \\
0 & 0 & \cdots & 0 \\
\vdots & \vdots & & \vdots \\
0 & 0 & \cdots & 0
\end{bmatrix} \tag{E-13}
$$

由于 $\boldsymbol{J}^{\infty}$ 是一个秩 1 矩阵，并且与可逆矩阵相乘秩不变，因此

$$
\boldsymbol{P}^{\infty} = \lim_{n\to\infty} \boldsymbol{P}^n = \boldsymbol{M}\boldsymbol{J}^{\infty}\boldsymbol{M}^{-1} \tag{E-14}
$$

的秩也为 1，这意味着 $\boldsymbol{P}^{\infty}$ 的每行互为倍数。同时，由于 $\boldsymbol{P}^{\infty}$ 是一个状态转移矩阵，每行之和都为 1，所以 $\boldsymbol{P}^{\infty}$ 任意两行都完全相同，如下式所示

$$
\boldsymbol{P}^{\infty} = \begin{bmatrix}
p_1 & p_2 & \cdots & p_{q^m} \\
p_1 & p_2 & \cdots & p_{q^m} \\
\vdots & \vdots & & \vdots \\
p_1 & p_2 & \cdots & p_{q^m}
\end{bmatrix} \tag{E-15}
$$

如式（E-15）所示，矩阵的每列元素是相等的。这表明，经过无穷多次状态转移之后，齐次遍历马尔可夫信源的转移概率仅与终止状态有关，而与初始状态无关。

附录F 克拉夫特-麦克米伦不等式

假设信源符号集合为 $\mathcal{S}=\{s_1, s_2, \cdots, s_q\}$，用码符号集合 $\mathcal{X}=\{x_1, x_2, \cdots, x_r\}$ 对信源符号进行编码，得到的代码组为 $\mathcal{C}=\{w_1, w_2, \cdots, w_q\}$，相应的码长分别为 $l_1, l_2, \cdots, l_q$，则即时码和唯一可译码存在的充要条件为

$$\sum_{i=1}^{q} r^{-l_i} \leqslant 1 \quad \text{(F-1)}$$

证明：

首先证明任何一个即时码和唯一可译码均满足克拉夫特-麦克米伦不等式，然后证明码长分布满足克拉夫特-麦克米伦不等式的即时码和唯一可译码必然存在。

（1）证明任何一个即时码和唯一可译码均满足克拉夫特-麦克米伦不等式

该证明可以简化为证明“任何一个唯一可译码均满足克拉夫特-麦克米伦不等式”。

计算不等式（F-1）左侧的 n 次幂

$$\begin{aligned}\left(\sum_{i=1}^{q} r^{-l_i}\right)^n &= \sum_{i_1=1}^{q} r^{-l_{i_1}} \sum_{i_2=1}^{q} r^{-l_{i_2}} \cdots \sum_{i_n=1}^{q} r^{-l_{i_n}} \\ &= \sum_{i_1=1}^{q}\sum_{i_2=1}^{q}\cdots\sum_{i_n=1}^{q} r^{-\left(l_{i_1}+l_{i_2}+\cdots+l_{i_n}\right)}\end{aligned} \quad \text{(F-2)}$$

其中，$l_{i_1}+l_{i_2}+\cdots+l_{i_n}$ 可以视作将代码组中任意 n 个码字拼接后的长度。

假设码长 l_i $(i=1, 2, \cdots, q)$ 满足

$$l_{\min} \leqslant l_i \leqslant l_{\max} \quad \text{(F-3)}$$

其中，$l_{\min}$、$l_{\max}$ 分别代表最小码长和最大码长。

令

$$k = l_{i_1}+l_{i_2}+\cdots+l_{i_n} \quad \text{(F-4)}$$

则 k 满足

$$n\cdot l_{\min} \leqslant k \leqslant n\cdot l_{\max} \quad \text{(F-5)}$$

遍历代码组中所有可能的 n 个码字的拼接序列，记其中长度为 k 的序列的数目为 N_k。对式（F-2）合并同类项，可得

$$\left(\sum_{i=1}^{q} r^{-l_i}\right)^n = \sum_{k=n\cdot l_{\min}}^{n\cdot l_{\max}} N_k r^{-k} \quad \text{(F-6)}$$

由于代码组是唯一可译的，所以其中任意 n 个码字拼接形成的序列必然是非奇异的。用 r 个码元构成的长度为 k 的序列最多能有 r^k 个，则有

$$N_k \leqslant r^k \quad \text{(F-7)}$$

代入式（F-6），可得

$$\left(\sum_{i=1}^{q} r^{-l_i}\right)^n \leqslant \sum_{k=nl_{\min}}^{nl_{\max}} r^k r^{-k} = n\left(l_{\max}-l_{\min}\right)+1 \tag{F-8}$$

两边同时开 n 次方，可得

$$\sum_{i=1}^{q} r^{-l_i} \leqslant \left[n\left(l_{\max}-l_{\min}\right)+1\right]^{\frac{1}{n}} \tag{F-9}$$

当 n 趋于无穷时，不等式（F-9）的右端达到最小值，且

$$\lim_{n\to\infty}\left[n\left(l_{\max}-l_{\min}\right)+1\right]^{\frac{1}{n}}=1 \tag{F-10}$$

所以

$$\sum_{i=1}^{q} r^{-l_i} \leqslant 1 \tag{F-11}$$

综上所述，任何一个唯一可译码均满足克拉夫特-麦克米伦不等式。当然，任何一个即时码也满足克拉夫特-麦克米伦不等式。

（2）证明“码长分布满足克拉夫特-麦克米伦不等式的即时码和唯一可译码必然存在”

该证明可以简化为证明“如果码长分布满足克拉夫特-麦克米伦不等式，那么一定存在这种码长分布的即时码”。

首先，将 q 个码长按照从小到大的顺序进行排列，记作 $l_1 \leqslant l_2 \leqslant l_3 \leqslant \cdots \leqslant l_q$。码长分布满足克拉夫特-麦克米伦不等式。

然后，构造一棵深度为 l_q 层的整树（每层节点数目均达到最大的码树）。在这棵码树上，选择一个长度为 l_1 的节点，将该节点分配给第一个码字。这个节点的后代要从这棵树上移除，在 l_q 层上移除的后代数目为 $r^{l_q-l_1}$，如图 F.1 所示。

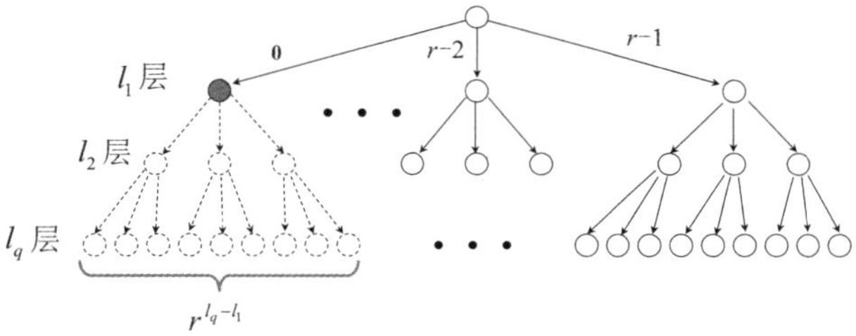

动画示意

图 F.1　移除节点后代

再选择一个长度为 l_2 的节点，将该节点分配给第二个码字。在 l_q 层上移除它的后代，移除的后代数目为 $r^{l_q-l_2}$。

如此迭代下去，直到长度为 l_q 的码字。此时只需在 l_q 层上，选择节点分配给长度为 l_q 的码字即可。

综上所述，在 l_q 层上，所有被移除的节点和分配给长度为 l_q 的码字的节点总计为

$$\sum_{i=1}^{q} r^{l_q-l_i} = r^{l_q}\sum_{i=1}^{q} r^{-l_i} \tag{F-12}$$

由于码长分布满足克拉夫特-麦克米伦不等式，即

$$\sum_{i=1}^{q} r^{-l_i} \leqslant 1 \tag{F-13}$$

所以，有

$$\sum_{i=1}^{q} r^{l_q - l_i} = r^{l_q} \sum_{i=1}^{q} r^{-l_i} \leqslant r^{l_q} \tag{F-14}$$

即移除的节点数目和长度为 l_q 的码字数目之和不大于 l_q 层全部节点的数目。这意味着所有码字都可以在这棵码树上找到属于自己的叶节点。因此，符合这种码长分布的即时码是存在的。进一步，由于即时码属于唯一可译码，所以符合这种码长分布的唯一可译码必然存在。

附录 G
香农编码

香农编码是一种基于香农第一定理（无失真信源编码定理）的编码方法，编码流程如图 G.1 所示，包括以下步骤。

（1）将集合中的元素（符号或序列）按照概率递减的次序进行排列。

（2）计算每个元素的概率的负对数，并向上取整，将取整结果作为该元素的码长。

（3）计算每个元素的累加概率，即将排在该元素之前的所有元素的概率进行求和。

（4）将累加概率转换为二进制数，结合步骤（2）中计算出的码长，取小数点后相应位数作为码字。

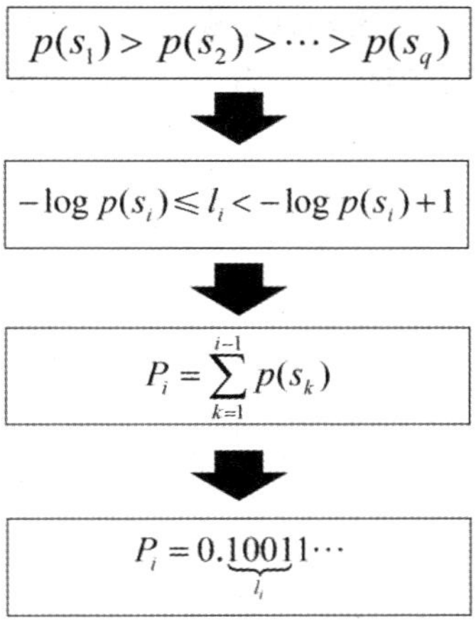

$p(s_1) > p(s_2) > \cdots > p(s_q)$
$-\log p(s_i) \leqslant l_i < -\log p(s_i) + 1$
$P_i = \sum_{k=1}^{i-1} p(s_k)$
$P_i = 0.\underbrace{10011}_{l_i}\cdots$

图 G.1　香农编码流程

例 G.1：对一个离散无记忆信源

$$\begin{bmatrix} X \\ p(x_i) \end{bmatrix} = \begin{bmatrix} x_1 & x_2 & x_3 & x_4 & x_5 \\ 0.4 & 0.3 & 0.2 & 0.05 & 0.05 \end{bmatrix} \qquad \text{(G-1)}$$

进行二进制香农编码。

解：

（1）将信源符号按概率递减的次序进行排列

$$p(x_1) > p(x_2) > p(x_3) > p(x_4) = p(x_5) \qquad \text{(G-2)}$$

（2）计算每个元素的概率的负对数，并向上取整，将取整结果作为该元素的码长

$-\log p(x_1) = -\log 0.4 = 1.32$，符号 x_1 对应的码长为 2

$-\log p(x_2) = -\log 0.3 = 1.73$，符号 x_2 对应的码长为 2

$-\log p(x_3) = -\log 0.2 = 2.32$，符号 x_3 对应的码长为 3

$-\log p(x_4) = -\log 0.05 = 4.3$，符号 x_4 对应的码长为 5

$-\log p(x_5) = -\log 0.05 = 4.3$，符号 x_5 对应的码长为 5

（3）计算每个信源符号的累加概率

$$P_i = \sum_{k=1}^{i-1} p(x_k) \qquad \text{(G-3)}$$

符号 x_1 的累加概率 $P_1 = 0$。

符号 x_2 的累加概率 $P_2 = p(x_1) = 0.4$。

符号 x_3 的累加概率 $P_3 = p(x_1) + p(x_2) = 0.7$。

符号 x_4 的累加概率 $P_4 = p(x_1) + p(x_2) + p(x_3) = 0.9$。

符号 x_5 的累加概率 $P_5 = p(x_1) + p(x_2) + p(x_3) + p(x_4) = 0.95$。

（4）将累加概率转换为二进制数，结合（2）中计算出的码长，取小数点后相应位数作为码字，如表 G.1 所示。

表 G.1 香农编码示例

信源符号 x_i	概率 $p(x_i)$	$-\log\ p(x_i)$	码长	累加概率 P_i	码字
x_1	0.4	1.32	2	0	00
x_2	0.3	1.73	2	0.4	01
x_3	0.2	2.32	3	0.7	101
x_4	0.05	4.3	5	0.9	11100
x_5	0.05	4.3	5	0.95	11110

香农编码先规定码长、再明确码字，导致其编码结果往往不是最佳码。尽管香农编码的效率不高，但仍不失为一种经典的编码方式。

附录 H 费诺编码

费诺编码是由美国麻省理工学院的费诺教授于 1949 年提出的一种编码方式，其具体步骤如下。

（1）将集合中的元素（符号或序列）按照概率递减的次序进行排列。

（2）将集合中的元素依概率分为两大组，使分组后两组元素的概率和相近，给两组分别赋 0 和 1。

（3）将每组中的元素再分成两组，使分组后两组元素的概率和相近，给两组分别赋 0 和 1。

（4）如此反复，直到每组内只剩下一个元素，给每个元素分别赋 0 和 1。

（5）从第一次分组开始，直至最后一次分组，将所有的赋值连接起来，就得到了该元素对应的码字。

根据上面的步骤不难发现，“概率和相近”这个准则可能会导致不同的分组，进而导致编码结果不唯一。下面举例予以说明。

例 H.1：对一个离散无记忆信源

$$\begin{bmatrix} S \\ p(s_i) \end{bmatrix} = \begin{bmatrix} s_1 & s_2 & s_3 & s_4 & s_5 \\ 0.4 & 0.2 & 0.2 & 0.1 & 0.1 \end{bmatrix} \tag{H-1}$$

进行二进制费诺编码。

解：

按照费诺编码的步骤对信源符号进行分组，可以发现第一次分组就有两种方式。

方式 I：将 s_1 单独分为一组，把剩余信源符号分为另一组，两组符号的概率和分别为 0.4 和 0.6。

方式 II：将 s_1 与 s_2 分为一组，把剩余信源符号分为另一组，两组符号的概率和分别为 0.6 和 0.4。

这两种分组方式都符合费诺编码要求，但是会产生不一样的编码结果，如表 H.1 和表 H.2 所示。

表 H.1　费诺编码结果（方式 I）

<table>
<tr><th>信源符号
s_i</th><th>概率
$p(s_i)$</th><th>第一次
分组</th><th>第二次
分组</th><th>第三次
分组</th><th>第四次
分组</th><th>码字</th><th>码长</th></tr>
<tr><td>s_1</td><td>0.4</td><td>0</td><td></td><td rowspan="2"></td><td rowspan="3"></td><td>0</td><td>1</td></tr>
<tr><td>s_2</td><td>0.2</td><td rowspan="4">1</td><td>0</td><td>10</td><td>2</td></tr>
<tr><td>s_3</td><td>0.2</td><td rowspan="3">1</td><td>0</td><td>110</td><td>3</td></tr>
<tr><td>s_4</td><td>0.1</td><td rowspan="2">1</td><td>0</td><td>1110</td><td>4</td></tr>
<tr><td>s_5</td><td>0.1</td><td>1</td><td>1111</td><td>4</td></tr>
</table>

表 H.2　费诺编码结果（方式 II）

<table>
<tr><th>信源符号
s_i</th><th>概率
$p(s_i)$</th><th>第一次
分组</th><th>第二次
分组</th><th>第三次
分组</th><th>码字</th><th>码长</th></tr>
<tr><td>s_1</td><td>0.4</td><td rowspan="2">0</td><td>0</td><td rowspan="2"></td><td>00</td><td>2</td></tr>
<tr><td>s_2</td><td>0.2</td><td>1</td><td>01</td><td>2</td></tr>
</table>

续表

信源符号 s_i	概率 $p(s_i)$	第一次分组	第二次分组	第三次分组	码字	码长
s_3	0.2	1	0		10	2
s_4	0.1		1	0	110	3
s_5	0.1			1	111	3

那么这两种编码方式中的哪种更好呢？评估发现，两个代码组的平均码长 $\overline{L}$ 均为 2.2，但是码方差不同：在方式Ⅰ中，码方差 $D=1.36$；在方式Ⅱ中，码方差 $D_2=0.16$。较小的码方差更适用于有实时性要求的信息传输，所以方式Ⅱ的编码结果更好。

费诺编码的结果不一定是最佳码，并且在集合中元素较多的时候，分组计算也比较烦琐。只有在两个分组的概率和恰好相等的情况下，费诺编码的优势才比较明显。

例 H.2：对离散无记忆信源

$$\begin{bmatrix} X \\ p(x_i) \end{bmatrix} = \begin{bmatrix} x_1 & x_2 & x_3 & x_4 & x_5 & x_6 & x_7 & x_8 \\ \frac{1}{4} & \frac{1}{4} & \frac{1}{8} & \frac{1}{8} & \frac{1}{16} & \frac{1}{16} & \frac{1}{16} & \frac{1}{16} \end{bmatrix} \tag{H-2}$$

进行二进制费诺编码。

解：

费诺编码结果如表 H.3 所示。

表 H.3　费诺编码结果

信源符号	概率	编码				码字	码长
x_1	0.25	0	0			00	2
x_2	0.25		1			01	2
x_3	0.125	1	0	0		100	3
x_4	0.125			1		101	3
x_5	0.0625		1	0	0	1100	4
x_6	0.0625				1	1101	4
x_7	0.0625			1	0	1110	4
x_8	0.0625				1	1111	4

可以看到，每次分组都可以使两个分组的概率和相等。代码组的平均码长为

$$\overline{L} = 2.75\ \text{二元符号/信源符号} \tag{H-3}$$

编码效率为

$$\eta = \frac{H(X)}{\overline{L}} = 100\% \tag{H-4}$$

结果表明，对于这个信源，费诺编码的结果是最佳码。

附录 I 高斯信道容量

高斯信道是通信理论中一种经典的连续信道。在高斯信道中，存在与信道输入独立的加性高斯白噪声，因此，该信道的输出信号 $y(t)$ 是输入信号 $x(t)$ 和高斯白噪声 $n(t)$ 的线性叠加，即 $y(t)=x(t)+n(t)$。高斯信道模型如图 I.1 所示。

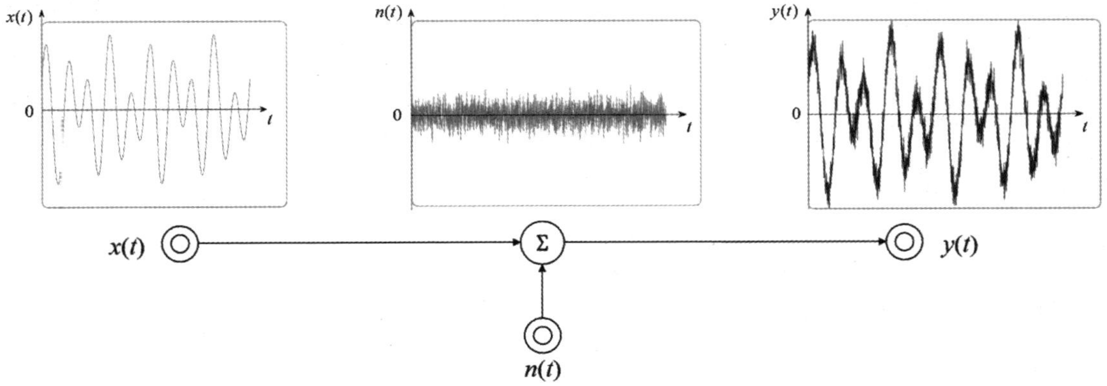

图 I.1　高斯信道模型

假设信道带宽为 W，则依据采样定理，可以用 $2W$ 的采样率将连续信号转换为时间离散信号。信道的输入、输出信号随之可以用序列进行表示，如图 I.2 所示。相应地，高斯信道容量可以通过求解输入序列 $\boldsymbol{X}=(X_1, X_2, \cdots, X_M)$ 与输出序列 $\boldsymbol{Y}=(Y_1, Y_2, \cdots, Y_M)$ 的最大平均互信息量而获得。其中，X_i、Y_i 均为连续随机变量。

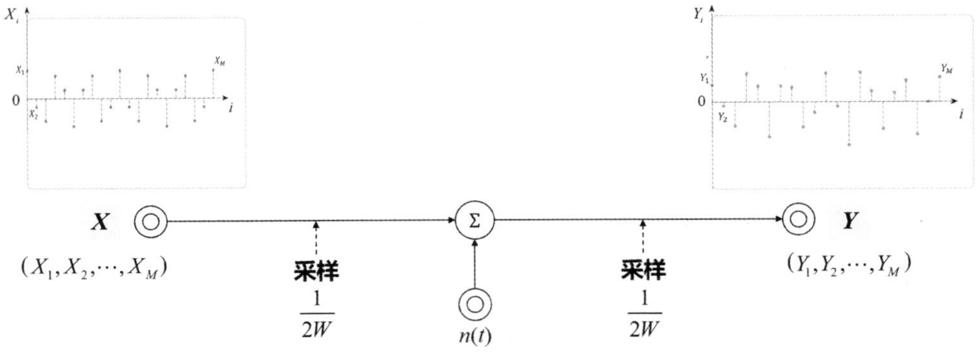

图 I.2　高斯信道时间离散化示意

高斯信道具有无记忆特性，输出序列中的符号 Y_i 只与输入序列中的符号 X_i 有关。当 X_i 为正态

分布的时候，X_i 和 Y_i 之间的平均互信息量达到最大，为

$$\begin{aligned} I(X_i;Y_i) &= H(Y_i) - H(Y_i \mid X_i) \\ &= \int_{-\infty}^{\infty} p(y_i)\log\frac{1}{p(y_i)}\mathrm{d}y_i - \int_{-\infty}^{\infty} p(n_i)\log\frac{1}{p(n_i)}\mathrm{d}n_i \\ &= \frac{1}{2}\log\left[2\pi\mathrm{e}\left(\sigma_X^2+\sigma_N^2\right)\right] - \frac{1}{2}\log\left(2\pi\mathrm{e}\sigma_N^2\right) \\ &= \frac{1}{2}\log\left(1+\frac{\sigma_X^2}{\sigma_N^2}\right) \\ &= \frac{1}{2}\log\left(1+\frac{S}{N}\right) \end{aligned} \tag{I-1}$$

其中，$S=\sigma_X^2$ 代表输入信号功率，$N=\sigma_N^2$ 代表噪声功率，n_i 代表高斯白噪声的第 i 个采样。输出符号 y_i 的概率分布为

$$p(y_i) = \frac{1}{\sqrt{2\pi\left(\sigma_X^2+\sigma_N^2\right)}}\exp\left\{-\frac{y_i^2}{2\left(\sigma_X^2+\sigma_N^2\right)}\right\} \tag{I-2}$$

噪声 $N_i = Y_i - X_i$ 的概率分布为

$$p(n_i) = \frac{1}{\sqrt{2\pi}\sigma_N}\exp\left\{-\frac{n_i^2}{2\sigma_N^2}\right\} \tag{I-3}$$

每秒有 $2W$ 个符号通过信道，因此，高斯信道容量为

$$\begin{aligned} C &= 2W\cdot\max\left[I(X_i;Y_i)\right] \\ &= 2W\cdot\left[\frac{1}{2}\log\left(1+\frac{S}{N}\right)\right] \\ &= W\log\left(1+\frac{S}{N}\right)\text{bit/s} \end{aligned} \tag{I-4}$$

附录 J

信息不增定理

在图 J.1 所示的独立级联信道中，X、Y 分别代表信道 I 的输入和输出符号，Y、Z 分别代表信道 II 的输入和输出符号。若 X、Y、Z 构成一阶马尔可夫链，则平均互信息量 $I(X;Z)$ 与 $I(X;Y)$ 满足

$$I(X;Z) \leqslant I(X;Y) \tag{J-1}$$

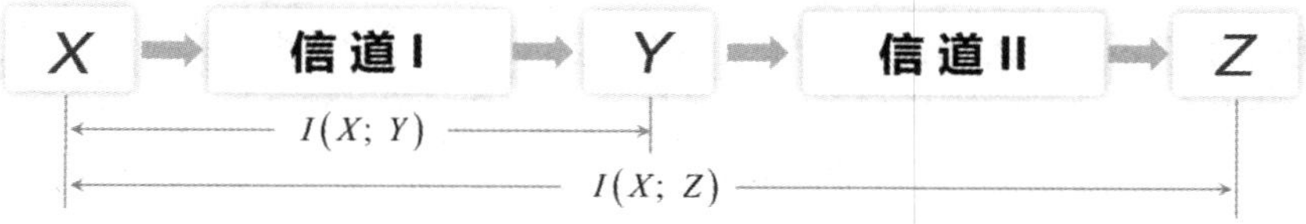

图 J.1 独立级联信道

证明：

假设随机变量 X、Y、Z 分别定义于集合 $\mathcal{X}=\{x_1, x_2, \cdots, x_r\}$、$\mathcal{Y}=\{y_1, y_2, \cdots, y_s\}$、$\mathcal{Z}=\{z_1, z_2, \cdots, z_t\}$之上。因为 X、Y、Z 构成一阶马尔可夫链，所以

$$p(x_i \mid y_j) = p(x_i \mid y_j z_k) \tag{J-2}$$

根据平均互信息量的定义，可得

$$\begin{aligned} I(X;Y) &= \sum_{x_i\in\mathcal{X}}\sum_{y_j\in\mathcal{Y}} p(x_i y_j)\log\frac{p(x_i \mid y_j)}{p(x_i)} \\ &= \sum_{x_i\in\mathcal{X}}\sum_{y_j\in\mathcal{Y}} p(x_i y_j)\log\frac{p(x_i \mid y_j z_k)}{p(x_i)} \\ &= \sum_{x_i\in\mathcal{X}}\sum_{y_j\in\mathcal{Y}}\sum_{z_k\in\mathcal{Z}} p(x_i y_j z_k)\log\frac{p(x_i \mid y_j z_k)}{p(x_i)} \end{aligned} \tag{J-3}$$

$$\begin{aligned} I(X;Z) &= \sum_{x_i\in\mathcal{X}}\sum_{z_k\in\mathcal{Z}} p(x_i z_k)\log\frac{p(x_i \mid z_k)}{p(x_i)} \\ &= \sum_{x_i\in\mathcal{X}}\sum_{y_j\in\mathcal{Y}}\sum_{z_k\in\mathcal{Z}} p(x_i y_j z_k)\log\frac{p(x_i \mid z_k)}{p(x_i)} \end{aligned} \tag{J-4}$$

式（J-4）与式（J-3）相减，可得

$$
\begin{aligned}
I(X;\ Z)-I(X;\ Y) &= \sum_{x_i\in\mathcal{X}}\sum_{y_j\in\mathcal{Y}}\sum_{z_k\in\mathcal{Z}} p\left(x_i y_j z_k\right)\log\frac{p\left(x_i\mid z_k\right)}{p\left(x_i\mid y_j z_k\right)} \\
&\leqslant \sum_{x_i\in\mathcal{X}}\sum_{y_j\in\mathcal{Y}}\sum_{z_k\in\mathcal{Z}} p\left(x_i y_j z_k\right)\left[\frac{p\left(x_i\mid z_k\right)}{p\left(x_i\mid y_j z_k\right)}-1\right]\log \mathrm{e} \\
&= \left[\sum_{y_j\in\mathcal{Y}}\sum_{z_k\in\mathcal{Z}} p\left(y_j z_k\right)\sum_{x_i\in\mathcal{X}} p\left(x_i\mid z_k\right)-\sum_{x_i\in\mathcal{X}}\sum_{y_j\in\mathcal{Y}}\sum_{z_k\in\mathcal{Z}} p\left(x_i y_j z_k\right)\right]\log \mathrm{e} \\
&= 0
\end{aligned} \qquad (\text{J-5})
$$

等号成立的条件为

$$
\frac{p\left(x_i\mid y_j z_k\right)}{p\left(x_i\mid z_k\right)}=1 \qquad (\text{J-6})
$$

结合式（J-2），可得

$$
p\left(x_i\mid z_k\right)=p\left(x_i\mid y_j\right) \qquad (\text{J-7})
$$

在图 J.1 所示的信道中，若信道 II 的输入和输出是一一对应的，即

$$
p\left(z_k\mid y_j\right)=\begin{cases}1, & z_k=f\left(y_j\right)\\ 0, & z_k\neq f\left(y_j\right)\end{cases} \qquad (\text{J-8})
$$

那么，式（J-7）显然是满足的。式（J-8）中，$f\left(y_j\right)$为确定性函数，意味着信道 II 对数据没有进行任何处理，不会引起信息量的改变。

附录 K 和信道

图 K.1 展示了由 N 个子信道组成的和信道。与独立并联信道相比，和信道在某一时刻以一定的概率只使用一个子信道传递信息。

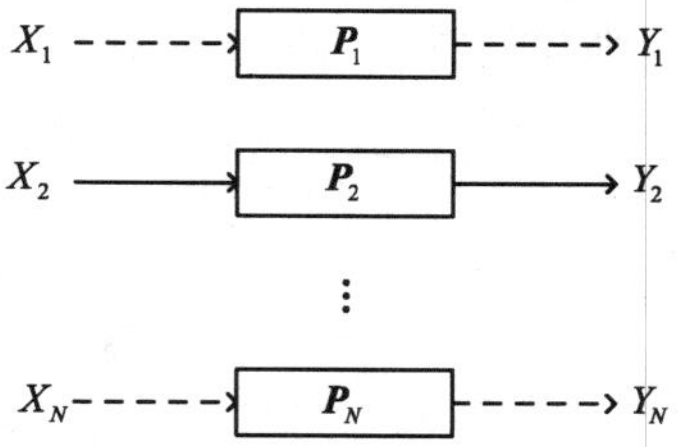

图 K.1　和信道示意

在图 K.1 中，假设和信道的第 i $(i=1,\ 2,\ \cdots,\ N)$ 个子信道的输入为 X_i，传递矩阵为 $\boldsymbol{P}_i$，输出为 Y_i，则和信道的信道矩阵为

$$\boldsymbol{P}=\begin{bmatrix}\boldsymbol{P}_1 & \boldsymbol{O} & \cdots & \boldsymbol{O}\\ \boldsymbol{O} & \boldsymbol{P}_2 & \cdots & \boldsymbol{O}\\ \vdots & \vdots & & \vdots\\ \boldsymbol{O} & \boldsymbol{O} & \cdots & \boldsymbol{P}_N\end{bmatrix} \tag{K-1}$$

例 K.1：和信道的信道矩阵

如图 K.2 所示，一个和信道由两个离散无记忆信道组成。请给出该和信道的信道矩阵。

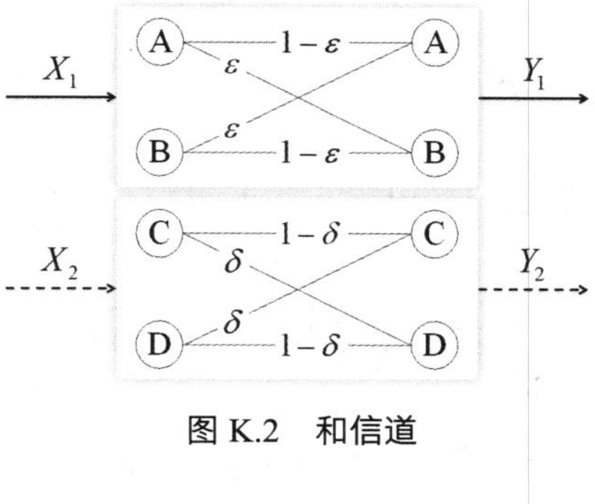

图 K.2　和信道

解：

信道 I 和信道 II 的信道矩阵分别为

$$\boldsymbol{P}_1=\begin{bmatrix}1-\varepsilon & \varepsilon\\ \varepsilon & 1-\varepsilon\end{bmatrix}$$

$$\boldsymbol{P}_2=\begin{bmatrix}1-\delta & \delta\\ \delta & 1-\delta\end{bmatrix}$$

和信道的输入符号集合为$\{A, B, C, D\}$，输出符号集合为$\{A, B, C, D\}$，信道矩阵为

$$\boldsymbol{P}_{Y|X}=\begin{bmatrix}\boldsymbol{P}_1 & \boldsymbol{O}\\ \boldsymbol{O} & \boldsymbol{P}_2\end{bmatrix}=\begin{bmatrix}1-\varepsilon & \varepsilon & 0 & 0\\ \varepsilon & 1-\varepsilon & 0 & 0\\ 0 & 0 & 1-\delta & \delta\\ 0 & 0 & \delta & 1-\delta\end{bmatrix}$$

下面重点研究由两个子信道组成的和信道，分析其平均互信息量和信道容量，并将相关结论推广至由N个子信道组成的和信道。

假设离散无记忆信道 I 和信道 II 的信道矩阵分别为$\boldsymbol{P}_1$、$\boldsymbol{P}_2$，以随机变量X_1、Y_1代表信道 I 的输入和输出符号，以随机变量X_2、Y_2代表信道 II 的输入和输出符号，以$\boldsymbol{P}_{X_1}$、$\boldsymbol{P}_{X_2}$代表信道 I 和信道 II 的输入分布矩阵。

将信道 I 和信道 II 组成和信道，则和信道的信道矩阵为$\boldsymbol{P}=\begin{bmatrix}\boldsymbol{P}_1 & \boldsymbol{O}\\ \boldsymbol{O} & \boldsymbol{P}_2\end{bmatrix}$。假设信道 I、II 的使用概率分别为$k$和$1-k$，则和信道的输入分布矩阵为$\boldsymbol{P}_X=\left[k\boldsymbol{P}_{X_1}\quad (1-k)\boldsymbol{P}_{X_2}\right]$，相应的输出分布矩阵为

$$\begin{aligned}\boldsymbol{P}_Y&=\boldsymbol{P}_X\boldsymbol{P}\\&=\left[k\boldsymbol{P}_{X_1}\quad (1-k)\boldsymbol{P}_{X_2}\right]\begin{bmatrix}\boldsymbol{P}_1 & \boldsymbol{O}\\ \boldsymbol{O} & \boldsymbol{P}_2\end{bmatrix}\\&=\left[k\boldsymbol{P}_{Y_1}\quad (1-k)\boldsymbol{P}_{Y_2}\right]\end{aligned}\tag{K-2}$$

其中，$\boldsymbol{P}_{Y_1}=\boldsymbol{P}_{X_1}\boldsymbol{P}_1$和$\boldsymbol{P}_{Y_2}=\boldsymbol{P}_{X_2}\boldsymbol{P}_2$分别为组合前信道 I 和信道 II 的输出分布矩阵。

以随机变量X、Y代表和信道的输入和输出符号，则和信道的平均互信息量为

$$\begin{aligned}&I(X;Y)\\&=H(Y)-H(Y|X)\\&=\sum_Y p(Y)\log\frac{1}{p(Y)}-\sum_X\sum_Y p(X)p(Y|X)\log\frac{1}{p(Y|X)}\\&=\left[\sum_{Y_1}kp(Y_1)\log\frac{1}{kp(Y_1)}+\sum_{Y_2}(1-k)p(Y_2)\log\frac{1}{(1-k)p(Y_2)}\right]-\\&\quad\left[\sum_{X_1}\sum_{Y_1}kp(X_1)p(Y_1|X_1)\log\frac{1}{p(Y_1|X_1)}+\sum_{X_2}\sum_{Y_2}(1-k)p(X_2)p(Y_2|X_2)\log\frac{1}{p(Y_2|X_2)}\right]\\&=\left[\sum_{Y_1}kp(Y_1)\log\frac{1}{kp(Y_1)}-\sum_{X_1}\sum_{Y_1}kp(X_1)p(Y_1|X_1)\log\frac{1}{p(Y_1|X_1)}\right]+\\&\quad\left[\sum_{Y_2}(1-k)p(Y_2)\log\frac{1}{(1-k)p(Y_2)}-\sum_{X_2}\sum_{Y_2}(1-k)p(X_2)p(Y_2|X_2)\log\frac{1}{p(Y_2|X_2)}\right]\\&=\left[k\sum_{Y_1}p(Y_1)\left(\log\frac{1}{p(Y_1)}+\log\frac{1}{k}\right)-k\sum_{X_1}\sum_{Y_1}p(X_1)p(Y_1|X_1)\log\frac{1}{p(Y_1|X_1)}\right]+\\&\quad\left[(1-k)\sum_{Y_2}p(Y_2)\left(\log\frac{1}{p(y_2)}+\log\frac{1}{1-k}\right)-(1-k)\sum_{X_2}\sum_{Y_2}p(X_2)p(Y_2|X_2)\log\frac{1}{p(Y_2|X_2)}\right]\\&=k\cdot I(X_1;Y_1)+(1-k)\cdot I(X_2;Y_2)+H(k)\end{aligned}\tag{K-3}$$

其中，$H(k)=k\log\frac{1}{k}+(1-k)\log\frac{1}{1-k}$。

求解和信道的信道容量 C，即式（K-3）的最大值，有

$$\begin{aligned} C &= \max_{k,\boldsymbol{P}_1,\boldsymbol{P}_2} I(X;Y) \\ &= \max_k \left[k\cdot\max_{\boldsymbol{P}_1} I(X_1;Y_1) + (1-k)\cdot\max_{\boldsymbol{P}_2} I(X_2;Y_2) + H(k) \right] \\ &= \max_k \left[kC_1 + (1-k)C_2 + H(k) \right] \end{aligned} \quad (K-4)$$

其中，C_1、C_2分别代表组合前信道I、信道II的信道容量。

对式（K-4）求导，并令其为0，即

$$\frac{\mathrm{d}C}{\mathrm{d}k} = C_1 - C_2 - \log k + \log(1-k) = 0 \quad (K-5)$$

可得

$$k = \frac{2^{C_1}}{2^{C_1} + 2^{C_2}} \quad (K-6)$$

将式（K-6）代入式（K-4）可得

$$C = \log\left(2^{C_1} + 2^{C_2}\right) \quad (K-7)$$

综合式（K-4）、式（K-6），式（K-7）成立的条件为

$$\widehat{\boldsymbol{P}}_X = \left[k\widehat{\boldsymbol{P}}_{X_1} \quad (1-k)\widehat{\boldsymbol{P}}_{X_2} \right] \qquad k = \frac{2^{C_1}}{2^C} \quad (K-8)$$

其中，$\widehat{\boldsymbol{P}}_{X_1}$、$\widehat{\boldsymbol{P}}_{X_2}$ 分别是组合前信道Ⅰ、Ⅱ的最佳输入分布，$\widehat{\boldsymbol{P}}_X$ 代表组合后和信道的最佳输入分布。

例K.2：和信道的信道容量

求图K.3所示信道的信道容量及其最佳输入分布。

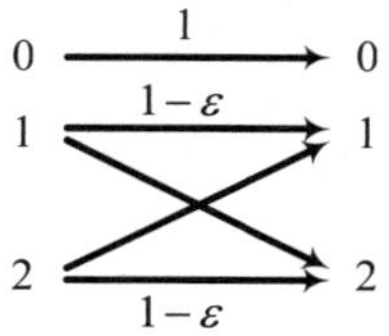

图K.3 信道示意

解：

图K.3所示信道可视作由信道I和信道II组成的和信道。

（1）信道I如图K.4所示。

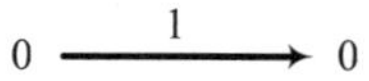

图K.4 信道I

该信道为确定信道，信道容量 $C_1 = 0$。

（2）信道II如图K.5所示。

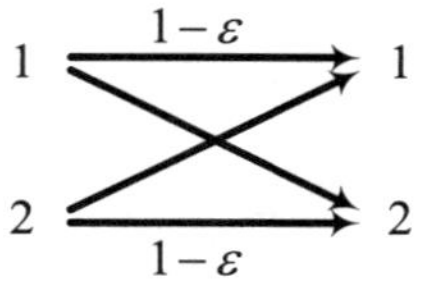

图K.5 信道II

该信道为对称信道，信道容量 $C_2=\log 2-H(\varepsilon)=1-H(\varepsilon)$，最佳输入分布为等概率分布。

根据式（K-7），该和信道的信道容量为

$$C=\log\left(2^{C_1}+2^{C_2}\right)=\log\left(1+2^{1-H(\varepsilon)}\right) \tag{K-9}$$

根据式（K-8），可得信道 I 的使用概率 k 为

$$k=\frac{1}{1+2^{1-H(\varepsilon)}} \tag{K-10}$$

和信道的最佳输入分布为

$$\begin{aligned}\widehat{\boldsymbol{P}}_X&=\left[k\widehat{\boldsymbol{P}}_{X_1}\quad(1-k)\widehat{\boldsymbol{P}}_{X_2}\right]\\&=\left[p(X=0)=k\quad p(X=1)=\frac{1-k}{2}\quad p(X=2)=\frac{1-k}{2}\right]\end{aligned} \tag{K-11}$$

式（K-7）可进一步推广，得到 N 个子信道组成的和信道的信道容量 C 为

$$C=\log\left(2^{C_1}+2^{C_2}+\cdots+2^{C_N}\right)=\log\left(\sum_{i=1}^{N}2^{C_i}\right) \tag{K-12}$$

其中，C_i 组合前第 i 个子信道的信道容量。

式（K-12）成立的条件为

$$\widehat{\boldsymbol{P}}_X=\left[k_1\widehat{\boldsymbol{P}}_{X_1}\quad k_2\widehat{\boldsymbol{P}}_{X_2}\quad\cdots\quad k_N\widehat{\boldsymbol{P}}_{X_N}\right]\quad k_i=\frac{2^{C_i}}{2^C} \tag{K-13}$$

其中，$\widehat{\boldsymbol{P}}_{X_i}$ 是组合前信道 i 的最佳输入分布，k_i 代表组合后第 i 个子信道的使用概率，$\widehat{\boldsymbol{P}}_X$ 代表和信道的最佳输入分布。

附录L 费诺不等式

费诺不等式探讨了由随机变量 Y 估计另一个随机变量 X 的问题。假设随机变量 Y 以条件概率 $p(y|x)$ 与 X 相关。通过函数 $g(Y)=\widehat{X}$，由 Y 得到 X 的估计值 $\widehat{X}$，则 $X \to Y \to \widehat{X}$ 形成了一阶马尔可夫链。显然，条件熵 $H(X|Y)$ 越小，由 Y 估计 X 的错误概率才能越低。费诺不等式将估计随机变量 X 的错误概率与条件熵 $H(X|Y)$ 联系了起来，进行了定量化的描述，这对于有噪信道编码逆定理的证明至关重要。

费诺不等式：在一个一阶马尔可夫链 $X \to Y \to \widehat{X}$ 中，$\widehat{X}$ 是 X 的估计值。定义错误概率为 $P_e = p\left(\widehat{X} \neq X\right)$，则

$$H(P_e)+P_e\log|\mathcal{X}| \geqslant H\left(X|\widehat{X}\right) \geqslant H(X|Y) \tag{L-1}$$

其中，集合 $\mathcal{X}$ 是随机变量 X 的样本空间，$|\mathcal{X}|$ 表示集合 $\mathcal{X}$ 中元素的个数。

证明：

（1）首先证明 $H(P_e)+P_e\log|\mathcal{X}| \geqslant H\left(X|\widehat{X}\right)$。

定义误差随机变量

$$E=\begin{cases}1 & \widehat{X} \neq X \\ 0 & \widehat{X} = X\end{cases} \tag{L-2}$$

根据链式定理，将 $H\left(E,X|\widehat{X}\right)$ 表示为

$$H\left(E,X|\widehat{X}\right)=H\left(X|\widehat{X}\right)+\underbrace{H\left(E|X,\widehat{X}\right)}_{=0} \tag{L-3}$$

还可以表示为

$$H\left(E,X|\widehat{X}\right)=\underbrace{H\left(E|\widehat{X}\right)}_{\leqslant H(P_e)}+\underbrace{H\left(X|E,\widehat{X}\right)}_{\leqslant P_e\log|\mathcal{X}|} \tag{L-4}$$

式（L-3）中，由于 E 是 X 和 $\widehat{X}$ 的确定函数，所以条件熵 $H\left(E|X,\widehat{X}\right)$ 为 0。

式（L-4）中，$H\left(E|\widehat{X}\right) \leqslant H(E)$。结合 $H(E)=H(P_e)$，可得 $H\left(E|\widehat{X}\right) \leqslant H(P_e)$。$H\left(X|E,\widehat{X}\right)$ 满足

$$\begin{aligned}H\left(X|E,\widehat{X}\right)&=p(E=0)\underbrace{H\left(X|\widehat{X},E=0\right)}_{=0}+p(E=1)\underbrace{H\left(X|\widehat{X},E=1\right)}_{\leqslant H(X)} \\ &\leqslant (1-P_e)\cdot 0+P_e\log|\mathcal{X}|\end{aligned} \tag{L-5}$$

其中，$p(E=0)$、$p(E=1)$ 分别表示 $E=0$、$E=1$ 的发生概率。$H\left(X|\widehat{X},E=0\right)$ 代表了已知 $E=0$ 和

$\widehat{X}$ 的条件下 X 的不确定性。由于 $E=0$ 意味着 $\widehat{X}=X$，所以 $H\left(X\mid\widehat{X},E=0\right)=0$。相较之下，在 $E=1$ 的条件下，$\widehat{X}\neq X$，由 $\widehat{X}$ 推断 X 仍存在不确定性，$H\left(X\mid\widehat{X},E=1\right)\leqslant H(X)\leqslant\log|\mathcal{X}|$。

综合式（L-3）、式（L-4）、式（L-5），可得

$$H(P_e)+P_e\log|\mathcal{X}|\geqslant H\left(X\mid\widehat{X}\right) \tag{L-6}$$

（2）因为 $X\to Y\to\widehat{X}$ 构成一阶马尔可夫链，由信息不增定理可知 $I\left(X;\widehat{X}\right)\leqslant I(X;Y)$，所以 $H\left(X\mid\widehat{X}\right)\geqslant H(X\mid Y)$。进一步，可得

$$H(P_e)+P_e\log|\mathcal{X}|\geqslant H\left(X\mid\widehat{X}\right)\geqslant H(X\mid Y) \tag{L-7}$$

费诺不等式证毕。

式（L-5）的推导利用了 $H\left(X\mid\widehat{X},E=1\right)\leqslant H(X)\leqslant\log|\mathcal{X}|$。当 $E=1$ 时，$\widehat{X}\neq X$，X 可能的取值是集合 $\mathcal{X}$ 中除了 $\widehat{X}$ 之外的 $|\mathcal{X}|-1$ 个元素（此处假设 $\widehat{X}$ 和 X 的样本空间相同）。因此，条件熵 $H\left(X\mid\widehat{X},E=1\right)$ 的上限为

$$H\left(X\mid\widehat{X},E=1\right)\leqslant\log\left(|\mathcal{X}|-1\right) \tag{L-8}$$

费诺不等式可以进一步表达为

$$H(P_e)+P_e\log\left(|\mathcal{X}|-1\right)\geqslant H(X\mid Y) \tag{L-9}$$

附录 M 典型序列

1．定义

记离散无记忆信源的符号集合为 $\mathcal{S}=\left\{s_1,\ s_2,\ \cdots,\ s_q\right\}$，其中各个符号的自信息量的均值和方差分别为 $E\left[I\left(s_i\right)\right]=H\left(S\right)$ 和 $D\left[I\left(s_i\right)\right]$。

N 次扩展后的信源序列集合为 $\mathcal{S}^N=\{\boldsymbol{\alpha}_1,\ \boldsymbol{\alpha}_2,\ \cdots,\ \boldsymbol{\alpha}_{q^N}\}$，其中第 j 个序列 $\boldsymbol{\alpha}_j$ 为 $\left(s_{j_1},\ s_{j_2},\ \cdots,\ s_{j_N}\right)$，$\boldsymbol{\alpha}_j$ 的自信息量的均值为

$$E\left[I\left(\boldsymbol{\alpha}_j\right)\right]=H\left(S^N\right)=NH\left(S\right) \tag{M-1}$$

方差为

$$D\left[I\left(\boldsymbol{\alpha}_j\right)\right]=ND\left[I\left(s_i\right)\right] \tag{M-2}$$

由切比雪夫不等式，对任意 $\varepsilon>0$，有

$$p\left\{\left|X-E\left[X\right]\right|\geqslant\varepsilon\right\}\leqslant\frac{D\left[X\right]}{\varepsilon^2} \tag{M-3}$$

其中，X 代表随机变量。

令 $X=\dfrac{I\left(\boldsymbol{\alpha}_j\right)}{N}$，代入式（M-3）得

$$p\left\{\left|\frac{I\left(\boldsymbol{\alpha}_j\right)}{N}-E\left[\frac{I\left(\boldsymbol{\alpha}_j\right)}{N}\right]\right|\geqslant\varepsilon\right\}\leqslant\frac{D\left[I\left(\boldsymbol{\alpha}_j\right)\right]}{N^2\varepsilon^2} \tag{M-4}$$

将式（M-1）、式（M-2）代入式（M-4），整理得

$$p\left\{\left|\frac{I\left(\boldsymbol{\alpha}_j\right)}{N}-H\left(S\right)\right|\geqslant\varepsilon\right\}\leqslant\frac{D\left[I\left(s_i\right)\right]}{N\varepsilon^2} \tag{M-5}$$

依据式（M-5），将 N 次扩展信源的序列集合分为两个子集：典型序列集合

$$G_\varepsilon=\left\{\boldsymbol{\alpha}_j:\left|\frac{I\left(\boldsymbol{\alpha}_j\right)}{N}-H\left(S\right)\right|<\varepsilon\right\} \tag{M-6}$$

和非典型序列集合

$$\overline{G}_\varepsilon=\left\{\boldsymbol{\alpha}_j:\left|\frac{I\left(\boldsymbol{\alpha}_j\right)}{N}-H\left(S\right)\right|\geqslant\varepsilon\right\} \tag{M-7}$$

2．性质

典型序列集合中的序列具有如下性质。

（1）典型序列集合趋向于等概率分布

由

$$\left|\frac{I(\boldsymbol{\alpha}_j)}{N}-H(S)\right|<\varepsilon \tag{M-8}$$

可得

$$2^{-N[H(S)+\varepsilon]}<p(\boldsymbol{\alpha}_j)<2^{-N[H(S)-\varepsilon]} \tag{M-9}$$

当ε足够小时，$p(\boldsymbol{\alpha}_j)\approx 2^{-N\cdot H(S)}$，说明任意典型序列的发生概率几乎都相等，典型序列集合趋向于等概率分布。

（2）典型序列的总数M_G与信息量有关

记$\min\limits_{\alpha_j\in G_\varepsilon} p(\boldsymbol{\alpha}_j)$为典型序列集合$G_\varepsilon$中最小的序列发生概率，则

$$M_G\cdot\min_{\boldsymbol{\alpha}_j\in G_\varepsilon} p(\boldsymbol{\alpha}_j)\leqslant p(G_\varepsilon)\leqslant 1 \tag{M-10}$$

根据式（M-9）可知，$p(\boldsymbol{\alpha}_j)>2^{-N[H(S)+\varepsilon]}$，因此

$$M_G\leqslant\frac{1}{\min\limits_{\boldsymbol{\alpha}_j\in G_\varepsilon} p(\boldsymbol{\alpha}_j)}<2^{N[H(S)+\varepsilon]} \tag{M-11}$$

由式（M-7）可知，非典型序列满足

$$0\leqslant p(\overline{G}_\varepsilon)\leqslant\delta(N,\varepsilon)=\frac{D[I(s_i)]}{N\varepsilon^2} \tag{M-12}$$

记$\max\limits_{\boldsymbol{\alpha}_j\in G_\varepsilon} p(\boldsymbol{\alpha}_j)$为典型序列集合$G_\varepsilon$中最大的序列发生概率，则

$$\begin{aligned}M_G\cdot\max_{\boldsymbol{\alpha}_j\in G_\varepsilon} p(\boldsymbol{\alpha}_j)&\geqslant p(G_\varepsilon)\\&=1-p(\overline{G}_\varepsilon)\\&\geqslant 1-\delta(N,\varepsilon)\end{aligned} \tag{M-13}$$

因此

$$M_G\geqslant\frac{1-\delta(N,\varepsilon)}{\max\limits_{\boldsymbol{\alpha}_j\in G_\varepsilon} p(\boldsymbol{\alpha}_j)}\geqslant[1-\delta(N,\varepsilon)]\cdot 2^{N[H(S)-\varepsilon]} \tag{M-14}$$

综合式（M-11）和式（M-14），当ε足够小、N足够大时，典型序列的总数M_G满足

$$M_G\approx 2^{N\cdot H(S)} \tag{M-15}$$

可以看出，典型序列的总数与集合的平均自信息量相关。

例 M.1：二元典型序列

考虑独立同分布的二元离散随机变量序列$(X_1, X_2, \cdots, X_N)$，其中，$p(X_i=1)=0.6$。若$N=25$，$\varepsilon=0.1$，请问典型序列集合由哪些序列构成？

解：

随机变量X的熵为

$$H(X)=0.97095\ \text{bit/symbol} \tag{M-16}$$

由典型序列集合的定义

$$G_\varepsilon=\left\{\alpha_j:\left|\frac{I(X^N)}{N}-H(X)\right|<\varepsilon\right\} \tag{M-17}$$

可得

$$0.87095 < -\frac{\log p\left(X^N\right)}{N} < 1.07095 \tag{M-18}$$

满足式（M-18）的序列为典型序列。

计算各个序列的发生概率，可得表M.1。从中可以确定，若序列中“1”的数目不小于11且不大于19，则该序列是典型序列。

表M.1 $-\frac{\log p\left(X^N\right)}{N}$

序列中1的数目	$-\frac{\log p\left(X^N\right)}{N}$	序列中1的数目	$-\frac{\log p\left(X^N\right)}{N}$
0	1.321928	13	1.017748
1	1.298530	14	0.994349
2	1.275131	15	0.970951
3	1.251733	16	0.947552
4	1.228334	17	0.924154
5	1.204936	18	0.900755
6	1.181537	19	0.877357
7	1.158139	20	0.853958
8	1.134740	21	0.830560
9	1.111342	22	0.807161
10	1.087943	23	0.783763
11	1.064545	24	0.760364
12	1.041146	25	0.736966

附录 N

联合典型序列

1. 定义

假设$\left(X^n, Y^n\right)$是长度为 n 的随机序列对，并且 $p\left(X^nY^n\right)=\prod_{i=1}^{n}p\left(X_iY_i\right)$，则在这些随机序列对中，同时满足以下条件的序列对，被称为联合典型序列。

（1）$\left|-\frac{1}{n}\log p\left(X^n\right)-H\left(X\right)\right|<\varepsilon$，即 X^n 是集合 $\mathcal{X}^n$ 中的典型序列。

（2）$\left|-\frac{1}{n}\log p\left(Y^n\right)-H\left(Y\right)\right|<\varepsilon$，即 Y^n 是集合 $\mathcal{Y}^n$ 中的典型序列。

（3）$\left|-\frac{1}{n}\log p\left(X^nY^n\right)-H\left(XY\right)\right|<\varepsilon$。

其中，ε 是任意小的正数，$\mathcal{X}^n$、$\mathcal{Y}^n$ 分别是 X^n、Y^n 的样本空间。

全体联合典型序列构成的集合称为联合典型序列集 $A_\varepsilon^{(n)}\left(X, Y\right)$，简记为 $A_\varepsilon^{(n)}$。

2. 性质

设$\left(X^n, Y^n\right)$为服从 $p\left(x^ny^n\right)=\prod_{i=1}^{n}p\left(x_iy_i\right)$的独立同分布的序列，长度为 n，那么有如下性质。

（1）当 $n\to\infty$ 时，$p\left[\left(X^n, Y^n\right)\in A_\varepsilon^{(n)}\right]\to 1$。

（2）$\left|A_\varepsilon^{(n)}\right|\leqslant 2^{n\left[H(XY)+\varepsilon\right]}$，其中$\left|A_\varepsilon^{(n)}\right|$代表联合典型序列的数目。

（3）如果$\left(\overline{X}^n, \overline{Y}^n\right)\sim p\left(x^n\right)p\left(y^n\right)$，即 $\overline{X}^n$ 与 $\overline{Y}^n$ 独立且与 $p\left(x^n, y^n\right)$有相同的边沿分布，则 $p\left[\left(\overline{X}^n, \overline{Y}^n\right)\in A_\varepsilon^{(n)}\right]\leqslant 2^{-n\left[I(X;Y)-3\varepsilon\right]}$。

证明：

（1）令

$$\Phi_1=\left\{X^n: \left|-\frac{\log p\left(X^n\right)}{n}-H\left(X\right)\right|\geqslant\varepsilon\right\} \tag{N-1}$$

$$\Phi_2=\left\{Y^n: \left|-\frac{\log p\left(Y^n\right)}{n}-H\left(Y\right)\right|\geqslant\varepsilon\right\} \tag{N-2}$$

$$\Phi_3=\left\{X^nY^n: \left|-\frac{\log p\left(X^nY^n\right)}{n}-H\left(XY\right)\right|\geqslant\varepsilon\right\} \tag{N-3}$$

根据切比雪夫不等式有以下结论。

存在n_1，对所有$n>n_1$，$p\left(\left|-\frac{\log p\left(X^n\right)}{n}-H\left(X\right)\right|\geqslant\varepsilon\right)<\frac{\varepsilon}{3}$。

存在n_2，对所有$n>n_2$，$p\left(\left|-\frac{\log p\left(Y^n\right)}{n}-H\left(Y\right)\right|\geqslant\varepsilon\right)<\frac{\varepsilon}{3}$。

存在n_3，对所有$n>n_3$，$p\left(\left|-\frac{\log p\left(X^nY^n\right)}{n}-H\left(XY\right)\right|\geqslant\varepsilon\right)<\frac{\varepsilon}{3}$。

综上所述，对于任意小的正数ε，存在$n>\max\{n_1, n_2, n_3\}$，有

$$p\left[\left(X^n,Y^n\right)\in A_\varepsilon^{(n)}\right]=1-p\left(\Phi_1\cup\Phi_2\cup\Phi_3\right)>1-\varepsilon \tag{N-4}$$

因此，当$n\to\infty$时，$p\left[\left(X^n,Y^n\right)\in A_\varepsilon^{(n)}\right]\to 1$，性质（1）得证。

（2）由联合典型序列的概念，可知$\left|-\frac{\log p\left(X^nY^n\right)}{n}-H\left(XY\right)\right|<\varepsilon$，即

$$2^{-n\left[H(XY)-\varepsilon\right]}>p\left(X^nY^n\right)>2^{-n\left[H(XY)+\varepsilon\right]} \tag{N-5}$$

考虑概率$p\left(X^nY^n\right)$下限，有

$$1=\sum_{\mathcal{X}^n\mathcal{Y}^n}p\left(X^nY^n\right)\geqslant\sum_{A_\varepsilon^{(n)}}p\left(X^nY^n\right)\geqslant\left|A_\varepsilon^{(n)}\right|2^{-n\left[H(XY)+\varepsilon\right]} \tag{N-6}$$

故

$$\left|A_\varepsilon^{(n)}\right|\leqslant 2^{n\left[H(XY)+\varepsilon\right]} \tag{N-7}$$

性质（2）得证。

（3）根据典型序列的性质

$$p\left(X^n\right)\leqslant 2^{-n\left[H(X)-\varepsilon\right]} \tag{N-8}$$

$$p\left(Y^n\right)\leqslant 2^{-n\left[H(Y)-\varepsilon\right]} \tag{N-9}$$

由性质（2）得

$$\left|A_\varepsilon^{(n)}\right|\leqslant 2^{n\left[H(XY)+\varepsilon\right]} \tag{N-10}$$

若$\overline{X}^n$与$\overline{Y}^n$独立且与$p\left(X^nY^n\right)$有相同的边缘分布，则

$$\begin{aligned}p\left[\left(\overline{X}^n,\overline{Y}^n\right)\in A_\varepsilon^{(n)}\right]&=\sum_{A_\varepsilon^{(n)}}p\left(X^n\right)p\left(Y^n\right)\\&\leqslant 2^{n\left[H(XY)+\varepsilon\right]}\cdot 2^{-n\left[H(X)-\varepsilon\right]}\cdot 2^{-n\left[H(Y)-\varepsilon\right]}\\&=2^{-n\left[I(X;\,Y)-3\varepsilon\right]}\end{aligned} \tag{N-11}$$

性质（3）得证。

若将X^n、Y^n分别视作离散无记忆信道的输入、输出序列，性质（1）表明，随着序列长度n的增加，输入序列X^n和输出序列Y^n构成的序列样本对$\left(X^n, Y^n\right)$越来越可能落入联合典型序列集合中。当n足够大时，任意的输入序列X^n和相应的输出序列Y^n在概率意义上一定会构成联合典型序列。换言之，对于离散无记忆信道接收到的足够长的任意序列，与之构成联合典型序列的输入序列依概率意义一定存在。

性质（3）表明，即便两个序列$\overline{X}^n$、$\overline{Y}^n$相互独立，但它们依然有可能落入联合典型序列集合。如果这种情况发生，在联合典型序列译码时，$\overline{Y}^n$就有可能被译为与之完全独立的输入序列$\overline{X}^n$，而不是与之相应的真实输入序列，从而导致译码错误发生。

附录 O 有噪信道编码定理

一个离散无记忆平稳信道的信道容量为 C。只要信息传输率 $R<C$，则存在一种编码，当码长 n 足够大时，可以使平均错误概率任意小。

证明过程如下。

证明过程主要由编码和译码两部分构成。

假设信源或者信源编码器等概率输出 M 个消息符号，对其进行信道编码，码长为 n，则信息传输率为

$$R=\frac{\log M}{n} \tag{O-1}$$

因此，消息符号数目亦可表达为

$$M=2^{nR} \tag{O-2}$$

（1）编码部分——随机编码

采用信道输入符号集合 $\mathcal{X}$ 中的符号作为码元符号，随机生成 $M=2^{nR}$ 个码字，构成代码组 $\boldsymbol{\Phi}$

$$\boldsymbol{\Phi}=\begin{bmatrix} x_1(1) & x_2(1) & \cdots & x_n(1) \\ \vdots & \vdots & & \vdots \\ x_1\left(2^{nR}\right) & x_2\left(2^{nR}\right) & \cdots & x_n\left(2^{nR}\right) \end{bmatrix} \tag{O-3}$$

其中，$x_i(w)\in\mathcal{X}$，$i=1, 2, \cdots, n$，$w=1, 2, \cdots, 2^{nR}$。

码字中每个码元符号 $x_i(w)$ 都服从信道输入符号集合的概率分布 $p(x)$，且相互独立。因此，代码组 $\boldsymbol{\Phi}$ 的出现概率为

$$p(\boldsymbol{\Phi})=\prod_{w=1}^{2^{nR}}\prod_{i=1}^{n}p\left[x_i(w)\right] \tag{O-4}$$

在给定代码组 $\boldsymbol{\Phi}$ 的条件下，每个码字的发生概率等于对应消息的发送概率，即

$$p\left[x^n(w)\right]=\frac{1}{M}=2^{-nR} \tag{O-5}$$

代码组通过离散无记忆平稳信道，输入码字为 $x^n(w)=x_1(w)x_2(w)\cdots x_n(w)$、输出码字为 $y^n=y_1y_2\cdots y_n$ 的概率为

$$p\left[y^n \mid x^n(w)\right]=\prod_{i=1}^{n}p\left[y_i \mid x_i(w)\right] \qquad w=1, 2, \cdots, 2^{nR} \tag{O-6}$$

（2）译码部分——联合典型序列译码

采用联合典型序列译码：发送 $x^n(w)$，收到码字 y^n 之后，与之构成联合典型序列的码字 $x^n(\overline{w})$ 被认为是发送的码字，即译码规则为

$$g: y^n \to x^n\left(\overline{w}\right)\in\left\{x^n(1), x^n(2), \cdots, x^n(M)\right\} \tag{O-7}$$

译码正确的情况是：译作 $x^n(w)$，即 $w=\overline{w}$。

译码错误的情况包括：① $\bar{w}$ 不存在，即与 y^n 配对的联合典型序列不存在；②存在多个与 y^n 形成联合典型序列的输入序列。将这两种情况统一记为译码错误事件集合 $\mathcal{D}=\{\bar{w}\neq w\}$。

依据式（6-4），代码组 $\boldsymbol{\Phi}$ 产生的平均错误概率 $p_e^{(n)}(\boldsymbol{\Phi})$ 为

$$\begin{aligned} p_e^{(n)}(\boldsymbol{\Phi}) &= \sum_{w=1}^{M}\sum_{\bar{w}\neq w,\ y^n\in\mathcal{Y}^n} p\left[x^n(w)y^n\right] \\ &= \frac{1}{M}\sum_{w=1}^{M}\sum_{\bar{w}\neq w,\ y^n\in\mathcal{Y}^n} p\left[y^n\mid x^n(w)\right] \\ &= \frac{1}{M}\sum_{w=1}^{M} p_{\boldsymbol{\Phi}}\left[\mathcal{D}\mid x^n(w)\right] \end{aligned} \tag{O-8}$$

其中，令

$$p_{\boldsymbol{\Phi}}\left[\mathcal{D}\mid x^n(w)\right] = \sum_{\bar{w}\neq w,\ y^n\in\mathcal{Y}^n} p\left[y^n\mid x^n(w)\right]$$

代表发送码字为 $x^n(w)$ 时产生的译码错误。

随机生成足够多的代码组，所有代码组产生的平均错误概率为

$$\begin{aligned} p(\mathcal{D}) &= \sum_{\boldsymbol{\Phi}} p(\boldsymbol{\Phi}) p_e^{(n)}(\boldsymbol{\Phi}) \\ &= \sum_{\boldsymbol{\Phi}} p(\boldsymbol{\Phi}) \frac{1}{M}\sum_{w=1}^{M} p_{\boldsymbol{\Phi}}\left[\mathcal{D}\mid x^n(w)\right] \\ &= \frac{1}{M}\sum_{w=1}^{M}\sum_{\boldsymbol{\Phi}} p(\boldsymbol{\Phi}) p_{\boldsymbol{\Phi}}\left[\mathcal{D}\mid x^n(w)\right] \end{aligned} \tag{O-9}$$

当随机生成的代码组足够多时，每个代码组中第 w 个码字将会遍历所有可能的码字情况。因此，有

$$\sum_{\boldsymbol{\Phi}} p(\boldsymbol{\Phi}) p_{\boldsymbol{\Phi}}\left[\mathcal{D}\mid x^n(1)\right] = \sum_{\boldsymbol{\Phi}} p(\boldsymbol{\Phi}) p_{\boldsymbol{\Phi}}\left[\mathcal{D}\mid x^n(2)\right] = \cdots = \sum_{\boldsymbol{\Phi}} p(\boldsymbol{\Phi}) p_{\boldsymbol{\Phi}}\left[\mathcal{D}\mid x^n\left(2^{nR}\right)\right] \tag{O-10}$$

代入式（O-9）得

$$p(\varepsilon) = \frac{1}{M} M \sum_{\boldsymbol{\Phi}} p(\boldsymbol{\Phi}) p_{\boldsymbol{\Phi}}\left[\mathcal{D}\mid x^n(1)\right] = \sum_{\boldsymbol{\Phi}} p(\boldsymbol{\Phi}) p_{\boldsymbol{\Phi}}\left[\mathcal{D}\mid x^n(1)\right] \tag{O-11}$$

下面重点讨论 $p_{\boldsymbol{\Phi}}\left[\mathcal{D}\mid x^n(1)\right]$。如前所述，译码错误的情况有两种：①找不到码字与 y^n 构成联合典型序列，记为 E_1^c；②有多个码字与 y^n 构成联合典型序列，定义 $E_i=\left\{\left(x^n(i),y^n\right)\in A_\varepsilon^{(n)}\right\}$ 表示第 i 个码字与 y^n 是联合典型序列，$i\in\left\{1,2,\cdots,2^{nR}\right\}$。因此，$p_{\boldsymbol{\Phi}}\left[\mathcal{D}\mid x^n(1)\right]$ 可以表示为

$$\begin{aligned} p_{\boldsymbol{\Phi}}\left[\mathcal{D}\mid x^n(1)\right] &= p\left(E_1^c \cup E_2 \cup E_3 \cup\cdots\cup E_{2^{nR}}\right) \\ &\leqslant p\left(E_1^c\right) + \sum_{i=2}^{2^{nR}} p\left(E_i\right) \end{aligned} \tag{O-12}$$

依据附录 N 中联合典型序列的性质（1）和性质（3），分别有

$$p\left(E_1^c\right) \leqslant \varepsilon \tag{O-13}$$

$$\begin{aligned} \sum_{i=2}^{2^{nR}} p\left(E_i\right) &\leqslant \sum_{i=2}^{2^{nR}} 2^{-n[I(X;Y)-3\varepsilon]} \\ &= \left(2^{nR}-1\right) 2^{-n[I(X;Y)-3\varepsilon]} \\ &= 2^{-n[I(X;Y)-R-3\varepsilon]} - 2^{-n[I(X;Y)-3\varepsilon]} \end{aligned} \tag{O-14}$$

代入式（O-12）得

$$p_{\boldsymbol{\Phi}}\left[\mathcal{D} \mid x^n(1)\right] \leqslant p\left(E_1^c\right)+\sum_{i=2}^{2^{nR}} p\left(E_i\right) \leqslant \varepsilon+2^{-n\left[I(X;\ Y)-R-3\varepsilon\right]} \quad \text{(O-15)}$$

将式（O-15）代入式（O-11），可得

$$\begin{aligned} p(\mathcal{D}) &= \sum_{\boldsymbol{\Phi}} p(\boldsymbol{\Phi}) p_{\boldsymbol{\Phi}}\left[\mathcal{D} \mid x^n(1)\right] \\ &\leqslant \left(\varepsilon+2^{-n\left[I(X;\ Y)-R-3\varepsilon\right]}\right) \sum_{\boldsymbol{\Phi}} p(\boldsymbol{\Phi}) \\ &= \varepsilon+2^{-n\left[I(X;\ Y)-R-3\varepsilon\right]} \end{aligned} \quad \text{(O-16)}$$

由式（O-16）可知，当 R 小于平均互信息量 $I(X;\ Y)$，且 n 趋于无穷时，所有代码组的平均错误概率 $p(\mathcal{D})$ 趋近于任意小。这就意味着，在所有随机生成的代码组中，必然有一个代码组的平均错误概率小于 $p(\mathcal{D})$，即平均错误概率任意小。

在随机编码中，采用信道输入符号集合中的符号作为码元符号。总可以通过调整信道输入符号集合的分布，使得 $I(X;\ Y)$ 达到信道容量 C。因此，对于任意一个离散无记忆平稳信道，只要信息传输率小于信道容量，则必然存在一种编码，当码长 n 足够大时，可以使平均错误概率任意小。

有噪信道编码定理得证。

附录P 有噪信道编码逆定理

一个离散无记忆平稳信道，其信道容量为 C。若其译码平均错误概率任意小，则信息传输率 R 必然不大于 C，即 $R \leqslant C$。

证明过程如下。

假设信源或者信源编码器等概率输出 M 个消息符号。对其进行信道编码，码长为 n，则信息传输率为

$$R = \frac{\log M}{n} \tag{P-1}$$

消息符号数目可以表示为

$$M = 2^{nR} \tag{P-2}$$

在集合 $\{1, 2, \cdots, M\}$ 上定义随机变量 w，且集合 $\{1, 2, \cdots, M\}$ 服从等概率分布，则

$$H(w) = nR \tag{P-3}$$

若给定编码规则 $X^n(\cdot)$ 和译码规则 $\overline{w} = g(Y^n)$，则编码和译码过程可以表示为

$$w \xrightarrow{\text{信道编码}} X^n(w) \xrightarrow{\text{信道}} Y^n \xrightarrow{\text{信道译码}} \overline{w}$$

w、$X^n(w)$、Y^n、$\overline{w}$ 构成一阶马尔可夫链，$X^n(w) = (X_1, X_2, \cdots, X_n)$，$Y^n = (Y_1, Y_2, \cdots, Y_n)$。

根据费诺不等式，可得

$$H(w|\overline{w}) \leqslant H(P_e^{(n)}) + P_e^{(n)} \log M \tag{P-4}$$

其中，$P_e^{(n)}$ 为平均错误概率。

由于

$$H(P_e^{(n)}) \leqslant 1 \tag{P-5}$$

因此

$$H(w|\overline{w}) \leqslant 1 + P_e^{(n)} \log M = 1 + P_e^{(n)} nR \tag{P-6}$$

根据信息不增定理，在信息传输过程中不会增加信息量，可得

$$I(w; \overline{w}) = I(X^n(w); \overline{w}) \leqslant I(X^n(w); Y^n) \tag{P-7}$$

其中，$I(w; \overline{w}) = I(X^n; \overline{w})$ 是由信道编码过程的一一对应性决定的。

由离散无记忆信道的特性可得

$$I(X^n(w); Y^n) \leqslant \sum_{i=1}^{n} I(X_i; Y_i) \leqslant nC \tag{P-8}$$

代入式（P-7）得

$$I(w; \overline{w}) \leqslant nC \tag{P-9}$$

将式（P-3）展开，有

$$nR = H(w) = H\left(w \mid \overline{w}\right) + I\left(w; \overline{w}\right) \tag{P-10}$$

将式（P-6）、式（P-9）代入上式，得

$$nR \leqslant 1 + P_{\mathrm{e}}^{(n)} nR + nC \tag{P-11}$$

两边同时除以 n，得

$$R \leqslant \frac{1}{n} + P_{\mathrm{e}}^{(n)} R + C \tag{P-12}$$

若译码平均错误概率 $P_{\mathrm{e}}^{(n)} \to 0$，可得

$$R \leqslant C \tag{P-13}$$

即信息传输率必然不大于信道容量。

将式（P-12）改写为

$$P_{\mathrm{e}}^{(n)} \geqslant 1 - \frac{C}{R} - \frac{1}{nR} \tag{P-14}$$

从中可以看出，若 $R > C$，即便 n 趋于无穷，不等式右侧依然大于 0，$P_{\mathrm{e}}^{(n)}$ 无法趋近任意小。

有噪信道编码逆定理得证。

参 考 文 献

[1] 周荫清. 信息理论基础[M]. 5 版. 北京:北京航空航天大学出版社, 2020.

[2] Gleick J. The Information: A History, A theory, A Flood[M]. Vintage, 2011.

[3] Wheeler J A. Information, physics, quantum: The search for links[J]. Feynman and computation, 2018: 309-336.

[4] Biswas S. Various proofs of the fundamental theorem of markov chains[J]. arXiv preprint arXiv:2204.00784, 2022.

[5] MacCluer C R. The many proofs and applications of Perron's theorem[J]. Siam Review, 2000, 42(3): 487-498.

[6] Wolfowitz J. Memory Increases Capacity[J]. Information & Control, 1967, 11(4): 423-428.

[7] 李梅，李亦农，王玉皞. 信息论基础教程[M]. 3 版. 北京:北京邮电大学出版社, 2015.

[8] Kiely A B, Coffey J T. On the capacity of a cascade of channels[J]. IEEE Transactions on Information Theory, 1993, 39(4): 1310-1321.

[9] Vucetic B, Yuan J. Turbo codes: principles and applications[M]. Springer Science & Business Media, 2012.

[10] Berrou C, Glavieux A. Near optimum error correcting coding and decoding: Turbo-codes[J]. IEEE Transactions on Communications, 1996, 44(10): 1261-1271.

[11] Gallager R. Low-density parity-check codes[J]. IRE Transactions on Information Theory, 1962, 8(1): 21-28.

[12] Richardson T. Error floors of LDPC codes[C]. Proceedings of the annual Allerton conference on communication control and computing. The University; 1998, 2003, 41(3): 1426-1435.

[13] Tal I, Vardy A. How to construct polar codes[J]. IEEE Transactions on Information Theory, 2013, 59(10): 6562-6582.

[14] Tal I, Vardy A. List decoding of polar codes[J]. IEEE Transactions on Information Theory, 2015, 61(5): 2213-2226.

[15] 陈杰, 徐华平, 周荫清. 信息理论基础习题集[M]. 北京:清华大学出版社, 2005.

[16] 许文俊, 田宝玉, 杨洁, 等. 信息论基础习题解答[M]. 2 版. 北京:人民邮电出版社, 2017.

[17] 李梅, 李亦农. 信息论基础教程习题解答与实验指导[M]. 2 版. 北京:北京邮电大学出版社, 2011.

[18] 傅祖芸. 信息论与编码学习辅导及习题详解[M]. 北京:电子工业出版社, 2010.

[19] 石萌, 唐玉华. 牧星耕月——“嫦娥”四号任务圆满成功 3 周年[J]. 中国航天, 2022, (1):55-57.

[20] 张华滋, 王俊, 童文. 面向 6G 的信息论与信道编码[J]. 移动通信, 2024, 48(5): 94-98.